當代大陸歷史叢書 *2*

北大荒移民錄

——*1958* 年十萬官兵拓荒紀實

鄭加真　著

人間出版社

目錄

鄭加真改稿

鄭加真近照

上海王秋德家

老倆口金婚照

老伴劉安一在打電腦

現在的北大荒（2012 攝）

現在的北大荒（2012 攝）

現在的北大荒（2012 攝）

北大荒博物館內的北大荒人頌紀念碑（2012 攝）

轉業官兵前進長林島

搶修密虎鐵路

轉業軍官的家屬揮刀打荒草

職工們用橡子、酒糟、樹葉、樹皮，
摻上少量糧食，製作「代食品」。

用鍬切草，這是現成的「磚塊」

荒原上出現了一座由草棚、馬架組成的新村

鄭加真為北大荒寫傳（代序）

劉紅艷

　　幾十年來，為北大荒寫作已成為我生命中最重要的一部分，不寫作，生命就不能延伸，生活就沒有意義；幾十年來，我用生命為北大荒寫傳，在那片黑土地上我留下了自己無悔的生命之旅。

──鄭加真

搶救正在消逝的記憶

　　《移民錄》歷時八載，三易其稿，工程浩大。所涉及內容來自鄭加真多年搜集的大量資料，其中大到各種文獻，小到工作總結、情況通報、典型事跡材料、黨委會議記錄、案件報告、甄別材料、右派改造情況、幹部處分決定等等在內的各種材料，他都認真留存，一一分類。

　　他也深知，事實既存在於歷史資料和檔案中，也存在於人們的心裡，為此，鄭加真幾乎用了三十多年的時間準備。在這些年裡，他盡可能地採訪當事人，許多已是垂暮之年的歷史見證者，在這些一對一的採訪中，對方無不為他的執著感動，在訪談中都真誠地向鄭加真講述了自己的坎坷之路，披露了大量鮮為人知的史實，這也讓鄭加真獲得了異常寶貴的第一手資料。

　　鄭加真了解到 1958 年牡丹江局曾發動了全國僅有的「第二次反右運動」，也從原牡丹江局黨委會的原始記錄裡查閱了發動此次「反右鬥爭」的經過，只是查不到當時作為活靶子的「悲風」事件主角王雲的下落。

　　王雲是原武漢公安軍第一校的學員，曾因在全校帶頭響應轉業北大荒的號召而成為學校的典型人物。在雲山水庫勞動中，因不滿領導的官僚作風寫了張大字報，在牡丹江墾區的第二次「反右鬥爭」中被當成活靶子，被錯判四年徒刑，後又被錯揪錯鬥，繼而又被隔離審查 11 個月，兩次開除出黨，三次平反昭雪，由一張大字報起因，將人生引向了極為悲慘的道路。

　　1994 年，鄭加真幾經輾轉，終於打聽到王雲在八五一一農場的住址。

　　一天下午，他敲開了王雲的家門，開門的正是王雲本人。鄭加真說明了來意，王雲的劍眉彈跳了一下，深沉地說：「我一直過著離群索居的日子，居然還有人記得我，這是三十多年來的頭一次，我從心裡謝謝你。」

　　整整兩天裡，王雲滔滔不絕。在這扇門的後面，他已經足足等待了三十多年。

　　由於早年史料散失，有的史料僅僅提供了事件和人物線索。鄭加真常常是順藤摸瓜，深入採訪，從而較好地解決事件和人物的完整性。這樣的事例很多，如原牡丹江局副局長向俊選，由於對當時墾區的盲目冒進做法，持有不同意見，被停職反省後拒不認罪，於 10 月 28 日下午，自縊身亡。

　　當鄭加真從牡丹江局《關於向某自縊身亡的報告》檔案中得到這個事件的線索，感到這是個冤案，便跟踪這一事件，大量採訪知情人。出於正義感，將有關事實真相及過去的檔案材料上報總局黨委審查。最

後，總局黨委批示牡丹江局黨委按照黨的十一屆三中全會以來的方針政策，給向某平反昭雪。

鄭加真還通過統戰部了解到早年駕機起義投奔延安的當事人顧青還健在，就專程赴南京登門採訪；與此同時，他得知一位中南海女兵、北大荒第一位女列車長梁小芳也在南京，就通過各種渠道打聽到她的住址，約她出來在玄武湖見面，那天正下著雨，他就在涼亭裡完成了又一個「第一手資料」的採訪。

整部作品中，鄭加真在「實」字上下足了功夫，書中人物的歷史背景、對話、心理活動等絕非他本人的想像，而是在大量查證、採訪的基礎上，以嚴謹的態度做到實事求是的描述。他也知道，隨著時代的推移、當事人心理的變化，記憶會出現偏差，每每得到第一手採訪資料後，他會查閱原始檔案，反覆對比，遇到有疑問的地方，再從其他渠道認真求證。

為了準確地查找當年「大躍進」的背景，他專程到北京圖書館，查了半個月的《人民日報》、《解放軍報》、《黑龍江日報》，從1958年到1959年的報紙，幾乎是一張一張地翻。

他不斷地擴大自己的知識面，從遼金史中找到北大荒漢人移民的老祖宗的起源——《大安七年刻石》，從古老的《山海經》中挖掘出北大荒的源頭，從《東北流人史》中尋找北大荒流人的歷史淵源，從各農場所在縣的縣志中尋找早年抗聯鬥爭和日偽開拓團的史料……

1994年4月，他患膽囊炎和膽總管結石做了手術，刀口足有半尺多長，出院時醫生勸他要好好休息一段時間，可他6月份就下農場去採訪了。在紅興隆分局採訪崔港珠的那天晚上，因聊得很投入，時間不知不覺地已過了11點鐘，他回到賓館時，賓館的大門早已關了，無奈，他拖著虛弱的病體，只好慢慢地爬上一人多高的鐵柵欄跳了進去，第二天，他又照常採訪去了。這一趟，他還接連採訪了建三江、牡丹江局的

八九個單位的 30 多人。

他從不放過身邊任何一個機會，經常在工作之餘進行一些採訪工作。1994 年，鄭加真陪同丁聰、吳祖光一行到八五三農場雁窩島回訪，雁窩島分場正舉行老幹部文娛會，分場領導陪同丁聰、吳祖光觀看，鄭加真就想抽空採訪一位開發雁窩島的五八年老兵，他問起站在門口分場宣傳部的一個小姑娘，誰料想此人竟是她的父親，於是在小姑娘的帶領下，鄭加真見到了她的母親潘桂英。

這是一個年近花甲的老人，樸實、開朗，鄭加真的來訪讓她頗感意外，沒想到還會有人關心自家的經歷，並親自到家裡來採訪。感動之餘，她像擺龍門陣一樣侃侃而談，講述了當年如何隻身領著孩子、背著幾十斤重的行李，從四川過五關、斬六將來到北大荒尋找丈夫的「光榮史」。

鄭加真敏銳地感覺到潘桂英代表著一個特殊的群體，整整一個下午，他緊握著一枝雙色的圓珠筆，刷刷地記個不停。一個「萬里尋夫」的故事就這樣意外地誕生了。

為擴寫《移民錄》，鄭加真在閱讀了大量志書的基礎上，又一頭扎進總局檔案室做了歷時一個月的專題搜集，僅原牡丹江、合江兩局的檔案，他就摘引了 10 多本資料，大大豐富了歷史事件的內涵。

鄭加真在合江局的一本《黨委會議記錄》中，發現了原第七預備師師長黃家景（當時為合江農墾局代局長、黨組書記）的發言記錄。這是黨內交心的一次發言，記錄了這位師長當時轉業的真實思想。原來他率師來到北大荒後，雖然行動上服從組織的決定，思想上仍有不通之處，到北大荒後他給王震將軍寫了兩封信，說自己不懂農業機械化，擔心把事業搞壞，聽說廣西要幹部，想去廣西……兩封信換來了將軍的一頓批評。從此，他鐵心在北大荒幹下去了。這樣生動的事例，在正式文獻中是不可能記載的，它的發現增添了事件的真實性和可讀性，豐滿了人物

形象。

在鄭加真之前，還沒有哪一個人能如此系統、細緻地研究這些塵封多年的歷史，並在漫長的歲月中執著追尋著歷史背後一個個鮮活的生命。時至今日，很多資料已失存，而書中的主人公很多已不健在，鄭加真在最恰當的時機搶救了正在消逝的記憶，如此完整地保存了歷史的原貌，僅此一點，《北大荒移民錄》注定成為絕唱。

悲壯的歷史群像

月球由於自轉周期和繞地球轉動的周期相等，因此，人類總是看到月球的正面，看不到月球的背面。直到 1959 年人類用月球探測器拍攝到月球背面的照片，人們才認識了月球的全貌。十萬官兵開發北大荒這個歷史事件，長期以來人們只看到它的正面，未見全貌。《移民錄》僅在這一點上填補了「空白」。

——鄭加真

這段話可以看做是這部作品創作的初衷。關鍵是「空白」如何能填，怎樣去補？

北大荒「移民墾殖」不僅是個歷史命題，也是一個跨世紀的命題。它涉及政治、經濟、軍事、文化等方方面面，值得探索又難以駕馭，無論從哪個角度切入，都容易讓人揣測作家的傾向性，那麼如何把握寫作尺度，是考驗作家功力的難題之一。

鄭加真的難得之處就在於「在這場大是大非的歷史面前，做到激而不動，慍而不怒」，將悲與壯恰如其分地注入了這部作品。在書裡他大段大段地引用了人物的原話，不加任何修飾，由著人物自己去說，使讀者從中清晰地感受到歷史的悲壯和真實。

他沒有把創作的鎂光燈照射在人們耳熟能詳的名人、英雄們身上，

而聚焦著一群平常卻不平凡的普通人物，用他生動的筆，把當年的人物從發黃的檔案中一一請了出來，建立了一個悲壯的歷史群像館，展示給讀者，其中包括含冤的，屈死的，仍然活在世上的。在他的筆下，一群摘下肩章和領花的復轉軍人，從四面八方踏進了「豺虎四嗥、霜雪遍野」的漠漠大荒。他們本不屬於這片土地，但他們卻融入了這片土地。

《北大荒移民錄》記述了約102樁事件，涉及上百個人物，其中33件是從「歷史文獻」——當年有關單位的總結、報告中甄選出來的，其餘的69件是鄭加真親歷的片斷，有些史料更是首次被挖掘出來的，然而，對於人物、事件的選擇、駕馭遠比收集這些資料要艱難得多。

對於常青的採訪，可以用「刻骨銘心」這四個字來形容。在史志辦工作期間，鄭加真曾在檔案上看到常青的資料，從華北軍區的特等功臣，被扣上「歷史反革命」的帽子，下放到北大荒當農工，常青的人生恍若過山車，在峰頂和谷底交錯著。

常青1948年參軍，1952年創造了轟動一時的「速成寫作教學法」，並被推廣到全軍、全國，日本友人還將他的著作介紹到國外。1958年，他告別了懷孕的妻子，背負著「歷史反革命」的十字架轉業到八五五農場，成為被管制的農工。「文革」期間，再度遭受迫害，嘴巴被刀子戳穿，面部變形，背部挨打，導致脊柱受損，腿部肌肉萎縮。在無休止的折磨下，究竟是什麼樣的精神支撐著他堅持進行「分格寫作法」研究，並完成了30萬字的長篇小說《三色水》，懷著這樣的探索，常青的名字，在鄭加真心裡始終不曾淡忘。

鄭加真專程來到阿城，和常青進行了面對面的深談。常青講到「平反」後，拿著「平反」決定和前妻在北京老友家見面時，兩個花甲老人抱頭痛哭的場景，鄭加真湧上一陣陣心酸，又有多少老兵看到此處，想起自己的遭遇，一邊吟誦著文章中普希金的名句，一邊伏案淚流不止。

在北大荒博物館第四展廳裡，展示著一台半個世紀前用過的蘇聯基

輔生產的 135 單反照相機，提起這台照相機，就不得不提到它的主人、原《人民畫報》攝影記者、下放「右派」、墾區著名攝影家呂向全。

呂向全和鄭加真在宣傳部共事多年，從虎林到佳木斯，他們的家庭生活照片多半出自這位大名鼎鼎的攝影家之手。在佳木斯時，有時周末休息，他就約上鄭加真一家到松花江邊照相。鄭加真一家被下放到五師時，呂向全曾老遠從兵團宣傳處來到 49 團 7 連鄭加真家看望他們，給鄭家的一雙兒女留下了珍貴的照片。

呂向全是十四歲就參加革命的紅小鬼，在整風運動中受到衝擊被迫轉業。1958 年，他和鄭加真乘坐同一天的專列來到北大荒，隨身的行李裡有女朋友送的心愛禮物——不倒翁。車窗外白雪皚皚，當冰涼的雪花和現實觸碰時，愛情瞬間就融化消失了。

生活在六十年代，他又有著那樣的背景，就注定了這場愛情是一個悲劇。漫長的歲月裡，一直陪他度過無盡長夜的只有那個不倒翁，似乎映射著如他一般在現實的陰霾中左右掙扎著。

呂向全生活在愛情的陰影裡，二十年才走到了盡頭，但他卻在鏡頭前賦予了這片黑土地以永恆和光明。1992 年 3 月 12 日，黑龍江省美術館舉辦題名為《歲月收藏——呂向全北大荒 35 年紀實攝影展》開幕式，鄭加真向來賓介紹呂向全的攝影創作道路。

1998 年 5 月 8 日，呂向全與世長辭，享年六十六歲，這也是他下放到北大荒的第四十個年頭。

在《移民錄》中，鄭加真還記錄了這樣一群人，有因受父親牽連而成為「右派」，在抗爭中被截去雙手的少尉領航員；有痛失愛女，把所有父愛都傾注給一隻毛猴的助理研究員；有在馬架子的火光裡失去三個孩子，妻子重殘的上尉木工班長，他們的經歷是很多人難有勇氣擔當的。

幾十年來，鄭加真結識了這樣的荒友無數，他們的命運都如此悲

壯，悲壯得驚天動地。回到家後，他久久不能平靜，提筆寫下每一個字，內心都感到沉重無比。

即使三十年過去了，他們仍然值得銘記。

丁玲回訪北大荒期間，曾和鄭加真談起北大荒精神，她語重心長地說了一句：「我認為北大荒精神還應該加上一句：『忍辱負重』！」

鄭加真常常這樣問自己：他們的忍辱負重，究竟給北大荒帶來怎樣的意義，又會給這片土地的後人們留下怎樣的思索？在復轉官兵開發三十年之際寫下這部紀實長篇，對於鄭加真來說，不是回顧，不是紀念，而是反思。

如果說《北大荒移民錄》是一部悲壯的史詩，那麼書中上百個人物的命運就是這部史詩的魂。一個時代已經遠去，但無數人用青春和生命寫就的歷史將永存，鄭加真用他凝重的筆雕刻出的歷史群像，必將伴隨著《北大荒移民錄》，永遠地鐫刻在北大荒的豐碑上。

節自劉紅艷《情繫北大荒──圖說鄭加真》（黑龍江人民出版社，2013）

歷史的命題

一

　一位剛分配來的大學生來信，他接受不了「移民」這樣的字眼。拓荒者響應黨的號召來北大荒，怎麼能説是「移民」呢？心情可以理解。但，從歷史的角度，從開發北大荒的戰略來説，無論是復轉軍人、支邊青年、科技人員，不論以什麼方式來的，都屬於「移民墾殖」的範疇。

二

　北大荒「移民墾殖」不僅是個歷史命題，也是一個跨世紀的命題。這是一個涉及政治、經濟、軍事、文化、社會等方方面面，值得探索又不好把握的巨大認識對象。認識了，把握準了，可以恢復歷史的本來面目，有利於現實的改革開放。

三

　月球由於自轉周期和繞地球轉動的周期相等，因此，人類總是看到月球正面，看不到月球的背面。直到 1959 年人類用月球探測器拍攝到月球背面的照片，人們才認識了月球的

全貌。十萬官兵開發北大荒這個歷史事件，長期以來人們只看到它的正面，未見全貌。《移民錄》僅在這一點上填補了「空白」。

四

「空白」總是要填補的。這是社會發展的必然。封閉總是要打破的，這也是社會發展的必然。改革是大勢所趨，問題是為什麼改？怎樣改？為了打破而打破呢？為了開放而開放呢？還是按照總體部署、墾情的實際、自身的實力、自覺的目的和規劃，有秩序地進行呢？……「以史為鑑，可以知成敗」，避免重犯歷史的失誤。這裡又回到北大荒「移民墾殖」這個歷史命題上來了。錄郭小川詩以勉：「……繼承下去吧，我們後代的子孫！這是一筆永恆的財產──千秋萬古長新」。

引子　千古絕唱

一、「大安七年」刻石

公元十一世紀，遼代就有漢族移民開發這塊古稱「黑水靺鞨」之地的北大荒。

泰來塔子城的一座六角密檐塔附近，出土了一方「大安七年」刻石。刻石已殘，長 23、寬 17、厚 3.6 厘米。從殘存的十六行一百五十五個斑駁漢字中，可以認辨出四十七個漢人姓名。他們姓王姓張姓劉姓高姓聶姓崔姓楊……無疑是北大荒移民的老祖宗。

老祖宗顯然沒有想到會留名百世。據文獻記載，泰州是遼代東北路統軍司的所在地，是當時管轄北方地區的軍事重鎮。刻石證實了遼代後期這座古城屹立在綽爾河畔，證實了九百年前漢族移民在此開發的偉大功勳。這批可敬的移民沿著古道，萬里迢迢，踏進了「豺虎四嗥，霜雪遍野」的漠漠大荒。長年累月在「煙瘴之地」，刀耕火種，築起了可笑又簡陋的小土城。然而他們的開發性舉動，卻點燃了墾殖北大荒的「奧林匹亞聖火」。

從此，「移民開墾」的幽靈徘徊在北大荒上空，綿延不斷，持續了近一千年。

請看史書對移民遷徙的生動而又令人心酸的記載：

道上見夫擁支輪車者，婦女坐其上，有小孩哭者眠者，夫從後推，弟自前挽，老嫗拄杖，少女相依……前後相望……

長途鞍馬，風雨飢寒，死亡枕藉，婦稚不能騎者，沿途委棄……

無論貴賤壯弱，路途之遙，飢餓之圍，死者枕藉，骨肉遍野……

移民成分複雜得像北大荒的五花草地。從遼金年代有被掠來的漢人和強制遷徙的百姓，到明清年間，有因避亂而入居北疆的移民，有因科場之罪、文字之獄、反叛之嫌而被放逐來的「流人」，也有衝破封禁藩籬而流入的破產農民。到了近代，那浸透血淚的「闖關東」——移民「肩挑兩籮筐，一頭挑家什，一頭挑嬰孩」的扶老攜幼、顛沛流離的景象，更是令人唏噓的了。這些移民先驅——北大荒的開拓者、屈辱者和奮鬥者，連同他們悲慘的墾荒生涯，隨著歷史的消逝，一起淹沒在漠漠大荒裡了。

二、〈北大荒歌〉

當代「流人」、著名老作家聶紺弩曾在虎林郊外一幢日本鬼子扔棄的冷屋裡杯酒作歌：

北大荒，天蒼蒼，地茫茫，一片衰草枯葦塘。葦草青，葦草黃，生者死，死者爛，肥土壤，為下代作食糧。何物空中飛，蚊蟲蒼蠅，蠛蠓牛虻；何物水中爬，四腳蛇，哈士蟆，肉螞蝗。山中霸主熊和虎，原上英雄豺與狼。爛草污泥真樂土，毒蟲猛獸美家鄉……大煙兒炮，誰敢當？天低昂，雪飛揚，風顛狂。無晝夜，迷八方。雉不能飛，麅不能走，熊不出洞，野無虎狼。酣戰玉龍披甲苦，圖南鵬鳥振翼忙。天地末日情何異，冰河時代

味再嘗，一年四季冬最長……

這首〈北大荒歌〉真實反映了北疆黑土地的原始風貌，豪放濃郁，滿紙淋漓。非「驅而北者」，是寫不出來的。

時值1959年，聶老頭頂「右派」帽子，與十萬官兵一起開荒造田。當時，他心靈傷痛，卻被十萬荒友的幹勁所動，按撩不住手中的筆，終於寫下了這首千古絕唱：

北大荒，紅旗揚，好風光，生產大軍上戰場。赤手舉，空拳張，裸頭頂，露脊梁。真兄弟，好兒郎。草蓋屋，葦作牆，葦折薪，草照亮，草鋪褥，葦墊床。今日草為人用人作主，昨日地被草占草為王……篳路襤褸功勳大，移山填海任務忙，胼手胝足形骸苦，掀天揭地志氣昂。點大豆，種高粱，苞米高，小麥黃。冬非不冷，秋非不涼，蟲咬非不痛，日灼非不傷，更非粗糧勝細糧，人堅強……何謂勞動生產，何謂社會主義建設，何謂開闢北大荒？不是寒徹骨，何處梅花香？不是人勞碌，何由穀滿倉？不為機器早替人力苦，何須萬人齊緊張？……何家子，何氏娘，何等英雄何模樣，首開北大荒。不奇巧，太平常。一群小兒女，幾多少年郎，跟黨走，幹勁外，無他長。一切榮譽歸於黨……

無獨有偶，仿佛有意跟聶老對歌，數年之後，著名詩人郭小川陪同王震將軍來北大荒視察，也寫下了一首詩，氣勢雄渾，震撼人心，詩名〈刻在北大荒的土地上〉：

永遠記住這個時間吧：1954年隆冬時分，
北風早已吹裂大地，冰雪正封著古老的柴門；
永遠記住這些戰士吧：一批轉業的革命軍人，

他們剛剛告別前線，心頭還回蕩著戰鬥的煙雲。

野火卻燒起來了！它用紅色的光焰昭告世人：

從現在起，北大荒開始了第一次偉大的進軍！

松明卻點起來了！它向狼熊虎豹發出檄文：

從現在起，北大荒不再容忍你們這些暴君！……

詩人也為開發北大荒的轉業軍人建造了一座「歷史的豐碑」。

但，作家和詩人都弄錯了：北大荒開始第一次偉大進軍並不是1954年冬，「首開北大荒」也不是1958年，而是1947年春。

其時，抗戰勝利，大地光復，人民解放戰爭由戰略防禦轉入戰略反攻。一批以復轉軍人和殘廢軍人為主體的「移民」，帶著祖先的遺訓和人民的囑托，拖著殘肢病體來北大荒開墾造田。

北大荒移民史終於揭開嶄新的一頁。延續千年的「移民墾荒」幽靈，在革命戰爭的縫隙裡游動，擴展，用它韌性的觸角，伸向當時組成黑龍江地區的五個省分：嫩江省、松江省、合江省、牡丹江省、黑龍江省。

三、黨中央的聲音

1947年。哈爾濱市。剛從梅河口經長春遷來不到一年的中共中央東北局領導人，用一隻眼睛緊盯著受阻於松花江並向南撤的蔣介石部隊，另一隻眼睛卻瞄準了北滿這一塊漠漠大荒了。當時東北局的班子堪稱陣營堅強，僅中央委員就有十名之多，其中還有善管經濟的帥才如陳雲、李富春，他倆曾分別主持北滿、西滿分局工作，嗣後又共同主持東北局財經委員會。這兩位經濟帥才的目光，像雷達發射的無線電波瓣一樣，掃視著北滿、西滿黑土地上每一塊值得關注的荒原、沼澤、丘陵……

如果把黑龍江版圖比作一隻昂首展翅的天鵝，那麼，「北大荒」就是這隻天鵝的兩翼了。右翼是三江平原，左翼是松嫩平原。展翅欲飛，引人注目，也引人窺視。她素有黑土之鄉的美稱，有民謠為證：「哎喲喲，我的媽，這裡的土地肥到了家，插上根筷子會發芽，栽上塊柴禾也開花。抓一把泥土捏一捏，油花順著手背流……」

就在這年春天，中央東北局財經委員會召開會議，主持財經工作的陳雲和李富春同志，在分析了當時的形勢以後，強調「東北行政委員會和各省都要在國民黨難以插足的地方，試辦公營農場，進行機械化農業試驗，以迎接解放後的農村建設。」又過了幾個月，李富春在東北行政委員會財經工作會議上，傳達了黨中央的聲音：「為迎接全國解放，組織億萬農民走集體化、機械化生產道路……在北滿創辦一個『糧食工廠』，目的是培養幹部，積累經驗，創造典型，示範農民。」

「公營農場」?!「糧食工廠」?! 如今聽來，仿佛是可笑而又陌生的名詞。全國還沒解放，當然「公營」，不是「國營」。至於「糧食工廠」，絕不是「糧食加工廠」，而是生產糧食的「工廠」。它生動而形象地體現了當年中央領導人對未來國營農場的美好構想：用工業武裝農業，用先進的科技代替祖祖輩輩沿襲幾千年的落後的農業生產方式。一句話：要使未來生產糧食的農村「工廠化」，成為現代化農業商品生產基地！

解放戰爭剛轉入戰略反攻，高瞻遠矚的共產黨人已開始打出「移民墾殖」這張牌了。

於是乎，一批批軍人被動員起來，按照毛澤東在〈建立鞏固的東北根據地〉中發出的號令——「除集中行動負有重大作戰任務的野戰兵團外，一切部隊和機關，必須在戰鬥和工作之暇從事生產……全東北必須立即計劃此事」，紛紛走向農村，走向荒原，走向日本開拓團潰退時扔棄和破壞了的農田、廢墟……

四、在炮火硝煙中誕生

　　歷史透過炮火的硝煙和風雪的迷茫，注視著一支支異乎尋常的墾荒隊伍──這批身穿軍衣、佩戴勛章的「移民」，這批受傷致殘而又赤手空拳的「移民」，這批需要休養生息而又遠離家鄉的「移民」！在試辦「公營農場」和建造「糧食工廠」的墾荒史上，他們墾齡最早，貢獻最大，經歷的生涯最為艱苦，然而，人數也最少。

　　原遼北軍區司令部作訓科長周光亞，曾被電影《老兵新傳》選為生活原型的大個子軍人。這個曾當過抗日義勇軍戰士、參加過延安大生產運動的老兵，他帶領戰士頂風冒雪，在日本開拓團廢墟上創建通北機械農場時，只有七十九人。

　　1947年7月，周光亞先到三河地區，對白俄經營的機械耕作的農場，進行了一個多月考察。11月，他帶領三名通信員，到通北縣趙光站，冒著風雪，實地踏查。當時，戰爭正在激烈進行，人財物極端缺乏，他擁有的僅僅是幾十個人和上級撥給的1500元錢。荒原上賴以棲身的唯一的房屋，是日偽開拓團訓練學校舊址，侵略軍潰敗時遭到破壞，只剩下斷壁殘垣。他們借來門板，割幾捆小葉章堵上窗戶，在地面鋪上厚厚的羊草，就算安家落戶了。野外白雪茫茫，寒風呼嘯。室內冷氣嗖嗖，四處透風，他們風趣地稱為「五風樓」。夜間沒敢脫衣服睡覺，都穿棉衣戴棉帽。周光亞想出了禦寒的絕招：用燒燙了的磚塊取暖，摟著羊羔睡覺……白天踏查，晚上就在「五風樓」裡制定建場規劃。

　　聽說轱轆磙河橋下有一台日偽開拓團扔下的火犁，周光亞就帶領人馬，駕著一輛大車去了。到那裡一看，天寒地凍，一台「萬國牌」舊機車結結實實地凍在泥潭裡，紋絲不動。他和大夥就輪流喝一口燒酒，下到冰凍的泥潭裡又刨又挖，總算把這台破舊機車挖了出來。這就是通北

農場的第一台拖拉機，以後，又從戰場繳獲的福特、法爾毛、小松等雜牌機車，組成了第一支拖拉機隊，投入了開荒生產……

原黑龍江省委通運科長楊清海，在北黑公路附近創建機關農場時，手下只有40多人。除了幾名抗聯老交通員外，一式的年輕小伙子，其中有17名交通員、30多名武裝通訊員。當時，農場唯一的機車是從北安城裡整來的搞基本建設用的輪式「蘭斯」拖拉機。大夥不會擺弄，就請了一名偽滿開過「火犁」的師傅，名叫曲守智。他就成了農場的第一個拖拉機手。大夥在拖拉機後面安裝一個牽引架，固定一個橫木杆，拴了五副犁，就下地幹活了。

扶犁是最重的活，人在機車後面一邊扶犁，一邊跟著小跑。選的都是身強力壯的小伙子，有交通員、通訊員、報務員、譯電員，一共二十多名。燒荒給作業帶來了困難：地表上是一層黑灰，拖拉機輪子壓，犁翻，黑灰飛揚起來好像一團黑旋風。駕駛員、扶犁手一個個成了「黑人」，遇到頂風嗆得一把鼻涕一把眼淚，正當播種高潮，由師傅鬧了眼病，眼腫得睜不開了。楊清海就硬著頭皮上車，他對曲師傅說：你坐在車上告訴我怎麼幹，你動嘴，我動手，等我會了你就回去治眼病……就這樣，一個閉著眼教，一個睜著眼學，邊學邊幹就頂班開車了。當年，他們就是用機車拉木犁的辦法，順利地完成了開荒播種任務。

到了冬天，聽說龍鎮一帶有日偽扔棄的拖拉機，楊清海就帶領人馬去找。那一帶經常有小股土匪出現，為了防止意外，他給每人一支馬步槍式蘇造輪盤槍、一支手槍。人馬來到二龍山去龍鎮的公路上，發現一台鏈軌式拖拉機，底盤陷到土裡凍上了，決定來年開凍後再來拉。到了龍鎮，在南大甸子發現一台破車架子；拐進開拓團駐地，又發現一台「萬國式」脫穀機，就七手八腳地掛在機車後面拉回來了。回來時天色已黑，拖拉機沒有燈，路過鐵路橋，路基十幾米高，只有一個道眼，稍一歪就會機毀人亡。楊清海當機立斷，決定每個前輪前面走一個人，保

持三米左右距離，引導機車前進，機車用一速小油門。他上車一看，目標清楚，但兩邊一片漆黑，就告訴駕駛員——日籍火犁手勝井，只許看人的目標，不許往邊上看。機車終於安全通過了。這一年，他們用撿破車、找零件的辦法，裝配起三台拖拉機，一台鏈軌式，兩台膠輪式，成立了農場第一支拖拉機隊。

原吉黑軍區司令部秘書劉岑，一個濃眉大眼的小伙子，曾就讀於北平大學農學院，參加過抗日救國活動，經地下黨介紹來到東北解放區。他率隊到珠河縣（現尚志縣）一面坡籌建省營第一農場時，手下人馬僅三十四人。

那是1947年6月上旬，劉岑親自帶領踏查組深入荒原看地形、測水源、查土質，每塊荒地他都親自踏查。這個曾在華北合作事業總會當過技佐、技師的小伙子，年僅24歲。酷日當空，他拄著樹棍，艱辛地跋涉，探查。鞋掉進泥裡，他索性光著腳走。穿過一人高的蘆葦甸，蘆葉刮臉火辣辣地疼。餓了啃一口窩窩頭，渴了捧一汪甸子水。清晨小咬叮，白天牛虻咬，他硬是在沒膝深的沼澤地裡跋涉了幾天，繪製了建場開荒藍圖。

在亞布力開荒時，人手少。作為副場長，劉岑就親自駕駛拖拉機，跟機務人員換班吃飯，人停機不停。一天中午，就剩下他一個人，他駕著機車開荒。荒草把後面的犁堵滿了，他就下車到後面摳草。摳著摳著，突然，一下子把他拖到耙底下，機車還在前進：一米、二米、十米、二十米……正在這危險時刻，幸好有人趕來了，才把拖拉機停住。

這一年，劉岑和拖拉機手們一身泥、一身汗，風裡來、雨裡去，一共開出了1300多畝地。

原齊齊哈爾市榮軍學校政治部主任郝光濃，抗日戰爭中六次負傷致殘的獨眼軍人。他奉命去東屏五棵樹地區創建榮軍農場，只帶了二十七名殘廢軍人，其中有三名重殘。

一名叫汪立國，這個四平保衛戰鬥中的機槍手，曾用他的燃燒彈擊退過敵人的坦克，在其塔木戰鬥中一人扛著三挺機槍，急行軍三十里去包抄敵人的退路。遭遇上敵人之後，他三次負傷不下火線。他的左胳膊被炸彈炸碎了骨頭，先後開過幾次刀，也沒把碎骨頭和彈片取淨。來到榮軍農場，他的傷痛經常發作，卻帶領幾十個戰友上山伐木。他親自動手抬著粗大的木頭裝車，又趕著大車往回運。這年春天，來了野火，眼看就要燒掉帳篷和馬草，汪立國不顧傷痛，帶著七名戰友共同撲火，最後用自己的身子在著火的荒地上滾來滾去，才把野火撲滅了。

一名叫遲子祥，這個1946年入伍的山東漢子，可以說是滿身傷疤。子彈穿過他的右肺，脊背上的傷口可以放進一個拳頭。在解放法庫戰鬥中，零下四十多度的嚴寒使他的腳趾全部凍掉，兩個手指凍殘。他就是帶著殘廢了的身軀來參加建場的。開始在修理組，只有一台舊車床和鑽床，沒有動力，他就用致殘的手推動皮帶硬拉，床子動起來了。他和伙伴製造了1200多件農具零件和一台載重五噸的拖車。當年，《人民日報》曾用「一個外行人學會了修理拖拉機」為題，報導了他的事蹟。

一名叫陳仁懷，在解放錦州戰鬥中失去了一隻胳膊，立大功一次。來到榮軍農場，他下決心要開拖拉機，經過勤學苦練，終於成為著名的「獨臂拖拉機手」。他駕駛的「納齊」拖拉機，在春播中創造了班次作業量120畝的最高紀錄，並被評為東北局榮軍勞動模範……

這一支支「移民」隊伍，人數少得可憐，所建農場在茫茫荒野裡寥若晨星。但，他們在馬架裡升起的第一道炊煙，用人拉犁和舊機車在黑土地上耕作時吼響的第一道號音，匯成了歷史的最強音，呼喚著更多的拓荒者。

請聽當年榮軍農場的場歌——正是這位只有小學文化的獨眼場長為他的戰友們譜寫的讚歌：

紅紅的太陽藍藍的天，我們的榮軍來生產，

前方流血打老蔣，後方流汗來支援。

誰敢說我們是殘廢，樣樣工作我們都會，

熬碱熬鹽編炕席，扶犁點籽會種地。

趕上大車拉莊稼，拉完黃豆拉苞米，

勞動英雄開大會，鑼鼓喧天多歡喜……

從 1947 年到 1949 年，一批公營機械農場在戰火的硝煙中先後誕生。她們的名字是：通北、趙光、寧安、興凱、八一五、九三……

這不是一個個簡單的場名，而是一面面火紅的戰旗，在廣袤的荒野上冉冉升起，獵獵飛揚！

他們以復轉軍人對黨和人民的無比忠誠，以及鋼鐵般的堅毅和純潔，向世人宣告：北大荒開發史已展示了嶄新的一頁，農業機械化必定在北大荒誕生！

五、時間終於來到了

蔣家皇朝覆滅，共和國誕生了。

開發北疆的重任又一次落在經過戰火考驗的轉業軍人肩上。

1954 年 1 月，中央軍委決定中國人民解放軍農業建設第二師集體轉業，組成八千官兵的墾荒大軍，從山東廣饒北上，挺進以沼澤地聞名的三江平原。農建二師原是解放軍第九十七師，所轄三個團（二八九、二九○、二九一團）在解放戰爭中轉戰山東各地，參加過孟良崮、張店和濟南戰役，屢立戰功。1952 年奉命轉入生產戰線，開赴山東廣饒地區，改名農建二師。這支英雄部隊於 1954 年 9 月進入密山地區，首次開荒受阻，因「密山地區沼澤低窪。須修建巨大的排水工程才能種植，工程時間要三年以上……」經請示周恩來總理和鄧子恢副總理，同意繼續北

上踏查，轉點建場。終於在松花江兩岸的綏濱縣和集賢縣境內，兩團各建一個農場，另一團與鐵力農場合併。為了尊重部隊指戰員的感情和意願，上級同意以部隊番號命名所建的農場，他們是：二九○農場、二九一農場，二八九團與鐵力農場合併，時值國慶節，定名為十一農場。這是北大荒第一支集體轉業的「移民大軍」，它呼喚著更多的戰友。

1954 年至 1956 年，經中央軍委同意，鐵道兵司令員王震將軍命令鐵道兵二、三、四、五、六、九、十一師的復轉官兵，近兩萬人馬，來北大荒安營扎寨，開荒造田。打頭陣的是五師上校副師長余友清。這個雇農出身的頑強的瘦削老頭，帶領五百四十多個轉業官兵來到虎林西崗建點。他打開了當年日本關東軍修築的祕密倉庫，從山洞裡拉回廢棄的炮彈，從塹壕裡撿來廢銅爛鐵，發動戰士們加工成各種農具。他還動員大夥從開拓團廢墟裡撿磚頭，在荒原上蓋起了一幢挺像樣的場部大樓。頭年開荒，荒地低濕，僅有的幾台斯大林-80 號無法作業，這位副師長倔勁上來了，他帶頭試驗人拉犁開荒。先用五十人拉一台雙輪單鏵犁，不行，工效太低。他就改進拉犁方式，改裝犁刀，加寬犁鏵，用二十人拉一台雙輪雙鏵犁，工效提高了三倍。就這樣，人拉犁開濕地，機車開崗地，最後連片。全場當年開荒近十五萬畝，其中人拉犁開荒近五萬畝。

北大荒清晨的淡藍色的霧氣瀰漫在荒野上空，乾瘦的老紅軍一邊掌犁，一邊用濃重的湖南口音喊著號子，指揮著前面拉著繩套的戰士們。像天空中飛過「人」字形的大雁，戰士們人拉犁的隊形緩緩地在荒野地裡前進，空中迴響著那唱歌般的號子聲：

「開犁呵……大夥使勁嘍……穩住步呀……東邊使勁嘍……拉直套呵……西邊使勁嘍……」

1955 年元旦，在老師長和戰士們敲臉盆、打油桶的慶祝聲中，這個新建的農場宣布成立，沿用當時鐵道兵部隊的番號，定名為「中國人民

解放軍鐵道兵八五〇部隊農場」。

來自鐵道兵的「移民」們沒有辜負司令員的期望，王震將軍當年的口號是：八五〇農場要打頭陣，當老母雞，將來要母雞下蛋……果然，短短三年，在八五〇農場周圍，出現了一批「八」字頭農場：八五二、八五三、八五四、八五八、八五九……農場。

1956年，王震將軍已榮任共和國第一任農墾部長。將軍親臨新墾區的首府──密山縣，在鐵道兵農墾局會場上激動地凝視著他的老部下，用宏亮、濃重的湖南口音說：

「快過年了。我送大家一副對聯：密（密山）、虎（虎林）、寶（寶清）、饒（饒河），千里沃野變良田；完達山下，英雄建國立家園。橫批是：艱苦創業。」

聆聽了中國共產黨第八次全國代表大會精神，又接受了將軍饋贈的展現北大荒未來宏圖的春聯之後，穿軍衣的「移民」們，向自己的司令員熱烈歡呼。在他們眼裡，這個身披軍呢大衣、光著腦瓜的將軍本身，就是一部發展著的拓荒史，一座閃光的軍墾刻石。他們是跟著他的腳窩子走過來的：從南泥灣到北大荒。

連同農建二師、鐵道兵轉業軍人在內，當時開發北大荒的各路大軍，總人數約四萬人。除了這兩支隊伍外，還有響應共青團中央號召來開發蘿北荒原的京、津、魯、冀等省市組成的青年志願墾荒隊，有以教育、改造國民黨部隊起義、投誠、被俘人員為目的、由解放軍組教幹部和警衛戰士率領的「解放團」農場，有接受蘇聯政府贈給全套機械設備和技術援助而籌建的「友誼農場」，還有來自各省的地方幹部、農機工人、大專學生、科技人員……

四萬名拓荒者，頗為可觀的數字。但，北大荒面積卻有五萬七千平方公里。每平方公里還攤不上一個「移民」！它相當於比利時總面積的一倍半，而人口僅占比利時總人口的百分之零點六。

「移民墾殖」的幽靈繼續在北大荒上空徘徊、游蕩。它急切地呼喚著新的「移民」：穿軍衣和不穿軍衣的，男的和女的，沒有文化和有文化的，負傷致殘和體魄強壯的……總之，這塊黑土地急需一大批能掌握現代化農業的新「移民」！

歷史終於來到了。

時間：1958 年春天。

人員：十萬轉業官兵。

出發地：全國除臺灣省以外的二十九個省市和自治區，人民解放軍各軍種、各兵種，各軍區、部隊、機關和軍事院校。

目的地：北大荒！

舉國矚目的十萬官兵開發北大荒的歷史事件終於應運而生。這一壯舉，在我國移民史或墾殖史上是罕見的。它使人聯想起蘇聯對西伯利亞的移民開發，以及美國大隊人馬翻山越嶺向西部地區的進軍。四十七位移民老祖宗要是得知千年後居然有如此眾多的穿軍衣的移民步他們的後塵，一定會高興得從墓穴裡跳將起來，額手慶幸。

……歷史又翻過了一頁。三十年過去，彈指一揮間。

早年開發北大荒的情況如何？十萬轉業官兵的命運如何？歷史還記得他們嗎？……

第一章
歷史上的一塊「空白」

　　1988 年，十萬官兵進軍北大荒 30 週年前夕，作者走訪了頗有權威的軍事博物館。在一間敞亮的工作室裡，一個身穿白大褂的現役軍人接待了我。我遞上介紹信，並告知來意：作為黑龍江墾區的一名史誌工作者，想查閱一下當年轉業官兵來北大荒時的部隊歷史資料。這位軍人轉身進屋查了好久，出來時手裡拿著一份資料，對我說：

　　「只有這一份，旁的沒有了。」

　　我接過一看，原來是 1959 年全國烈軍屬和殘廢、復員、退伍、轉業軍人積極份子代表大會的資料，説道：

　　「這份資料，我們已經有了。我們想查閱其他資料，特別是十萬官兵轉業北大荒的資料。」

　　這位軍人歉意地搖了搖頭，一再表示：除此之外，沒有其他資料了。

　　我掃興而歸，想不到偌大的軍事博物館，竟找不出第二份有關轉業官兵的資料了。

　　這就表明：十萬官兵開發北大荒，在軍史上仍然是一塊「空白」。

　　原來他們忘了「成都會議」，也忘了十萬戰友……

六、成都會議決議

我已年過花甲。三十多年前，摘下軍衣上的「上尉」肩章和領花，摘下「八一」帽徽，同戰友們一起，搭乘專列，從春暖花開的首都，來到雪花飄飛、大地封凍的北大荒。在寒風凜冽的密山車站廣場上，隨同各地來的成千上萬戰友一起待命分配。這裡是「十萬官兵開發北大荒」的樞紐部，又是調撥人馬的中轉站和集散地。在人山人海的喧騰聲中，像調撥貨物一樣，我們一百多名轉業軍官被分配到松阿察河畔的一個新建點。在這僅有六幢草房的荒原小村裡，簡直可以成立一個聯合司令部。來的百多名轉業軍官中有空軍，炮兵，坦克兵；有參謀長，營長，主任；有搞作戰的，有搞情報的，也有搞領航、氣象的；有翻譯，有打字員，有器材員，也有醫生……就是缺少從農村來的莊稼人。我們這夥外行農民成立了一個農業生產隊，軍事工程科科長當了我們的隊長，作戰科長、營參謀長、訓練參謀分別當了我們的正副小隊長，搞防原子、防化學的參謀當了播種機的農具手，坦克教員成了拖拉機手，翻譯進了馬號餵馬，還有幾個參謀、助理員進伙房給我們做飯燒水了。於是，伐木、割草、蓋房、修路、翻地、播種……一直到收穫親手種下的糧食。荒原上頭一個春節，我們圍著用汽油桶改裝的火爐，吃著從大城市寄來的罐頭食品和自己逮來的野豬肉，打開地圖，在祖國東北角原來空白的地方——我們親手建起來的生產隊，虔誠地畫上了一顆小小紅五星。

當年十萬大軍在荒野裡建起來的這種生產隊，何止幾十個，幾百個，而是上千個！作為機械化國營農場的細胞，它組成了規模頗大的國營農場群體。如此眾多的紅五星，一下子出現在祖國版圖的東北角：東起烏蘇里江，北至黑龍江畔，從小興安嶺山麓，到完達山南北，星羅棋布，密密麻麻，顯示了這支龐大的「移民」隊伍的布局。

可是，在北大荒填補了「空白」的十萬官兵的業績，在歷史上是塊

「空白」，這不能不是一件令人掃興和心酸的事。

歷史能遺忘嗎？

1958 年 3 月，黨中央在祖國西南邊城召開了成都會議。毛澤東主席在會上提出了一條完整的建設社會主義的總路線，這就是：鼓足幹勁，力爭上游，多快好省地建設社會主義。20 日，全體中央委員莊嚴地通過了一份歷史性決議：〈關於發展軍墾農場的意見〉。這個文獻於 4 月 8 日由中央政治局正式下達，指出：

> 軍墾既可解決軍隊復員就業問題，又可促進農業的發展，在有些地區還可以增強國防和鞏固社會治安。因此，在有大量可墾荒地、當地缺乏勞動力，又有復員部隊可調的條件下，應實行軍墾……

屯墾戍邊，在中國不是新題目。

遠在秦漢時期就有移民墾荒。西漢漢文帝（公元前 179- 157 年）曾募民往北方邊疆墾地務農，在開墾的地方築牆挖溝，建立城邑。到漢武帝（公元前 140-87 年）不僅向內蒙古河套地區大規模移民，還命令六十萬將士屯田於河西走廊，創立了軍屯。三國鼎立，魏、蜀、吳均發展屯田，以魏最盛，軍屯、民屯都比較發達。兩晉和南北朝，戰亂頻繁，屯墾成為安置難民，恢復和發展農業生產，供應軍需和民食的一項措施。到了唐朝，不僅實行軍隊屯種的制度，而且在中央和地方均設有專管屯種的機構和官員。宋朝也曾屯田於邊陲，但政策多變，時興時廢，收效甚微。元朝疆域擴大，屯墾作為供軍儲和維護政權的手段。明朝重視屯墾，鼓勵開荒，屯墾制度漸趨完備。但，從 1669 年到 1857 年，在長達180 年的時間裡，清朝出於對本民族發源的「龍興之地」的偏愛，對東北地區實行封禁政策，禁止漢民移墾。1854 年，帝俄乘虛而入，鯨吞了東北大片領土，清廷才被迫宣布開放禁地，鼓勵移民東北，並設軍屯，

以固邊防。中華民國成立後，孫中山先生倡導在東北、西北發展墾務事業。由於關內難民大量移往東北謀求生計，開荒種地，促使東北墾殖事業發展較快。抗日戰爭時期，國民黨政府於 1940 年在農林部下設墾務總局，舉辦過一些墾殖事業，也有為數不多的人或團體辦過一些墾殖場和墾殖公司。到了 1944 年，這些機構和墾殖場相繼撤銷。日偽時期，日本帝國主義者曾制定了一個 20 年內在東北移民百萬戶、五百萬人的侵略計劃，成立「拓殖公司」，組織「開拓團」，向我國東北地區移民墾殖……抗戰勝利後，國民黨政府曾把被日偽占領的土地，以租佃的方式給農民耕種，也曾利用善後救濟總署提供的一些拖拉機，辦過少數機械農場。……然而，由於不可克服的階級矛盾，國內外統治者對北大荒的墾殖均以失敗而告終。

縱觀二千多年歷史，從秦漢至今，都興辦了屯墾事業，何況年輕的社會主義共和國？！

出席成都會議的中央委員們幾乎都想到了祖國版圖上東北角的「空白」──北大荒，繼而把目光投向了在座的王震將軍。早在三年前王震就向黨中央、中央軍委遞上了〈關於開發北大荒的問題〉的報告，建議從鐵道兵工程費中拿出一億元作為墾荒投資，到 1960 年可開墾荒地五千萬畝，生產糧食三十億斤。毛澤東非常重視他親暱稱呼為「王鬍子」將軍的這個報告，圈閱並批示「劉、朱、周、陳、小平閱退彭」。彭老總在報告上寫道，「可以先小搞試驗，取得經驗後，逐步再擴大一些。」接連三年，將軍在密、虎、寶、饒地區，親自組織指揮了這場「小搞試驗」的墾荒戰役。他投入近二萬名鐵道兵復轉官兵，又從新疆生產建設兵團動員來了一批老部下，還請求黑龍江省委書記歐陽欽派具有辦場經驗的幹部和技術人員前來支援。

將軍堅信對北大荒的開發將獲得成功，猶如早年他在陝甘寧邊區開發南泥灣獲得成功一樣。他沒忘記那陝北調子的歌：「小鋤頭喲七斤

半，一鋤下去喲尺二三……」當年，作為年輕的一二〇師三五九旅旅
長，他本著「農業為第一位、工業與運輸業為第二位、商業為第三位」
的方針，帶領戰士們到距延安百里外的南泥窪（後改為南泥灣）開荒造
田。扛著自製的鋤頭，光著頭，頂著烈日，向長滿狼牙齒和樹根的荒山
開戰。接連三年，全旅開荒五萬畝，養豬五千頭，興辦了紡織廠、肥皂
廠、鐵工廠，以及鹽井、磨坊、粉坊、油坊。他還居然建立了一支擁有
六百多頭馱騾的運輸隊。又從建立「軍民合作社」開始，發展到擁有十
個分店的大光商店，到了第四年，王鬍子令人羨慕地實現了全部經費、
物資自給，糧食做到了「耕三餘一」。[1]

北大荒呢？將軍向在座的中央委員們遞上了一份苦心經營的清單，
上面寫著他那「小搞試驗」的三年戰果：

截至 1957 年止，鐵道兵墾區建立農場數：從八五零到八五一一農
場，共十二個。

職工數：二萬三千人；

人口數：六萬七千人；

耕地面積：二百六十萬畝；

播種面積：一百零八萬畝；

收穫糧食：一萬二千五百五十萬斤。

再也不扛十多年前南泥灣時代那七斤半重的鋤頭了，而是擁有各種
型號的拖拉機——960 混合台！

據此，王震提出進一步開發北大荒、接納十萬轉業官兵進軍北疆的
方案。這位以啃硬骨頭著稱的將軍，把他最大的決心傳達給每一位在座
的中央委員。他用目光注視早年在延安曾親筆題寫「自己動手，豐衣足
食」的毛澤東，又一一端詳著當年曾來南泥灣視察過的朱老總、賀老總

1　「耕三餘一」：自給一份，交公糧一份，餘一份。

以及其他領導人⋯⋯他說：

「新中國的荒地包給我來幹吧，我這個農墾部長有這個信心哩。」

他得到了讚賞，他表達的正是黨中央要下達的決心。於是，十萬官兵進軍北大荒的重大戰略決策形成了。

七、郭老和少尉軍官的詩

1958 年 3 月 23 日，也就是成都會議通過決議的第三天，著名詩人郭沫若寫下了熱情洋溢的詩篇〈向地球開戰〉，為十萬官兵「壯行」。這首刊發在《人民日報》顯著地位的詩篇，顯示了詩人的浪漫氣質。正是「大躍進」年代，詩中除了諸如「東風已經壓倒了西風，西風都變成了東風」之類的詞句外，真誠地表達了郭老的誇獎：

卓越的人民解放軍的將士們，英雄們！

你們是六億人民中的精華！

你們在黨的領導下，在毛主席的教導下，把帝國主義、封建主義、官僚主義的聯軍打成個流水落花。

你們把中國的天下

變成了六億人民的天下⋯⋯

現在你們有不少同志解甲歸田，

不，你們是轉換陣地，向地球開戰⋯⋯

確切地說，在中央委員們通過歷史性決議之前，十萬官兵已經開始行動了。從 1958 年 1 月到 3 月，人民解放軍全軍進行了總動員、聲勢不亞於戰爭年代的參軍動員。層層發動，大會小會，寫申請，表決心，開歡送會，戴光榮花⋯⋯三軍上下，一片喧騰。

從 3 月到 5 月，短短三個月時間，十萬名穿軍衣的「移民」，從祖

國各地，從各軍種、兵種，各部隊、院校，紛紛離隊北上，向北大荒挺進。有的橫跨半個中國，多數則走過兩個季節——從駐地的春天，跨進北疆的嚴寒。到了五月底，進入黑龍江墾區的復轉官兵共八萬多人，其中排以上軍官約六萬人，包括七個建制預備師、四個部隊醫院以及撤銷建制集體轉業的部隊學校。連同家屬、非軍籍的工薪制職員，以及隨著這場「向地球開戰」熱潮席捲而來的學生，未成年的軍人子弟，軍隊「右派」等等，號稱「十萬」大軍。

　　十萬人馬朝同一目的地移動！人數之多，行動之快，影響面之大，是少有的。這是行動，不是象徵，是對成都會議決議的實踐，也是對十萬轉業官兵的意志、力量和勇氣的考驗。

　　5月7日，《人民日報》刊發了一名轉業軍官答謝郭老的詩，他叫徐先國，原是河南信陽步校的少尉助理員，詩中寫道：

感謝郭老稱讚
我們去向地球開戰
舉起科學大旗
衝過艱難戰勝自然

一顆紅心交給黨
英雄解甲重上戰場
不是當年整裝上艦艇
不是當年橫戈渡長江

兒女離隊要北上
響應號令遠征北大荒……

5月26日，《人民日報》發表了王震將軍給詩作者的一封信，標題為「千萬人的心聲」：

「讀了你的詩〈永不放下槍〉，我深深感動了。你唱出了我的心聲。我相信，我們成千上萬的同志們都會同你合唱……你這首詩我認為是北大荒戰士們的聲音，我已經請總政治部慰問團的同志把它譜成歌曲……看樣子，你是已經到北大荒去了。希望你和你周圍的同志們，如同你的詩中所描繪的那樣英雄、豪邁……」

然而，生活是複雜的。任何歷史事件，都帶有時代的標記。

少尉軍官的詩原來有這樣幾句：

讓血跡浸染的軍裝
．．．．
受到機油和泥土的獎賞
讓子彈穿透的疤傷
．．．
在黑土地上泛紅發光……

著重號是我加的，不知當年少尉的原意：僅指肉體上的創傷，還是另有所指？……因為，誰都清楚地記得：十萬大軍開發北大荒的年代，正處在1957年反右運動之後。

將軍在信中繼續寫道：

「我建議你改成這樣：
『讓勝利光榮的軍裝
受到機油和泥土的獎賞
讓堅強有力的臂膀
在黑土地上煥發紅光……』

「我想作以上修改，在歌唱時的情緒上會更和諧、歡樂些。當這個建議未必妥當，只供你參考而已……」

詩句的改動，兩者間的變化和對照，才包含了這個偉大歷史事件的全部真實。我有幸在數年之後結識了這位原籍湖北的少尉軍官。當時，由於這首詩，他的名聲大震。正如郭小川評價：「頗有氣魄，可以清晰地聽到英雄的豪邁腳步聲，掀起了感情的波瀾……作者並不是知名的詩人，然而生活的力量卻使他寫出詩人都未必寫得出的詩來……」當年，十萬官兵把這首詩作為自己的心聲，認為是這個歷史事件——十萬「移民」向荒原進軍的號角。特別是吟誦或唱到「兒女離隊要北上」這句，內心會頓時掀起千波萬浪般的激情，兩眼噙著淚珠，只要稍稍灼上一點小小的火花，熱淚就會碰落下來。

我見到這位「知名」詩人時，他才三十歲，風華正茂，英俊倜儻，但，五年墾荒生涯的風雪已經在他那前額蝕下了幾條深刻而嚴肅的皺紋。事先我曾向人打聽過他的性格，他的戰友介紹說他在部隊是個異常活躍的人，開朗豪放，不僅有詩才，而且愛好體育活動。令我吃驚的是，他已判若兩人，再也無法從他的臉容和談吐上找到原來性格上的印跡了。交談中，他也笑，但不再敞懷大笑，偶爾大笑，頓時收斂。他語詞謹慎，極有分寸，很符合當時在農場當宣傳幹事的身份。談到這首聞名遐邇的詩，他謙虛地回避，仿佛內心深處留有難言之隱……一晃又過去了十多年，命運的安排，使我和他居然在一起共事。我們倆熟悉起來，談工作，談家庭，談子女，但，雙方似有默契，總是回避談及他這首詩……一晃又過去了十年，正值「十萬官兵開發北大荒」三十週年，我再也按捺不住埋在心底的問號，向他開門見山地提出了我的請求：「咱們來了三十年了，該回顧一下當年的歷史，給後代留下一份財富……你說呢？」

　　他聽了，驚訝地端詳著我，明白了我是以農墾史主編的身份約請他寫回憶錄，繼而婉言謝絕：「過去的事，有啥可寫的。」

　　「不，特別是你那首詩，它是怎麼產生的？當時你的創作心態怎樣？……還有，由於這首詩，王震與你之間有著與一般轉業軍官不同的交往，聽說他給你寫了好幾封信，這些都值得回憶，不僅是為了你，也不僅是為了王震，更重要的是為了歷史……」

　　他沉吟良久，終於拗不過我的誠意請求，答應試試……過了幾天，他鄭重其事地將一摞書寫端正的稿件遞給我，題目是「拓荒者的心聲」，副標題是：「關於〈永不放下槍〉的片斷回憶」。

　　這是這位年過半百、患有嚴重心臟病，以致不得不隨身帶著「小炮彈」的老少尉，對當年奔赴北大荒的回憶和日記片斷，也是他埋藏在心底三十年的心聲。應當説，這是對他那首膾炙人口的詩的最好注解。

　　以下是他摘抄的日記的一頁：

　　「1958年4月1日

　　昨天白天，參加了兩個座談會和一個小時的匯報會。戰友們真摯、坦白的發言，深深感染著我。他們留戀部隊，捨不得離開這個大家庭，不少戰友苦練本領，曾做過『將軍夢』，他們對部隊的依戀之情，猶如兒女依戀媽媽。但他們卻毅然決然地要離開她，不為個人所謀，卻為『媽媽』著想……

　　通過座談會知道，那位學員營的大尉營長也去北大荒，是出人意料的。不管是什麼原因批准他離隊的，憑他的聲譽，也將給我們這支離隊的『雜牌軍』增添幾分光彩，因為他曾被華東軍區授予二級戰鬥英雄稱號……他是黑龍江人氏，開朗豪爽，英氣十足，在座談會上侃侃而談，並指名道姓地衝我説：你是搞宣傳工作的，能不能代表我們即將離隊的全體同志表表雄心壯志，表表英雄本色？郭老講向地球開戰，我們説，英雄解甲重上戰場……

　　通過座談還了解到，被批准轉業的八十餘名機關幹部中，絕大多數都是出於人所共知的政治因素，是所謂有著不同程度的『錯誤』的。都是些什麼『錯誤』呢？——右派言論的錯誤，家庭出身的錯誤，海外關係的錯誤，個人歷史雖然清楚但並不『清白』的錯誤等等。許多經過軍校嚴格訓練的，既有才華又有專長的二十幾歲的知識份子連排幹部，皆因上述『錯誤』而被『光榮』批准，成為機關中響應偉大號召『上山下鄉』的『帶頭人』……」

　　接著是他自己 30 年後附加的說明：

　　「上面摘抄的『日記』中的『不吉祥的影子』，便是當時作為一名戰士的複雜心態的反映。一是反右鬥爭剛剛過去，前車之鑒，心裡話豈能直書！二是為維護戰友們的尊嚴，又怎忍心明說！出於這，寫日記的次日，我將『永不放下槍』抄成大字報貼到走廊上『亮相』，為即將離隊的戰友們，也為我本人壯膽，鼓鼓勁……

　　幾天後，我們便整裝出發了。離別的那天，機關百餘人到火車站相送，沒有紅旗招展、鑼鼓喧天，也沒有響亮的口號，只有默默地道別和祝福：『多保重，多保重！』當火車發出一陣陣呼號時，離隊的戰士多以笑臉惜別，送別的戰友卻熱淚盈眶……」

八、兩個「心聲」

　　30 年前被譽為「千萬人的心聲」的詩，30 年後詩作者自題為「拓荒者的心聲」的片斷回憶。兩個「心聲」竟相距 30 年！

　　心聲，是一個人具有強烈感召力量的無聲的語言，也是一種蘊蓄著赤誠、坦率、容不得半點雜念的感情流露。

　　因此，心聲的產生，需要真誠、意志、信念、膽識和勇氣。

　　然而，心聲的流露和傾吐，尤其需要膽識和勇氣。

　　當年少尉的心聲，積蓄了三十年才傾吐出來。這一事實本身，說明

了歷史的塵埃沉積得太久太深。拂去塵埃，就掀開了歷史，才傾聽到帶著血淚的久遠的心聲。

請看當年少尉的另一頁日記：

「這些天，戰友們時常談論著北京來信，覺得我們的將軍和詩人雖然遠在北京，卻同墾荒戰士們一樣，也在辛勤地耕耘……大家還建議我趁此『機會』立即寫回信，把我們大隊的幹勁和好人好事匯報上去，讓全國人民都知道……

於是，在一個寧靜的夜晚，在一盞油燈前，在一群蚊蟲和飛蛾的『伴奏』中寫了回信，第二天便寄《人民日報》轉王震同志收……」

半月以後，少尉收到了《人民日報》來信，隨信轉來王震將軍寫給他的親筆信，毛筆字，十六開信紙，共三頁，摘錄如下：

徐先國同志：

人民日報轉來你給我的信，我很高興很仔細地讀過它……我很愛你和你們那一隊的同志們，我相信你們能夠在黑龍江畔的墾區插起一面紅旗，然後一隊又一隊都插起紅旗，勝利的光榮的紅旗永遠在祖國的土地上飄揚。

我六月二十日從北京到黑龍江省來，經過密山，我打算在虎林縣八五〇農場以一個普通勞動者的身份，在那兒勞動一個星期，然後將走遍墾區和許多同志見面，大約在七月中旬來蘿北縣，那時我要在你們的紅旗隊和同志們一起共同勞動一天，暢談一夕。（我相信預七師農場黨委能給你們以「紅旗隊」的稱號），請你轉告同志們，爭取紅旗隊的稱號……

此致

共產主義敬禮！

你的同志　王　震

六月十八日夜

　　將軍的再次來信，鼓勵轉業官兵們爭取「紅旗隊」，並許諾要來蘿北看望大夥的消息，顯然是件喜訊。

　　請繼續看少尉日記：

　　「1958 年 7 月 18 日

　　昨天上午，正要上工，接通知去分場談話。正好把前兩天收到的王部長寫來的親筆信帶上，好作匯報，因為信中提到了『紅旗隊』一事。

　　到分場等候足有兩個小時，方見場長。沒有任何客套，問明姓名後便將一張新來的報紙推到我的面前。這是 7 月 7 日《人民日報》，在第八版上刊登了我寫的那封信的摘要，題目叫〈要把北大荒變成北大倉——給王震部長的一封回信〉。

　　當時我很高興，並立即聯想到同志們看見也一定會非常高興，整個生產大隊都會高興。沒等我細看，場長便問：

　　『寫這個；請示領導沒有？』

　　我答；『沒有。那是以我個人名義寫的。』

　　『什麼？以個人名義，要知道，這是黨報呀，而且是寫給一位領導人物的，怎麼能隨隨便便呢。』

　　我看氣氛有點不對頭，連忙問：『出了什麼事？如果信裡有哪些寫錯了，請領導指出來。』

　　『問題不在這，不在你寫得對不對。而是……』

　　當時我死心眼，繼續說：『信裡寫的都是大家的幹勁，並沒有絲毫表現我個人，而且匯報了我們二大隊的好人好事……』

　　場長打斷了我的話，說，『你講的那幾個好人好事呀，我了解過了，都是你們軍校機關的。明說了吧，不是反右中有錯誤，就是家庭出身有問題，你也不是一般的人，能上黨報嗎？雖然重在政治表現。可也不能當典型呀！上頭要了解情況，我們咋交待？』

　　感謝領導的坦率。我這個「執迷不悟」的人總算開竅了。趕緊把已

經拿到手裡的王部長寫給我的那封更為『典型』的親筆信重新裝進了衣兜。

場長後來非常嚴肅地指示我：『你們知識份子的主要任務，是勞動鍛煉，好好改造，不要整天湊在一起出花花點子，你回去傳達我的意思，我這是好意。另外，你今後寫什麼都要交給組織審查，最好不要亂登報，免得惹麻煩，免得造成不良影響……』

我無言以答。我又看見了那個不吉祥的影子……

拓荒者的心聲是飽含血淚的！雖然『男兒有淚不輕彈』。

記此篇，鳴警鐘。

戒！戒！戒！……」

當年，那個「不吉祥的影子」一直追隨著少尉，可以說是到了緊迫不捨的地步。

請繼續看少尉日記：

「7 月 19 日下午，生產大隊緊急動員，組織防汛搶險突擊隊，支援公社修堤築壩。會後我當即報名，並被光榮批准……20 日凌晨，乘火車出發，行駛 110 多里於 5 點左右『飛』到工地……黑龍江水正暴漲。江中飄著十多米長的紅松原木、房架以及家具等，不知是我們這邊的還是『老大哥』那邊的。任務十分緊急，大家以當年衝鋒陷陣的姿態投入戰鬥，加高加固一條年久失修的土堤壩……下午 5 時許，分場一位副場長到工地找我，遞給我一封信並作交待：『總場部上午接上級電話，王震部長要找你談話，部長現在寶泉嶺農場，要你今天就去。』我打開看了兩遍，內容大致相同，只是信裡強調了『務必今天趕到』！當我抬頭想請示今天怎樣趕到時，他已離我而去……從工地到寶泉嶺農場少說也有 160 多里，太陽偏西，又無來往汽車，怎樣才能今天趕到呢？……」

這位少尉冒雨走了五六里地，趕到防汛指揮部。天色已黑，他搭上一輛大卡車，連夜趕到寶泉嶺農場，天色大亮，已是 21 日上午了。

　　「21日下午，在王部長提議下，參加會議的同志全部義務勞動，一部份人積肥，一部份人植樹。我打聽到王部長要去參加植樹，也就『跟蹤』而去……栽完了樹，王部長放下鐵鍬，朝四處張望，並且叫我的名字，我立即答應『到』，走到他面前。他一邊念著『一顆紅心交給黨，英雄解甲重上戰場……』一邊朝東邊走去，在一片樹蔭下席地而坐，跟我交談起來。王部長問：『聽說你們大隊幹得不錯，你看當前轉業官兵還有什麼思想問題，有哪些心願？』我回答道：『同志們讓我向您問候。大家的希望是早些安頓下來，蓋好房子，好越冬。目前伙食太差，您在大會上已經講過了。大家還希望不同單位來的同志齊心一些，團結一些；年歲大些的盼望早點成家，可這裡找對象太難，見不著姑娘。』『你結婚了嗎？』『沒有。』『你有對象嗎？』『沒有。』『過去也沒談過？』『在部隊時有那麼點意思，因為要來北大荒，只好『忍痛割愛』了。』『沒關係，大姑娘會有的。你回去跟同志們說，我們可以動員一大批姑娘來。不過還是要兩條腿走路，各人自己也要想辦法……萬事開頭難哪！不過很快都會解決的，徐先國，你相信嗎？』『我相信。』接著，王部長講了國家急需糧食，講了大批農業機械就要運到，講了農場的發展遠景等等，還談到了知識份子的思想改造，說毛主席、周總理都非常重視人才，可有些人總是翹尾巴，不進行思想改造不行。特別囑我兩點：一是指出我目前還屬『中右』，還不是左派，要我與反動家庭劃清界限，爭取當一名真正的『左派』；二是囑我經常給他寫信，一定要認真地向他反映情況……王部長最後問我有什麼要求沒有？我說想當一名拖拉機手。他站起來，連聲說：『好呀好呀！』並且立即招呼預七師農場的一位副場長過來，向他交待：『徐先國同志要求開拖拉機，我非常贊成，請你們安排一下。』……

　　24日，在豆地勞動，遇見分場黨委書記，我便上前詢問開拖拉機一事，他沒有開口，只是搖搖頭，顯出很為難的樣子。待他走後，副小分

隊長對我說：『你就別做夢娶媳婦了，上機車也得挑骨幹』……啊，真是的，我又忘了那個甩不掉的『影子』……」

九、月球的背面

月球由於自轉周期和繞地球轉動的周期相等，因此，它永遠以同一面對著地球。人類總是看到月球的正面，看不到她的背面。於是「明月」、「玉盤」、「皓月」等等美好的詞兒長期烙印在人們的腦海裡。直到1959年人類用月球探測器拍攝到月球背面的照片，人們才看到了月球那與正面有差別的另一面。過了十年，1969年美國宇航員首次在月球上登陸，人類才第一次真實地觸摸到月球上的「海」、「環形山」和覆蓋遍野的各種岩石。

〈永不放下槍〉和關於這詩的回憶的統一，才構成「十萬官兵開發北大荒」這個歷史事件的整體。它揭示了當年這場舉國矚目的移民開墾，由於政治、經濟、軍事上的多種因素，呈現出極其複雜而微妙的現象。它是波瀾壯闊的，也是驚心動魄的，更是令人深思的……

1994年夏天，我專程來到北京，踏進了環境優美、氛圍靜謐的北京圖書館，瀏覽了當年全國各大報刊，特別是代表全黨和全軍喉舌的《人民日報》和《解放軍報》，試圖從中探索和尋找1958年十萬官兵奔赴北大荒的某些軌跡。

現按照時間順序將有關新聞標題摘錄於下，立此存照：

1957年11月20日《解放軍報》：〈總後近1800人要求下放，革命熱情洋溢，改造決心堅強〉，〈南京部隊領導機關幹部要求下放、家屬要求還鄉生產，形成高潮〉。

12月5日《解放軍報》：〈到連隊去，到邊疆去，到農村去〉，副標題是：張貼大字報，呈遞申請書，駐京單位許多幹部熱烈要求下放。

1958年2月8日《八一雜誌》社論：〈做好動員幹部走上生產戰線

的思想工作〉。《解放軍報》：〈把北大荒變成北大倉〉。

3月1日《解放軍報》社論：〈陳沂的反黨罪行和我們的教訓〉。《人民日報》：〈總政治部把陳沂放在照妖鏡下，假左派、真右派真相大白〉。

3月5日《解放軍報》：〈北大荒甦醒了〉、〈把青春獻給北大倉，大批軍官申請到邊疆墾荒〉。

3月6日《解放軍報》社論：〈偉大的事業，光榮的任務〉。

3月8日《解放軍報》：〈反黨者必自毀〉（批判陳沂反黨罪行）。

3月15日《人民日報》：〈中央國家機關掃蕩五氣，大鳴大放進入高潮，大爭大辯陸續開始〉。

3月18日《解放軍報》：〈到農業戰線上去立功，總直首批幹部奔赴密山農場〉。

3月28日《人民日報》社論：〈下放幹部要把文化知識帶給農民〉。《解放軍報》：〈密山墾區遠景規劃振奮人心，總部首批轉業幹部春播準備忙〉。

3月29日《解放軍報》：〈嚴肅黨紀、軍法，右派份子陳沂被開除出黨出軍〉。

4月3日《解放軍報》：〈新到密山的主人〉。

4月16日《解放軍報》：〈把北大荒的黑土變為黃金，0539部隊先遣隊向農場進發〉。

5月9日《解放軍報》：〈以戰鬥姿態發起新的進攻，轉業北大荒的戰友開始春播〉。

6月24日《人民日報》：〈解放軍經過整風，進一步發揚了光榮傳統〉。

……為了節省篇幅，這裡不再一一列舉，但是，從這正面報導的字裡行間可以看出當年十萬轉業官兵奔赴北大荒的背景。這背景始終貫中

著一條主線，這就是：整風反右──大鳴大放──掃蕩五氣──下鄉下放──熱烈申請──奔赴邊疆……其間還穿插著對當年部隊最大的「右派」、三十年後徹底平反的陳沂同志的批判和開除出黨出軍的處理的報導。

如果說1947-1948年一批轉復軍人、殘廢軍人是在解放戰爭的硝煙中走向荒原，那麼，十年以後的1958年，十萬官兵是在整風反右的「大字報」的火光下奔赴北大荒。

恩格斯有句名言：「歷史大約是所有女神中最殘酷的一個女神。她駕著勝利之車碾過成堆的屍骨，不僅戰時如此。」此言頗聳人聽聞，如果不是出於革命導師之口，興許有人會斥之為「右派言論」。但，聊以自慰的是革命導師還說過：「沒有一次巨大的歷史災難不是以歷史的進步為補償的。」

十萬移民開發北大荒的這個歷史事件，她的舉國矚目的輝煌，難道也是以歷史的某種災難為代價嗎？作為十萬官兵中的一員，我是帶著探索，懷著真誠，高擎起歷史的火炬，探索當年十萬戰友步履維艱的足跡……

第二章
尉官們的世界

十、轉業軍官座談記錄

在我案前放著一份當年鐵道兵農墾局[1]轉業官兵報到登記表。上面排列了近四百個遍及各軍種、兵種，各大軍區、部隊和軍事院校等單位，並一一註明轉業軍人來密山縣的報到日期、分配去向和具體人數。

八五〇農場接收人數最多，約 12000 人，其中師、團級軍官 11 名，營級軍官 73 名，連級 1143 名，排級 3554 名，軍工技術人員 1400 名，軍校學員 2000 名。八五二農場接收轉業軍官 3640 人。八五三農場接收 2827 人，號稱「三千人馬」，除少數是戰士外，絕大多數是轉業軍官。八五四農場接收了轉業官兵 3460 人，其中軍官 1893 人：少校 1 名，大尉 4 名，上尉 108 名，中尉 320 名，少尉 1225 名，準尉 235 人……為了節省篇幅，作者不一一列舉了。從鐵道兵農墾局 1958 年轉業軍官工資統計表中可以看出當年除了一百多名校官外，只餘三萬多名大都是尉官，最多的是少尉，約二萬

1　鐵道兵農墾局建於 1956 年，1959 年改名為牡丹江農墾局，因駐地密山縣，也稱密山農墾局。是北大荒最早成立的直屬中央的墾區。

名;尚有二萬多名尉官分配到新成立的合江農墾局和省屬各農場。

北大荒真是尉官們的世界!這塊古老、僻遠、荒漠的土地像暴發戶,一下子接納了如此眾多有文化、有專長的年輕「移民」。

他們大都在第三次國內革命戰爭時期和建國初期參軍,滿懷著對黨的崇敬,以及為人民革命事業獻身的精神,有的離家出走,投筆從戎,有的跟隨大軍南下,有的響應抗美援朝的號召,一齊投向人民軍隊這個大熔爐裡來了。年齡大都在二十上下,少數接近「而立之年」,經過戰爭考驗和現代化軍事訓練,從海陸空軍,到炮兵、裝甲兵、雷達兵、防化學兵,從營、連、排長,到參謀、助理員、軍醫、翻譯。真是行行俱全。有的參軍前就是大學生:交大、同濟、清華、北大、復旦、浙大、武大、川大、南開……幾乎囊括了全國各地的名牌大學,遍及理科、工科、文科等各院系,就是缺少農機、農藝的。有的來自軍事高等院校,包括哈軍工、高級步校、炮校、通信兵學校、軍醫大學等等。僅軍事翻譯人員就有一千多名,包括英文、俄文、法文、西班牙文、拉丁文、緬文……他(她)們不僅脫下軍裝,而且改行「向地球開戰」了。

1958年,正是我國實行軍銜制的第五個年頭,也是我軍走向國防現代化、軍隊正規化的關鍵年,這批尉官們正要為軍隊作一番貢獻,卻被動員來開發北大荒了。這裡,移民開墾、上山下鄉、裁減軍隊是一個重要因素,另一個重要因素就是〈永不放下槍〉作者三十年後透露的「心聲」──即「絕大多數都是出於人所共知的政治因素,是所謂有著不同『錯誤』。」

這裡有一份當年動員開發北大荒的座談紀錄,座談者都是尉官,他們的發言反應了這個歷史事件的各種個人因素:

「五營學員×××(上甘嶺戰役的功臣):我要求到北大荒,我負過傷,三等殘廢,留在部隊不合適,但種地行,不妨礙。只要一聲令下,我照樣『雄赳赳,氣昂昂』,打起背包就出發,脫了軍裝也要幹革

命。我從小在四川山溝裡放過牛，種過苞穀……只是昨天接到電報，不回老家對象就要不幹了，不幹拉倒，我不難受（說到這裡，他流了淚）。我要爭取在墾荒中再立幾個功，對得起軍校的培養，不辜負黨的教育。」

「訓練教官×××：組織上批准了我的申請，我打心眼裡高興，感激不盡。我雖然從小參軍，經歷過幾十次大小戰鬥的考驗，受到黨的長期培養教育。但，由於嘴賤，我在整風學習中犯了言論錯誤。這次批准我去北大荒鍛煉，是給我一個改正錯誤的機會，是對我的最大關懷。為了報答組織，為了改正錯誤，更為了爭一口氣，看誰是孬種，誰是好漢。我想好了，一顆紅心交給黨，上刀山下火海也在所不辭。」

「政治教員×××：我過去一直背著家庭出身的包袱，只想到知識份子要長期改造，脫胎換骨，思想不開朗。看了郭老的詩〈向地球開戰〉，心裡像爆炸了一顆原子彈，豁然開朗。為什麼只想到改造自己，而不想到改造大自然，要為國為民創造財富呢？為什麼看不到我們這次行動的深刻含意，是堅持不斷革命呢？……」

十萬穿軍衣的「移民」就是一個個按照各自的特殊道路、不同方式來北大荒的。有的集體轉業，有的個別處理。有的熱烈響應，有的被迫北上。有的帶頭報名，有的含淚離隊……

但是，不論以什麼方式來北大荒，集體轉業也好，個別處理也好。對於一個軍人來說，無疑是嚴峻的考驗，因為他們要脫下軍裝，離開部隊，遠征北大荒，當一輩子與土坷垃打交道的農民了。

十一、七個預備師

1958 年 1 月。北京。中央軍委發出一份緊急通知，命令全國十個預備師的師長、政委火速進京參加一個緊急會議。報到地點：三座門志願軍招待所。

接到通知的師長、政委知道預備師就是以訓練各兵種的預備兵役為目的，自1955年春徵兵開始訓練，第一期任務已圓滿完成，應該接受新的任務了。他們也知道全軍正處在「幹部下放、家屬還鄉生產、軍官下連當兵」的熱潮中，但，未想到預備師將整建制撤銷，集體專業。

原陸軍第七預備師上校師長黃家景，這個早年赤衛隊員、曾參加工農紅軍的四川漢子，回憶了當時的會議情況：

「在軍委開會，因為沒有思想準備，聽到這是決定預備師轉業的會……四天沒有表態，思想鬥爭比較激烈。我是1932年參加紅四方面軍，當過騎兵團團長，在硝煙烈火中廝殺大半生。組建預七師之前，我還當過華北空軍二十八師師長……現在讓我脫掉軍裝，開荒種地，從感情上捨不得哺育我成長的人民解放軍。在那次會議上，像我這樣想法的領導幹部，不止我一個。當時的農墾部長王震將軍，察覺到這個帶有普遍性的問題，他就將這些師長、政委找來，一個一個地談心，做思想工作。我是軍人，首先得服從命令；又是黨員，得無條件地服從黨的決定。後來想通了，整個師集體轉業，師長不帶頭，怎樣做全師幹部的工作？怎樣打通人家的思想？……去就去，上北大荒！開完會，我立即回到河南安陽駐地，向部隊傳達軍委關於轉業去北大荒的決定，進行動員。預七師六個團、六個獨立營的排以上軍官全部轉業北大荒。轉業時間定在三四月間……」

這位上校師長雖然思想通了，事後還是給王震寫了兩封信，信中陳述了他的理由：自己不懂農業機械化，擔心把事業搞壞；聽說廣西要幹部，不如去廣西……這兩封信卻換來了將軍的一頓批評。於是上校師長鐵心了。

預七師的轉業動員工作做得比較順利。師長都脫軍裝去北大荒了，誰還提什麼困難和個人的想法？……一聲令下，整建制全體轉業，少數想不通的軍官讓他們慢慢想會想通的。為了妥善安排轉業人員，黃家景

提前來到黑龍江省佳木斯市──三江平原的政治、經濟、文化中心。在合江地委和佳木斯市委的熱情安排下，他們住在南崗的一所學校裡。按照農墾部的指示，要在這裡籌建合江農墾局，他將擔任局長，管轄合江地區所屬農場，包括預備一師、預備七師全體轉業官兵將在蘿北荒原創建的農場。

後來，任命合江農墾局局長發生了一個小小的插曲。王震將軍居然親自擔任局長，黃家景成了代理局長。

事情經過是這樣的：一天，王震將軍召集預備一師、預備七師團以上幹部開會，宣布這兩個師的轉業官兵將到蘿北縣去建立新農場。將軍的話音剛落，一位濃眉大眼的團長站起來衝著王震問道：「我們留在北大荒，你留不留？」這話問得直率，使在座的師長團長不覺一驚，暗暗替他捏了一把汗。誰都知道將軍的性子，惹火了，可得「吃不了兜著走」！王震聽了這話，抬眼望去，見是預七師二十團上校團長劉海。老相識了。這個直性子江西老表，出身貧農，1926 年投身革命，1933 年參加中國工農紅軍。在南泥灣大生產中帶頭日開荒 36 畝，榮獲勞動模範獎章；擔任過三五九旅七一七團一營營長、團長等職務⋯⋯王震衝著劉海笑了笑，說道：「我倆是開荒種地的老搭檔了，這回開發北大荒，你就當蘿北農場場長，我當合江農墾局局長，咱倆都爭當勞動模範。」大夥聽了，都笑了。就這樣，王震決定親自兼任局長，預備七師師長黃家景為代理局長。

他叫任慶三，年過八旬的老人，精神矍鑠，嗓音洪亮，不幸的是1995 年一次車禍奪去了他的生命。他生前向我講述了當年陸軍預備第四師集體轉業的情景：

「我們預四師是 1958 年轉業北大荒的七個預備師中的一個。當時，我擔任預四師轉業時的代理師黨委書記。預四師是北京軍區組建的，完成組建後，即調往四川，歸成都軍區領導。歸成都軍區領導的還有預備

一、二、三、五師，一共五個師。我們師駐在江津地區，當時已經完成了第一期訓練任務。軍委在北京召開預備師集體轉業的工作會議，由上校副師長華興同志和我兩人參加。會議期間，王震部長接見了我們參加會議的同志，宣布了十萬轉業官兵開赴北大荒，擔負『向地球開戰』的任務。可以想像，這次會議相當重要，氣氛也相當嚴肅。不像以往接受訓練預備兵任務那樣的會議，開得活躍、有說有笑了。大夥只有一個去向──北大荒，我和華興副師長回到師部，軍區首長也接到了中央軍委的命令，就召開了師、團、營三級幹部會議，緊接著就開展了思想動員和組織準備工作。好在集體轉業，建制不動，加上師級幹部帶頭，近百名團、營級幹部作骨幹，又有四名老紅軍作榜樣──他們是師政治部主任劉國英、十團政委劉清海、炮兵團政委杜奕，汽車司機教導營營長蒲如明，千多名黨員團員的積極響應，所以，會議只開了三天，組織準備工作只花了兩週，整個師就進入了整裝待發的狀態……。副師長華興帶著部份幹部先頭出發打前站，我就帶著1500多名復轉官兵在四月中旬在江津市人民的夾道歡送下，分乘兩個軍用列車開赴『北大荒』了……」

按照農墾部的指示，預備一師、七師開發蘿北地區，預備三師、四師、五師、六師則開發三江平原腹地。華興和任慶三帶領的預四師就在四月下旬陸續到達寶清縣境內的大孤山地區，那裡幾年前已由鐵道兵部隊創建了一批「八」字頭農場。遵照王震將軍「以場擴場」的方針，預四師在七星河、饒力河的三角地帶，在八五二農場的一個分場基礎上，創建了八五五農場──後來改名五九七農場。上校副師長華興擔任農場場長兼黨委書記。場名更改是為了尊重轉業官兵的集體意願，原來預備第四師的部隊番號是「0597部隊」。

與此同時，預五師、預三師的部份轉業官兵在烏蘇里江邊創建了八五一農場，場部設在虎林縣的虎頭鎮。以預六師和預五師的部份復轉官

兵為主體，在烏蘇里江和穆棱河的三角地帶，擴建了原來由鐵道兵創建的八五八農場。預六師由三名副師長帶隊，他們是蕭天平、馬傳銀、錢光。轉業軍官中有四名老紅軍，除蕭天平和馬傳銀外，還有兩名是第十七團中校團長張明向和師司令部偵察科少校科長侯永富。

七個預備師整建制轉業，從祖國西南、中南地區來到北大荒創建農場，其人數和規模遠遠超過了 1954 年從山東移墾北大荒的農建二師。與 1954～1956 年開發北大荒的鐵道兵部隊相比，人數相當，都是一萬多官兵；但，預備師轉業軍官的數量比例要比鐵道兵大得多，絕大多數是尉官。

北大荒好胃口！1954 年吃進一個農建師，1956 年吃進鐵道兵好幾個師。如今，又吃進七個預備師！

十二、從上甘嶺來的軍官們

1952 年 10 月 14 日拂曉至 11 月 25 日。侵朝美軍對金化以北上甘嶺地區發動了一次自稱為「一年來最猛烈的攻勢」。此役，敵人在我志願軍第十五軍第四十五師的前沿——僅有 3.7 平方公里的兩個小山頭陣地上，投入 6 萬多兵力，300 多門大口徑炮，100 多輛坦克，每天出動飛機 70 多架次。經過四十三天我全體指戰員的頑強戰鬥，奮力激戰，粉碎了敵人的瘋狂進攻，紅旗依然在上甘嶺陣地上高高飄揚……敵人在傷亡 2.5 萬人和損失飛機 300 架之後，頹然宣布：這次攻勢徹底破產了。此役，打出了軍威，打出了國威，震驚了世界！

從此，上甘嶺戰役的精神風靡全國，它那驚天地、泣鬼神的英雄事蹟被搬上銀幕，寫進了各種樣式的文藝作品，廣為傳頌，歷經幾代而不衰！

至今軍事博物館內還陳列著上甘嶺戰的輝煌戰績，以及那棵經歷戰火硝煙、滿身彈痕只剩下光禿禿軀幹的松樹。

　　這支凱旋回國、駐防湖北孝感的英雄部隊，在 1958 年將由步兵軍改為空降兵軍，向現代化的階梯更上一層樓；於是，裁減了轉業軍官 1200 多人。其中，有 45 師炮兵司令部參謀長王文，有 130 團參謀長張衍孝，有親自指揮偉大戰士邱少雲連攻占 391 高地的 87 團營參謀長吳品慶，有特級英雄黃繼光連的指導員郝信友，有在上甘嶺戰役中榮立一等功的戰士左尚喜等。

　　轉業軍官 1200 多人中沒有一名校官，而是清一色的尉官。

　　他叫樓芹，原十五軍的一名少尉助理員，曾參加過軍史的編寫工作，如今年過花甲，兒孫繞膝。這位老少尉向我敘述了十五軍尉官們轉業的情景：

　　「我們軍長秦基偉因作戰有功，上調到昆明軍區當司令員，另一位首長上調核司令部搞核基地了。當時，許多幹部有的提升，有的保送到軍事院校深造。對我們這批留下來的尉官們來說，離開戰火紛飛的朝鮮戰場，來到湖北孝感地區駐防，過著和平寧靜的生活，確實是平生最愜意的事情。但，你知道，從 1954 年十五軍回國，到 1958 年春天轉業這短短四年時間並不平靜。這期間，我們經歷了肅反運動和整風反右鬥爭，我個人也因為家庭問題──父親早年隨國民黨部隊去了臺灣，挨過整，還蹲小號反省……組織上審查是應該的，但有人懷疑我來歷不明，動機不純：為什麼不去臺灣？審查我好長時間，最後搞清楚了我本人清白，沒有問題，還立了二等功，就授予我『少尉』軍銜。可是我也心灰意懶了：三十好幾了，才是個少尉，乾脆上北大荒種地去吧。總之，1200 名尉官中間，有的因文化程度太低，有的年齡偏大，身體太弱，有的不適應改制空降兵軍的需要，再加上像我這樣家庭出身、個人歷史有點問題或有海外關係的人，就統統轉業來北大荒了。在動員轉業去北大荒的那些日子，倒是挺富有戲劇性的。部隊有好幾排營房，領導上規定：凡是去北大荒的，把行李搬到前幾排營房去住，凡是不願去北大

荒、要求復員回老家；或去地方自找工作的，就把行李搬到後幾排營房
去住。那幾天，可熱鬧哩。思想鬥爭很激烈，有一個尉官決心去北大
荒，剛把行李搬到前排去住；過了一天，又把行李搬了回來，打算回老
家，過幾天，又把行李搬了回去。就這樣搬來搬去，搬了好幾次，像熱
鍋上的螞蟻一樣。反正我是鐵了心，把行李搬到前排營房去住，再也沒
搬動過⋯⋯」

十三、「百川歸大海」

1958 年 5 月 9 日。新華社電訊：

「今年二月以來，有大批中國人民解放軍和中國人民志願軍的轉業
軍官以及他們的家屬，來到北大荒安家落戶。這些新來北大的居民中，
有師、團、營、連、排幹部，有戰鬥英雄和特等功臣，有優秀射擊手，
有曾在井崗山上的老紅軍，有參軍不久的大學生，有軍事學院和文化學
校的學員以及部隊報刊的編輯、記者和文工隊員。他們有的來自祖國邊
疆和海防前線，有的來自北京、上海等大城市，還有的剛剛從朝鮮回到
祖國⋯⋯」

「百川歸大海」。十萬大軍從天南海北朝著同一個目標──北大荒
來了。

李國富，解放戰爭中曾榮獲「孤膽機智英雄」的光榮稱號，他所在
的班被授予「塔山反擊英雄班」。入伍十一載，橫戈遼瀋，飲馬長江，
南下剿匪，先後立大功十一次，小功和三等功七次，兩次進京見到了毛
主席。1951 年全軍軍事訓練中被授予師「練兵模範」，他所在的班被破
格地以他的姓名授予「李國富班」。這個從小苦出身、一個大字不識的
戰鬥英雄，深感自己適應不了部隊現代化的形勢。部隊動員開發北大荒
前，他晉升為大尉營參謀長，又當選為廣東省人大代表；然而，聽說北
大荒需要大批轉業軍人去開發，他二話沒說，就毅然地遞上了申請書

......

　　王樹功，原二十七軍七十九師二三七團偵察參謀，曾先後參加過孟良崮、濟南、淮海、渡江戰役和抗美援朝戰爭。當兵十一年，立過十二次戰功，並因渡江作戰有功榮獲華東軍區三級人民英雄的稱號。這個身材高大的膠東漢子，瘦巴巴的樣子，即使你再富有想像力，也很難將他和當年的偵察英雄聯繫在一起。然而，他確實是電影《渡江偵察記》中偵察英雄原型之一。他本想在揚州第二十速成中學好好學習文化，為國防現代化出力，誰料上級來了命令：學校撤銷，人員集體轉業北大荒。他就隨著戰友們一起來了。

　　此外，還有創造了「速成寫作教學法」的華北軍區文教助理常青，因對部隊文化大進軍作出貢獻，被授予特等功臣。還有曾獲戰鬥英雄稱號的張一千、曹學法，曾擔任英雄團隊指揮員的老虎團團長張海峰、白雲山團長趙世賢……由於年代較久，加上人事變動，無法一一找到他們的姓名和事蹟，據《黑龍江農墾史料》提供的數據：截至 1985 年末，墾區尚有榮獲「戰鬥英雄」稱號的 128 人，立特等功的 408 人，立大功的 2929 人。尚有各等各級的殘廢榮譽軍人 1418 人……

　　他姓鄒，如今年過半百，身材敦實，原是河南商邱預備六師的少尉無線電排長，至今珍藏著當年響應開發北大荒號召的保證書。從 1958 年 3 月 9 日到 28 日，短短二十天時間，他給後來成為他妻子的浙江姑娘寫了九封充滿激情的信：

　　「告訴你一個絕好的消息！我們聽了師首長關於今後的任務的報告，四月上旬我們就要集體轉業到黑龍江省虎林縣一帶，那兒是一片處女地（人稱「北大荒」），我們就在那兒建設國營農場，請你務必詳細看一下隨信寄去的《解放軍報》……

　　「今天早上六點鐘，我們抬著一幅很大的決心書，手拿五色繽紛的小旗，敲鑼打鼓地走向師部，向師黨委報喜。舉行儀式時，我們高呼口

號，堅決響應號召去開發北大荒。會上，師長還宣讀了我交給團黨委的保證書，號召全師同志向我學習。激動、歡迎的場面使我心中的熱血沸騰不止。我恨不得把自己化為千里駒，向北大荒奔馳……」

那是革命的年代，「大躍進」的年代，情書也充滿了革命的言詞。

沒過兩天，他又給未婚妻寫信：

「在這裡我要轉告你：國防部和農墾部要求全體軍官在那裡安家落戶，長期搞農業建設。故上級還允許帶家屬去，因家屬可以搞各種副業生產。如果軍官愛人在地方機關、學校工作（作者按：他那漂亮的留著齊耳短髮的未婚妻正是一名中學教員），只要取得其愛人的同意後，就可由農墾部發公函和所在單位協商辦理調動手續。

「國營農場是機械化生產，將來是電氣化，我們去後，國家就先撥我們 60 部拖拉機作為開墾用。以後逐年發展，建立各種工廠。因為家屬有孩子，故不久就要辦小學、中學、中等技術學校。所以，我產生了這樣的考慮：如果你能被批准下放，那就請你到『北大荒』來勞動鍛煉，我們倆可以更好地在一起生活、學習、工作……我想除了完成黨的任務外，這是我最迫切最理想的……桌上的鬧鐘時針已指向 6 點 12 分，快要出操了，匆匆停筆……」

他姓邱，原空軍第一航空學校中尉飛行教員，如今年已花甲，因車禍負傷，半身不遂僵直地坐著，激動地打著手勢，向我敘述了當年他是由於把「下連當兵」和「下放勞動鍛煉」從概念上混為一談，就決定了這輩子在北大荒的命運：

「我們第一航校校部在哈爾濱，我所在的飛行一團在齊齊哈爾通往嫩江鐵路線上的二道灣機場。記得我新婚不久，部隊的『整風』、『反右』運動已經結束，進入了以反『三風五氣』為內容的『雙反』運動。3 月，『雙反』加進了幹部『下連當兵』和上山下鄉的內容。聽說校部已經開大會動員了，而我們因為是飛行團，所以只在大會上一般號召大

家要響應、表態，並沒有大張旗鼓地進行。當時，『反右鬥爭』中被劃為『右派』、『中右』的，正進行轉業和『下放』處理。一天，團部大門內的走廊裡貼了兩張報紙，上面印了半版『密山鐵道兵農墾局』所轄地區示意圖，介紹它的位置、歷史、現狀和未來美妙的前景。這使我對它產生了興趣。不久有的同志就寫了小字報響應號召。但，都把『下連當兵』和『下放勞動』看成一回事，誰也沒提『轉業』字眼。

到了 4 月初，一位戰友問我：『人家都寫小字報要求下去鍛煉，你怎麼不寫？』我笑著回答：『寫不寫都一樣，誰到哪裡，領導早有安排。領導要誰下去，誰不下去不對。領導不要你下去，你偏要下去也不行。我是黨的馴服工具，黨把我放在哪裡，我都會努力幹好。』話雖這麼說，但還是引起我的深思。心想：要革命就要參加革命的政黨；要入黨，就必須經受黨的嚴峻考驗。戰爭年代可以在槍林彈雨中受洗禮，而和平時期只有通過艱苦的勞動鍛煉。自己愛好文學，崇拜魯迅。從小就想當一名文學家，到北大荒去正好可以在勞動中鍛煉自己，體驗生活，收集素材，將來寫出像蘇聯小說《勇敢》那樣的作品來。而北大荒是一片未開墾的處女地，能夠去過那魯濱遜似的充滿新奇和浪漫的生活……想了一夜，第二天我就寫了一張〈堅決響應黨的幹部下放勞動鍛煉的號召〉的小字報，貼出去了。當天晚上，打電話給新婚不久的妻子，徵求她的意見。她當即表示支持我的決心……

不到兩天，我的小字報就在團部廣播室播放了，妻子從望奎縣乘火車到二道灣飛機場。在團部招待所，我興高采烈地依照報紙上報導給她介紹了北大荒的前景和自己的想法……妻子說：『你到哪裡，我跟你到哪裡。不論多艱苦，我都不怕。』又過了幾天，校幹部通知我到校部辦手續。那天，我和妻子趕到校部辦手續，誰料領到手的是一個『轉業證』和一筆轉業金。我猛地楞住了，望著轉業證發呆……這樣，我也來北大荒了，不再駕駛飛機。到北大荒生產隊的第一項工作，就是給大家

燒開水……燒開水這活看來挺簡單，其實在荒地是一項重活。按規定，一天要燒三次開水。一口大鍋能盛四擔水。從早到晚我得上土井那裡挑十五至十六擔水。還得準備柴禾……勞動量相當大，即使像我當飛行員的身體素質和技術素養，冷丁改行，也感到很吃力……」

　　她可是一個特殊人物，轉業原因也顯得特殊。姓蔣，河南人氏，十五歲黃毛丫頭就參了軍。祖上三代清一色的貧農，挑不出什麼「歷史問題」和複雜的「社會關係」。入伍後當一名唱河南墜子的小文工隊員。幸運之神降臨到她頭上。那年，公安軍文工團從各大軍區選拔一批政治可靠、品貌端正、能歌善舞的文工團員。千裡挑一，萬裡挑一，她被選上了。終於來到了北京，成為公安軍文工團二隊的成員。這個隊的任務之一是每週六在中南海為中央領導人伴舞。從此，她和伙伴們見到了平時只有在銀幕上才能見到的偉人——毛澤東、周恩來、朱德、劉少奇、賀龍……開始時，她很緊張，日子長了，就坦然了。原來領袖們跟她們一樣有說有笑，還很風趣。第一次同毛主席見面，毛澤東問她姓什麼？她說：姓蔣，蔣介石的蔣。毛澤東就笑了；你和蔣介石一家子呀。老蔣還請我吃過飯呢，你小蔣什麼時候請我吃飯?!……她感到毛澤東的舞步很自然，像散步一樣，「猶如閒庭信步」。朱老總呢，有點像列兵端槍前進，舞步是「雄赳赳，氣昂昂」的。周總理的舞跳得最好，瀟灑自如，抑揚頓挫……奇怪的是幾年間一直沒有見到彭老總露面。成天在祖國的心臟——中南海生活，週六同領袖們相伴，輕歌漫舞，這對她這位年輕姑娘來說，簡直「一步登天」一樣的幸福。誰料到了1958年春天，突然來了一道命令：轉業北大荒。就這樣，她和伙伴們打點起行裝，依依不捨地告別了中南海，告別了中央首長——毛主席和朱老總還給她們每人一張照片……臨行前，在中南海春藕齋舉行了一場告別舞會。樂隊奏起了毛澤東喜歡的〈瀏陽河〉舞曲。毛澤東和每個要去北大荒的女文工團員跳一支曲子。他很親切地對每個人都說上一句「遠走高飛嘍」。

好像是欣慰的祝福，也好像是深沉的嘆息……最後，毛澤東環顧著簇擁在他身邊的文工隊員說：「老頭孤單了，老頭也想你們啊。遠走高飛，可要經常寫信哪！」一個女文工隊員不解地問：「主席，你那麼忙，哪有時間看我們的信啊？」毛澤東說「哎，你們的信實在太寶貴了。你想，我不可能接觸那麼多老百姓啊。你們把下面的情況及時告訴我，有什麼困難也可以來信講嘛。」接著他又語重心長地說：「一個人年輕的時候吃點苦是好事。你們去北大荒肯定會遇到許多意想不到的困難。無論在任何艱難困苦的情況下，都要保持革命樂觀主義精神。」「主席，我們記住了！」「再見，主席。」……於是，她們依依不捨地告別了毛主席，告別了中南海，來到了渺無人煙的荒原。

　　1992 年，我見到了原政治部文化部部長陳沂，當年軍隊最大的「右派」，少將，才揭開了公安軍文工團二隊轉業之謎。這位少將「右派」是五八年下放來到黑龍江的，只是沒有來墾區，而是下放到一個小縣城的畜牧場。組織上未將他下放到墾區來的原因很簡單：考慮到他在軍隊的地位和影響，如果同十萬官兵在一起，不如「隔離」為好。我見到他時，他是以上海市委老領導和「顧問」的身份來墾區參觀訪問。老人精神矍鑠，十分健談。隨行中有一位戰友，也是五八年轉業來北大荒的。他姓劉，原是公安軍文工團，曾在北京三軍儀仗隊擔任指導員職務，席間，我向這位戰友探問轉業的原因，他搖了搖頭，表示不解。這時，陳老就笑著揭開了公安軍文工團轉業之謎。

　　原來中南海長駐一批文工團員為中央首長伴舞這事，曾引起非議。這事傳到了彭老總耳朵裡，剛正不阿的老帥寫信給軍委，軍委將此信上轉，到了毛澤東手裡。正值十萬大軍進軍北大荒之際……這就是他（她）們來到北大荒的緣由。

　　他姓桂，如今年過花甲，滿頭銀髮，當年是武漢軍區防空學校的一名上尉雷達軍官，他用濃重的上海口音對我說：

「我出生在國民黨官僚家庭。父親是國民黨國大代表，伯父曾經是國民黨海軍總司令。1949 年，我正在上海交通大學念書，人民解放戰爭已經進入決戰階段，我的家庭成員都悄悄地離開上海取道香港到臺灣了。臨行前，父母勸我跟他們一起走。因為我在學校已接受上海地下黨同志的教育，看清了國民黨腐敗和歷史發展的必然趨勢，便決心留在上海了……

1950 年，美製蔣機轟炸了上海，造成停產的局面。當時，人民防空部隊還沒建立，陳毅市長就寫了一張條子，讓交大電機系四年級二十多名同學提前畢業，作為第一支防空部隊的成員，參加保衛大上海領空的戰鬥。就這樣，我參了軍。我們從黃浦江裡把日本鬼子扔棄的一台破雷達打撈起來。經過晝夜搶修、組裝，架在上海大廈上。這是新中國成立後的第一台軍用雷達，蔣介石飛機在舟山群島起飛，它就看到了，加上郊外高炮部隊的對空阻擊，蔣機再也不敢空襲上海了……為此，我們受到了防空部隊領導機關的嘉獎。

然而，像我這樣家庭出身和複雜社會關係的人，是必然倍受磨難的。不久，領導上把我從華東前線部隊調到防空學校。我刻苦鑽研，在雷達教學和科研上作出成績，受到通報表揚和獎勵。抗美援朝，我幾次申請報名參加志願軍，那正是雷達實戰鍛煉的好機會，可是別的戰友去了，就是沒讓我去。接著，組織上又把我調到內地的防空學校當教員，我又多次立功受獎。1958 年，部隊動員上山下鄉，開發北大荒。我同大家一樣，也寫了申請的大字報，很快就被批准了。說心裡話，我捨不得離開部隊，捨不得離開心愛的雷達專業。但，我知道我是『腦門上寫字的人』，遲早要轉業的。我同熱戀的一個姑娘分了手，來到了北大荒……」

他姓劉，原是廣州軍區機要處的中尉軍官，如今臉容顯得蒼老，平靜的語調中透出酸楚：

「整整三十年了，有多少話要說呀?! 記得 1956 年 4 月，我乘坐京廣線的特快列車，平生第一次來到首都。『五一』那天，我興奮地換上便衣，加入中共中央機關隊伍，作為手執紅旗的儀仗隊員，在天安門前見到毛主席。晚上，看了令人心花怒放的節日焰火。同樣使我難忘的是在阜城門外甘家口部隊學習班上，推廣了我總結的關於機要工作的『循環記字法』。不久，我的軍銜被晉升為中尉。

誰料 1957 年整風時我給軍區機要處提出的改進領導工作的『八條意見』，被當作『毒草』批判了半個月。這樣，曾被譽為『中南機要戰線上的一面紅旗』的我，算是被『打倒』了。1958 年春，部隊動員到北大荒建設國營農場，我要求上山下鄉的大字報申請被批准了。我懷著激動的心情和一大串問號，痛苦地交出了我悉心探索的一包研究資料，與我曾想為之終身奮鬥的這一特殊專業，隨著北上軍用列車徐徐開動，依依惜別了……

到了北大荒最艱苦的農場，被分配到只有一棟房子的生產隊……我和戰友們起早貪黑，辛勤勞作，終於迎來了收穫的季節。那是麥收的一天，接到農場的通知，要送我去上農墾大學。我高興極了，馬車拉著我僅有的一個行李和一箱書籍到了場部辦公室。誰知道，上面來了電話，說我『反右』中有錯誤，不能去學習。真是晴天一聲霹靂。我怎麼回生產隊？我又能說什麼？在宿舍，我整整哭了半宿……是呀，五歲那年，黃河發大水，隨母親逃荒要飯，沒哭過。十五歲，流亡江南時，一天吃一頓飯，我沒哭過……這一次，像關不住的水閘，淚水流出了我多少委屈！真叫人想不通，讓培養多年的機要骨幹撤下來，迢迢萬里來北大荒種地，為什麼也不讓學點種地知識呀……」

他姓黃，如今五十開外，方臉大耳，虎虎有神，能想像得出早年佩帶少尉軍銜時年輕英俊的模樣，他深思地說：

「我是被這股浪潮捲到北大荒來的。因為我不是一名正常的轉業軍

官，我是被錯劃為『右派份子』，被開除軍籍、團籍發配來的，分配在一個被嚴格監督的右派隊裡。歷史的誤會，把一個痛苦的專政對象和光榮的拓荒者緊緊連在一起了。埋怨命運嗎？這已無濟於事了。申訴辯論嗎？那更是不允許的。呼喊上帝嗎？這更不是戰士的品格。面對異鄉的草木、荒野上的風雪，以及被屈辱專政的痛苦和開拓的艱難與光榮，我應當怎樣邁開腳步走向人生新的途程……

我十四歲就參了軍，考進了軍事幹部學校。黨的培養，使我在政治上和技術上都進步很快，入了團，十六七歲就當了少尉軍官。1956年，黨再次送我到一所通訊學校深造。那時，我幹什麼都積極，什麼事都帶個頭。因為老同志、革命前輩就是這麼幹的。到了黨整風的時候，我還是帶頭提意見，說校長有官僚主義，還舉了一、二、三，說有的幹部不努力學習甘當外行等等……

反右派鬥爭開始了。沒想到越是坦蕩透明越容易被誤解，被抓小辮子。我被戴上了『右派』帽子。我想不通。檢討自己的過失可以，但，我絕不是主觀上反黨。當時，政治部的人對我說：『你才二十歲，好好承認自己反黨可以從輕，如不承認反黨，你的問題雖然不重也要從重！』我問；『從重怎麼辦？』他說，『從重就送到北大荒！』我想，毛主席不是教導我們要實事求是嗎？我就和人家辯論，越辯論問題就越嚴重了。於是，我被開除軍籍，剝奪軍銜，發配到北大荒監督勞動。當我摘下少尉肩章時，我像一個被五雷轟頂的人，痛苦得心在滴血……」

他叫石邦杰，解放軍第二步兵學校（重慶步校）射擊教官。15歲入團，16歲參軍，當射擊系教官時才19歲。重慶步校是個軍級單位，有5個營，二千多名學員。校長是胡正平少將。少將校長常帶年輕教官們去沙坪壩重慶大學等高等院校參加春節聯歡、座談，還勉勵他們獻身國防，當一輩子職業軍官。石邦杰也暗下決心：決不辜負黨和人民的重望，為國防教育事業奮鬥終生。誰料到風雲突變，1958年決定集體轉業

來北大荒。大尉以上軍官轉業去貴州，上尉以下全部來北大荒。一千多名學員全是經過抗美援朝戰爭考驗的班、排長，黨員占絕大多數。當然，石邦杰轉業還有個人的因素，正如他三十多年後給作者來信中所說的：

「按說，我當時來北大荒，也出乎大家的意料。但，我心裡明白，主要是我哥哥1957年被打成『右派』而受株連所致。1964年，我哥哥的右派得到甄別，在重慶官復原職。該單位來函給管理局組織部通知我。我當然為我哥高興。但，我呢？誰能為我甄別糾偏呢？誰又承認我當時確因受株連而來北大荒呢……」

他叫陶均模，張家口通信學院學員。1958年3月，他因父親被打成「右派」和戰友們離開通信兵學院，並和宣化通信學校軍官和學員，大約300多人一起乘火車，取道北京，直奔北大荒了。他在信中告訴作者：

「1958年我才二十歲，在軍校讀了一年八個月，是我最好的時光。來北大荒後，學員工資都定為36元5角。到了1973年，我還是掙30來元錢……但，使我最傷心的，在北大荒35年，從來沒有參加過一次復轉軍人座談會。當時，有人查過我的檔案，對我說：『你的檔案全是空的』……1979年，我父親『右派』得到了甄別，政府拿出600元重修墳墓。母親因而得到每月58元補貼。1984年我的戰友、老鄉，現牡丹江管理局政研室主任，通過多次打聽才知道我的地址，約我去一趟。他是在部隊給指導員提意見轉業下來的。他告訴我，原部隊已經開始平反，讓我寫封信去。兩個月後，我收到學院組織部來信，信中說：『這裡沒有你的檔案。請告知你去過哪些單位，以便查找。』……這樣，我才多方找查，終於在密山八五一一農場找到了我的檔案。事隔30多年，我才明白來北大荒的原因：一、父親是右派份子，二、在反右運動中不發言，不寫大字報，對黨『極端仇恨』……組織上將我檔案郵到西安，不久，收到了複查文件和補發的畢業證書。」

複查文件是這樣寫的：

對陶均模同志問題的複查決定

陶均模同志原係中國人民解放軍通信學院（我院前身）雷達工程系學員。1958 年 3 月因反右運動中的問題，被退學處理。經複查，因陶均模同志的父親被劃為右派，受株連，和本人在反右鬥爭中被認為「敵我不分」而作退學復員處理。

其父的問題，經中共縉雲縣委 1979 年 7 月 24 日複查，縣委（1979）134 號文件予以改正，並恢復政治名譽。陶均模同志的問題，根據中發（1978）55 號文件的精神，決定予以改正，並補發畢業證書。

關於工資待遇問題，請按國發（1979）124 號文件精神，參照其同屆學員 1961 年畢業後，一般定為中尉正排級。為此，建議陶均模同志的工資定為國家行政 21 級工資 60.5 元。

中共西北電訊工程學院委員會

1984 年 4 月 3 日

三十年來，我結識了這樣的戰友無計其數，從他（她）們各自的曲折經歷中，逐步了解十萬大軍開發北大荒這個偉大歷史背景下如此錯綜複雜的個人命運。我第一次從功績和災難相結合的角度，成就和失誤相結合的角度，來觀察我的戰友、我的荒原、我的軍隊、我的國家。這是豪邁的，也是殘酷的。這是壯麗的，也是慘痛的。這是嶄新的，也是復舊的。如此複雜的群體，如此巨大的轉折，如此驚人的奉獻和犧牲，如此高代價的移民開墾和高速度的大進軍，已經不能用簡單的言辭和正規的史書來表達了。

歷史不應該「空白」，也不能「空白」！

「月球」是一個整體，不能只看一面，還要看另一面。

　　當年，人民解放軍號稱五百萬，實際是四百多萬。十萬人脫下軍裝，其中八萬多人進入北大荒。這不是微不足道的數字。五十名現役軍人中間就有一個要轉業復員！從當時官兵比例過大的情況來看，六萬名尉官轉業，所佔比例更大。可是，三十年來，幾乎沒有人探索這個歷史事件的背景，仿佛讓人忘掉 1958 年發生的這件事。歷史老人像可笑的鴕鳥，緊閉雙眼，藏著身子，卻露出了無法掩蓋的尾巴。倒是一些直性子的人指著這十萬穿軍衣的「移民」的脊梁骨說：「他們是被部隊刷下來的！」「他們是犯了錯誤發配到北大荒去的！」最近，作者看到一名戰友保存的筆記本，當年他曾在部隊復轉辦公室工作過一段時間，筆記本上寫著動員轉業軍人開發北大荒的內部宣傳提要，其中有一句令人深思的話：

　　「為了鞏固部隊整風反右的成果……」

　　這就是「刷下來」的代名詞。它顯得名正言順，又塗上了理論色彩。應該說，當年軍隊對開發北大荒的興趣甚少，抵不上王震將軍的萬分之一。真正的興趣是政治，是「鞏固部隊整風反右的成果」。當然，「刷下來」的人中間，有少數文化程度較低的工農幹部，他們不適應部隊現代化和正規化建設，被動員來開發北大荒了。其中有一批戰鬥英雄和殘廢軍人，還有一批體力偏弱、年齡偏大的軍人。加上集體轉業的七個預備師和兩個部隊醫院，以及速成中學等等，人數充其量不過二萬。而那六萬多轉業軍人呢？多數是有文化的連、排幹部，正在軍隊正規化、現代化道路上邁進的尉官們。他們由於整風運動中響應黨的號召，對黨、國家和軍隊建設發表了不同意見，甚至多數是對軍隊基層領導和一些不符合現代化建設的現象，其中包括令人敏感的領導幹部不正之風的問題，提出了尖銳的批評，就遭到了「毒草挨鋤」的厄運，分別被扣上了「右派」、「中右」和「右言」的帽子，[2] 終於被「刷下來」了。

　　像城市將垃圾傾倒在郊外，像歐洲將有毒的工廠廢物傾倒在非洲，

當年軍隊將這些在「整風反右」戰場上打掃下來的不順眼、不聽話的人，一股腦地傾倒在「北大荒」了。

1958年，對北大荒來說，是個大收穫。但，對實現現代化的軍隊來說，無疑是個損失。這個「無疑」是指在建軍中讓大批有文化科技知識的尉官轉業的失誤來說的。歷史將探索並填補這三十年來被人遺忘、撲朔迷離的「空白」。

形形色色的戰友經歷，牽動人心的轉業場景，令人深思的件件懸案，猶如色彩斑斕的珍寶，在我腦海裡閃閃發光，編組成一幅十萬官兵開發北大荒的「移民圖」。她撩撥起我的激情，呼喚我的良知，探索這個歷史事件的全部真相。

作為一名老兵，我不僅要將這個歷史事件的偉大和智慧展示出來，也要將這個事件中的不公和愚蠢公之於世。我不是道德法庭的裁決人，但也不妨對這個偉大事件作出道德的評判。翻閱史料，尋訪戰友，常使我想起當年有關這個歷史事件的一些輝煌之作，猶如〈永不放下槍〉的詩作一樣，還有大型彩色紀錄片《英雄戰勝北大荒》、電影故事片《北大荒人》、長篇小說《雁飛塞北》等，她們曾熱情地謳歌十萬官兵，曾激勵著當年的戰友和一代人，為之自豪而奮進……三十年來這些輝煌之作為弘揚北大荒精神，為激勵十萬官兵開發黑土地，建立了歷史功勳；也在祖國文壇的百花園裡，增添了一支色彩紛呈的奇葩。然而，歲月流逝，今天連同十萬官兵在內，人們漸漸發現，輝煌與失誤，成就與問題，是一同播種在這塊被人譽為「神奇的土地」裡的。

2　「中右」，即中間偏右分子，雖未扣上「右派」帽子，但，屬於犯錯誤的一個等級，內部控制使用，錯誤材料列入檔案。「右言」，即一般的右派言論，其錯誤性質較「中右」為輕，也列入檔案。

第三章
荒原尖兵

十四、小鎮誕生了勘測設計院

　　裴德鎮，這個在祖國版圖上找不到名字的小鎮。她屬密山縣管轄，實在小得可憐，只有上百戶人家。南臨穆棱河，北靠完達山餘脈。散落一片的老鄉土草房，其間矗立著日偽時期留下來的殘垣斷壁。從三十年代中期到四十年代初，侵華日軍曾在這裡建立軍事基地，又遷來日本長野縣的開拓團和一些朝鮮移民。為了掠奪烏蘇里江以西地區的資源和對付蘇聯，日本鬼子從關內抓來三千勞工，修建了一條從密山到虎頭的鐵路，並在這裡建立了一小小的火車站。1934年，日軍進駐裴德鎮後，在這裡建立了「經營部」，由日本西雄株式會社和戶日株式會社承攬了「經營部」所屬的軍營建設。他們在火車站以北的地方，修建變電樓、上下水道、坦克跑道、武器庫、軍人俱樂部、醫院和小學校。這些工程於康德7年（1941年）竣工。從此，這座小鎮成為日軍的一個重要軍事基地。

　　蘇聯對日宣戰時，這裡是從檔壁鎮和饒河縣向牡丹江市進攻的必經之地。日軍在潰逃前，放火焚燒了一部份房屋，其他一些建築設施也在戰火中被破壞了。蘇軍撤退時又將鐵

軌扒走了，只剩下光禿禿的路基……裴德小鎮又恢復了昔日的荒涼和寧靜。

光復後，這裡先後駐紮了八路軍三五九旅第五團和第四野戰軍六一部隊的戰鬥團，修復了一些急用的房屋。部隊撤走，又「人去樓空」……

裴德小鎮萬萬沒有想到，1958 年十萬官兵的到來，使她興旺起來。更沒想到這座小鎮居然匯集了一批來自祖國各地的大學生──在她那短暫的歷史上只見過兵：日本關東軍和人民子弟兵……對這批背著行李、戴著眼鏡、滿口「嘰嘰哇哇」南方口音的男女大學生們，則是破天荒頭一次見到。

小鎮誕生了農墾部勘測設計分院，是王震將軍的功勞。

應該把北大荒的荒地勘測設計的歷史留給後代。

從 1947 年創建第一批公營機械農場──通北、趙光、寧安農場以來，歷經十年的朦朧和曲折，拓荒者們才被建場前必須進行荒地勘測設計工作的這條鐵面無私的規律驚醒了。1947 年 6 月建立的寧安農場（當年叫松江省營第一農場），由於事先未經勘測設計，匆匆忙忙就開荒建點，先在珠河縣（現尚志縣）一面坡建場，開荒不到百垧就無地可開，只好遷移場址。當年冬天遷到延壽縣慶陽一帶，翌年開荒 600 餘垧，又發現荒地不理想，土地零散，地勢低窪，不適合機械作業。8 月，又挪窩到寧安縣石頭鎮一帶，才算站住了腳跟。1948 年在嫩江縣創建的鶴山農場，由於沒有對荒地進行勘測規劃，就大面積開荒，造成頭兩年開墾的荒地撂棄一半多。1949 年秋，鄰近又先後建立了「八一五」農場和榮軍農場，由於三個農場相距過近，沒有通盤規劃，只得合併，於是重新進行全面勘測和總體規劃……類似這種未進行勘測設計就匆忙開荒建場的事例，還很多。早年拓荒者們經驗不足，眼睛只看到現實，忘記了科學和未來。

　　真正的難題還在於當時墾區沒有自己的荒地勘測設計機構，沒有一支專業隊伍，沒有儀器設備，更沒有從事這項專業的大學生。

　　請看《梧桐河農場史》對早年勘測工作的一段記載（這裡，顯然還談不上規劃設計）：

　　1950 年 8 月 17 日，農場從四合山等各點抽調 20 多個勞改犯來到梧桐河地區踏查建點。為了查清梧桐河的源頭、支流、水量和流速，當時選拔三名幹部、一名懂水利技術的犯人、一名嚮導，沿河查看。當時沒有儀器，在測量水的流速時，從棉襖裡撕下一塊棉花，扔在河裡。沒有手錶，就按著手上的脈搏，看跳動的次數，對照棉花在水面上漂流的距離，來計算流速……

　　這是北大荒勘測史上的「奇蹟」。原始的勘測方法，表明了拓荒者們向科學階梯跨出的可笑、艱難而又是頑強的一步。同時，也表明了歷經十年朦朧和曲折的北大荒人對自己勘測設計機構和專業隊伍的急切呼喚！

　　農墾部荒地勘測設計院密山分院，終於在王震將軍的指示下成立了。

　　它誕生在小小的裴德鎮。

　　院址暫設在鎮內一所日偽時期的舊醫院裡。院落荒涼，到處是蛇，開始人很少，陰森森的庭院，傳說經常鬧鬼，嚇得在晚上要找個伴，才敢上廁所……院址後遷密山縣城北大營，那是日本兵營和牢房，經過 10 多年的變遷，舊平房已是殘缺不全。舊房稍加整修和間壁，變成了建院人員辦公室、食堂、集體宿舍和家屬宿舍。食堂過小，就餐人員高峰時 200 餘人，只好打飯回宿舍吃。由於調入人員激增，因而辦公室和住房特別緊張。那時的辦公室，人均不到兩平方米，一般是兩三人合用一張辦公桌。集體宿舍是通鋪或雙層鋪，有的連鋪也沒有，就睡在辦公桌上

或臨時搭成的圖板上。冬季外業人員回來，住房不夠，在數九寒天還要住帳篷。家屬們有的分居，有的三代同居不足 20 平方米的住房，有的兩家合住，一家能攤上一室半的小屋就是特殊待遇了……陳林副院長（原農墾部規劃設計處長），在面積約 10 平方米的辦公室裡住了 6 年，妻子來後，仍以這間辦公室兼做臥室兼廚房……

這就是北大荒早年科學機構的真實寫照。農墾部長王震是從「南泥灣」走過來的，既然「南泥窪」能變成「南泥灣」；那麼，北大荒的勘測設計院就應當在日本軍營的斷垣殘壁上起家。

「要艱苦創業，因陋就簡，」王震將軍用濃重的湖南話對籌建分院的陳林副院長說：「你帶領一批人馬，一手抓籌建，一手抓勘測設計工作。這就叫『邊打邊建』！」

十五、從祖國各地來的大學生

陳林，這個才四十出頭的河北漢子，1936 年曾就讀於北平朝陽大學，翌年參加革命，曾任晉察冀邊區幹校教導主任。他回憶起當年奉命籌建密山分院的情景：

「北大荒真是『棒打麅子瓢舀魚，野雞飛到飯鍋裡。』一群麅子曾跑進設計院的住地，一隻野雞竟飛進測量人員的廚房……我來後不久，大批知識份子就從全國各地來到北大荒，他（她）們和十萬官兵一起艱苦創業，開拓前進。『到基層去，到邊疆去，到祖國最需要的地方去！』這是五十年代青年學生的志願和理想，就是這批風華正茂、英姿颯爽的青年男女，離開北京、武漢、南京、大連等大城市，千里迢迢來到邊陲密山扎下了根，成為開發北大荒的尖兵……」

王震還同新疆生產建設兵團第二政委張仲瀚打招呼，讓他指派得力幹部帶領一批人馬來密山籌建水利工程局，為十萬官兵即將開發的荒地進行排澇治理。於是，兵團水利處長兼馬庫公路工程處政委苟成富，這

位 1933 年參加中國工農紅軍的四川漢子，才 40 歲，就帶領 18 名同志星夜兼程，來到了密山。王震又同黑龍江省委第一書記歐陽欽打招呼，不久，省土地利用管理局所屬的第一勘測總隊，連同隊長周玉琛，全隊共 195 人，劃歸密山分院。

應該說，上述三支隊伍不乏大學生，有的還是有實踐勘測設計經驗的工程師。跟隨陳林副局長來的李重祥，就是 1952 年西北農學院畢業的。跟隨苟成富來的 18 人中間，有畢業於西北工學院的水利設計工程師姜大方、水利施工工程師李夢雲。至於周玉琛帶來的勘測總隊，經過專業培養的中專畢業生，就更多了。

然而，將軍的胃口很大，他向當時主管大學生的高教部長蔣南翔一再發出軍人式的呼籲：開發北大荒光靠復轉軍人不行，需要有文化的學生娃子！高教部長被將軍的虔誠所打動，面臨第二個五年計劃經濟大發展而高校應屆畢業生奇缺的尷尬處境，他居然咬了咬牙，指令有關大專院校增添分配北大荒的名額指數……

王震將軍對知識份子的重視有其歷史淵源。早在戰爭年代，王震就在部隊裡聚集了許多知識份子。每逢他們上前線，將軍總要給師團打招呼：「好好照顧，可不要把我們的『墨水瓶』給打爛了。」他常說：「沒有知識份子參加，革命勝利是不可能的。這不是我的創造發明，黨中央文件早就講過的喲！」

在率領鐵道兵進軍北大荒的歲月裡，將軍感到同大自然作戰的艱鉅和複雜，他迫切需要科學和人才。為了迎接十萬官兵開發北大荒，他指示農墾部荒地勘測設計院先期派出人馬和設備來到裴德鎮，建立一座勘測三江平原的科學機構！

將軍的這一著棋走對了！

然而，將軍這一著棋走晚了一步！因為十萬大軍即將來到，而三江平原的大面積勘測和設計不可能在短短的幾個月內完成。這是歷史和時

代帶來的局限性……晚了，畢竟建立了。將軍的歷史功勳，就在於使北大荒有了自己的勘測設計隊伍和機構，為即將創建和擴建的一批農場盡可能提供較為可靠的地形、地質、水文、土壤和荒地資源資料，少走彎路。

坐在我面前的是一位退休婦女。花白的頭髮。一副黑邊的老花鏡。堅毅的嘴唇不時閃過和善的笑意。她是1957年西北農學院水利系畢業生，名叫李曉燕。西北農學院水利系是全國的「鼻祖」，歷史悠久，首屈一指。這座地處西安與寶雞兩市之間、以水利和土建聞名的大學，當年慷慨地給北大荒分配了八名應屆畢業生。

「分配名額一公布，我們就爭著報名，」她笑眯眯地感嘆了一聲，繼而激動起來，越說越快，生怕會遺漏掉當年的細節：「當時，我很瘦，貧血，體重才90多斤。家裡不讓我去北大荒，可是我爭著去，報了個第三名……密山分院只有八個名額，卻有二十多個同學報了名。那時年輕人就是有那麼一股子勁頭，黨一號召，就積極響應。『到邊疆去，到祖國最艱苦的地方去！』就像在我們大學生心裡點著了一把火，再也憋不住了。那年代，蘇聯電影《幸福的生活》，蘇聯小說《遠離莫斯科的地方》給了我很深的印象，早就嚮往北大荒，想到祖國最偏遠的地方去開發……所以，一看到接收單位是『荒地勘測設計院』，就認准啦。批准後的第三天，我們一行六人就動身了，另二人早兩天就走了。我的行裝很簡單：一包書，一個空枕頭（裡面裝滿了換洗的衣服），一卷被褥；加上父親送的一本精裝的《水利計算手冊》（原文版，是父親早年花8塊大洋買的），就上路了。經過幾天幾夜的火車長途跋涉，城市越來越小，車站也越來越小，人煙也越來越稀少……最後，來到密山車站——『北大荒』的大門口。從此，我的勘測設計生涯就開始了。對了，臨下火車時還鬧了個笑話，我的身體瘦小，一下火車，正好刮來一陣大風，我站立不住，跌倒在地，緊忙爬起來說：『喲，北大荒的風真

大，給我來了個下馬威！』這話逗得同學都樂了……」

郭大本，年近花甲，操著濃重的江蘇口音，顯得精明強幹。如今是勘測設計院第七任院長了。他是 1958 年主動要求分配來的大學生。老家在江陰縣，初中畢業，考進南京市海河水利學校，度過了三年中專生活。畢業後，考進華東水利學院水文系，又念了四年，畢業了。他告訴我：當年，這個學院是全國分配，各地都有名額。但，黑龍江省鐵道兵農墾局只要一名。這就給他出了難題。原來他當時已明確了心愛的對象——同班的一個女同學，名叫王清。兩人同窗七年，學習成績都非常好，王清還是連年的優等生。在大學，一個當學生班主任，一個當團支部書記，配合默契，形影難離。可是，臨畢業分配，密山分院只有一個名額，兩人都想去，卻只能去一人，怎麼辦？……作為預備黨員，他毅然決然地申請來了，王清卻分配到內蒙。好在都是北上，大方向一致。兩人就懷著依依惜別之情，乘車北上，繼而分赴兩個邊境省分，直到四年之後，密山分院才用另一名大學生將王清從內蒙換了回來，了卻這對年輕人的終身大事。

這裡，摘錄一段史料，從中可以看出當年這群大學生走向荒原的歷史軌跡：

建院初期，人員來自四面八方，技術人員中，絕大多數是全國各大專院校的應屆畢業生和經過短訓專業培訓的高初中學生。在「邊工作，邊建院」的方針指導下，他（她）們放下行李、書箱，在裴德鎮舉行了極為簡樸而莊重的建院成立大會，三天之後，便在老同志的帶領下，深入荒原沼澤，奔赴各自的工作崗位。

這些應屆畢業生的來歷是：大連工學院 11 人，西北農學院 8 人，武漢水利學院 223 人，北安農學院 19 人，佳木斯農校 29 人……連同北京、新疆、公主嶺、南京等地來的技術人員共 236 名，其中工程師 2 名，技術員

50 名，助理技術員 42 名，大專畢業實習生 69 名……

他們來到人跡罕見的荒野。所去之處，都是蒿草齊天、河流縱橫、泡沼連片、野獸出沒的地方。一切應用物資，均需人力背運，每人平均負重50 公斤左右。重達 3000 斤的鑽機，拆卸開來，用人力扛抬到工作現場。他們為了測點、定線、查面，冒著風雪，冒著漂垡陷身、泡沼沒頂、狼熊傷人等危險，終日在荒野中穿梭，泥水裡跋涉。晴天遍體汗，雨天滿身泥，午間牛虻咬，早晚蚊子叮，渾身上下，斑斑點點，到處是傷……

他們不愧為新中國共產黨哺育下成長的一代青年，不愧為北大荒的尖兵！

十六、奇特的勘測生涯

這群大學生有的比十萬官兵早來幾個月，有的幾乎同期到達。然而，他（她）們不是集體進軍，而且分成一個個小隊，一個個小組，深入荒原腹地，分割穿插，為十萬官兵踏查探路，勘測定點……因而，他（她）們遇到的困難和艱苦，無疑要多得多！

農場還沒建立，荒原還沒開發，他（她）們就深入渺無人煙的沼澤地帶，披荊斬棘，趴冰臥雪，為未來的新建隊、新建場勘探、測量、規劃、設計……新農場一建成，有的甚至還沒等建成，他（她）們又奔赴新的荒原了。

當年流傳下來的一名勘測隊員寫的詩描繪了他們的艱辛生涯：

捏滅晨星，踩碎晚霞，

一架儀器，兩根標尺，

量遍海角天涯。

雲浮明月，影伴殘蠟，

一頂帳篷，幾張疊床，

送走嚴冬酷夏……

趙惟驤，剛來北大荒才十八歲，一個愛好體育和數學的小伙子，如今也年過半百了。現任勘測設計院副院長。老家在山東濟南，初中畢業，就不願待在城市，想到外面去闖闖，哪裡遠就想上哪裡去。正巧黑龍江省土地利用管理局派人到學校來招生，他就帶頭報名了。他在長春市勘測訓練班學了一年半，就分配到黑龍江省第一勘測總隊，跟著隊長周玉琛來北大荒了。

他回憶當年勘測生涯時說：

「三月初，江南已是花紅柳綠，春意盎然。可北大荒卻是冰封大地，寒氣襲人。為了在解凍之前，趕到勤得利開展測繪工作。我們 500 多名技術人員在總隊、專業隊領導的率領下，從佳木斯出發，向北行進，第一站到達富錦縣。由於雪大，道路不好，就在縣政府的幫助下，籌集了一百五十副馬爬犁，沿著松花江冰面，晝夜兼程地奔向東北測區。十萬官兵要在那裡創建農場，我們必須在他們來到之前把荒地測繪出來。從富錦出發時，馬爬犁一個接一個，載著人員、物資和儀器，遠遠看去很有氣魄，就像一條在白雪上蜿蜒而行的長龍。經過幾天跋涉的勞累，我們終於到達了黑龍江畔的勤得利鎮——當時鎮上只有幾十戶老鄉，大都是赫哲族漁民。

當時，我們承擔二萬五千分之一比例尺的測繪任務。測繪專業隊下設 30 多個測量小組，每個小組 5 個人。離勤得利鎮較近和野外作業條件稍好的荒區，就安排女同志和身體較差的同志。我們血氣方剛、初出茅廬的小青年，好勝心強，越遠越荒涼就越爭著去，而那裡基本上是一片與世隔絕、荒無人煙的沼澤地了……」

進入荒原腹地，就像走進另一個世界。再也見不到一個人、一幢草房，也聽不到一丁點兒城市的音響，見到的盡是茫茫沼澤、原始林、蚊

子、小咬、野豬、麏子……還遇到過臂力過人的黑瞎子。

「荒原尖兵」們的一切生活和工作用品，都靠人力背運：行李、儀器、標尺、炊具、食品……帶少了要挨凍受餓，帶多了又背不動。經過精心挑選，每個人肩上要背 60-80 斤物品。當時，趙惟驤是小組長，手拿羅盤，在荒草、灌木叢中開道，後邊的隊員一個緊跟一個。進了沼澤地，眼前是一望無際的大大小小的塔頭墩子和一道道水線。使人聯想起早年紅軍爬雪山，過草地時的情景。幸好是初春季節，漂垡甸子還沒化透。但，走道還是深一腳淺一腳，又費勁，又使不上勁，像扭秧歌，他們風趣地叫跳「塔頭舞」。

野外勘測實在是一件艱苦而繁重的勞動。要在沒有路的地方走出一條路來；要在沒有地圖的地方找到自己的測區，並把它的地形測繪出來；要在沒有人煙的地方安下家來，把「家」扛在肩上，而且是一次又一次地搬家……

在沼澤地行進，壓得大家喘不過氣。想休息，又找不到乾燥的地方。每個人都明白，儀器、行李、糧食絕不能放在水裡。只好咬緊牙關，尋找大一點的塔頭墩子。到了大塔頭，人蹲下，把背上的物品暫時靠在塔頭上，稍稍喘口氣。全身衣服早被汗水濕透，兩腿又蹲在融化不久的雪水裡。寒風吹來，凍得嘴唇發青，渾身打顫。經過負重行軍，到達選定的目的地，卸下背上的物品，每人肩膀都被繩子勒出兩道紫紅的血印。然而，還不能休息，北大荒夜幕已經降臨，得趕緊安家、埋鍋、做飯……

要在沼澤地區選擇一塊乾燥的地方「安家」是非常困難的。即使在林邊，地形較高，地面也很潮濕，腳一踩就出水。小伙子們就砍一些小樹桿，搭起一個一米多高的臺子，再把小帳篷支在臺子上。帳篷裡鋪上一層厚厚的草，被褥就一個緊挨一個鋪在草上。這樣，「家」就算安頓下來。遠遠看去，樹桿搭的平臺就像一個舞臺，小帳篷是舞臺上的道

具。臺子四周是茫茫的沼澤，它連接遠方的藍天晚霞，就像停泊在大海裡的一支孤帆。

這就是勘測隊員的「家」，是臨時的，也是較長期的。因為他們要把這個測區的地形一塊塊測量出來，並繪製成地形圖，才能搬遷「新家」，勘測新點。於是他們在帳篷外，還搞了兩個建築物。一個是在西北角挖一口井。儘管到處是水，但沼澤地裡的水含鐵鏽多，水裡還有不少小蟲在游動。臨時飲用，必須用防蚊帽過濾一下；長期飲用要得病的。他們挖了一口井。另一個建築物是帳篷東南角，在兩棵大樹叉上搭了個簡易廁所。它離地面足足有三米高。現在看來，令人發笑：廁所何以搭得比住處還高？原因挺簡單，荒原的蚊子和小咬多得邪乎，每解一次手，如臨大敵，屁股上要被蚊子叮出密密一層大包。空中廁所，通風好，蚊子小咬上不去。如果臨上廁所前，在上風頭再用青草點一把煙火，就更安全了。這「空中廁所」，顯然是這幫小伙子們的匠心獨創，也是原始荒原的奇特「建築物」。

他們從進點到撤點、不斷搬家的幾個月時間裡，沒有吃到一棵青菜，連菜葉子也沒有。主要食品，還要隔三岔五地派人到隊裡設的「糧站」去背回來。所謂「糧站」就是隊裡把夠吃八九個月的糧、油、鹽和鹹魚等食品，運進靠近各測區的中心點。當時設了大小「糧站」近十個。大的派兩人看守，小的放在樹上，成了「無人售糧站」。離他們較近的「糧站」就沒人看守，每次去拿糧和鹹魚，記個數就行了。這裡不存在「商品經濟」，也無法「物物交換」，貨幣不起作用……由於長時間吃不上青菜，又無藥品，每個人眼睛都發紅，口腔潰爛，大便流血，有的還得了夜盲症。幸好，開春後，從五六月份直到入秋，大自然給他們無償地提供了豐富的食品：黃花菜、木耳、花臉蘑、猴頭，以及各種各樣的水鳥蛋，一窩一窩撿……這樣，便秘和夜盲症漸漸少了，但，腳病卻嚴重地蔓延開來。

　　長期在沼澤地裡跋涉，兩腳成天泡在發醬色的水裡，腳趾都爛了。當時，穿的鞋是特製的膠皮工作鞋，耐磨，防水，但不透氣。腳在濕鞋裡泡著、捂著，悶著，磨破皮、流黃水，接著潰爛感染，鑽心痛，一拐一瘸，走的又不是平道，遇上塔頭墩，腳更痛了。最難忍受的是早上穿鞋，休息了一宿，腳上潰爛的地方剛剛結了一層痂，一穿鞋又磨出血水。每天早晨都要把腫脹而潰爛的腳，塞進硬梆梆的鞋裡。到了晚上睡覺時，為了使潰爛的腳少受磨擦，他們就用繩子把雙腳吊起來睡，雙腳好像不是自己的了，發脹，發燒，控得慌……這滋味是可想而知的了。

　　令人難忘的另一件事是常穿帶補丁的褲子，濕褲子或帶冰茬的褲子。來回跋涉，褲子特別費。一條新褲子，穿不了幾天，就被荒草和樹枝磨破了。當時他們帶的衣服少，又捨不得再換上新褲子。於是舊褲子破了又補，補丁落補丁，單褲變成了幾層補丁的褲子，就像穿上一條厚絨褲似的。因為天天在水裡趟，褲子整天濕淋淋的。收工回來，把濕褲子晾在樹上，第二天出工時再穿上。一進十月份，天冷了，褲子掛在樹上凍了像個爐筒子。出工前，時間來得及，就在做飯的炭火上烤一下，來不及烤，就在樹椿上摔打幾下，硬梆梆地穿在身上，像一副盔甲，靠身上的體溫來慢慢融化結了冰茬的褲子……

　　這就是勘測隊員的生涯。他們與荒原作伴，與沼澤為伍，緊緊跟隨他們的是：風雪、毒日、蚊子、野獸、疾病……

　　原始荒野，經常碰上黑瞎子。有一次，在民主鄉南山觀測三角點時，遇上了三個黑瞎子，一大兩小。嚮導持槍把兩個小的趕跑了，大的站起來張望，槍聲一響把大的打死了。大夥吃了幾頓美美的黑瞎子肉。那個嚮導又跑到附近老鄉家，領著狗，抓回來一個小黑瞎子養著。

　　有一回，去「糧站」取糧，組長要派兩個人去。可是，有個隊員說自己身強力壯的，大白天一個人去怕什麼，就單身去「糧站」背糧去了。到了「糧站」他背起一袋 50 斤重的大米往回返，手裡拿著一根木

棍邊走邊哼著歌。突然，迎面遇上一大兩小的三個黑瞎子，他嚇得拔腿往後跑，一不小心被矮樹椿絆倒在地。這時，大的黑瞎子追了上來，他趕忙解下那袋糧壓在頭上，躺在地上裝死。黑瞎子攆上來，先把他的腳脖子咬了一口，把腳後跟的筋都咬斷了。接著用前掌把他的臀部抓了一把，一大塊肉被抓下來……後來組裡派人將這奄奄一息的人抬到區政府，那裡無法治療。只好在江邊掛上紅旗向對岸蘇聯打聯絡信號，送到蘇聯部隊醫院去搶救治療，終於揀了一條命回來……

十七、獻身者

然而，北大荒勘測史上已記載了一個個為勘測荒原獻身的人的名字。他們是：蘇錦山，在勘測小青河時，因不諳北方河流的水性而被淹死。

張國茂，在荒原勘測時被樹茬尖刺穿腳背，發生感染，又繼續作業，引起併發症，在送往醫院的小船上死去。

崔躍先，在冬季作業時遇大煙炮，迷了路，凍死在冰天雪地裡。

周光榮，在勘測青石嶺水庫時，檢查電閘不幸觸電而亡。

劉淑文，在八五三農場雁窩島測圖，在工地帳篷裡得了重病。小組五名同志用樹桿和行李繩搭成擔架，頂著風雪，連夜把她抬到分場，後又送到密山縣醫院，終因耽誤了治療而病逝。

……

要寫下全體犧牲者的名字已不可能，因為珍貴的資料難以搜集齊全。

荒地勘測是一場特殊的戰鬥，也是一種特殊的勞動。它是體力的，又是腦力的；既拿標尺又握槍桿；既要踏荒測量，又要埋鍋做飯；既消耗大量體力，又要求測繪的科學性和技術性……

每天清晨，太陽還未露臉，他們就扛著儀器，帶著乾糧踏上荒原，

劈路前進。先在測點架好了儀器，等到能看清 500 米以外的標尺上的讀數，便開始緊張的工作。各種水線、窪地的形狀，不同種類植被的面積、土質、水深，以及地形起伏、高低的微小變化……都要一一準確地測繪到圖上。為了抓緊時間，他們一邊吃一邊觀測。把大米捏成一個個飯糰，用測旗包著，帶在身邊。傍晚，直到看不清標尺讀數，才戀戀不捨地回家。遇上沒有月亮的天氣，為了不迷失方向，他們只得沿著來時踩過的小毛道，摸黑回帳篷。回到家，來不及脫換濕衣服，就趕忙動手做飯。大群蚊子小咬圍上來，邊吃邊打，一盆清湯，沒來得及喝，就落滿了一層蚊子。進了帳篷，還得緊挨著微弱的燭光，檢查白天記下的手簿，修飾圖上的線條和符號。有的拿出針線，縫補磨破的衣衫和褲子。帳篷外，只有風吹草原和遠處野獸的吼叫聲……

夏秋之交，北大荒常有暴雨，而暴雨往往是夜裡來到。但，荒原的夜完全是蚊子的世界。當時，勘測隊沒有自記水位計，必須親眼觀察。為了測看經流過程，每當暴雨來臨之際，年輕的男女大學生們，不怕雷電和野獸，兩人一組，日夜堅守在量水堰旁。蚊帽和手套只能抵擋蚊子短時間的侵襲，夜間在荒草甸子裡呆長了，蚊子可以鑽進蚊帽，甚至它的嘴針可以穿透手套直刺皮肉。夜間觀測人員，一手拿手電筒，一手拿筆記數字。他們在蚊子團團包圍中，臉上、手上、脖頸上都被蚊子叮滿了，全身像撒了一層芝麻粒似的。就這樣，觀測了一分鐘又一分鐘，一小時又一小時，從黃昏到黑夜，從黑夜到黎明……一直到記錄完觀測的數據。

北大荒墾區五萬多平方公里的各種比例尺的地圖，就是在這種艱苦的工作和勞動條件下，一點又一點，一線又一線地測繪出來的！這一個個點，一條條線，一幅幅測區，都深深地凝聚著成千上萬青年隊員的汗水和血水！而且在十萬官兵進入荒原前，他（她）們已經付出了無可比擬的代價！

第四章
王震下令徒步進軍

十八、密山縣——全國注目的熱點

　　密山，祖國東北角的小縣城，火車到這裡就終止了，再往裡就是漠漠大荒。這座在清代光緒年間設府的小鎮，因境內的蜜蜂山而得名。早年叫蜜山，後改密山。三十年代，它管轄的面積達三萬多平方公里，而居民只有二萬多戶。形狀像一個倒懸的葫蘆瓢，東起烏蘇里江，北至黑龍江，南臨興凱湖，囊括了半個三江平原的黑土帶。境內多沼澤，使人聯想起美國北部以沼澤遍布著稱的密西根州。這座古老的邊境小鎮，倒也見過世面。1929 年中東路事件，蘇聯曾派遣遠東特別軍占領過它。1933 年日本關東軍第十師團曾派兵駐守縣城，直逼虎林。其時，東北抗日同盟軍第四軍軍長兼一師師長李延祿率領的一支抗日游擊隊伍，曾在這裡神出鬼沒，抗擊日寇。1945 年蘇聯對日宣戰，紅軍第三路兵力從海參崴方向突破關東軍防線，進駐縣城……風雲變幻，直到五十年代，王震將軍率領的鐵道兵部隊的到來，才使它成為社會主義國營農場的指揮樞紐和後勤基地。

　　密山縣真正見世面還是這一次！1958 年春天，它成為全國、全軍注視的熱點。「十萬官兵開發北大荒」，「向地球

開戰」……一條條引起國人矚目的大字標題的新聞報導，連篇累牘地出現在《人民日報》、《解放軍報》、《東北日報》、《黑龍江日報》等報刊上。

軍隊系統和農墾系統為了組織這支「移民」大軍開赴北大荒，也頻頻發文發電：

1958年1月24日，軍委向各軍區、部隊發出〈關於動員十萬幹部轉業復員參加生產建設的指示〉。

1958年2月6日，軍委總幹部發出〈對退出現役幹部轉到國營農場參加生產建設有關具體事項的通知〉。〈通知〉中説：

「經與農墾部商議，所屬農場今年可以接收六萬名軍隊轉業的連、排幹部，二萬名班以下的工農骨幹、青年知識分子學員……上述人員到國營農場直接參加生產勞動，排、連幹部中，正副排級幹部（包括21、22級職員）應占絕大多數……由於東北地區國營農場所需人員數量很大，因此，凡去國營農場的排、連幹部，應盡量動員到東北地區的國營農場……工農骨幹和青年知識分子學員凡願到國營農場的，均到黑龍江密山農墾局所屬農場……

到國營農場參加生產建設的人員，應於四月以前到達農場。各軍區根據分配計劃和各有關接收單位直接取得聯繫，協商交接事宜。為了避免途中擁擠和及時到達農場，可以軍、省軍區為單位集中編隊、分批遣送（根據工作進展情況，成熟一批遣送一批）。遣送時，部隊應派得力幹部帶隊，負責送到農場……」

1958年4月10日，農墾部向所屬農場發出〈關於接收今年退役軍官的執行辦法〉：

「預一、七師組成佳木斯農墾局（後改合江農墾局），預四、五、六師分配到密山農墾局……

六萬軍官：分配密山農墾局3萬人，由濟南軍區，鐵道兵全部，北

京、南京軍區，志願軍大部，福州、廣州、成都軍區，空，海、炮兵總部各部……分別以專車運往密山；二萬名青年學員和工農骨幹，全部分配到密山農墾局接收。分配黑龍江省農場管理廳 7000 人，由南京、廣州軍區調集；分配友誼農場 1500 人，從空、軍調集……

請軍隊派人帶隊，組成連隊，護送到目的地幫助安排；各接收單位也應專人接待，了解必要情況，接管檔案，使今後或編組生產隊時有所依據……從 1958 年 3 月開始分別接收，視各軍動員進展情況，爭取 5 月底接收完畢。家屬房子：先讓有小孩的住，現沒小孩的採取『過禮拜六』的辦法，先集居，而後號召他們採取自建公助、互相幫助的辦法，早日建成自己的宿舍……」

這是一場特殊的戰役，不用真槍實彈，也不用飛機大炮；但，它確是一場真正的「戰爭」。雖沒有武裝到牙齒的敵人，可以進行攻擊，給以殲滅；但，面臨的卻是無計其數的「敵人」：沼澤、大醬缸、狼、熊、蚊子、小咬、風雪，以及暴戾成性的「千古荒原」。

這是一支特殊的部隊！穿著軍衣，不帶裝備，赤手空拳。十萬人馬僅有少量參軍前在老家幹過莊稼活，絕大多數與農村無緣，更沒來過北大荒。這批未來的農業工人，臨行前沒有進行過任何有關農業、農機以至踏查開荒等訓練，卻參加了一系列的政治運動：整風、反右、雙反、上山下鄉……其中為數不少的人剛從軍營裡大字報的火力圈裡解脫出來，他（她）們驚魂方定，卻要抖擻起精神，向地球開戰了。

這是一次特殊的進軍！十萬人馬從珠海之濱、黃浦江畔、雲貴高原、大別山下……從祖國的四面八方朝北大荒遷徙。最長行程達萬里以上，而半數以上人馬將從各地運送到密山縣城，然後進入荒原腹地，撒開人馬，開荒建點。春耕在即，時不我待！不僅要開荒種地，還要安家落戶，而新建點幾乎是「地無一壟，房無一間」，道路、車輛等運輸條件很差，有的新建點是「無路可走」，荒草齊天，白雪皚皚，「路」就

在腳下了⋯⋯

請看步兵第一預備師〈北上行軍工作總結〉：

「全師出發時，江津地區黨政軍組織了盛大的歡送會和夾道歡送⋯⋯我們以師直和瀘州幹校轉業軍官共 1000 人（包括家屬、小孩，下同）組成第一梯隊；以一團和軍事教導團 1500 人組成第二梯隊；以炮兵團 800 人為第三梯隊（在成都又加上軍區直屬隊 200 人）。第一、二、三梯隊分別於 4 月 5 日、7 日、8 日由四川江津出發，列車途中運行八個晝夜，於 4 月 13 日、15 日、16 日先後到達黑龍江省。

沿途鐵路員工送水，每天都保證吃上兩餐飯，還幫助沿途掉隊人員趕上部隊（沿途掉隊 56 人，至今尚有一人未趕上隊伍）。有一次因不聽從發車訊號，延誤開車四十分鐘。沿途發生較重病號 10 餘人，孕婦流產 2 人⋯⋯

此次北上，除預一師外，尚有從涼山調回的預二團、預三團，北碚步校，通信預校，西昌工作隊等 7 個單位組成⋯⋯人員來自南方，穿的棉軍大衣只有 4 兩棉花，不能禦寒⋯⋯」

密山縣，作為「北大荒」東部的大門，承受了巨大的壓力。每天要吞吐數以千計的轉業官兵，管吃，管住，還要將他們迅速送到荒原的各新建點。這對於當時只有幾千戶人家、東西兩條大街的古老小鎮來說，負荷量之大，可想而知。

作者找到了當年參加密山接待工作的人，他姓丁，原軍事工程學院中尉軍官，年過花甲，感慨萬千地對我說：

「我是在部隊掛上大紅花以後，便登上了去密山的火車。一下火車，借著朦朧的曙光只見從車站通向城裡的那條土路上，擠滿了穿著軍服、黃棉大衣、摘掉肩章和領章的轉業官兵。土路兩邊的空地上，堆滿了鋪蓋、行李、箱籠雜物。自行車的車牌上有的是『北京市』，有的是『青島市』，還有的是『成都市』⋯⋯這個在地圖上只有一個小黑點的

邊陲小鎮，突然顯得十分擁擠。我們軍事工程學院轉業來的共 200 多人，被安排到縣裡的鐵路中學，這算是優待的。每天好幾千人在這裡逗留，沒有足夠的車輛把他們送往新建點，這給小縣城帶來極度困難。縣城的機關、學校、俱樂部、倉庫都住滿了人。很多人住在老鄉家裡。農墾局密山接待站忙得焦頭爛額，人手不夠，還要搞宣傳展覽……就這樣，我沒下農場，留在接待站了。」

他姓盧，當年接待站人事組組長，他說：

「我作為一名鐵道兵復轉軍人，參加了密山接待站工作。開始時，農墾局派一名副局長到瀋陽軍區做了兩次動員，還派我去吉林空軍預備學校了解情況。春節過後，情況有變化。農墾部來了緊急通知，要我們密山農墾局先接收第二機械工業部（屬空軍系統）和地質部所屬正定地質幹部學校的人員——你知道，這個地質幹校在反右時學生鬧事被點了名的，學校整個解散，交給我們，分配來的青工學生和復員戰士 5180人。這時農墾局黨委才決定成立接待委員會，實際上是密山接待組……地質幹校的學生還沒接收完，局長從北京開會回來傳達上級指示：密山墾區準備接收六萬名轉業官兵……這樣，就開始忙碌起來，擴充接待站，記得當時接待站有二百多人。在火車站附近的大路上搭起一座彩牌，上面寫著「歡迎參加開發北大荒的同志們」，街頭路旁都貼著大大小小的標語，還印發了農墾局政治部給轉業官兵的一封信，以及當時趕印的《農墾報》專號……

我記得第一批轉業官兵是三總部的（總參、總政、總後），他們乘首批列車到密山站。他們離開北京時，受到了北京市人民的熱烈歡送，張愛萍副總參謀長、總政劉志堅副主任、訓練總監部蕭克部長，以及農墾部副部長張林池，都進入月臺歡送他們，還舉行了歡送儀式……每次列車到達，我們都組織歡迎，有時轉業軍人還沒下車，我們的人就上車廂慰問，幫助拿行李，分發慰問信和《農墾報》……當時，接待站專門

從公安軍文工團留下一批女文工團員作宣傳接待工作。這些姑娘非常辛苦，每個人分工好幾處轉業官兵食宿的地方，不僅要上車站歡迎慰問，還要帶他們安排住宿……

密山縣太小，每天有成千上萬人在這裡逗留。主要困難是交通不便，缺乏運輸車輛。火車到達後，不能將轉業官兵送往接收的農場。就是有汽車，也要用來運送婦女兒童、行李、檔案等物品……不僅火車站人山人海，而且接待站也被各種各樣的人包圍了：有農場來接收轉業軍人的，他們打聽人員到達了沒有？有部隊護送人員來交待人員花名册、檔案和部隊支援的物資。也有中途掉隊的打聽他那批戰友分配在哪個農場，要求派車送他到目的地。還有到了密山站不下火車的，埋怨部隊動員時把這裡說得如何如何好，什麼兩年機械化，三年電氣化，探頭一看，遍地白雪，滿目荒涼，要求回原部隊……總之，那些日子，我們接待組的人忙得腳打後腦勺，連睡覺的時間都沒有。

到了四月上旬，問題越來越多，壓力越來越大。儘管從黑龍江軍區緊急調來汽車運輸大隊，幫助把困在密山縣的轉業官兵疏散到他們要去的農場；但，運輸車輛還是嚴重不足。縣城裡的轉業軍人輸送不出去，增大了食宿困難，還引發了他們的不滿情緒，有的要回原部隊，有的還要回老家……而每天還不斷地從各地送來一批又一批的轉業軍人。這時，農墾局一面向農墾部告急，要求解決車輛運輸，一面決定在哈爾濱也設接待站，目的是為了減輕密山站的壓力；一批轉業官兵可以從哈爾濱乘船去饒河、勤得利農場；又在寶東設立一個接待分站。還有一批轉業官兵改變接收單位，由新成立的合江農墾局接收，這樣，可以從哈爾濱乘火車直接去佳木斯……順便插一句，後來聽說這給合江農墾局增加了壓力，他們派專人去哈爾濱，會同省軍區的一位校官去列車上向轉業官兵作轉車的解釋動員工作。工作非常難做，特別是瀋陽軍區來的那列車，好多老軍士和部份軍官都不同意，說他們是去密山農墾局，怎麼中

途變卦到合江農墾局呢？有的車都已到四方台和新華車站了，他們硬是不下車……真是費盡了口舌！就在這緊張時刻，王震將軍從北京趕來了。也正在這關鍵時刻，好樣的預備第六師的轉業軍官發出了倡議書：要求步行去八五八農場……」

十九、預備六師的倡議書

作者至今沒有找到預六師同志當年寫的〈倡議書〉，這封在十萬大軍進軍途中面臨困難時高舉勝利大旗、樹立戰鬥信念的信。它顯示了這支部隊集體轉業後依然有著嚴格的組織紀律性，也顯示了這千名轉業軍官的吃苦耐勞、顧全大局的精神。這裡有當年其他部隊轉業軍人響應預六師〈倡議書〉的一批「決心書」，為了留下真實的史料，現摘錄如下：

浙江軍區訓練團全體轉業軍官和家屬的〈決心書〉：

親愛的鐵道兵農墾局首長同志：

20日零點40分我們離開浙江，至昨日晨完成了三千七百公里的行軍任務，沒有出一點事故。一路上，全體同志互相照顧，互相幫助……到達密山後又受到農墾局同志的熱情接待。

現在我們開始了嚮往已久的生活，感謝北大荒給我們的見面禮——在南方少見的風雪。這是對我們克服困難的第一次考驗……我們保證：一、堅決服從組織分配，叫上哪個農場就上哪個農場；二、不怕房擠，不怕天冷，不怕吃粗糧，克服一切困難，開荒建點；三、向○五三九部隊（作者按：這是預六師的部隊番號）學習，為了早日投入生產，及時解決汽車運輸困難，要求步行去要去的農場……

空軍2155部隊轉業軍官胡××的〈決心書〉：

首長同志……臨來時我買了好多本農業書籍，還特地到浙江農學院要來了優良品種的種籽……我已作好了一切思想準備到最艱苦的地方去，白手起家，從頭學起，長期當個農民，安家落戶。一到這裡我就設法打聽哪個農場最艱苦，當我從先來密山的同志那裡打聽到以及在《農墾報》上看到八五六農場（按：後改名為勤得利農場）最艱苦，我便下定決心，堅決要求局黨委批准我到八五六農場去。我知道該場路遠，比其他場更冷一些，生產條件更差……我出身剝削家庭，從小沒參加勞動，出了校門，進了軍隊門……我年輕，才二十二歲，身體好，沒什麼病，單身漢，沒有愛人。我是共青團員，只要能批准，我願意徒步行軍到八五六農場去……

一封集體署名的轉業女軍官的信中提出：請求與男同志徒步並肩前進，不掉隊，不叫苦，不坐汽車，節省油料……

密山鐵道兵農墾局黨委還收到了一批捐款信。原來一批轉業軍官在進軍途中了解到農場面臨困難，建設上還需要資金，他們就商議：有積蓄的同志拿出一部份錢，捐獻給自己的農場。當場就有人響應，紛紛解囊，有人把剛發到手的轉業金捐獻出來。他們是第四步兵預校，通信兵第四團、第十七速成中學、南京軍區某學校。信中熱情地叙述了這場捐獻倡議的經過，還附了捐款者的姓名和款數：最高額的是一名少尉宋某捐款 1000 元，其他的三百、二百，有幾十、幾元的……總額為 4965元。○五二一部隊、○五八六部隊全體轉業官兵信中說：為支援建設我們的新農場，全體官兵捐獻儲蓄 6175.24 元……

二十、車站廣場大會

1958 年 4 月 12 日，這是北大荒開發史上值得紀念的日子。密山車站廣場紅旗招展，人山人海。廣場中央臨時搭起的主席臺上，播放著激越的樂曲。幾條醒目的歡迎開發北大荒的轉業官兵的橫幅標語，右側還

豎立著一塊王震將軍為轉業官兵題寫的詩：

「紅軍不怕遠征難，萬水千山只等閒」；
英雄奔赴北大荒，好漢建設黑龍江。

——王震

下午，大會開始了。天氣很好，廣場擠滿了轉業官兵，包括先期到達的，剛下火車的，熙熙攘攘。有的肩上還帶著肩章，有的戴棉軍帽，有的戴大蓋帽——顯然是從南方來的。有的講廣東話，有的講上海話，南腔北調……有男有女，有家屬孩子，還有十五六歲的小伙子。這些半大不小的孩子偷偷地隨著轉業軍人的列車來了，其中就有軍事工程學院工程兵系政委的兒子，姓南。他偷偷地從家跑出來，溜上火車，誰也沒發現，下了車才知道這小傢伙受到一位無腳拖拉機手事蹟的激勵，要來農場當拖拉機手。他一直跟到了開荒點，跟大夥一樣住馬架子，吃冰雪和高粱米，頂著蚊子瞎蠓叮咬學開拖拉機，成了一名不在冊的墾荒戰士，這是後話。

王震將軍身著軍服，肩上佩帶著三顆金星的上將軍銜，披著一件黃呢大衣，在農墾局長的陪同下，慢步走向主席臺。站穩後，他把大衣脫掉，向會場上的人群頻頻招手。這時，一陣掌聲像海濤般地鼓蕩起來。

王震將軍對著話筒，用濃重的湖南口音說：「歡迎同志們到北大荒來！我代表人民解放軍總部，代表農墾部全國農牧場 50 萬職工，向同志們表示慰問和熱烈的歡迎……大家來開墾北大荒，這個任務是很艱苦的……在這裡盤踞了十四年的日本帝國主義者，被消滅了，日本強盜蔣介石匪徒，都被我們消滅了。在這沒有人煙的地方，我們蓋了房子開了荒。能完成艱苦任務，就能得到光榮，英雄的人民解放軍是能戰勝艱苦困難的……」

　　說到這裡，將軍把話題一轉：「你們都是當過排長、連長，也有當過營長的，我也當過排、連、營長。同志們，在戰場打衝鋒，排、連、營長是在部隊前頭呢，還是跟在後面呢？（大家回答：在前面！）那麼開墾北大荒呢？（答：也該在前面！）遇到艱苦困難怕不怕？（答：不怕！）苦戰三年行不行？（答：行！）……說到困難，目前就有一個具體問題需要解決。來到密山的轉業軍人很多，汽車運不過來，有的同志建議：不坐汽車，走路，走上三天四天，就到了自己的農場。早走早到，早到早生產。我看這個建議好，有革命幹勁，大家同意不同意？（回答：同意）同意，明天早晨就出發！」

　　將軍興致勃勃，風趣地說：「同志們！你們有的帶來了愛人、孩子，還有的在火車上生了孩子。這些孩子長大以後，就比我們這一代強了，有文化又有知識，又有光榮歷史。他們將會向別人講故事說：我的爸爸當過紅軍、八路軍、解放軍、志願軍，又是開墾北大荒的先鋒隊，我是在火車上生的……同志們中間，有的沒有愛人，還是『單幹戶』，同志們！這是不是問題呀？（大家齊聲回答：是問題。有人答：是大問題。）對！是問題，但這是個能夠解決的問題。有好多初中、高中畢業的女學生寫信給我們，要求建設北大荒，她們來了以後，也都是『單幹戶』。過上二三年，還能不『合作化』嗎？不過姑娘都愛英雄、愛模範，想要找個好愛人，就得在工作中鼓足革命幹勁，做出成績。同志們說對不對？（大家喊了起來：對！）……」

　　在當年的大會上，將軍很詼諧，也發了火。據目擊者說：將軍當眾撤了兩名校官！原來轉業官兵都由原部隊派人護送，送到農場，做好接交手續，護送的軍官才能返回部隊。當時，南京軍區某空軍部隊有兩名護送的軍官（一名中校，一名少校），他倆把戰友送到密山，見到當時艱苦而混亂的情景，束手無策，就「向後轉」了，造成了很壞的影響。王震得知此事，當場派人將這兩名校官追回，叫到跟前，狠狠地訓了一

頓。有的説是當眾叫人摘掉這兩名校官的肩章。説法不一，後者倒是顯示了將軍的性格。

二十一、徒步進軍荒原

自從大會以後，雲集密山縣城的轉業官兵就按照將軍的建議，響應預六師的倡議，邁開雙腳，徒步進軍荒原了。婦女兒童、行李、家什，以及人事檔案等，還是用汽車運送的。也有例外，一批分配到八五〇農場的轉業軍官，從密山下火車，就挑著行李，背著背包，有的還背著孩子，步行一百多里，才到達新建點。分配到八五三農場五分場的轉業官兵，聽説大地開化，沒有道路，就肩扛背包、皮箱、自行車，徒步跋涉九十多里山林和沼澤，才到達目的地。分配到八五四農場的轉業官兵，開始東進，拖拉機拉著糧食、炊具和行李，人步行。機車在荒原裡行進十分困難，天黑還未到營地，轉業軍人只好荒原當鋪，藍天當被，圍著篝火度夜。機車往東大崗途中突然掉進冰水裡，找車拉，拉壞了也拉不出來，大夥只好一個個跳進冰水，拆卸機車……分配到紅旗嶺的轉業軍官，他們來自南海艦隊，在進軍路上因冰雪開始融化，遍地是水，行走十分困難。他們都沒帶水靴，有的穿著皮鞋，有的穿著球鞋，有的還穿著棉皮鞋，在泥水裡跋涉；沒有路，只能沿著機車的車轍走，不時掉進沒膝深的水裡，幾乎成了真正的「水兵」……

他姓蔡，原人民解放軍預六師教導團學員，正是王震講話那天下火車，趕上了荒原大進軍。這位年過半百的老人説：

「我是坐著中原大地開來的列車，經過六天六夜的旅途，來到了終點站密山。專車裝載著我們預六師教導團、十六團、武漢軍區後勤部等單位的轉業官兵近一千人。我們的目的地是虎林縣境內，靠近烏蘇里江畔的八五八農場。下了火車，正趕上王震講話，就邁開雙腳，向荒原進軍了……

　　第二天一大早，我們這支近千人的隊伍，以班、排、連為建制，各自背著簡單的行李，以領隊紅旗為嚮導，浩浩蕩蕩，從密山縣出發了。沿途一片荒涼，人煙稀少。一路上，戰友之間、官兵之間相互換著背行李，互相鼓勵。不少人腳上打起了泡，走瘸了。我從未參加過這樣艱難的長途行軍，走到中午，兩腳起了十多個大血泡……

　　隊伍到了楊崗，天黑了下來。前面指揮部傳來口令：停止行進，就地過夜。於是各自摸黑找地方，打開行李，在草棚裡用羊草鋪的地上睡了下來。六天六夜的火車旅途，加上八十多里路的行軍帶來的極度勞累，使我很快進入夢鄉……突然，開來兩輛解放牌卡車，把我吵醒了。領導上照顧體力差的同志，一共七十來個，讓我們搭車繼續趕路。從晚上八點多鐘，汽車在荒野的土路上顛簸了整整四個小時，駛近八五八農場北大通分場一隊八號地就停下了。司機說：北大通河上沒有橋，讓大家下車。聽說還有十四里地就要到達目的地，大家就振起精神，咬咬牙，扛起行李繼續趕路了……

　　天很黑，我們像扣在一口鍋裡，在一人多高的蒿草叢中的小道上艱難地行進。深一腳，淺一腳，磕磕碰碰……遠處不時傳來狼叫聲，像嬰兒在哭，這是我有生以來第一次聽到這樣令人毛骨悚然的聲音。到了北大通河岸，只有一根臨時搭上的直徑二十公分粗的木桿。朦朧中，我們就在這根叫做『橋』的橫木上慢慢地爬過去。一個姓孫的中尉不小心將眼鏡掉到河裡了，接著『啊呀』一聲人也掉下去了。幸好河裡還結著冰，沒化透，只是受了點輕傷。於是，我們又繼續行軍，兩隻腳像灌了鉛，一直走到天亮前的兩點多鐘，總算到了目的地——烏蘇里江畔的北大通分場場部！迎接我們七十多個新主人的是場部僅有的建築：臨時搶蓋起來的兩棟馬架子……」

　　他姓張，原第二軍醫大學轉業軍官，回憶了當年從上海奔趕北大荒的情景：

「我們二軍大在上海也是一個大單位，除大學本部外，還有兩個附屬醫院、一個護士學校。所以，除了轉業軍官以外，還有非現役的職工。他們中有部隊醫務工作幹部、機關人員、教員、學員、醫生、護士。年齡小的不滿十九歲，最老的年過半百。這些人加上家屬共120人。張玉芝同志是領著老婆、孩子和岳母一家三代來北大荒的。歡送會上，總後勤部部長洪學智上將還親臨講話，勉勵我們迎接北大荒的新生活。3月27日早7點整，學校舉行了隆重的送別儀式，在一片鞭炮聲、鑼鼓聲和雄壯的〈解放軍進行曲〉的樂曲聲中，大夥把我們一個個抬上汽車。我們則高唱〈墾荒者之歌〉、〈上山去、下鄉去〉等歌曲，乘車到達上海火車站，上午9時35分登上北去的列車，告別了上海，奔向黑龍江……

4月1日，是我們行車的第六天。聽說火車要通過松花江大橋，所以，天剛亮就醒了。往車窗外一望，映人眼簾的是一片白色世界，大地仍被冰雪覆蓋著。車停哈爾濱站，正下著大雪。我們在站臺活動了一會，領隊傳達了停車待命的命令。原來密山那邊人多，一時疏散不開，吃住成了大問題，要我們就地停車。於是，早飯後領隊就組織我們到東北烈士紀念館參觀，看了趙一曼、李兆麟等抗聯戰士為民族解放事業而壯烈犧牲的事蹟。從烈士館出來，我們就自由活動了。原來哈爾濱市電影院不像上海看專場那樣，只要有票，什麼時候進去都行，進去以後樂意看幾場也行。同來的不滿十九歲的小林，看上了癮，頭天看了一下午電影，第二天上午沒告訴大夥，獨自又去看了。這時接到火車繼續前進的通知，領隊急了，派人四處尋找，並請求幾家電影院廣播找人，才把他找回來……

4月3日下午2點15分，我們抵達火車的終點站──密山。列車尚未進站，就見車外路旁擠擠攘攘的人群，站臺上的高音喇叭播放著各單位的決心書和請戰書──可惜人聲車聲嘈雜，聽不太清楚。這是我們長

途行車的第八天了，總算踏上了第二故鄉的土地。大家帶著行李，跟著接待人員到了臨時住處──北大營家屬區，聽說這裡原先是日本關東軍的一座兵營。農墾局的職工家屬們熱情地歡迎我們，給我們騰房子，送水送用具。人多，炕上睡不下，大部份人都睡地鋪。有的住家兩口子讓出半個大炕要我們擠著睡，但，我們是單身漢，又是南方人，沒有非夫妻混睡一炕的習慣，就謝絕了。

因為我們來的 120 人，男女老幼都有，沒有參加徒步進軍的行列。為了等待車輛，在密山一待就是七天。等車的頭兩天，還上街轉一轉。密山很小，就是兩條街，一條東西向，一條南北向，土路，草房，磚房很少，沒有什麼大商店，幾分鐘就轉完了。姑娘們就到接待站食堂幫廚，還集體到車站勞動，男的在材料場搬貨物、扛木頭，女的清除積雪、刨冰塊……4 月 10 日下午 1 點，我們一行分坐四輛卡車沿密山──虎林公路直奔八五六農場二分場。四輛都是敞篷車，每輛車的大堆行李上坐二三十人。車過裴德就下起了雪。過了一個山崗，不時可以看到從積雪的山坡上飛出的野雞，引起大夥的驚奇。過了第四個山崗，有人說到了總場部了。我們睜大眼尋找，只見右邊稀疏的樹林中有幾棟草房，幾個人在門口站著招手，好像對我們表示歡迎。滿以為能在總場部休息一會，誰知汽車卻一直往西開去。路越來越窄，車越走越顛，雪越下越大。傍晚六點，終於到達了二分場場部。我們一個個都成了滿身雪花，又凍又餓的『落荒者』了……想到這是我們半個月旅途生活的終點──新生活的起點，我們也就忘記了疲憊，一個個精神振奮起來。

下了車，我們被領進食堂──一棟不高的草屋。面積不大，裡面有三四張桌子、幾條長凳。桌上有一碗鹹菜，桌間放著幾個特大盆盛著我們從未見過的大楂子粥。屋裡擠不下，大夥都自覺地盛了大楂子粥，挾點鹹菜就出了屋。我進屋晚了，只盛了一碗粥，鹹菜沒有了。站在屋簷下狼吞虎嚥地吃著，有人卻打趣地說：『白糖泡飯，又甜又香！』可不

是嗎？雪花飄到大楂子粥裡，猶如白糖泡飯。這就是北大荒招待我們這批墾荒者的第一頓飯。這頓飯——鹹菜條加大楂子粥，預示著艱苦生活的開始，預示著事業的艱辛，使我終生難忘……」

諸如這樣進軍事例，多得不勝枚舉。

短短兩三個月時間，號稱「十萬」的移民隊伍迅速進入荒原腹地。這無疑是移民開發史上壯麗的一頁。大部隊進軍，大面積鋪開！成千上萬人馬在同一時間從祖國各地匯集邊陲縣城，又幾乎在同一時間兵分百路徒步進軍，撒向漠漠大荒。這是一場沒有硝煙的戰役，是一場攜家帶口的進軍。有準備，也無準備。有計劃，也無計劃。匆忙，而又沉著。混亂，而有秩序。它生動地表明了王震具有將軍的魄力。同時，也生動地顯示了十萬大軍是一個堅強的整體，即使他們中間不少人心靈深處還蒙受著傷痛——儘管當年也有「轉業光榮」的口號，但，在「整風反右」的陰影籠罩下，轉業，失去軍籍，就意味著失去一切：失去軍人的榮譽，失去尊嚴，失去心愛的專業，失去獻身國防現代化的機會，失去戀人和未婚妻，失去優厚的工資和生活待遇……而失去尊嚴是高於一切之上的。

二十二、萬里尋夫

在十萬大軍進軍聲中，有一位堅強的年輕婦女，名叫潘桂英。她以無比的毅力，從四川樂山，背著尚未斷奶的孩子，長途跋涉了十八天，終於來到了八五三農場的雁窩島——她丈夫下放轉業的一個生產隊。

作者見到她時，已事隔三十多年。她已成了年近花甲的老人，密細皺紋的圓臉，斑白的短髮，慈眉善目。沉默時使人聯想起她老家那座傍江而坐的巨大的樂山大佛來。傳說這座唐代大佛是為了岷江急流險灘中的行舟人而特意雕鑿的，故佛面呈露出一片安祥的神態。聽了老人講述當年「萬里尋夫」經歷的艱險，作者不由得從心裡萌生敬意和讚嘆！

　　她無疑是當年跟隨轉業軍人進軍北大荒的家屬婦女群體中的代表人物。孤身一人，背負孩子和行囊，途經七個省分，進入漠漠大荒後，又長途跋涉，在人煙稀少的荒山野嶺裡穿越，終於來到與世隔絕的雁窩島，找到了自己的丈夫。她的經歷要比轉業軍官們集體徒步進軍艱險得多！

　　潘桂英說：「結婚不久，我丈夫就參軍了。那是1950年，他在老家當的兵，準備入朝。整整兩年，他沒來一封信。我滿以為他在朝鮮戰場打美國鬼子，沒時間來信。成天等呀盼呀，就是沒有音訊。姑娘出嫁，單身過日子，當兵的丈夫又不知下落。旁人就勸我：他死在朝鮮了，還是改嫁吧。我沒有聽，還是等呀盼呀……終於盼到他的信。原來部隊到了東北，經過志願軍出國編隊，沒有他；組織上調他到文化速成中學當教員了。這下我心上壓著的一塊石頭才落了地：老天保佑，他還活著，活得好好的，還當上了軍官……既然等了這些年，我就再等幾年吧，總有夫妻見面的一天。誰知一等就等了六七年。1956年，他總算回老家一趟，可只待了五天又匆匆地走了。我依依不捨地送他上車，心想：這一走，又不知要等多少年了……唉，老天就是給我這個命，嫁了個當兵的！1957年我懷著身孕，去部隊軍營看望他。這是我頭一次出遠門，孤身一人，人地生疏，我不怕。我決心讓他見一見即將出生的孩子，也讓孩子認認他爸！到了軍營，部隊領導就不讓我走了，說留下來吧，當個隨軍家屬多好！我說：不行，老家還有我的活，我只請了四個月的假，生下孩子，讓他倆見見面就走……那年10月，孩子順利地生下來了，是個女孩。全家三口總算熱熱鬧鬧地團聚了一些日子。到了12月，我就抱著孩子同他分手了，離開軍營，回到了老家。在老家，你可以想像得出我的艱辛，背著孩子幹活，背著孩子上識字班……我要求進步，寫入黨申請書，熬夜給孩子縫縫補補，待孩子入睡就端起課本認字——我不能給當教員的丈夫丟臉……就這樣邊幹活邊識字，一年多過去

了。突然接到丈夫來信，說他要轉業到北大荒，那裡是機械化農場，比老家的農村強多了。他還寄來 150 元錢，附上一張轉業軍官家屬的證明，說憑證明乘火車可以享受半票的優待……」

老人樸實、開朗，還帶著風趣，像擺龍門陣一樣向我敘述了當年「萬里尋夫」過五關、斬六將的「光榮史」來：

「丈夫來信讓我去北大荒，我當然要去。可是，我父母和嫂子都不同意。他（她）們不知道北大荒在哪裡，一聽說黑龍江省老遠老遠又是開荒種地，不如讓他回來種地，也好照應。母親說：『北大荒啥子地方喲？鬼兒子遠得很喲。孩子才一歲半，咋個帶起走喲。』嫂子說，『才給 150 元錢，路上花光了咋辦？』反正我是鐵了心了，不說『嫁雞隨雞，嫁狗隨狗』，總不能像過去那樣，老是兩地分居，得有自己的窩！這時，從長春回來的一個四川老鄉——他也是轉業軍官，到我家說：北大荒可冷了，不能去。那裡，冬天解手要帶棒子敲，夏天解手要點把火薰蚊子……經他這麼一說，父母和嫂子又都來勸我：別走，寫信讓他回來；當年抗美援朝當了兵，走多遠，家裡支持。如今脫了軍裝去種地，為啥越走越遠？讓他回老家種地！……當時，老家也有一幫轉業軍官的家屬，她們都面臨這種選擇：去北大荒，還是寫信勸丈夫回來？她們中間還流傳著順口溜：『嫁了個大排長，一聲令下復了員，喔喲喲，鬼兒子喲，叫我郎格辦?!』我可不是那種拖丈夫後腿的婦女，我對家裡人說：『路遠孩子小，都不怕。150 元錢夠母女倆吃好久。到了北大荒，孩子他爸能過，我也能過！』……」

潘桂英是 12 月 2 日動身上路的，背著孩子，帶著兩床被子、一個紙皮箱、一件棉大衣和一隻臉盆……足足有好幾十斤重。她不在乎，平時勞動慣了，有使不完的力氣。且不說她一路上經過七個省的長途顛簸，上下火車，買票探路，又背孩子，又提行李帶來的艱辛，單說她來到密山縣後的情景。

潘桂英滿以為到了密山，丈夫會來接她。事先在老家寫了信，又加發了電報。她萬萬沒想到當時對北大荒來說，信件和電報都不起作用。北大荒歷來有「三大怪」之說。自十萬官兵來到之後，又多了一怪：「人比電報走得快。」

下了火車，旅客都走光了，只剩下她母女兩人，還有熱心旅客幫她搬運到雪地上的一大堆行李。她望著空蕩蕩的站臺、光禿禿的樹以及冷冽、空曠的景色，束手無策。又等了一陣，她確定丈夫在新建點沒有接到電報和信件，壓根不會來接她，就果斷地獨自採取行動了。

這個樸實、開朗的婦女一路上遇到好人。這一回，她又遇到了好人。她囑咐一歲半的孩子守著行李，她去找一家旅店，一再叮嚀：「孩子，別害怕，媽去找你爸爸！」懂事的孩子連連點頭應答。這時，走來一位老鄉，也是轉業軍人，姓楊，他一連幾天來車站接家屬沒接著，又來車站一趟。見潘桂英母女倆守著行李，問明了原由，就主動地帶她上旅店去了。路上，他幫著潘桂英扛行李，「嘖嘖」著嘴說：「多艱難呀，咋拿這麼多東西，還帶著孩子……」見小女孩挺可愛，還逗樂：「要得！這麼丁點大的孩子就來北大荒找爸爸了，嘖嘖！」

到了一家小旅店，滿屋子人，他就把自己的舖讓給了母女倆，還招待她倆吃飯，見潘桂英掏出錢來，就瞪起眼珠說：「郎格搞的嘛，嫂子客氣啥喲！都是北大荒人囉！」

潘桂英在小旅店一住就住了三天，左等右等不見丈夫來接。她就逢人打聽：到八五三農場多遠？……人們回答：遠，遠極了，從密山到虎林，再到迎春，然後進完達山！

第四天一早，她就背著孩子，提著行李，上車站了。人家上車站走一趟，她得走兩趟：先背著孩子提著小行李，走一段，然後放下，讓孩子守著，回來再扛大行李……就這樣，一路倒騰了好幾回……從密山經虎林到迎春，坐的是悶罐車，門一關，車廂漆黑，啥也看不見。她心裡

卻明鏡似的：不管路多遠，顛簸得多厲害，反正離丈夫越來越近了⋯⋯

　　車到迎春站，已是深夜 12 點鐘。天正下著大雪，還刮著風，氣溫降到零下三十多度。四周一片漆黑，旅客們熙熙攘攘地走了，她打聽到轉運站的去處，又一路倒騰地將孩子和行李向雪地挪去，一邊挪一邊呵著熱氣對孩子說：「別害怕，找爸爸！」十多天長途顛簸和勞累，使她精疲力盡，但，她不知打哪兒來的勇氣，咬著牙，一步一個「撲哧」地朝前走⋯⋯她仿佛有了應付北大荒的經驗，在伸手不見五指、滿天風雪中，憑藉雪地的朦朧反光，認辨著通向轉運站的路。她一邊摸索一邊前進，對自己說：北大荒，凡是草少的，就是路⋯⋯

　　前面果然出現了燈光，她終於找到了轉運站。走進一看，原來是個地窖子大草棚，屋裡倒是熱氣騰騰。一只用暖瓶改裝的油燈，屋地草舖上橫七豎八地躺滿了人，鼾聲此起彼伏，幾乎插不下腳去。她找了一個旮旯兒，將孩子和行李安置好了，就給孩子餵奶⋯⋯一邊餵，一邊瞅著孩子凍得通紅的臉，顫抖地說：「孩子，快到家了，明天能見到你爸了⋯⋯」

　　一會兒，天就亮了。她又遇見了四川老鄉，轉運站站長，姓張，也是個轉業軍官。兩人就攀談起來。站長問：「老鄉，上哪兒？」

　　「八五三。」

　　「那裡太苦了，不如上八五二。」

　　「我不去。」

　　「八五三有大醬缸，人掉下去就淹死！」

　　「啥子叫大醬缸？」她不解地問。

　　站長也是個風趣的人，一邊做著手勢，一邊向她描述沼澤地的可怕。

　　「別嚇唬人囉，我那口子早就進了大醬缸，他還給我來信，又寄來錢⋯⋯為啥子他沒被淹來？⋯⋯」

雙方大笑起來。

潘桂英又在轉運站待了三天。丈夫還是沒來接。看來北大荒的信件和電報，倒是扔進「大醬缸」了……她不得不又一次採取行動了。

第四天，聽說有一輛汽車要上八五三去。她興奮極了，花三元錢買了一張車票，把行李推上車，又背著孩子上了車。一路上，在顛簸的車廂裡對孩子又親又哄：「這下子可見到你爸了！」

汽車沿著積雪的山路像散了架似地駛著，她暗中給汽車打氣、使勁。汽車爬坡，仿佛她也在使勁爬坡；汽車下坡，她的身子也可笑地扭動起來……

走了二十多里地，車停了下來。

司機說：「下車吧！」

她望著車外荒涼景色問：「八五三到了嗎？」

司機說：「路不好走！」

她和乘客們一個個垂頭喪氣地下了車。反正前面只有一條路，她就背著孩子、提著行李，跟著三三兩兩的旅客朝前走去。這時，她才後悔行李帶多了。這可不像從車站到旅店那樣一段一段地倒騰就可以到的呀。前面還有好遠好遠的山路和雪道哩……她下了狠勁，瞄著前面走的人影，氣喘吁吁地一步步地走著，一段段地倒騰著孩子和行李……到了岔道口，旅客大都拐進小道，只剩下一男一女跟她作伴了。男的是轉業軍官，接他妻子去八五二農場。看來也是南方來的，女的還帶把傘。這位熱心腸的軍官幫她扛著行李，在林子裡的雪道上一邊走一邊攀談起來。

走出林子，前面又出現了岔道口，這位轉業軍官就同妻子拐進了小道，臨別時好心地再三叮囑她：

「嫂子，祝你好運，也得一路小心。這北大荒冬天說不準會遇到野獸什麼的……最好路上搭個伴，互相有個照應，能截住一輛順路的車就

更好。」

她連聲道謝，目送夫妻倆的背影消失在遠處的樹林裡，眼眶裡的淚水撲簌簌地流下來。

如今，她真是面對漠漠大荒孤身一人了。

瞅著遠處起伏的山巒以及腳下積雪的山路，彎彎曲曲仿佛通向天邊……凜冽的寒風像刀子一樣刺得臉生疼。孩子喊著要吃奶，她沒聽見，望著孩子張大的嘴和地上一大堆行李，好久才省悟過來。餵罷孩子，她繼續往前趕路。她決心爬過這道山坡，希望能看到人煙，能看到人們說的那個嚇人而又親切的「大醬缸」——因為丈夫就在那裡！

於是，她再一次一段一段地倒騰著孩子和行李，頂著寒風，踩著積雪，還壯膽地哼起了四川小調。這在寒風中如訴如泣的小調，仿佛告訴眼前的荒原：她這個從四川樂山大佛那裡來的年輕婦女，不管路多遠，天多冷，就是爬也要爬到八五三，爬到雁窩島，爬到丈夫跟前……

她終於在路旁截了一輛汽車。司機說：「天色晚了，不去八五三。」她聽了，毫不理睬，遞上孩子說：「就是有孩子，才搭你的車，你開多遠我就坐多遠！」

天黑下來，汽車像老牛「哞哞」地在漆黑的山道上行駛，走走停停，不久，就打誤了。

司機說：「下車吧！」

她問：「這是八五三嗎？」

司機發火：「遠著哩！」

她也吼了起來：「不是八五三，叫我下車幹麼！」

不一會兒，開來一台拖拉機，將打誤的汽車拽了出來……汽車又朝前駛去。

夜深了，風雪交加。她沒有絲毫倦意，緊緊地摟著孩子，兩眼盯著車窗外車燈照射下的——後退的景物，像一頭警覺的母獅在注視著每一

個可能出現的意外……

汽車整整走了一夜，終於在黯淡的晨曦中停了下來。

司機跳下車說：「到八五三了，下車吧！」

她聽了，吁出一口長氣，繼而衝司機喊道：「你別走！接著孩子！」

司機不覺一愣，接過孩子，說：

「你那個雁窩島，還遠著哩，走吧。」

她笑著頂了一句；「遠著哩，再遠，也比昨天近了啊！」

她背著孩子，提著行李，來到一個大車店。摸黑進屋，良久，才看清滿地是人，她摸著一塊板，坐下給孩子餵奶。誰料一個閃失，孩子掉地，哇哇哭了起來。這時，才引起她好多傷心事來，母女倆哭成了一團。正在熟睡的人們一個個被吵醒，惱火地喊，「誰這樣不自覺，把大夥吵醒了！」

她那帶著哭音的嗓門更大：「你們睡得倒挺舒坦！」

天大亮了。她意外地遇見了丈夫的戰友，姓劉，兩口子是送孩子來看病的。這位戰友就趕緊給雁窩島分場掛電話，讓轉告生產隊的轉業軍官龔宗儒：妻子帶著女兒到了八五三，快來接！

第二天，這位戰友安排好了孩子看病的事，主動護送潘桂英母女倆去雁窩島。他們在大和鎮大車站住了一宿，起早趕路，到了一分場一隊，就著饅頭片填飽肚子，又繼續趕路。戰友幫著她背大行李，她馱著孩子，半路遇上三隊的馬車，就順路搭坐了一程。

車到六隊地界，她丈夫才急急匆匆地趕來。原來他正在地裡勞動，聞訊撂下手中的工具就趕來了。

夫妻倆終於在地頭見面了。整整十八天的長途奔波和艱辛，她有滿肚子的話要說，但，見了丈夫那風霜侵蝕的臉，瘦了一圈，又黑，鬍子拉茬的，她就什麼也沒說，只是捅了捅女兒；「孩子，叫爸！」

女兒不認，怯生生地說：

「這叔叔穿的黑衣衫，不是我爸！」

……

這歷時十八天的「萬里尋夫」，終於劃上了句號。

它僅僅是十萬官兵徒步進軍聲中的一朵小小的浪花。

三十年後的今天，潘桂英老人說起這段經歷，仍是感慨萬千。她已是當奶奶、姥姥的人了，當著我的面，衝她的大閨女——當年的孩子挖了一眼說：

「你們姊弟四人，誰不孝順我，我不傷心。唯獨你！」

女兒長得俏麗，如今是分場幹事，三十多歲，顯然比當年她媽來北大荒時要大多了，她也有了孩子，這位年輕的母親聽了老人的話，笑著點了點頭……

第五章
「小馬架」萬歲

二十三、〈馬架之歌〉

「小馬架，不尋常。

不用楞條不用樑，

不分頂蓋不分牆，

裡面還有『彈簧床』……」

這是當年轉業軍人創作的〈馬架之歌〉，實際上是一段順口溜。馬架，就是一種用草木搭成的最簡易的住房，形似「人」字形馬架，故名。別小看這極其簡陋、仿佛用肩一撞就會倒坍的人字形草棚，它在當年為安頓十萬移民大軍開發北大荒立下了汗馬功勞。

據《北大荒農墾史》記載：「1958年春，預一師1488名轉業官兵用一百天時間就搶蓋了一千多間馬架，使蘿北荒原上出現了幾十座『荒原新村』……3475名轉業官兵到八五九農場，苦戰二十多天，砍條子，割茅草，鏟草坯，搶蓋馬架360多間……八五二農場，總後勤部、第二航空預校、空軍十一師、志願軍二十一軍、濟南第六團等68個單位共3640名轉業官兵的到來，分配在六個分場和畜牧場各新建點，還

擴建第七分場。初建點，沒有住房，轉業官兵白天下地開荒生產，晚上點燈槍蓋馬架，有的住地窨子……」

要不是搶蓋一批馬架，十萬官兵的住房情況是十分尷尬的。

他姓武，隨著一支三百多名轉業軍人進入寶清縣長林島的一個尉官，如今，他那布滿老人斑的臉上露出沉思的微笑，這笑一瞬即逝，與其說是微笑，不如說是苦笑，他說：

「我們到了長林島，搓著手，跺著腳，又匆匆地卸下了行李。汽車馬上往回開了，司機說，島子周圍水面的冰即將化裂，不馬上返回就出不去了。我們揮手送走了汽車，趕忙安置自己的『家』……三百多人編成三個農業生產隊和一個基建隊。按照編制，各人攜帶著自己的行李，到指定的土屋草房裡去。這些草房是早年來的鐵道兵戰士臨時蓋的，他們去年還在島上開了一些荒地……

安家十分簡單、迅速，沒用上半個小時。大家按班、排順序，各自把行李安置在用樹枝、乾草鋪成的地鋪上，每人占 50 公分位置，這是事先用尺子量好了的。箱子和用具放在自己鋪位靠牆的一端，也有兩個人的箱子擺在一起的……一個星期前，我們在武漢軍區宿舍的樓房裡，晚上睡在鬆軟的單人床上，隨著熄燈號後營區播放的小夜曲，徐徐進入夢境，而現在擠在寒冷的地鋪上，連翻個身也得打擾左右，耳朵裡聽到的是屋外狂風的呼嘯和野狼的嚎叫……」

他是從哈爾濱工程學院轉業來的，姓晁，如今是滿有名氣的畫家了，滿頭白髮，冷峻的臉上緊閉著一張闊闊的大嘴，看來他講的話要比心裡想的要少，他難得地向我披露了當年進點時給未婚妻寫的書信：

「……昨天下午二時，六輛卡車滿載行李和人從密山連夜啟程，在凜凜寒風茫茫雪原中行進。雪大路阻，幾度停車。今天上午到達寶清縣大和鎮，行程四百里。八五三農場五分場離這裡還有九十里路，再往前就不通汽車了。全部行李換裝拖拉機和馬爬犁，人步行。五分場那裡一

無所有，如果今天趕到，臨時搭帳篷起灶生火已經來不及。大家晝夜兼程，飢寒交迫，決定今天在這裡過夜，稍事休息。到達密山時，農墾局報社的負責同志找我談話，要我留下當美術編輯，我拒絕了。『不入虎穴，焉得虎子』……

1958 年 3 月 10 日

我現在是趴在被舖上就著柴油燈給你寫信。三天前我們來到這裡，離楊樹林我們的『家』大約有二十來里路。任務是割草，為即將到來的大批新戰友準備臨時住處，搭『人』字馬架棚。我們兵分兩路，一路人馬伐木做棚架，一路人馬割草鋪蓋棚頂。我參加了割草隊伍。因為連日大雪，積雪齊腰，我們在雪海裡滾騰，勞動量大，工作效率不高……我們在這裡找了一間破爛不堪、滿是煙灰的小茅棚，做了些應急維修，把露天透氣的地方堵上了，以避風寒。據說這是一個朝鮮族漁民在附近七里沁河打魚時的住所，最多不過十五平方米。除靠門的一邊外，三面靠牆就地堆了割來的茅草，墊作通舖。很難使你相信，我們竟能在這小棚裡住下二十六人。更難設想的是，其中還有兩名女同志，我們專門為她倆間隔了一塊小天地。茅屋中間那點空地還支著兩口燒飯做菜的鍋。臨時搭起的爐灶，做飯取暖，一式兩用。

勞動歸來，人和煙塞滿了屋子。大家充分利用這個煙薰火燎、但又溫暖的空間，舖上躺著，舖邊坐著，地上蹲著，爐邊圍著。晚上睡覺，大家都要側著身子才能擠下。輪流分工的兩個同志正在燒飯做菜，冰雪和汗水浸濕了的棉靴、襪子和鞋墊，圍靠在爐灶邊烘烤著。地盤小放不下，有的索性把這些什物放在蒸飯做菜的鍋沿上。鍋裡鍋外都在蒸發著水氣，飯香和汗臭混雜在一起……煙囪又倒煙了，明天又要變天。實在嗆得厲害，信就寫到這裡……

3 月 17 日夜

離開五分場場部楊樹林的『家』快一個月了。這裡已經改變了模

樣，只有我們住過的那個小帳篷還孤零零地支在那裡沒動。我們的行李仍露天堆放在那裡，包括我那幾口袋裝著油墨和木板的箱子，都用一塊大防雨布遮蓋著。這裡是路不拾遺的『君子國』。

隊裡又增添了一大批來自祖國四面八方的轉業軍人，兩個特大的茅草馬架搭在楊樹林的深處，從場部伸進去有二里來路。其中一個足足住進去二百五十多人。大家都睡在用原木釘架的兩條大通鋪上，中間留有一條過道。其中還有不少家庭單元，兩對夫妻之間只有一口箱相隔，可以想見裡面熱鬧的景觀了……

4月6日」

他姓趙，原是一名空軍少尉飛行員，祖輩三代要飯，西北地區少數入選的飛行員中的一個，由於貼了一張支持伙伴的大字報——他不同意部隊對精簡下來的飛行員的冷淡態度，就被刷下來了，如今他綻開滿是皺紋的臉，像一個老小孩，樂呵呵地對我說：

「我們從4月16日到19日，走了整整三天，到了八五〇農場四隊，一看啥也沒有，只有幾棟破草房。二百來人中間，有夫妻雙雙轉業的，有帶家屬的；還有少數帶孩子的。當時，夫妻一對一雙地安排在一條通鋪上睡。天很冷，但是得掛蚊帳，一個蚊帳裡睡一對。還有講究：這邊男的挨著那邊男的，女的挨著女的，以免發生誤會。單身男女也睡在一條通鋪上，按照年齡大小，男的從東往西排，女的從西往東排。我當時年紀最小，就挨著一個大姐睡。現在回想起來，單身男女挨在一起睡，實在可笑。當時，草棚透風，土牆掛霜，凍得我啥想法也沒有……」

二十四、安得廣廈千萬間

北大荒真大，北大荒也真小。當年，它創造了全國人均居住面積最低的水平，也創造了「男女混居」、「多戶共居一室」的奇蹟。江濱農

場當年一間不足二十平方米的草屋，曾同時住過四對新婚夫婦，被人們傳為「四喜臨門」和「集體洞房」的佳話。友誼農場科研所，有兩對夫婦，一對是剛從部隊轉業來的測繪員、文工隊員，另一對是朝鮮族人，土壤農化系的畢業生。兩對夫婦共住一間草屋，中間掛一個布簾。平時倒好說，一屋兩家，和平相處。可是，由於工作需要，有時這家男的出差、而另一家女的出差；這就帶來麻煩。

總不能在漫長的黑夜裡任憑一個布簾隔著一對並不是夫婦的年輕男女……遇上這種情況，為了預防引起不必要的閒言碎語，留家的男方或女方就知趣地上集體宿舍了。

八五六農場四分場有一間屋子住了18對夫妻。開始時，擠在一起，倒也和睦。時間長了，矛盾漸漸產生，夫妻生活也沒法過……他們為此編了一段順口溜「北大荒，不荒涼，18對夫妻一間房；你擠我，我擠你，擠來擠去太荒唐；要想親熱不敢動，摸黑回來上錯炕……」

河北軍區訓練一團轉業來的140多名軍官帶了一部份家屬。天黑時間到了新建點，就安排在一幢舊草棚裡睡覺。坐了幾天車，大家都累了，很快進入了夢鄉。半夜時分，忽然聽到有人叫喊，打開手電筒一照，原來是年齡較大的主任蒙著被子，舞著拳頭喊：「黑瞎子來了，黑瞎子來了！」又一照，只見一個黑糊糊的傢伙，聽得喊聲，慌慌張張地踩著人們的被褥跑來跑去。大夥都驚醒了，正待採取緊急防禦措施，定睛一看，原來是一頭幾百斤重的老母豬。這才引得眾人哄堂大笑。事後才知道這幢舊草房原先是一個豬圈，幾天前才清理出來，改成集體宿舍。老母豬戀圈，拱壞了新圈，跑回老圈來，才鬧了這個笑話。家屬們聽了，嘟囔道：「怪不得屋裡有股臭味……真倒霉，來到北大荒，住進了豬圈。」一個轉業軍官打趣地說：「哪是倒霉？我們從河北小縣城來到了天境仙界，玉皇大帝沒見著，就在豬八戒的天篷元帥府住下了。」

這裡有一篇關於馬架子生活的回憶文章。作者是當年從軍校轉業來

的少尉文化教員，描述了住馬架離不開蚊帳以及蚊帳的妙用，風趣橫生，堪稱一絕：

「北大荒嘛，『荒』字拆開，上邊是草，下邊是『水』，草多水多，蚊子肯定少不了。我被分配在八五三農場四分場，也就是頗有名氣的雁窩島。島上的蚊子多得邪乎，劈空一抓就是一把。到了晚上蚊子全體出動，『嗡嗡』聲不絕於耳，都湧進馬架子來了。這樣，從部隊帶來的蚊帳就成了我們的傳家寶。收工回來，一進馬架，就得鑽進蚊帳，否則，蚊子就會把你團團包圍。蚊帳在白天也必須落下來，四角四邊用被子壓得嚴嚴實實，防止蚊子趁虛而入。進入蚊帳時，不忙脫衣服鞋子，先站在帳前用軍帽大力忽閃，為的是請緊追不捨的蚊群讓路，然後以迅雷不及掩耳之勢掀開蚊帳一角魚躍而入。進入『陣地』之後，開始『構築工事』，脫下水鞋謹慎地一隻一隻從蚊帳邊伸出扔到地下，接著脫下衣褲，全部壓在蚊帳四個底角和底邊。蚊帳下面凸出一個方框，為的是不使自己的肉體直接挨到蚊帳，否則就有隔帳被咬的危險。『工事』築好，接著是『掃清殘敵』，哪怕剛才只是掀動蚊帳一角、急速竄入的一剎那，隨之而入的『蚊敵』已不計其數。這時，一盞盞探照燈（手電筒）開始在各自的帳中搜索，一聲聲高射炮聲（拍巴掌）此起彼落、連連射擊。每日一次的『地對空』激戰就此開展，而且經常開展『殲滅敵機』大競賽。各個帳內紛紛報數：一架，兩架……三架、五架……十架，二十架！最後各報總數評出對空射擊能手。我曾以一次殲滅『敵機』59 架而榮獲亞軍，其中不少蚊子身上已見血了……馬架裡的蚊帳成了墾荒戰士的小樂園，它既是臥室、辦公室、學習室，又是文藝晚會的舞臺，被垛拉過來就是炕桌，手電筒擰下玻璃罩一立就是燭臺。看書的，寫信的，甚至邀請一位戰友進帳來下棋，大戰『三百回合』，以及海闊天空地聊天，你一段我一段地拉起文藝節目來——『蚊帳晚會』便應運而生！」

　　1958 年，五萬多平方公里的荒原上建立了這種以「馬架子」為中心、以「蚊帳」為個人天地的墾荒生活。十萬官兵，連同他們的妻子、兒女，基本上過著近似「穴居人」的生涯。人們像罐頭裡的「沙丁魚」似地擁擠著。

　　轉業官兵們在長途跋涉、勞累萬分、到達一無所有的「家」之後，就振作起精神，動手建造自己的「家」了。他們不再幻想，也不寄予希望，而是腳踏實地地用最快的速度、最節省的材料、最簡單的勞動，來建造自己的窩了。

　　於是乎，成千上萬幢「馬架子」應運而生，它的原料就是用斧子砍下幾棵樹桿，用鐮刀割下樹條、茅草，用鐵鍬切下方形的草垡……然後，立椿，架樑，壘牆，鋪頂，墊床──這就是窩！馬架子！在嚴寒未消、積雪未化的茫茫荒野裡，她象徵著生命有了依託、避風禦寒、稍有暖意的「窩」！

　　作者案前擺著上百幅當年轉業官兵們建造馬架、土屋的照片，有的在豎椿、支架，有的在編排屋頂，有的斜靠在馬架前歇憩，有的在馬架上方費勁地挖出一個方形小口，看來要開個透射陽光、迎接光明的天窗……還有一張照片深深地撥動了我的心弦：一幢「披頭散髮」的馬架前，兩名轉業軍官正在休息，一個在臉盆裡搓洗衣服，另一個含笑地在縫補軍衣。馬架出入口，蹲坐著兩個六七歲的孩子，一男一女，看模樣是姊弟倆，正在側臉凝視著什麼……也許是一個家庭？由於年代已久、照片模糊，另一名縫補衣衫的興許是個女軍人？……黑白照片左下角，襯托著一行白色小字：「1958.10.1 北大荒留影」

　　啊！這是國慶節一個轉業軍官全家合影的照片。正是舉國上下歡慶建國九週年的偉大時刻，也是毛澤東巡視大江南北，向全國人民發出「人民公社好」、「大躍進萬歲」的號召的時刻，天安門前紅旗似海，人群似潮，人民湧向領袖齊聲歡呼，佩戴肩章、身穿禮服的人民解放軍

方形隊列正接受檢閱……這時刻，有誰能想起遠在祖國東北角的十萬戰友是怎樣度過這個節日呢？

「安得廣廈千萬間，大庇天下寒士俱歡顏，風雨不動安如山！」

二十五、「勞動日記」和「南京新村」

這裡披露的是一位來自西南山城的轉業軍官的《勞動日記》：

「……眼前展現過好多變化呵，經歷了無數次的『第一次』！今天在這片大荒原上，我們終於舉起了斧頭砍刀，披荊斬棘，『向地球開戰』！扛了一天木料，是為了在荒涼的草原上，修建落腳的窩……

——1958 年 5 月 20 日

雖然腳上起了三個大血泡，也影響了我的進度，能和大家一樣扛起百多斤的木頭，我是很高興的……我們的『房子』修得很慢，主要原因是缺乏經驗。房架搭好，一位副場長來檢查，說我們連房門的方向也沒有開對！……本來還可以休息一會兒，因為要拾柴，不然燒飯成問題……打住，我也寫不成了。嘿，這裡的螞蟻，又多又大……

——5.27.

今天的勞動比較輕鬆——割草。經過一些同志的指點，基本上曉得怎麼割了。人不算累，卻被一群群小咬叮得難受極了。我滿臉都是紅疤。為了防止它們進攻，虞某把頭、臉、嘴全用布裹了起來，連鼻子下面也用手帕遮住。大家說他簡直像個阿拉伯人……

——5.28.

我們的第一間草房，總算建成了。由於是自己蓋的，思想上有種特殊的感情。這種草房，雖然也是『臨時』的，但，比窩棚還是『闊氣』多了。將來搭上炕能過冬，就太好了。聽說一共要蓋五十多間，我和妻子也有一間，果真那樣，我一定要好好布置一番。我發現『將就』的思想要不得，昨晚下雨，我們的房子沒蓋草，嘀嘀嗒嗒地漏。我睡在鋪

上，懶得動彈。東邊漏，我的腳就往西邊攔。前面漏，我就往後挪。結果，被蓋墊褥全濕了。如果克服一下，起來收拾，不僅不會把一切打濕，還可以目睹風雨雷電交加的大荒原哩……

——5.29.

今天，我們開始為生產隊打井，這是一件艱苦的工作，除了十字鎬和鐵鏟，沒有其它工具了。地下的石頭很多，經常『塌方』。我們拿著臉盆和柳條筐頂在頭上，吃力地挖土，進度仍然很慢。大家滿身是泥，虎口震裂，牛虻又來糾纏……弄得心裡很不舒坦。下午，一位朝鮮族獵人路過我們工地，看我們打井，十分驚詫地用生硬的漢話問：『你們就這樣打井？不下木框，沒有保險，萬一挖深了，土塌下來把你們埋住咋辦？』不說不怕，說了才怕。大家要班長趕快去隊部請示……

——6.5.」

雖然是簡單勞動，但，還得需要有人指點。在當時搶蓋馬架窩棚也成了突擊性的「群眾運動」；因此，沒有人來指點，也沒有時間去請教。由於人人動手搶蓋馬架，工具異常缺乏。轉業官兵就自己掏腰包，派人外出購買工具和鐵釘鐵絲等簡易的房建用料。八五〇農場二分場一隊，來自防空軍十四師的二十八名轉業軍官帶頭捐獻，全隊共拿出 184.3 元購買工具。八五九農場一分場轉業官兵，共捐獻 960 元，買了 364 件工具……這場搶蓋馬架窩棚的浪潮，不僅遍及每個轉業官兵，而且連他們的妻子和孩子也捲了進來。

請看農場當年有關蓋房的總結材料：

「我們八五三農場消滅了『蓋房』的死角，沒有一家不蓋的，有的90%是家屬出的勞動力……不論是有孩子的，懷孕的，除了機務人員的家屬沒動起來，其它全部動起來了。樹條，椽木，絕大多數是家屬搞的，上房蓋，打牆是用家屬換工。動員時結合本身利益，不蓋不行，沒房住，走不了，不應拉丈夫（指轉業軍人）的（後）腿，建設北大荒男

女都要貢獻力量。一分場一隊鄭某的愛人是個小學教員，在家從來沒勞動過，備料從一隊到林場往返三十華里，泥水深，深處没膝蓋，她每天備料兩趟，砍小條二十多捆，椽子木 27 根，第一個搬進了新居。方某是個中學生，她有腰痛病，堅持備料，房草料都是她備的。楊某兩天砍椽子木 38 根，她一次就扛 14 根。黃某的愛人白天換工備料，夜裡臨產，生下孩子。李某背著孩子割草。有兩個家屬上房蓋草時流產了……

八五九農場十八歲的姑娘，李某，她隨姐姐、姐夫住在部隊，在南京工業學校念書，聽到部隊動員來北大荒，她就瞞著姐姐、姐夫向組織上申請，組織上認為她年齡小不能去，經過十幾次申請，終於批准，毅然離開親人，隨轉業軍人來到一分場七隊。到了七隊，没房子住，她就擠在老鄉的牛棚裡，吃的是高粱米和大楂子；没蔬菜，就頓頓吃鹹黃豆。她一直情緒飽滿，人到哪兒歌聲就到哪兒。到隊第二天，她就投入蓋房，她和男同志一樣上山伐木、割條子、割草、搓草繩，雙手被樹條、蒿草劃破一道道口子，手磨出血泡，腳成天泡在冰水裡，臉因風吹日曬，脫了好幾層皮……

八五四農場一分場八隊轉業官兵在蓋成馬架後，用刀在樹皮上刻了字：『開發北大荒，為祖國建糧倉，永遠留邊疆』……二分場四隊有四名轉業軍官利用業餘時間蓋一小草屋，在屋門上寫了一幅對聯。上聯是：『用汗珠灌溉土地，誓把荒原變良田。』下聯是：『動腦筋克服困難，有決心戰勝自然。』橫批是，『平地起家』。

八五八農場和平分場為了早日蓋好房子，割羊草指標原來規定每人每天 120 捆，四隊陳某第一天就達到定額，最後他和另一戰友創日割草 415 捆的紀錄。脫土坯最快的六班，從當晚 10 點半一直幹到第二天下午七點，共勞動二十個小時，完成 5600 塊土坯。有的轉業軍人累得站不起來，有的腳負傷，就跪著脫坯，經支部說服才收工。大夥稱他們為『不顧疲勞的人』。生產隊黨支部還提出『十塊坯』活動——就是每人

利用工餘時間從坯場搬十塊坯到房裡。為了爭取今後多種田和緩和房建任務的緊張，分場黨委決定今年場部不建一間房子，暫時擠在忠誠老鄉家裡過冬，政治處的辦公室設在一間僅幾平方米大、四周用柳條編成的磨道裡，黨委書記無固定住處，到處打游擊。全分場職工聽了，深受感動，多次提出要給分場部蓋房子……入春以來，共建房子 95 幢，7982 千方米，是全場建房最快最多的單位……

八五九農場一分場七隊，是南京軍區直屬機關、學校轉業來的軍官和職工組成的一個生產隊。共有人員 169 名，其中女同志 44 人，還有家屬 27 人。到了臨時住地大板村時，房少，光三班就六十人擠在一間不到 40 平方米的屋子裡，有的住在牛棚裡。到來第三天，就頂著呼呼北風到八里以外的荒地上建臨時的家——蓋草棚。沒有一根鐵絲，沒有一顆釘子，全憑幾把鐮刀和斧頭。有的在刀把上刻：刀兒明又亮，開關北大荒；刀兒快又彎，荒山變良田。五月河水寒冷刺骨，到處是水和草，許多女同志成天在水裡泡著，有的割破了手，就用樹葉扎起來。伐木的小伙子在塔頭草地跋涉，衣服成天是濕的。老鄉說：北大荒是冬涼骨頭春涼肉。西北風大，大家的嘴沒有一個不是裂得出血的。5 月 17 日還下雪，氣溫到零下，大家老早就下工地，直到晚上八九點鐘才收工……經八天的艱苦勞動，八十五間人字形草棚建成了。轉業官兵和家屬們搬進草棚後，有的人說，這比南京的大樓房還舒服。5 月 21 日，還演了十多個節目。會上，大家一致把新居起名叫『南京新村』……」

啊！「南京新村」！這 85 幢簡易馬架組成的村落，顯示了轉業官兵和他們的家屬那忍辱負重、艱辛創業的氣概。

這些在檔案櫃裡沉睡了三十多年的資料，雖然帶著「大躍進」的濃重色彩，其中不乏豪言壯語；但，滲透出歷史的泥土氣息，閃爍著那一顆顆沉重而執著前進的心！

二十六、馬架裡的愛情

朋友，你可有這樣的心願？

在陽春和盛夏走遍江南。

啊，朋友，到我們這裡來吧，

這裡的一切更勝江南……

　　這是轉業軍官中尉姚克麟在馬架裡寫的詩。當年他才 24 歲，風度翩翩。1957 年，是他一生中的轉折點。那年他一喜一憂，喜的是因工作出色由少尉晉升中尉，憂的是整風運動中給領導貼了幾張關於改進工作作風意見的大字報，挨了整。於是乎，1958 年 3 月，隨同總後勤部 800 名尉官轉業來到八五六農場，開始了一名農工的馬架子生涯。

　　這首詩是他的處女作，與其說是讚美荒原的開發（他所在的四分場二隊以種水稻為主），不如說是渴望愛情，表達了年輕軍官對未來伴侶的熱切呼喚！

　　只要注意一下詩的第三句：「啊，朋友，到我們這裡來吧」，再回想當年一大幫年輕尉官們都未成家，過著光棍生活，誰都會認定這是一首地地道道的愛情詩！

　　馬架裡的愛情就此萌發！

　　1958 年 9 月 13 日《農墾報》刊登了一封令人矚目的北京女學生的來信，標題是〈我要做個真正的勞動者〉，信上這樣寫道：

　　親愛的同志們：

　　現在我以北大荒的主人身份，向你們問好。感謝你們對我的關懷！

　　自從農墾報上發表了我給青山農場（按：即八五六農場）的信以後，收到了將近 100 位同志的來信。同志們都熱情地歡迎我，希望我能早日來

北大荒，並且表示要在各方面給我支援和幫助。這怎能叫我不感動呢？我
每收到一封信時，心情總是那麼激動，增強了我來北大荒的信念。雖然我
們都很陌生，但是共同的事業把我們緊緊地聯繫起來。現在，我要向你們
說：「我愛你們，我愛北大荒！」……

　　原信很長，表達了這位高中女學生嚮往北大荒，主動寫信給農場領
導，又得到了批准的激動心情，以及她決心同大家一起用雙手改變北大
荒面貌的美好願望。

　　信的右角還刊登了姑娘的照片。可以看出這是一個熱情奔放、儀表
大方的姑娘，梳著一對辮子，橢圓臉，前額端莊，雙眸閃著少女的青春
和活力。

　　她叫崔港珠。從小學習勤奮，要求上進，解放後考入一家部隊軍屬
小學（她大哥是志願軍），不久加入少先隊，當上了大隊長。念高中時，
她又考上了有名的北師大女子附中。

　　生活向她展示了一片嶄新的世界：到處是熱氣騰騰的建設，新華書
店書架上擺滿了蘇聯翻譯小說：《鋼鐵是怎樣煉成的》、《勇敢》、
《古麗婭的道路》、《卓婭與舒拉的故事》……卓婭的母親，那位滿頭
銀髮的老人專門來學校做報告，親熱稱她們為「我的黑眼睛的女兒們」
……她腦海裡時刻閃耀著奧斯特洛夫斯基、卓婭、古麗婭等光輝形象。

　　1957年，對她的學校和同宿舍的女伴來說，是一個不小的衝擊。這
是一所名牌女中，反右鬥爭教職員中居然有七分之一的「右派」。同宿
舍的五個女伴，她們家裡都有人被打了「右派」。姓蘇的女同學，父親
是著名作家，父母都成了「右派」。姓宋的女同學，高幹子弟，父母也
是「右派」。還有一位姓黃的女同學，是大右派黃琪翔的孫女……另外
兩個女同學也不幸地成了「右派」子弟。她家倒是幸免了，沒有出「右
派」，但，出身官僚家庭，是明擺著的。那些日子，整個學校連同她們

女宿舍，都沉浸在激烈的「階級鬥爭」之中：要跟「右派」老師劃清界線，還要跟家裡的「右派」父母劃清界線……激昂慷慨，痛心疾首，漸漸地轉化為「一顆紅心，兩手準備」，「又紅又專」，「上山下鄉」——她們是1958年應屆高中畢業生，面臨著人生道路上的重大抉擇！

雖說受到了衝擊，她和女伴們卻滿懷真誠，熱情洋溢，互相商量：怎樣同家庭劃清界線？上山下鄉，哪裡最艱苦？哪裡最遠？……打開地圖找：新疆有個克拉瑪依，黑龍江有個漠河！不久，傳來消息：十萬官兵進軍北大荒，那裡還要建「共青城」，正好與黑龍江對岸蘇聯「共青城」隔江相望！她們暗中約定：畢業時填報志願一律寫北大荒，對外保密！因為北京一百多所中學需要老師，大學還招收新生……而她們的目光只瞄準北大荒！

為了做好去北大荒的艱苦準備，姑娘們起早上運動場跑步，擲鉛球，晚上回到宿舍，把床板拆了，鍛鍊身體，分腿騰躍……崔港珠過去不敢跳，為了去北大荒，就跳過去了。

一天，她去文化宮看展覽，經過天安門廣場，看到一長列車隊敲鑼打鼓地開來，車上掛著醒目的橫標：

「向地球開戰！」

「到祖國最艱苦的地方去！」

原來是部隊歡送轉業軍官的車隊，正駛向火車站。車上站著轉業軍官，他們暫時還沒取下肩章和帽徽，胸前佩戴著大紅花，一個個顯得英姿颯爽。她站在人群裡看著，心裡頓時升騰起一股暖流。回到學生宿舍，她就同女伴們聯名寫信給密山農墾局，要求到北大荒來，可是石沉大海，沒有回音。

當時，好幾個小伙子在追求她。家裡給她介紹了一個對象，男方是個少尉軍官，對她頗為鍾情，一直在追求她。她呢？只是作為一般朋友來處。她的愛情觀非常崇高：沒有愛情的婚姻是不幸的婚姻，而愛情只

能建立在雙方共同的勞動和友誼的基礎之上！一天，少尉軍官約她會面，並垂頭喪氣地告訴她：要轉業北大荒了，希望同她繼續保持聯繫和友誼……

姑娘的回答使少尉感到意外：「不要懊喪，轉業去北大荒，是件好事……再說，我也想去北大荒哩！」

少尉聽了，大為興奮，表示去了一定來信，一定好好幹！

她接著說道：「不過，我去北大荒不是衝你去的……這是響應黨的號召，到最艱苦的地方去鍛鍊自己……」

追求她的還有一個北師大的學生，對她頗有好感。當她把自己申請去北大荒的想法告訴對方時，小伙子瞪大了眼珠，說：

「你這是何苦來？馬上快畢業分配了，考大學，當中學老師都行。咱倆留在北京，將來一起組成小家庭多好！你去北大荒，那我將來怎麼辦？再說，你能吃得了苦嗎？……我不同意你去北大荒！」

她端詳著小伙子良久良久，心裡流淌著裴多菲的詩：「為了理想，什麼都可以拋棄……」

不久密山農墾局來信了，信中讚揚了她們的熱情行動，但，強調了北大荒的艱苦，暫時沒有地方安置她們，希望安心學習，聽從國家分配……

姑娘們嚷嚷起來：誰不知道北大荒艱苦？越是艱苦越是要去……北大荒那麼大，怎麼會沒有地方安置？不管它，去了再說！到了北大荒，會把咱們趕回來？咱們才不信！

第一次祕密地逃跑開始了。那是臨近考試的時刻，北京城正忙著「圍剿麻雀、除四害」，姑娘們起勁地滿胡同敲打破鑼，對小小的可憐的麻雀實行「又轟又打的戰術」……第二天參加畢業考試。她回宿舍發現姓宋和姓蘇的兩位女同學不見了，當晚也沒回來。第三天中午才知道她倆給家裡留了信，告訴父母：我們走了，去北大荒了……

　　這事在校內引起了震動，校方認為這是無組織無紀律的行為，應當嚴肅處理。團支部秉承校方的意見，經過討論，給予兩位「祕密逃跑」去北大荒的同學以「團內警告」的處分。她為女伴申辯，結果毫無用處。這件事兩年後才改正過來。

　　過些日子，那位轉業少尉從北大荒來信了，告訴崔港珠：他分配在八五六農場四分場一隊，並且熱切地希望她的到來。還告訴她，農場場長是一位抗日戰爭的戰鬥英雄，鐵道兵一師轉業來的上校副師長，名叫高學仁……

　　於是，就發生了前面說的那件事：崔港珠寫信給場長高學仁，高學仁回信同意她來。這些信在《農墾報》披露後，引起了熱烈反響。這位漂亮的女學生短短時間裡收到了近百封來信。有的表示熱烈歡迎，有的熱情鼓勵，有的介紹了自己所在的農場，有的甚至介紹了自己的簡歷和愛好，有的還小心翼翼地夾著一朵散發出溫馨的花朵……

　　當崔港珠來到北大荒八五六農場時，可以想像她是如何受歡迎以及引起轉業軍官們的關注了。

　　她沒有分配到那位少尉的生產隊，而是分配在四分場二隊。她不是衝著對象來的，而是響應黨的號召來北大荒的。她認為沒有必要公開她和少尉之間的關係，她要維護和保持自己作為一個女拓荒者的形象……當然，她來到二隊以後，在那些單身的尉官們中間引起微妙的波動，那是另外一回事了。

　　中尉軍官姚克麟在馬架裡寫成的這首詩；「啊，朋友，到我們這裡來吧，」就是在這樣的背景下產生的。

　　應該說，當時暗中追求她的大有人在。特別是那個少尉專程來生產隊探望她以後，更引起了單身尉官們的密切關注。她大大方方地把少尉介紹給大家，一視同仁把尉官們都看成自己的朋友，看成大哥哥……然而，她卻不知道她已陷入了一場「人民戰爭」的汪洋大海之中，競爭非

常激烈，爭奪在悄悄進行。誰都來向她獻殷勤：公開的，隱蔽的，各種各樣表達好感、暗示愛情的方式從四面八方向她襲來。

有一個胖乎乎的軍官塞給她一本電影劇本，說這是他的處女作，請她指點。她打開一看，劇名叫《藍色的羽毛球》，寫的當然是愛情之類的故事。有一個軍官小伙子在發鐮刀時專門挑了一把好鐮刀，磨得鋒利極了，還主動地按上了漂亮的刀把，用黃菠蘿做的，送到她手裡。一次夜戰，她提著馬燈幹了通宵，累極了，就在稻捆上歇歇，誰料一歇就睡著了，醒來一看，不知是誰把一件軍大衣蓋在她身上……她依然一視同仁把這批當兵的看成大哥哥……

北大荒的花多極了。滿山遍野都是：馬蘭花，黃花，野百合，野芍藥……姑娘收工回來，路過野地，一邊哼著歌，一邊採花。不一會就採集了一大捧，回到馬架，用一隻空瓶養起來，讓簡陋的馬架充滿著花的芬芳……這一採不打緊，引起了全隊的「採花熱」。令她吃驚的是：有時回到馬架，花瓶裡早已插上新採來的一束鮮花。不僅如此，而是她最喜愛那種花——一串串象小鈴鐺似的白色的野丁香！

馬架裡的愛情在悄悄地萌發……

在眾多的尉官們中間，她相中了姚克麟。她說不清這個小伙子到底在哪方面吸引了她？如果說他長得俊，那麼，隊裡的尉官中間比他帥的有的是！

也許是大馬架裡的那場熱鬧的文藝晚會，多才多藝的小伙子當眾朗誦了他那首非常蹩腳的詩，興許他的激情打動了她，特別是念到那句；「啊，朋友，到我們這裡來吧……」

也許是那次去河邊割條子的勞動，小伙子幹得非常賣力。那裡的蚊子多極了。一捆捆條子，沿著河流放排，順流而下……他倆碰巧在一個木排上，趴在上面，周圍景色美極了，伸手放進水裡，暖暖和和的。四周一點聲響也沒有。藍天，白雲，水平似鏡……兩人海闊天空地聊天，

一句實質性的話也沒說……仿佛整個世界是屬於他們倆……

也許是那次「苦戰」後的舞會。土曬場，馬燈，蚊子，手風琴……一個個尉官爭著邀她跳舞，一次又一次，小伙子不知打哪兒弄來一件海魂衫，穿在他勻稱而健美的身上，他邀她跳舞時，手風琴正奏起了悠揚撩人的《藍色的多瑙河》……

他倆在生產隊共同勞動的時間並不長，只有一年多。第二年，他調往寶東轉運站，她則上八一農墾大學深造去了。但，馬架裡萌發的愛情像一條紅線牽著他倆。到了第四年，這對戀人才明確了關係。那年春節，小伙子冒著嚴寒騎著自行車把新娘子從西崗八一農大接到虎林縣來。暫借糧食局長的辦公室作為新房。戰友們這個拿布票，那個掏錢，為他倆籌辦婚禮。借了一塊水綠色的布，作窗簾。買了一紅一粉的床單。買了一隻鐵殼的暖瓶，又上小賣店灌滿了色酒。買了幾盒「葡萄煙」，兩張大烤糕，一罐從北京家裡寄來的果醬……婚禮就這樣開始了。

於是乎，證婚人講話，新郎新娘三鞠躬，介紹戀愛經過，唱歌，接吻……一切如儀，總算是給中尉和已經是大學生的北京姑娘成了親。

三十多年後的今天，這對兩鬢斑白的老人對作者談到當年「苦中有樂」的經歷時，還非常熟練地背誦了這首馬架裡寫成的詩，繼而笑道：

「這首詩已成我們家的傳家寶了，不僅我倆會背，連兒女都會背哩。」

二十七、由馬架引起的悲劇

「馬架子」為十萬轉業官兵挺進荒原、紮根荒原立下了汗馬功勞。它暫時緩解了新建點「房無一間」的困難，也給荒原的新主人帶來「家庭」的溫暖，「自己動手」的豪邁，以及集體戰勝困難的信念。但，由於草木結構的住房而引起的悲劇還是發生了。

　　八五四農場四分場一隊，有一棟半臥地的草棚。半夜烤火不慎，發生了火災。轉業軍人沒有經驗，為了保暖，地窖門留得很小。結果，人們被煙嗆醒，摸不著門，互相擁擠，當場燒死五人，燒傷八人。

　　八五六農場（後改名為勤得利農場，撫遠縣境內）一個窩棚。夜間點上油燈照明，復員戰士鄭某，入睡前點油燈寫信，不慎將油燈撞倒，引起火災，當場燒死二人，重傷二人。經與當地政府聯繫，派直升飛機將傷者送往對岸蘇聯救治。死者安葬，肇事者送政府依法懲辦。

　　蘿北農場赴鶴崗修鐵路的二營二連，因工棚起火，燒傷十人，燒死十八人，內有剛轉業來的上尉軍官和一名中尉軍官（分別擔任隊長和副指導員職務）……

　　八五四農場二分場六隊，荒原上熊狼出沒，常在夜間到草棚外拍棚吼叫。為了保衛轉業軍人和家屬們的安全，夜裡組織人員值班打更。一天夜裡，一位轉業軍官的妻子到草棚外解手，打更人誤認為是狼，黑暗中將其擊斃……

　　八五三農場五分場托兒所，保育員點著煤油燈睡覺，睡夢中伸手碰了蚊帳，搭在油燈上。深夜時起火，仍未知覺，直到將其右手燒壞，頭髮燒著，才猛醒，火勢已大。人們砸開窗戶搶救被燒兒童十二名，其中三歲七名，四歲二名，五歲二名，六歲一名。救出後死一名，在轉醫院途中死二人，入院後死一人，病情惡化死兩人，共死六人……

　　作者記下這一件件慘痛的事故時，心裡顫抖不已。對當事人以及他（她）們的戰友來說，那簡直是一場難以驅趕的惡夢！能怪罪「馬架」嗎？不，它雖易燃，但，它給當年轉業軍人帶來溫暖。能怪油燈嗎？不，它給當年人們帶來微弱的光亮。能怪罪不慎的失火者嗎？這些連續勞動、甚至一天幹活十多個小時、勞累已極的拓荒者！……

　　「出師未捷身先死，長使英雄淚滿襟！」

　　然而，在這痛失戰友和親人的熊熊火光中，我們再次看到了轉業官

兵的高大形象。他們備受困苦的磨煉，舊疤未癒，新傷又添；但，他們始終沒有忘卻兩度奉獻的忠貞──一度奉獻給戰爭，再度奉獻給黑土地！

他叫劉鳳閣，原高炮連上尉連長。1946 年參軍，參加過三下江南、四保臨江、圍長春、攻瀋陽等戰役，而後又隨軍南下，一直打到海南島。1950 年美帝國主義發動侵朝戰爭，他又赴朝作戰。朝鮮戰爭結束後，他回國駐防鞍山，保衛祖國鋼都建設。這個從戰士、班長、排長到高炮連長、多次榮立戰功的上尉軍官，在「十萬官兵開發北大荒」的號召下，毅然服從組織決定，脫下心愛的軍裝，帶著妻子和三個孩子，來到了北大荒。他被分配在八五六農場頭道崗開荒大隊，擔任了木工班長的職務。由高炮連長當了木工班長，對旁人來說也許是個難轉的彎子。但，對他來說：服從組織分配是天經地義的事。革命需要就等於個人志願。他銘記著朝鮮戰場上部隊首長的一句座右銘：「不上光榮榜，便塗烈士碑！」死都不怕，還怕苦嗎？

當時，開荒大隊有 300 多名戰友，他們來自空軍後勤部、炮校等單位。大多數是光棍漢，帶家的只有少數幾戶。可是開荒點只有一頂裝糧的小帳篷，沒有房子，只好動員尉官們自己動手搭馬架、蓋窩棚，來解決棲身之處了。這樣，作為木工班長，他就特別忙，整天帶領一幫戰友突擊門窗，為早日完成稍微像樣的土坯房而加班加點，好讓大夥盡快脫離「馬架子」生活，住進新居。

他有一個年輕的妻子和三個孩子。一家五口擠住在單身漢的大宿舍裡。成天鬧哄哄的，很不習慣。他的三個寶貝疙瘩──二個小女孩，一個小男孩，成了大夥的寵物。這個逗，那個摟，增添了馬架生活的樂趣。也給大夥添了麻煩──孩子小，不免爭吵，加上夜晚蚊子多得驚人，咬得孩子們又哭又鬧。為了避免孩子影響同床隔帳的同志們休息，他就與妻子合計決定自己動手建一個「窩」。

頭道崗開荒隊有一種奇麗的景色，這就是經常出現在地平線的「海市蜃樓」。據說這種現象即使在山東蓬萊也很少見。一天早晨，他向西方展望，忽然在地平線上看見一排大樓房，高牆飛檐，似隱似現。開始，他以為是遠處有什麼高層建築。可是，不一會兒，在一二十度角的範圍裡相繼出現了高聳的危塔和幾排平房。整個畫面似遮隔著一層薄霧，前後約二十分鐘，「海市蜃樓」便消失了……對這種奇妙的景色，作為木工班長，特別是五口擠住在大窩棚裡的一家之長，他總是面對著「海市蜃樓」發怔，並產生了一連串的遐想。有一次，他特地進屋把妻兒叫醒，讓她們也瞧一瞧北大荒的奇景。

「快起來，看大樓房！」他拍醒了孩子們，懷裡一個，手裡牽一個，身邊又跟一個，一起看天邊的「海市蜃樓」了。

夫妻倆對著這奇妙的景色驚嘆不已。

「這是真的嗎？」大女兒問。

「要是真的就好了。」年輕的妻子嘆息了一聲。

「爸爸，這是真的！」小兒子的語氣異常肯定。

「咱們家只要住一間就行了。」小女兒充滿了遐想……

他起早貪黑地領著妻子割洋草，扒樹皮。在兩棵小樺樹間搭了個小窩，四周圍上樹皮，中間灌上鋸末。「窩」的南面留個大洞為門，東西兩頭開個小洞為窗。兩面瀉水，檐脊分明，真像個成形的建築物。

夫妻兩口自己動手終於建起了真正的自己的「窩」了。

這幢簡陋得不能再簡陋的小窩棚，被兩棵綠枝紅葉的白樺樹一襯托，顯得格外漂亮。它是那樣的實在，絕不是「海市蜃樓」！立即引起了整個開荒大隊的轟動，人們都跑來觀光，一邊打量一邊「嘖嘖」地誇獎。

這位上尉「木工班長」獨出心裁，用鐵鍬到荒甸子裡挖來幾個塔頭墩子，稍加修整，大的做桌子，小的做凳子。一時招來了不少戰友，圍

坐塔頭墩，談古論今，又說又笑。賢慧的妻子就端來白開水，以水當茶，招待荒友。小窩棚真有番開天闢地的古人風韻。

然而，這幢小窩棚也潛伏著一場悲劇。

夏天來到了。窩棚乾燥，由於蚊子太多，天黑只能在蚊帳裡點燈活動──注意！要異常小心，否則會引起火災。

一天，大隊部正召開會議。散會後，人們回到馬架，各自鑽進蚊帳，以班為單位進行小組討論。上尉領著木工班討論，正準備發言，忽聽得喊聲四起，人聲鼎沸：

「劉鳳閣家窩棚著火啦！」

頓時，食堂的鐘，值班的哨，人聲、腳步聲，響成一片。

當人們跑到現場，窩棚早已火光沖天，燒塌了。雖然人多也無濟於事。

上尉從木工班跑回時，兩個女兒已被火海吞沒。五歲的兒子和妻子燒得蜷曲在地。原來是他妻子在蚊帳裡點著一支蠟燭做針線活，孩子們躺在榛條鋪成的床上睡著了。妻子不見上尉回來，就出屋外探望。掀開草簾子門簾，剛走出幾步就發現身後有光亮──蠟燭倒了，點著了蚊帳，又燒著了其他的一切……回頭一看，窩棚很快地燒了起來。她邊喊救火邊衝進屋裡，在火光中猛地抱起小男孩，衝到狹窄的門口就不省人事地倒下了……

上尉見了人們從火堆裡扒出來的兩個女兒的屍體，又見到嚴重燒傷的妻子和小男孩，欲哭無淚，精神整個崩潰了……大隊衛生員立即套了馬車，將上尉妻子和小男孩連夜送到總場醫院，途中那個男孩因傷勢過重也去世了。第二天，經過醫院檢查，上尉妻子傷也很重，她聽說兩女兒已燒死，悲痛欲絕。上尉還不敢將小兒子也死了的事情告訴她，說是正在治療，讓她放心。幾個月過去了，上尉妻子總算搶救過來，燒傷也治癒。只是她的臉容已毀，雙眼沒有眼瞼，滿臉和周身全是疤痕，一點

肌肉也没有了⋯⋯成了個殘疾人。

　　面臨這樣悲慘的遭遇，上尉並没有趴下。他一邊在醫院護理妻子，一邊還打聽開荒大隊的房建情況。見妻子脫險，稍有好轉，他就從醫院趕回頭道崗，一心撲在木工班。只是默默地狠勁地加工門窗，很少言語。有時獨自走到那著火的現場，陷入發呆的狀態，喃喃自語。眼見一棟棟土坯房建成，同志們陸續搬進新居，他才又回到醫院去看望和護理殘廢了的妻子。不久上級分配他到六隊去擔任指導員。他安慰妻子好好養傷，恢復身體，自己打起背包出發上任了。戰友們都同情他的處境，感到換一個環境也許能減輕他的痛苦，依依不捨地送他上路。1960年，為了支援海南島的開發，領導上又將他調往海南島，這時，他的妻子已經痊癒，只是成了殘廢。本來二次南下，他確有實際困難，滿可以提出個人要求；但，他二話没説，服從組織調動。為了不給組織上添麻煩，他把殘疾的妻子送回老家鄉下，托岳父母照顧，自己收拾好行裝，登上南下列車，走進了開發海南島的行列⋯⋯

第六章
一支特殊的墾荒隊

　　縱觀歷史，北大荒仿佛與「流人」結下了不解之緣。黑龍江地區的文化開發，是與歷代「流人」中的知識份子分不開的。著名學者章炳麟曾說：「初，開原、鐵嶺以外，皆故胡地，無讀書識字者，寧古塔人知書，由方孝標後裔謫戌者開之；齊齊哈爾人知書，由呂用晦後裔謫戌者開之。」看來開發北疆需要「流人」、「謫戌者」，尤其是有文化的「謫戌者」。

　　僅清代的文化流人就多得像過江的大馬哈魚。有因「忤副都統」、被徙「呼倫貝爾」的江蘇常州人龔光瓚；有流人文士、江西人王霖和紹興飽學之士章響山；有謫戌寧古塔的大學者吳兆騫，有因「丁酉科場案」與子同戌寧古塔的學士方拱乾；有自稱「不死英雄」、「煽惑人心」，理應論斬，經康熙開恩，流戌北疆的河南新鄉人張縉彥……他們把骨頭渣都扔在這裡，還著書立說，詩文悲壯，陰魂不散，仿佛在召喚後來的「謫戌者」。

　　令人吃驚的是歷史有了回聲——1957年「反右鬥爭」擴大化，製造了一批當代「流人」。也像老祖宗那樣，發配到北大荒來。不叫犯人，叫「右派份子」。臉上沒刺金印，頭上卻戴著比有形枷杖鐵鐐還要沉重的帽子。

二十八、當代女「流人」丁玲

當代女「流人」、著名作家丁玲和她的丈夫陳明，就是當年從北京下放來北大荒的「右派」。陳明先期到達八五三農場二分場西北角的白樺林邊勞動建點——當時由轉業軍官擔任隊長和指導員的右派隊。那年，丁玲五十四歲，這位以《太陽照在桑乾河上》而榮獲斯大林文學獎的女「流人」回憶初到密山時的情景：

「1958年六月下旬的一天，凌晨四點鐘，我到了密山。東方升上來的太陽，照著我的身影。在密山，一個熟人也沒有，我只是孤身隻影……我感到我成了一棵嚴寒中的小草，隨時都可能被一陣風雪淹沒。我惱恨自己的脆弱。可是，再堅強，我也不能衝破阻攔我與世隔絕的那堵高牆，我被劃為革命的罪人，我成了革命的敵人。我過去曾深深憎惡那些敵對階級的犯罪份子，現在，怎能避免別人不憎惡我呢？……」

她是戴著「丁陳反黨集團頭目」、「大右派」的帽子來的。反右時，她沒有發表什麼言論，正埋頭寫作。「丁陳集團」是1955年的事；她受到殘酷鬥爭，後來不了了之。誰料1957年舊賬新算，《人民日報》以顯赫的題目報導：《文藝界反右鬥爭的重大進展，攻破丁玲、陳企霞反黨集團》，不久，又將她作為「丁玲、馮雪峰反黨集團」的又一主要成員，進行批判鬥爭，被開除黨籍、開除公職。可以說生活已將她逼上了絕路，陳明已發配到北大荒。別人勸她這把年紀了，留在北京，關門寫書。出乎意外，她偏要到北大荒來……

「你們看過安徒生寫過的一個童話嗎？寫的是一個賣火柴的小女孩，在寒冷的黑夜裡，偎縮街頭，劃亮了一根又一根火柴，幻想從中得到生的溫暖、光亮和希望……當時，我的心情跟這賣火柴的小女孩一模一樣呵……

給我點亮第一根（火柴）的是王震將軍，在那種時候，對我們這種

人，肯伸出手來……他真是個有魄力、有勇氣的人，我感謝他，將永遠感謝他。」

我聽說丁玲來北大荒時王震曾召她去密山見面，後來為了照顧老兩口，讓他倆到靠近鐵路線的湯原農場安家落戶。這對當時「右派」來說，是一種相當特殊的照顧：不編入集體生活和勞動的「右派隊」，而是單獨安置。據我所知，當年分配來北大荒的「右派」，除丁玲兩口以外，僅有艾青沒編入「右派隊」，而是下放在八五二農場林業分場，還掛了副場長的職務——這興許是王震的授意吧?!

在密山農墾局的辦公樓裡，王震將軍的召見和關切，猶如一支劃亮的火光，把丁玲那堵與世隔絕的高牆燒坍了一角。將軍的話是簡短、含蓄而深沉的：

「思想問題嘛！我以為你下來幾年，埋頭工作，默默無聞，對你是有好處的……你這個人我看還是很開朗，過兩年摘了帽子，給你條件，你願意寫什麼就寫什麼，你願意去哪裡就去哪裡。這裡的天下很大……」

說來也巧，丁玲和陳明兩口去「安家落戶」的湯原農場，正是當年從上甘嶺下來的十五軍轉業軍官「初戰荒原」的地方。

那是 1958 年 7 月 3 日，丁玲兩口到了湯原農場，立時成了全場的特大新聞。消息不脛而走。每天都有一批好奇的人們守在畜牧隊的大門外等著看她，有的還從生產隊二三十里地來「看」她。因 1200 名轉業軍官和農場原來的幹部、職工中不乏文藝愛好者。有一次，場部放電影，快開演了，不知誰說了一句：「快看，丁玲來了！」全場的人立時站了起來，一齊回頭望著正走來的丁玲。這可不是看望親人或友人，而是帶著奇異的目光，朝她指手劃腳。有的懷疑，有的同情，也有的把她看作洪水猛獸、妖魔鬼怪，更多的人卻敬鬼神而遠之。

從十五軍軍部轉業來的幾名尉官，同丁玲熟識後，曾問她受圍觀時

是啥心情？她說：「這輩子我一直生活在群眾之中，即使在 50 年代初期做了『京官』，也沒離開過群眾。到了農場，由於我的特殊身份，群眾不敢接近我，圍著看我，我更不能同大家講心裡話，我痛苦極了。但是，我相信同志們在了解了我以後，就會用另一種目光看我。你們說是不是這樣？」

組織上考慮她年老體弱，只讓她做些力所能及的輕活，但她卻要求餵雞。後來不餵雞了，又爭著做各種雜活、重活，剁雞食、掃雞場、刨雞糞——這在冬天可是一件累活，一切都凍得梆梆硬，她常常幹得滿頭大汗。手脖子都腫了。漸漸地，她和群眾之間的那堵無形的「牆」倒坍了。

1959 年冬天，農場開展「掃盲」運動，農場決定讓丁玲擔任畜牧隊業餘文化教員。大作家當「掃盲」教員，頗有諷刺味。但，丁玲卻看得很重，她根據家屬婦女都是成年人的特點，自己編寫教材，她寫過一篇課文叫《小黑豬》：小黑豬，是個寶，豬鬃豬毛價值高，豬肉肥美噴噴香，豬多、肥多、多打糧……她還把大家學過的生字或單詞寫成方斗，貼在大家工作、勞動、休息的地方，她說這叫「抬頭見字」。僅僅一個冬天，就有十多個原來目不識丁的婦女家屬能讀書看報了，有的還能提筆寫稿寫信。畜牧隊為此被蘿北縣評為「掃盲」先進單位，縣裡聽說掃盲教員是個大右派，就不給她本人發獎狀了……

1961 年，陳明摘掉了「右派」帽子，她沒摘，悲喜參半，自己仍默默地期待著這一天的到來。正如來北大荒前老兩口互相鼓勵那樣：「不流淚，不唉聲嘆氣。振作精神，面對未來。」她恪守自己的信念：要像青年時代投奔革命那樣，蔑視加在身上的一切，踩著荊棘、刀尖昂首前進！要信守共產黨員的信仰、道德，開闢自己的新路……

那些日子裡，她特別想念遠在異國的兒女。多麼可愛的一對兒女呀！他倆都是在延安長大的，早早入了黨，跟著黨過了多年的艱苦生

活，在童年沒有享受過家庭的溫暖，出國留學後又受到了她這個「大右派」母親的牽連……當時，女兒從莫斯科打來長途電話，泣不成聲，反覆地說：「我不相信！我不能相信！」丁玲沒有勇氣接電話，不敢聽女兒的哭聲，坐在電話機旁，淚下如雨。陳明接過電話，只是說：「你聽黨的話。不要管我們的事。你要堅強起來。要熬過去，自己好好學習、生活吧。」當時兒子正在國內，也經受了沉重的打擊，整天整天不說話，只是躺在小屋裡流淚。……一天兒子從遙遠的列寧格勒寄來一封信，寫得非常平靜，一點也不動感情，告訴她：畢業論文已經寫完，老師同學都非常滿意，不久可以領到畢業文憑，將去潛水艦艇實習幾個月……信中還問了她在北大荒的生活，希望在「勞動改造」中有收穫，有進步；末了，提出：經過仔細考慮，決定在一個時期裡不同她發生任何關係和任何聯繫……她看後，完完全全地怔住了：這難道是最愛她的兒子寫給她的「判決書」嗎？……她昏昏沉沉地睡了一天，第二天，寫了一封短信寄往列寧格勒，說：「完全支持你，同意你的決定。你是對的，放心媽媽好了。」

　　丁玲就是在這種痛苦的煎熬中挺過來的，她和陳明相依為命，相濡以沫。1964 年冬天，北京決定她和陳明返回北京，但，她給王震寫信，要求繼續留在北大荒，到機械化程度比較高的農場「安家落戶」，體驗生活。王震同意了她的要求，指示北大荒墾區派人陪她和陳明參觀一些大農場，最後，她決定把「家」搬到寶泉嶺農場。

　　臨走時，老兩口上各家告別。這幫上甘嶺「尉官」們問她：「這裡不好嗎？」丁玲說：「這裡好，同志們對我好，我們也捨不得離開。我們總不能在一個單位住一輩子，我們想到別的農場多看一看，將來如果寫東西，不是更好嗎？再說，在一個地方呆得太久，我這人是『災星』，說不定什麼時候，你們會因為我吃苦頭。」這話果然被她言中了，「十年浩劫」，農場造反派就憑空捏造出來一個「丁玲地下俱樂

部」反革命集團，同她接近的這幫尉官全成了「地下俱樂部」的主要成員……

她在場部和同志們一一告別，第二天，老兩口又步行到各生產隊和熟識的同志告別，先走三隊，在一個轉業少尉家裡住了一宿，接著到四隊、八隊，又走到九隊，這一圈走了一百多里。當時的丁玲已是過了六十歲生日的老人了……

這個早年在延安窯洞裡受到毛澤東親切接見、並贈《臨江仙》詞一首的著名女作家，她在忍辱負重的艱難中，在北大荒一待就待了十二年！

毛澤東當年在詞中這樣寫道：「壁上紅旗飄落照，西風漫卷孤城，保安人物一時新，洞中開宴會，招待出牢人，纖筆一枝誰與似，三千毛瑟精兵，陣圖開向隴山東，昨日文小姐，今日武將軍。」

這位「出牢人」早年坐的是國民黨的牢，她在北大荒勞動、生活了十二年之後，又進了共產黨的牢。

那是1970年4月初的一個夜晚，從北京軍管會來的幾名軍人，在寶泉嶺農場用手銬將她和陳明押解到北京秦城監獄。老兩口在各自單人牢房裡受監禁，近在咫尺，卻不知道蹲的是同一個監獄……

1981年7月，丁玲和陳明重訪北大荒。作者陪同老兩口回到原來勞動過的農場，探望當年患難與共的荒友。路上，陳明向我講述了當時的心情：

「我們就是這樣離開北大荒的。當年，我們是在特殊條件下，自願來這裡的。我們在這裡十二個冬春，胼手胝足，相濡以沫。嚴寒考驗我們的意志，汗水洗煉我們的筋骨；豐收給過我們喜悅，人民的溫暖更使我們留戀。十二年後我們卻被扣著手銬離開這裡。但是，我們相信，大地作證，荒原作證，人民作證，歷史作證，黨終會正確判斷，我們是無罪的……」

二十九、「右派名單」和「向左村」

北大荒的天下的確很大。它不僅容納了十萬轉業官兵，而且容納了中央國家機關各部門的「右派份子」1500人。他們集中在密山墾區的八五○、八五三農場。作者有幸，六十年代曾看過一份當年「右派」分配的名單，其中有為數不少的司局級幹部，或相當於司局級待遇的文化人，遍及中央、國務院各大部，為了保存歷史的真實，現摘錄以備考：

中央機關送來反、壞、右份子1327名。[1]

分配情況：840名[2]在八五○農場一、四、五分場、雲山畜牧場、雲山水庫；487名在八五三農場一、二、三分場。

原處以上職務名單：

商業部：13級處長：姓谷、盧、林；12級副局長：朱；14級副處長：趙、魏。交通部11級副主任：丘。一機部12級處長：楊。中教部11級副司長：許。監察部10級副司長：彭。高等檢察院9級廳長：王；8級廳長：劉、李；10級副廳長：白；13級檢察員：王。《人民畫報》社副總編：胡、丁。《大公報》13級記者副處長：高；12級副主任：蕭。石油部12級處長：路。鐵道部副總編輯：范。監檢部副司長：安。外貿部16級副處長：伊。文化部樂團團長：李；導演：王。中國民盟副總編輯：陳；副處長：吳⋯⋯

除了中央各大部來的右派以外，還有軍隊系統的右派。有一份早年的花名册，標明了這批軍隊系統的「流人」，他們來自總參、總政、國

1　中央機關來的右派份子中，不包括軍隊系統送來的右派。

2　據《八五○農場史》記載，「右派」共925名，數字稍有出入。

防部、訓練總監部、軍事交通部、空政、海政、航空兵部、裝甲兵第二坦克學校、警備部、公安文工團、八一製片廠等二十多個單位，一共九十七人。還有從上海下放來的一批右派，因資料散失，數字不詳。

這是一支「陣營堅強」的流人隊伍，有男有女，有「右派夫妻」，增添了進軍荒原的悲劇色彩。

瀏覽著花名册上的一個個名字，你就會感到一種無比的沉重感。這裡面孕育著一支支悲愴、淒涼、哀憤的歌⋯⋯年輕的共和國誕生才八年時間，正需要大批人才，為什麼要將他（她）們打翻在地，驅逐到北疆來呢?!

他姓孫，從小在革命隊伍裡長大，當過兒童團長，建國後調入《人民中國》編輯部工作。他萬萬沒想到，整風時寫了一篇六千字的牆報，竟大禍臨頭，當上了「右派」。如今，他已平反，白髮蒼蒼，一副和善的面容，始終露出寬心的微笑，向我談起了當年「右派隊」的情景：

「我們的右派隊建在八五三農場二分場六隊。剛到時，地上還有一尺多深的積雪。農場派來一位轉業軍官領著我們氣喘吁吁地來到一座小樹林。也像王震將軍那樣，他把手中的鐵鍬往雪地上一插說：『你們的村子就在這兒！』當時，我們一個個都目瞪口呆了。來北大荒的路上，我們曾設想過新家會是什麼樣的。可怎麼也沒想到，新家是一片白雪⋯⋯

大地一化凍，我們更陷入了人間罕見的艱難困苦之中。帳篷和草棚內外，全都汪洋一片。我們沒帶水靴，兩隻腳只好整天泡在水裡。更討厭的是蚊子，成群成團地飛來，圍住不放，在草地上站一會兒，衣服上、臉上就會落上密密麻麻一層。還有小咬，像滿天飛舞的碎屑，專咬人的毛皮部位，使人心煩意亂。樹林的枯枝敗葉之間，還有一種像臭蟲似的『草爬子』，咬人時連頭都鑽進肉裡，只能用煙頭慢慢地烤出來。硬拽，它的頭就會斷在肉裡，引起皮膚潰爛。據說早年占領這一帶的日本鬼子，殺害抗日軍民，不用刀槍，只需把被害者衣服脫光，往樹上一

綁就行了……

　　自然條件惡劣，勞動就顯得更為艱苦。進林運木料，下地割草，上面蟲子咬，底下泥水陷。勞動時間每天規定十小時，吃的高粱米、乾白菜，喝的是過濾的泡子水。一天，伐一棵大樹，缺乏經驗，鋸著鋸著，大樹打了斜，倒下時兩人躲不及，一個被砸斷了腿，另一個在送醫院途中因出血過多而死去了。這一切，同我們原先在中央機關工作的情況一比，簡直是一個天上，一個地下。但，我們大多數人卻在艱苦面前挺住了，因為我們看到這個農場三千多名轉業官兵，不管是領導還是農工[3]，都跟我們一樣的苦……」

　　他瞇著眼睛，激動地用膠東口音，談起當年王震來「右派隊」看望他們的情景：

　　「那天，我到分場領了幾十斤釘子，挑著回右派隊。泥濘的道路，使我出了一身大汗。回到帳篷裡坐下歇歇，心裡像壓著一塊大石頭。這時，帳篷門口忽地一亮，進來一個高個子，穿著一身黃軍服，光著頭，留著戰士般的短髮。他問：『這是隊部嗎？』『是的。』『你是指導員？』『不，』我連忙搖頭，『我是文化部《人民中國》雜誌社來的……』『噢，』他會意地點點頭，『《人民中國》，我知道，去年我還給你們寫過文章哩，我是王震。』他向我伸出了手，我雙手緊緊握住，熱乎乎的。他問我是哪個大學畢業的？我告訴他說：只上過抗日中學。他聽了，勉勵我說：跌了跤，不能灰心，這麼年輕，以後在農場幹下去，肯定會有光明的前途。這時，指導員聞訊進了帳簿，王震不認得他，同他握手，問他是哪個單位的？『北京警衛師』。『也是右派？』『不，是組織上決定我轉業來帶他們的。』『好哇，這個工作很重要，你把他們帶好了，將為農墾戰線立一功。』……

_____

3　農場的職工稱「農工」，即農業工人的簡稱。

　　一會兒，隊長也來了，他也是轉業軍官。寒暄之後，王震說要同全隊右派見見面。指導員就打發我去工地報告消息。我到了工地，正在和泥剁草的蘭玉聽了突然叫了一聲：『哎呀，我們的旅長來了。』原來他是通俗出版社的總編輯，反右時曾被報紙點名批判，因態度『不老實』，儘管他骨瘦如柴，也被送來北大荒勞動改造。他告訴我，他曾在三五九旅編過報，和王震很熟。他又重重嘆了一口氣，顯然是意識到他當時的處境……

　　全隊在一棵大椴樹下集合。王震部長出了帳篷，加快了腳步，走到樹下，端詳著大家。他不等指導員介紹，就大聲說了一句：『同志們好！』大家聽了，頓時熱淚盈眶。自從打成『右派』，再也聽不到這樣的稱呼了……他說，在一次討論如何處理右派的會議上，他建議，中央各部不要的『右派』統統交給他。當時，有人開玩笑地說，一下子吃下這麼多右派，不怕鬧肚子？他回答說，他不僅不怕，而且要用最短的時間，把他們改造成有用之才。中央批准了他的建議之後，他就給北大荒接收單位的領導打了招呼：要熱情相待，同志相稱，使右派在各機關因受批判而冷了的心，到北大荒再熱起來……說到這裡，他提高了嗓門說：『同志們，我相信你們！』這時，掌聲又一次熱烈地響起來。手拍痛了，也不肯息。眼淚流了，也顧不得擦。自從我們跌進了深淵，有些要好的朋友，為了劃清界限，唯恐躲之不及，更有甚者還落井下石。那時的政治氣候，我們多麼想聽聽安慰鼓勵的話呀！可有誰敢呢？……」

　　二十多年前，作者曾看到過一本叫《向左村村史》的材料，手寫體，工工整整，出自一名文化「流人」的手筆。《村史》真實而生動地敘述了「右派們」來到荒原建點、艱苦生活的情景，還描寫了兩名女「右派」怎樣領受任務、為全隊製作豆腐、改善伙食的經過，……令人難忘的是，村史中詳細地描繪了王震親自探望「右派們」的細節，當時，王震在大樹下問大家：這個村子叫什麼名字？大家回答說；沒起

名，人們習慣地叫「右派隊」。王震沉思了一陣，說：「這個名字不好，我建議改一改，叫『向左村』，好不好？」大家聽了，頓時激動地鼓掌，流下了熱淚……遺憾的是這份珍貴的《村史》，在十年動亂之中已經散失，眼下無法看到了。

三十、艾青在八五二

當代另一名文化「流人」──著名詩人艾青，也得到了將軍對他的保護和關心。反右鬥爭以後，詩人戴上了「右派」的帽子，王震並不嫌棄。下放北大荒前，王震請詩人到家裡談心。第二天，又親自去艾青家，動員他愛人和保姆一起去北大荒。保姆不願去，王震就從農墾部臨時找了一個。艾青到北大荒，王震再三囑咐八五二農場領導：「政治上要幫助老艾，盡快讓他摘掉帽子，回到黨內來。要讓他接觸群眾，了解農墾戰士。」同時，他又對艾青說：「老艾呀，你要是搞不好，我是要罵你的。」就在那次密山廣場動員轉業官兵徒步進軍荒原的大會上，王震在講話時插了一句，「你們知道詩人艾青同志嗎？他也來密山報到了。他是我的老朋友，是來歌頌你們的。」說到這時，將軍意識到當眾表揚一個「右派」不大妥當，又加了一句：「當然，他是來改造思想，跟你們不一樣。」

年近半百、身材高大的艾青，當年擔任八五二農場林業分場副場長，他是唯一掛了領導職務的「右派」。到職時，將軍專程趕到農場，給大夥介紹。會上，他對轉業官兵說：「你們要像尊重其他領導一樣尊重艾副場長。在延安，艾青就是名人。我在南泥灣搞大生產，當三五九旅旅長。」說著，他隨即指了指身邊的農場黨委書記：「他那時是我們旅的警衛營營長，開發南泥灣有他的一份功勞。今天，我和他一起來北大荒辦農場，叫你們大批轉業官兵也來，走的就是南泥灣的道路，要叫北大荒變成北大倉。」他把臉轉向艾青說：「你是詩人，不要忘了你是

耍筆桿子的。要多積累素材，多反映英雄開發北大荒的事蹟。」當時艾青心情很沉重，只是對大家躬了躬腰，憂慮地說：「我一定好好幹，至於王部長說的大詩人的桂冠，請同志們以後不要再提了，大家是了解我的心情的。」

八五二農場總場部有四幢俄式木殼籠填鋸末的住房，當時是高級的了。黨委書記李桂蓮原是少將軍銜，場長和副場長是師級幹部，又是老紅軍，這樣，他們三家各住了一幢，還留下一幢，就照顧給艾青住了。艾青每天總是早早地起床，從總場部和他愛人高瑛步行到示範林場上班，風雨無阻。他平時沉默寡言，領著大家幹活。看來他擺脫不了厄運和詩帶來的困擾……有一次，轉業軍官孟達（同他是老鄉，都是浙江人）問他，「艾青同志，聽說你在寫長詩《老頭店》？」

他聽了，警覺地望著老鄉，問：「你聽誰說的？」

看他那窘態，孟達忍不住笑道：

「我不會告發，你放心。」

艾青紅著臉，口吃地說：「我……我……我當前的處境……唉……」

在那一聲聲深沉的嘆息中，孟達只好改變話題了。

後來，聽說艾青的長詩寫出來了，也拿給王震將軍看了。王震對他說：「詩寫得不錯，但，目前還不能拿出去發表。」

長詩就此壓了下來。詩人繼續默默地幹他的活。休息時，他有個習慣動作：右手閒不住，不是在腿上劃著，就是在地上寫著……1959年底，艾青把王震給他的一封信交給了示範林場的領導。王震在信中說：他要到新疆生產建設兵團視察，問艾青願意不願意同他一起到新疆去一趟？……林場領導見艾青願意換個環境，去新疆開拓視野，挽留不住，只好讓他走了……

詩人在北大荒待了十二個月。時間雖然短暫，但，給人們留下了難

忘的印象。他還用自己的稿費給林場添置了發電機、圓盤鋸、擴大器、話筒、電唱機……每當人們看到偏僻的林場裡那大放光明的電燈、聽到高音喇叭播放的音樂，以及隆隆旋轉的圓盤鋸，都會回想起詩人的音容笑貌，以及那首未曾發表的長詩……

三十一、「縱火犯」聶紺弩

當代著名的文學家、傑出雜文家聶紺弩，戴上「右派」帽子的經歷比丁玲還要奇特。當時，他並沒有發表什麼右派言論，也未寫文章，連人也不在北京。看來也是老賬新賬一起算：老賬是他早年與胡風一案有牽連，新賬是他夫人周穎在郵電部鳴放，被打成「右派」，而細心的「追究者」們居然發現周穎的發言稿上有聶紺弩的修改筆跡……於是，這位人民文學出版社副社長兼古典文學部主任被文化部揪了出來。

1958 年 7 月 27 口，聶紺弩與其他的老右們乘坐火車離開北京，30日到達虎林，然後分配到八五〇農場四分場二隊。正是「八一」建軍節前夕，這位早過了「知天命」之年的老人就磨刀霍霍，隨大隊人馬下地割麥了。在他後來出版的古詩集《北荒草》中，有一首〈柬內〉（後改〈柬周婆〉）描繪了三年荒地生活的情景：

龍江打水虎林樵，龍虎風雲一擔挑。
老始風流君莫笑，好詩端在夕陽鍬……

當年與聶紺弩結下深厚友誼的一名轉業軍官，姓王，原是訓練總監部的少尉參謀，如今是學術著作甚豐的研究員了，他向我回憶了當年聶紺弩的一段遭遇：

「……大家都在墾荒勞動，只是體念老聶真老，沒讓他下田，讓他經管宿舍。那年冬天是零下三四十度的大冷，曾是高級幹部又是步履維

艱的老人毫無禦冬知識，身體虛弱，老眼昏花，怎麼能燒炕取暖撥弄火呢。竟不慎失火燒掉宿舍，進了班房。這可真如俗話說的『倒盡了邪霉』。當時發了毛的老聶蹲在班房裡托人捎了封信給老伴周穎。她雖然也是右派，但當時卻還掛著一個全國政協委員的頭銜，她匆忙趕到北大荒，營救監中老聶……農墾局黨組織的領導同志既照顧全國政協的面子，又頗有需要承擔點兒『包庇右派兼縱火犯』的風險的勇氣，相信革命幾十年的聶紺弩雖然政治上定為右派，還不至於去放火。不久聶紺弩被放出班房，並且到了《北大荒文藝》編輯部工作。他和小丁（即丁聰，漫畫家），成了編輯部一對老右……

那時是政治災難後的自然災害，人餓得精瘦，但大家的精神還挺飽滿，尤其是我們『左派』……我呢，可以說是中間偏左。頭腦中那根階級鬥爭的弦有時還繃得很緊。只是有一個問題老折磨著我：聶紺弩，這位大革命時期參加革命，曾去莫斯科中山大學研讀過馬克思主義，又是我所崇拜的雜文家之一的老黨員，四十年代他寫的雜文使國民黨文痞大為害怕……這麼一個老革命，解放後又是國家出版社的負責人，怎麼會是右派？又怎麼能想像在一九五七年的中國竟會發生一大批建造社會主義豐碑的戰士突然成為推倒這座豐碑的惡魔？……

他被開除黨籍，被逐出北京，生活降低到四十元錢一個月，還得忍受被冤為階級敵人的一切打擊……平時裡，老聶也不少『樂趣甚至詼諧』。記得一九六〇年開春，嫩綠初披上枝椏，一個早晨，我們去食堂吃飯，要走一條由爛泥水坑陷阱並怪石突起的大半里小道。吃罷早飯，我們東歪西倒走回家門——由當年日本關東軍駐虎林機關的氣象站改成的《北大荒文藝》編輯部。老聶指著樹枝上吱吱喳喳歡蹦亂跳的麻雀，說：小丁，你看看，它們多高興，多輕鬆……丁聰被懵住了，其實我們也被懵住了。反問怎麼回事兒！老聶說，今年，除四害的名單上已經沒有麻雀了，麻雀摘掉帽子了……這是時代悲劇釀成的一篇讀來令人忍俊

不止的『雜文』！這就是聶紺弩在那年月裡的『樂趣甚至詼諧』……」

　　命運的安排，使作者和聶紺弩在一個辦公室裡共事一年有餘。面對這樣一位文壇老前輩，我們這幫從部隊轉業來的尉官們，該稱他「聶老」。但，當時「左」的空氣很濃，誰也不敢這樣稱呼他，只好顛倒過來，稱他「老聶」。他乾瘦，高個，好抽煙，沉默寡言，性子倔強而又詼諧。整天坐在案前，抽煙喝茶，伏案看稿，苦苦思索，有時自言自語，像在吟誦著什麼。有一回，他看著業餘作者送來的長篇小說，良久不語，忽地拍案驚呼：「這部長篇，就這節寫得好！」他愛下棋，自備一副棋子。下了班，壓根兒不是他對手的從總政文化部轉業來的中尉軍官鍾濤，就成了他的「棋友」了。有一次，大夥談到他因燒炕起火進了班房的事。七嘴八舌，說他坐過國民黨的牢，也坐過日本鬼子的牢，又坐了共產黨的牢，不覺感慨萬千。聶老聽了，幽默地說：還是共產黨的好！大夥不解地問：為啥？他笑吟吟地講：他進虎林監獄那陣，正趕上新年、春節一起過，每人發一百個凍餃子，作為兩個節日的伙食改善。他年老體衰，食量很小，這一百個餃子使他連續改善了好幾天伙食。所以嘛，還是共產黨的監獄好嘛……接著，他又引出另一段「幽默」來：剛進虎林監獄，獄方為了照顧他身體，不讓他參加重體力勞動，叫他給犯人們燒炕。他聽了，婉言謝絕：不能再幹了，我正是因為燒炕燒了房子進了班房。如果再讓我燒炕，燒著了房子，又要進班房了。可那時班房也燒了，連牢也沒得坐了……

三十二、丁聰的北大荒筆名

　　丁聰，這位著名漫畫家、原《人民畫報》社副總編，據說「反右」時他正在國外訪問，回國後，運動高潮已過，領導上也找他談話，暗示他要謹慎些。誰料在一次座談會上，他還是敞開了自己的真實思想，加上他的好友吳祖光「二流堂」集團的牽連，換來了一頂「右派」帽子。

　　他來到北大荒先後參加了兩個水庫的勞動。先是「五一」水庫，後是雲山水庫。他向我回憶了當年在工地勞動時的情景：

　　「真是一輩子也忘不掉的。勞動強度相當大，鏟土運土，抬土上壩，來往穿梭……好在我當時才四十歲。身體比較棒，拼命幹活，也就把心裡苦悶的事丟在腦後了。別看我當過畫報社的副總編，大小是個官；但，我生性隨和，愛聽旁人指揮。在單位，聽從領導指揮。在家也聽從領導——我妻子的指揮。只有一件事，是我自己説了算，那就是畫畫。這是我的命根子，我一生的追求，即使戴上『右派』帽子，我仍執著地畫，怕荒廢了。臨來北大荒，我偷偷帶來了一卷日本宣紙，捲得緊緊的，塞在箱子裡，生怕旁人、特別是領導上發覺。空閒時，我就背著人偷偷地畫，或者追記工地勞動時的場景和人物……説來好笑，那時畫畫就像搞地下工作。為了畫畫需要一把尺子，哪有呀？我就想辦法，搞代用品，就像當年搞『代食品』一樣。我把腰間的皮帶解下來，小心翼翼地在上面劃了一道道刻度，表示各種長度；這樣，可以派用場了。平時不用，就是腰帶，一旦需要，就解下來，比尺子還方便，旁人也發覺不了……」

　　丁聰在雲山水庫勞動的強度像弦一樣繃得死緊的當兒，王震派人找他談話了。他從工地趕到農場總場部招待所，那裡正召開全局的場長書記會議——招待所炕上擠滿了來自各場的領導幹部，他們穿的是清一色軍棉襖，正襟危坐，正等著王震部長召見。王震不顧場長、書記們的等候，專門把丁聰召到一個房間裡談話。

　　將軍開門見山：「丁聰同志，要是你不犯錯誤，能來北大荒嗎？」

　　丁聰不加思索地回答；「不犯錯誤，我是不會來的。」

　　稍傾，將軍說：「準備把你專門抽出來，編一本畫册，叫雲山水庫畫册，你同意嗎？」

　　丁聰沒吭氣，心想：當然同意，這樣可以不用偷偷地畫了。

　　將軍又說：「你要好好地發揮你的專長，把復轉官兵開發北大荒、搶建北大荒『人工湖』的事蹟，用圖片形象地記載下來……人手不夠，由你親自挑選！」

　　就這樣，他愉快地接受了編畫冊的任務，挑選了原《人民畫報》社的記者呂向全──一個從小參加八路軍的年輕記者，由於受了他的牽連也被打成了「右派」，作他的助手。

　　雲山水庫峻工，他就把《雲山水庫畫冊》編纂完畢，接著，將畫稿交給農墾局有關部門，調到《北大荒文藝》編輯部來了。

　　同聶紺弩一樣，丁聰也是一名特殊的編輯：戴「右派」帽子的編輯。刊物的封面設計、插圖、刊頭、補白、畫版樣……所有一切的美編的活，都由他一個人承擔。這樣繁瑣而又細緻的工作，都由他親自動手，這對一個曾經是著名漫畫家的大主編來說，顯然是大材小用，其中滋味是不好受的。他卻有條斯理地、不慌不忙地，而且是笑咪咪地全力以赴。當時，印刷廠仍在密山，剛建成的密（山）虎（林）鐵路行駛著淘汰下來的悶罐車，冬天不保暖，生著火爐……他穿著黑棉襖、頭戴狗皮帽，總是風塵僕僕地趕火車，在密山與虎林之間來回穿梭，而後又笑咪咪地把一本本散發墨香的新刊物，送到我們手裡。

　　丁聰還為《北大荒文藝》畫了不少插圖，筆名不叫「小丁」，改為「學普」、「阿農」。但，明眼人一看就知道是他的繪畫風格。為此，也曾引起一些人的非議，怎麼讓大右派插圖呢？……當時，我們置若罔聞，我行我素，心裡還是突突的。

　　1994 年 8 月，丁聰重訪北大荒。闊別 34 年，作者去火車站台迎候，心想：這位漫畫家已 76 歲高齡了，我也年過花甲了。不知能否認出來？……火車徐徐駛進站臺，老遠就能看到他那熟悉的面影在軟臥車窗裡閃動，揮動著胳臂，大聲地招呼……

　　他的模樣幾乎沒有什麼變化，只是發福了，微胖的臉，闊闊的嘴，

頭髮漆黑，一根白絲也沒有。真是「好人一生平安」！在重逢的日子裡，我們倆暢敘當年的難忘生涯：那幢鋼筋水泥建成的曾用作日本關東軍「氣象站」的編輯部，困難歲月他和聶紺弩去鄰近老鄉屯高價買兌了酒精的色酒和豆腐渣充飢，編輯部火牆忽然爆炸、弄得他和聶老滿臉滿身的黑灰⋯⋯

車到雲山農場，丁聰來到了當年勞動過的「五一水庫」，見了大為驚訝：「原來是這麼個小水坑呀⋯⋯看來不值得驕傲了。」大夥聽了，都笑了起來──當年「大躍進」的產物，早已廢棄不用了。當驅車來到水波粼粼的雲山水庫時，他才像孩子似地興高采烈，一邊指點一邊告訴大夥當年工地勞動的情景⋯⋯繼而潑墨題詞：「我知盤中餐，粒粒皆辛苦。」「戰天又鬥地，舊貌變新顏」⋯⋯寫罷，他風趣地衝我說：「不要再鬥人了，否則，國家搞不上去的。」

他依然像金子那樣純真，又像水晶那樣透明！

同已經去世的聶老一樣，這兩位早年蒙受不白之冤來到北大荒的前輩，不僅在黑土地灑下了艱辛的汗水，也為北大荒文藝這棵新苗付出了心血。歷史功績，不可磨滅。值得一提的是丁聰還畫了一幅《聶紺弩上工圖》，凝聚著兩人深厚的情誼。聶老當時曾在畫上題詩一首，至今傳為佳話：

> 駝背貓腰短短衣，鬢邊毛髮雪爭飛。
>
> 身長丈二吉訶德，骨瘦癯三南郭綦。
>
> 小伙軒然齊躍進，老夫耄矣何能為。
>
> 美其名曰上工去，恰被丁聰畫眼窺。

三十三、吳祖光與話劇《北大荒人》

著名劇作家吳祖光是又一名文化「流人」。這位「神童」自 1949 年

得召喚從香港回到北京，以無比興奮的心情投入新中國的懷抱。1951年與新鳳霞結為伉儷。不料六年之後就遭到了厄運，並殃及全家。當時，文化部的一個負責人把新鳳霞叫到辦公室，給她一份《人民日報》看，當中有一篇報導，是一個被劃為右派份子的妻子由於和丈夫劃清界線離了婚，揭發丈夫有功而受到讚揚。可是新鳳霞居然愛丈夫勝過了愛黨，拒絕了對方的要求。第二天，她在劇院就遭到批判，滿院的大字報和漫畫，說她唱的是「公子落難，花園贈金」，還給她戴上了「內定右派」的帽子。什麼是「內定右派」？就是不公開的「右派」，劇院指靠她演戲，公開的右派就不能演戲了。她一出臺就滿座，每場戲演完，觀眾鼓掌叫好，謝幕時，她已經下戲裝去倒痰盂、刷廁所了……

　　1958年早春三月，吳祖光告別了妻兒，隨同國務院直屬各部、委、局的六百多名老右，乘坐「專列」，沿著十萬官兵的去向，踏上了「驅北」的道路。車廂一片沉寂，老右們彼此相對無言，只聞單調的車輪滾動聲，仿佛在他（她）們心頭壓過。六百名「流人」統編為一個大隊，三個中隊。大隊長是一名陸軍上校，副大隊長是一名海軍中校。中隊長是一名大尉，副中隊長是一名上尉，他們都是從警衛師、公安幹校抽調來的，同時也轉業北大荒了。姓陳的上尉軍官為人直率、開朗，他不時來到吳祖光他們車廂，主動和老右們接近、攀談，漸漸地消除了「監督與被監督」之間的隔閡。為了消除車廂裡的沉悶空氣，這個山東大漢就有意識地「網羅」文藝人才，舉行了一次別開生面的「列車文藝演出」。這時老右們才相互認識了，真是「人才濟濟」，有劇作家、作曲家、演員、樂手……為了報答轉業軍官的真誠邀請，吳祖光給伙伴們說了一段笑話，他神態瀟灑，妙趣橫生，心卻在滴血……同時演出的還有民樂作曲家何彬，演奏了他那曾在世界青年聯歡節上榮獲銀質獎章的自創板胡獨奏曲〈大起板〉，外貿部兩位年近花甲的京劇票友和勞動部一位小伙子，由商業部一位老右操琴，為大夥清唱一折傳統劇目〈二進

宮〉……在老右們強作歡顏的掌聲和喝彩聲中，一旁觀看的列車人員卻冒了一句：「老右們還挺開心！」

他姓范，筆名「小范」，北京人，原軍校少尉軍官，當年是一名愛好文藝的業餘作者，如今是一名劇作家，他向我敘述了一段當年與吳祖光共事的經歷：

「農墾局組成了文工團，把我從八五三農場抽調上來當編劇，當時接受了一項任務，要寫一個大型話劇，反映十萬官兵開發『北大荒』的事蹟……劇本初稿很快拉出來了，因為都是業餘作者，還不懂戲路子，就從『右派隊』借來兩位名人：吳祖光和李景波。前者是著名劇作家，後者是著名電影演員，都是被錯劃右派『流放』來北大荒的。他倆在基層勞動了一段時間，處於『邊考驗邊改造』時期。領導上囑咐要對其監督。當時，我也屬於家庭出身不好的，守著兩位名師卻不敢接觸，只好偷著學兩手！吳祖光平日少言寡語，恐怕也懷著戒備之心吧。他看了《北大荒人》（當時劇名叫《雁窩島》）初稿後曾提了幾條很不錯的建議，是行家裡手的有識之見。可是這建議在集體討論中被否定了。有人發言說，搞不好會有『人性論』、『人情味』的危險。我作為執筆者真有些害怕。於是，對於雖是專家卻是『右』字號人物的意見很輕易就否定了。可我至今還難忘那天掛在老吳嘴角的一絲苦笑，當時他不便再說什麼，只有遺憾而已……儘管頭腦中有『怕』字，但我深知『悲歡離合』可以寫出好戲來，還是採納了老吳的一些設想……記得老吳當時看了修改稿時曾笑著說：『這可也有點人情味了呵！』我衝他擠了擠眼，說：『這是無產階級的人情味兒！』說罷，兩人哈哈大笑……」

上天不負有心人。1994年8月，吳祖光來到了當年勞動過的「右派隊」——現八五三農場二分場六隊，終於見到了闊別了34年的老隊長。

這是一個典型的東北漢子，高大、黝黑、粗壯、嗓音洪亮。他叫李福春，當年從杭州轉業來的上尉營參謀長。見了吳祖光，分外親熱，一

邊走一邊指點：當年「右派隊」的帳篷、馬架在那裡，食堂在那裡；有
一回，帳篷坍了，把「老右」們壓在裡面，幸好沒傷人，一個個爬了出
來，王震來時，「老右」們集合的地方在那裡，當時王震建議改名「向
左村」，大夥激動萬分，陳明還帶頭喊口號，事後又小心翼翼地找他，
問：像他這樣「老右」的身份，該不該喊口號？……

　　當年「右派隊」的遺跡已蕩然無存。展現在眼前的是一排排紅磚
房、林帶、砂石路，以及綴有假山、雕塑、花圃等美麗景觀的隊部。唯
一能找到的就是水泥曬場邊上那方架著油罐的土台，陽光下，它那丘黑
土仿佛向久別重逢的老隊長和老隊員閃著歷史的古韻。

　　時間在吳祖光的沉思中倒流，他說：「當時給我印象最深的是北大
荒的遼闊和廣大。以前我們在北京從來也沒有想到過地球是圓的，那年
一到這裡，去到無邊無際的雪，才看到了地球的模樣。有一回，從天際
出現了兩個小黑點，漸漸地朝我這個方向移動，原來是兩匹乘騎，踏雪
而來。走近一看，兩個穿軍大衣的人下了馬……事後才知道其中一位是
王震，他是專程來右派隊看望我們的。」

　　李福春接嘴道：「那次王震來，還專門召見了蘭玉，劈頭就是兩句
話：一句是想不到你犯了錯誤，如果犯在我手裡，我要斃了你；另一句
是今後好好幹，改過來就好……說得蘭玉抬不起頭來。蘭玉是當年右派
隊裡年齡最大的人。」

　　吳祖光風趣地問這位老隊長：

　　「你還記得不？有一回，專門開我的批判會。」

　　李福春笑道：「當然記得。當時你們這幫文化人內部也矛盾重重，
就像荷葉包釘子，都想露出頭。有的為了表現積極，打個小報告，加上
當時『左』得厲害，什麼事都上綱上線。」

　　原來有一天吳祖光勞動回來，看到開會通知就急忙趕去，結果是批
判他的大會。會上，有人說他「反動」，在火車上發表了「反動言

論」，讓他老實交待。吳祖光冥思苦想，才想起在火車上那次「聯歡會」上說了一段笑話：「一列火車正在啟動，從站臺上飛跑來三個人，一位善良的鐵路警察趕緊幫衝在前面的兩個拿東西的人上了車，等他幫空手的第三個人時，火車已經開走了。警察歉意地說：真對不起，沒把你送上車，好事沒能做到底。那人喘著氣說；唉，今天是我走，那兩個人是送我的呀⋯⋯」會上，批吳祖光的人問：「你講這個笑話是什麼意思？」「沒什麼意思。」「不對，你有意思，你這是說該走的沒有走，不該走的卻走了。」⋯⋯

大夥聽了，不覺哈哈大笑。吳祖光風趣地說：「那次批判會，真長了我的見識。批判我的人的確比我深刻得多。」

一路上，吳祖光為參觀訪問的單位和老荒友留下了寶貴墨跡。寫得最多的是「生正逢時」四個字，筆走龍蛇，滿紙淋漓。這本是一句成語：「生不逢時」。經他改動一字，內涵顯得豐富而深邃⋯⋯

這是一支陣營堅強的「流人」隊伍，除了丁玲、艾青、聶紺弩、吳祖光、丁聰，還有尹瘦石、胡考、黃苗子、李景波、郭允泰、關劍痕、楊角夫婦⋯⋯全部寫下這一千五百人的姓名已不可能，因為珍貴的資料已經「十年浩劫」「洗禮」了。命運殘酷地打擊了這批文化人，但命運沒有將他們擊倒。在將軍的庇護下，在一批穿軍衣的「移民」帶領下，他們用雙手在荒原上建起一座座以「右派隊」命名的小村莊。有的勞動了一個時期之後，抽調到有關單位，發揮一技之長，而大多數則在基層勞動，向地球開戰！他們一路踉蹌，然而他們一路都在前進。他們的遭遇比十萬大軍更苦，經歷更為艱險，有的已長眠地下，有的經不住「苦煉」而逃跑，最後還是回到「苦煉」之地。歷經三十年風風雨雨，直到他（她）們韶華已逝，不覺鬢髮斑白的時刻，黨和國家才發現曾經錯待這批卓有貢獻的文化人。也只有在這時，我們才理解當年他們那帶血的心和帶鐐索的足跡，才更加理解這批當代「流人」的痛苦奉獻！

三十四、一群女「流人」

在北大荒的「流人」隊伍裡流傳著這樣一句話：大右派，苦；小右派，更苦；女右派，則苦上加苦……當了解到這批女「流人」年紀輕輕地竟戴上一頂頂嚇人的「右派」帽子時，你就會感到這簡直近乎「天方夜譚」。一位托兒所所長，為了給托兒所爭一架鋼琴，跟行政科長吵了一架，還給黨委打了報告，要求保育員出國學習，說上海福利基金會托兒所長是從美國留學回來……於是，她被打成了「右派」。一位英文翻譯，1954 年從海外歸來的華僑，閒談時說國外華僑不願回國，多半是怕寫自傳，又說寫自傳是不可以的，結幾次婚，和哪個談過戀愛都寫上，太野蠻；在國外，只有受審訊的人才能這樣對待……於是，她也被打成了「右派」。北京科研單位的俄文打字員，在機關評選先進工作者時，她被評上了；但，一個外號叫「常有理」的女幹部，黨委書記的妻子，說：「怎麼搞的？先進工作者讓一個非黨團員的毛丫頭撈去了。」她聽了這話，睹氣地把自己的獎狀撕了，又說了幾句狂話……於是，構成了她的「反黨罪行」。還有一位是一個鑽研歷史、想當女博士的國家幹部，由於有了身孕，想私自墮胎，以免影響學習，結果吃了大量奎寧致聾，整風時她在機關貼出了第一張大字報〈我的耳朵是怎樣變聾的？〉，說不許避孕和墮胎是封建主義殘餘，是愚昧政策，並支持馬寅初關於人口問題的建議，又把大字報內容寄給了《中國婦女》雜誌……於是，她也被打成了「右派」。

更為奇特的是，一位十三歲就參加革命的年輕女幹部，一身清白，也沒鳴放，反右時，為了表白自己，她把自己的日記拿出來，結果材料組把她日記上記的私生活的苦悶情緒，都摘出來，列為反黨反社會主義大毒草……

畸形的年代，淚寫的歷史。這幫年輕輕的女「流人」忍辱負重地來

北大荒度過她們青春中的最美好的時光……她們極度想家，思念幼小的兒女和新婚不久而又離別的丈夫；她們盼望早日摘掉「右派」帽子，互相悄聲議論：地主三年都摘帽，右派應當比地主摘得快點；她們不顧體弱力單，咬牙勞動，拚命幹活，虔求黨對她們的寬大；她們在惡劣的生活條件下，極力抑制女性對生活的特殊嚮往，偶而哼兩句歌，展現一個舞姿，或下河洗澡，卻引來非議：「右派要翻天，女右就是浪……」

三十五、「毛猴」的故事

他姓李，原先是《爭取人民民主‧爭取持久和平》中文版主編，他講述了當年「右派隊」裡發生的一件事：

「我們隊裡有一名中國科學院下來的『右派』，姓王，河南開封人。當時三十六歲，學數學，是助理研究員。平時為人忠厚木訥。整風運動中，他給頂頭上司提出了一些生活作風方面的意見，便打成了『右派』。他愛人去世，給他撇下一個女兒，念小學。父女倆相依為命。臨來北大荒，他便把小女兒托付給她的大姨媽照管。大約兩個月，他接到一封電報，女兒在校門口被一輛卡車壓死了。本來沉默寡言的老王，更是一言不發了。偶而在夜裡聽見他在睡夢裡喃喃自語：『孩子，爸爸對不起你！』……

那時，我們『右派隊』在山上伐木。一天，老王突然從山上帶來一頭毛猴，中不溜的個兒，形容憔悴，毛色混雜而無光澤。原來他在山上鋸木頭，遇見了它。它兩腿受傷，坐在那裡不動。他就抱它回來。工棚裡多了一頭毛猴，給大夥帶來了生氣。老王先是給毛猴治傷，拿出了雲南白藥和防止傷口化膿的草藥，然後安排它的生活。人們獻出了各種乾果：核桃、棗子、榛子、栗子，甚至罐頭桃子。大夥吃玉米棒子，它跟著吃棒子。大夥吃高粱米飯，它也跟著吃高粱米飯。老王還在他床頭用木板為毛猴搭了一個小窩，甚至連毛猴專用的小馬桶都準備了……

　　狗馬通人性，猴子尤其機靈，模仿本領很強。敬禮呀，幾乎一教就會。不久，它兩腿能行動自如了，臉色紅潤，毛色也有了光澤。老王對他照顧更無微不至。清早帶它上山溜彎兒，用長長的布腰帶牽著它，有時它坐在他的肩上，一手或雙手摟著他的脖子，顯得非常親密。大家開玩笑，把他倆叫做『父女倆』……

　　有一個大禮拜天，老王和我帶著毛猴上山坡溜達。到了林子裡，我們坐下休息。老王解開布帶，拍拍猴子腦瓜說：『去，逛逛去！』它就縱身跳上大樹，三跳兩跳便不見了。我大吃一驚，問：『你不怕它跑了？』他說：『也怕也不怕。』接著，他說了下面一番道理：他和毛猴之間已產生了深厚的感情，自他女兒去世，他和這世界的唯一聯繫就斷了。誰能想到，生活中竟出現這個猴子，很通人性，像他小女兒一樣，用它的毛手摸摸他的臉，用嘴貼在他耳邊說悄悄話。有時，夜裡醒來，常常發現暗中有一雙閃閃發亮的眼睛盯著他。他感動極了，心想：它也有親人嗎？也有一個女兒嗎？如果有，有什麼理由用布條把它拴住，強迫留在自己身邊呢？如果沒有，高山密林是它的生活天地，有什麼必要非讓它跟自己過這種囚徒般的生活不可呢？……

　　從那時起，老王拿定主意，只要有機會，就給它放放風，即使走了，也認了。可是，通人性的毛猴每次聽到老王拖著長音呼喚，就高高興興地從遠處的樹上溜了下來……一天，毛猴失蹤了，而且是帶著布帶走的，大夥很驚訝，老王也很擔心。那天晚上，許多人上山去找。很晚很晚了，還可以聽到老王呼喚毛猴的顫聲，在夜空中迴響。兩天後，有人在一個偏僻的旮旯裡發現了猴子的屍體，掛在一棵樹上，是吊死的，前肢後肢都捆得結結實實……老王痛苦極了，親手用木板釘了一個方匣，又用一條毛毯把它裹了起來，放進木匣裡，還把它用過的水瓶、沒吃完的栗子、煉乳也都放了進去，在當初遇見毛猴的山坡上，挖了個洞，埋了。他又像從前那樣沉默寡言了……」

三十六、「右派」大學生

他姓汪，原上海音樂學院作曲系畢業生，戴上「右派」帽子後，送到了北大荒。遺憾的是，作者始終未見他一面，只是在合江農墾局戰友們嘴裡知道他的一些經歷。此外，在當年的檔案資料中竟發現了他。

1960 年 3 月 19 日合江農墾局〈關於加強對右派份子管理工作的指示〉中有一段記載：

……右派份子汪某給牡丹江局文工團右派份子錢某去信說：我已經「偶然」越境（作者按：指黑龍江對岸蘇聯）兩三次，「菩薩」保佑，沒碰上邊防軍，否則就「糟」了。汪某又以教歌為名拉攏群眾(特別是赫哲族)，使群眾願靠攏他。汪某給錢某的信中說：「聽說我是學音樂的，一下子在小青年裡就傳開了，都想認識我，跟我學唱歌……赫哲人現在全國只有600多人，全部在黑龍江下八岔……這幾天我在教他們赫哲族老師識譜，學得很努力。我把這工作看做是一種『播種』的工作……你當然知道我來合江農場了，這是我們局裡（按：指合江農墾局）最艱苦的一個農場，最北面，最冷，交通最不方便，一切條件是最差的。但，這又能嚇唬誰呢？這一切都算什麼呢？在來以前一種浪漫主義的情緒早就支配了我。小兄弟，羨慕我吧。這是一個多好的環境啊。」從汪的情緒可以看出對黨懷恨在心。據了解，汪某來東北前曾在南京玄武湖和右派份子汪某（合江局文工團）、錢某（牡丹江局文工團）三人照相，手拿蓮梗。汪說：很有意義呀，蓮子連心！他們在分手時互相鼓勵說：看誰「成績」大（指反動成績）。從目前看來仍是通信頻繁，互相聯繫介紹情況，並與上海音樂學院右派學生嚴某互相通信，據其內部成員檢舉，現有嚴某的傳閱密信一封，在汪某手中……

　　這位被浪漫主義情緒支配著的年輕「右派」，發配到北大荒最僻遠、荒涼的農場，居然「如魚得水」，起勁地做他的「播種」工作，反而遭到了「對黨懷恨在心」、「祕密串連」、「拉攏群衆」的罪名……他後來的命運怎樣？我一直在懷念著、惦記著。

　　三十多年後，勤得利農場漁業公司經理，一位北大荒的文藝骨幹，他叫曲洪智，才把他結識汪某的情況說了出來：

　　「我認識汪某是在 1962 年。那時他的『漁齡』不淺，打冬網下張網，淌網拉網，樣樣是行家裡手。風裡浪裡，嚴霜寒雪，早把江南才子裝扮成北國漢子了。乍一接觸，誰也看不出他曾是金榜題名的大學生……那時，蚊子多，轟炸機似的。晚飯後，都在蚊帳裡困巴著，極無聊。有人說，老汪，唱支歌吧。老汪就唱開了。江南小調、山東民歌、四川的、東北的、新疆的……好傢伙！了得！

　　別看網房子裡的漁漢子們是些粗糙人物，閒下來打逗笑罵，滿口髒話。可看人，極有眼力。對身邊的老右，不但不歧視他，反而尊重，很照顧，都說他是好人。在一群粗人中，我肚子裡還算有點『水』，所以很快便和老汪成了朋友。成了朋友，我便知道老汪的一個祕密。

　　都說老汪信多，攢了一包了。只知道信來自南方某學校，卻不知出自何人之手。一次，老汪又在如飢似渴地捧讀一封來信。我趁其不意，一把搶過信來說：『老實交待，什麼人的信？』『同學的！』『男的女的？』『女的。』『戀人？』『原來是。』『她變心了？』『不是，是我不能耽誤她。』我把信還給他說：『你別犯傻了，她不變心，你千萬別提出黃。』他無語，一臉苦相。

　　那年秋天，老汪收到一包糖。來人把那包糖往網房子裡一放，我分明看到老汪渾身一顫，什麼也沒說，把糖打開一撒，大夥一窩蜂似地爭食美物，只有我沒動。老汪扒開一塊說吃吧。我含在嘴裡覺得極苦。那幾天，老汪神情陰鬱，大夥方知那糖不吉利。後來，我問老汪：『她結

婚了？』他說：『都二十八歲了，早該結婚了。』我說：『鬼神難測女人心。』他說：『不怨她，她是個很好的女人。』

接到那包糖後，我們捕到一條很漂亮的乾條魚。老汪買下了這條魚，精心鹽漬，晾成了魚乾。一次，我倆去場部辦事，他把這條魚寄給了昔日的戀人。在品名一欄裡，他很鄭重地寫下了一個『鱤』字。我好奇地問他原委。他說：『乾條魚，屬鯉科，學名「鮩」。』當時我並沒在意，只覺得他學問深。後來卻想：這『鱤』字由一個『魚』字和『感』字組成，老汪選『鱤』寄去，是否內含著，一個『魚』漢子對曾經苦苦等他5年之久的戀人的一份『感』激之情呢？……我將這話問老汪，他避而不答。我想他是默認了。因為後來他曾說：你小子不笨。

老汪算條硬漢子，失戀沒有擊倒他。可閻王爺差點讓他去陰曹地府報到。那年秋天扣網後，老汪去船後解手，不慎，一下子被拖帶駁船的鋼絲繩掃進江中。多虧他抓住了帶繩，才免葬魚腹，等有人發現時，已在江中吊了一個多小時，等救上來，他像根麵條似的，一下便癱在那人懷裡。我們都說；你大難不死，必有後福！

果然，隔年老汪有了轉機。那年，一位主管文教的副縣長來漁村視察，聽說這裡有個大學生老右，便打聽表現，隊領導極盡美言。果然，不久便來了調令，調老汪去縣一中當教員。老汪走時沒和我們打招呼，是悄悄走的。聽說走時他大哭了一場。也不知他哭什麼，我想他是應該笑的。我們都為他時來運轉而在心裡笑。

文化大革命那年，縣城來了幾個紅衛兵說是調查老汪在漁村的反動表現。漁漢子們大都是根紅苗正的革命依靠對象，說話很衝。紅衛兵問：姓汪的是否常唱反動歌曲？漁漢子答：他唱毛主席像太陽，反動嗎？……再問再頂，最後漁漢子們煩了，說別他媽的問了，你們嫌他我們要，讓他回來打魚好了。當下把紅衛兵轟出了村。可漁漢子們終幫不了老汪，很快傳來消息說，他畏罪自殺了。我們聽後都很痛惜。

　　過了幾年，我在修造廠當車工，一次談起了老汪。一個徒工說：那是我高中的老師呀！那次他自殺未遂，落實政策後，辦回南京老家了。快50歲了，也沒個家……現在，回到故鄉的老汪，不知生活得可好？倘蒼天有眼，總該讓他有個溫馨的家吧，以慰藉他那顆受傷的心……」

　　艱苦的勞動，惡劣的物質生活，並不能摧垮「右派」們的心靈，倒是政治上、精神上的傷痛，以及人與人之間的歧視、冷漠，折磨著這批文化「流人」。

　　作者曾看到過當年一份題為〈關於右派份子在密山墾區勞動改造情況〉的考察報告，報告中敘述了這批「流人」的分布、安置情況之後，寫道：

　　他們主要思想問題是：三怕（怕冷，怕苦、怕累），二懷疑（懷疑組織上是否推出去不管，懷疑如何勞動改造，是否和勞改犯一樣對待）。經過組織上安定情緒，端正態度，特別是各級領導以同志態度對待，稱他們為同志，生活上關心，以及下放軍官和他們一樣生活和勞動，使他們受到感動，畏懼情緒好轉，思想有所穩定……

　　接著，筆鋒一轉：

　　……特別是中東局勢緊張時期，他們乘機蠢動，活動更為猖狂。如以科學院李某為首的一些右派，揚言要建立「右派獨立王國」；原電力部右派份子李某公開向隊領導提出要組織「右派份子自治會」；文化部右派轟絀弩在燒炕時不會燒火，把房子燒掉等。

　　針對以上情況，各場、隊從6-7月份開始，首先進行了反歪風邪氣的鬥爭，發動群眾對那些反動份子大張旗鼓地進行揭發鬥爭，打擊他們的囂張氣焰……從8月起全面而深刻地進行了整風和反右鬥爭，以大鳴大放大字

報的方式,充分揭露了各種反黨言行和錯誤言論。如八五三農場一分場三隊,共貼出 1500 張大字報,其中 80% 大字報集中對有反動言行的十二名右派進行徹底揭發和批判,只熊某一人就被貼大字報 500 餘張。據統計,八五三農場(右派份子)大會批鬥二十九人,小會批鬥六十五人。經過批鬥,已對四名最反動的份子,進行嚴肅處理,三名武裝看管勞動,一名逮捕法辦⋯⋯

每讀至此,令人扼腕!一遇到風雲突變的形勢和運動,這批「流人」照例是現成的階級鬥爭的活靶子,不得不再次遭受政治上的「掃蕩」和精神上的折磨!

歷史的回聲,命運的安排,使北大荒成了他(她)們的第二故鄉。如同十萬轉業官兵一樣,他(她)們的汗水、淚水和血水,同樣溶入並滋潤著北大荒的黑土層。他(她)們也像清代流人一樣,還留下不朽著作:丁玲的《風雪人間》、〈杜晚香〉,聶紺弩的《北荒草》、《北大荒歌》,艾青的詩,丁聰的畫,王雲林的《完達山交響樂》以及一些尚待查找的藝術瑰寶⋯⋯

第七章
墾殖史上的「淮海戰役」

三十七、北大荒的「金字塔」

1958 年的北大荒，對十萬轉業官兵來說，是嚴峻的，艱難的。就像野戰軍一樣，進入陣地就立即挖掘防禦工事，投入全面的戰鬥。其時春寒料峭，積雪未化，住房緊缺，糧草不足。十萬人馬，超過了當時兩個農墾局（牡丹江農墾局和合江農墾局）原職工總人數的一倍，而大多數又是在荒原新建點，條件異常惡劣。難怪有人說：這是一場赤手空拳的「向地球開戰」，是一場全面出擊的「人海戰術」！

濟南軍區後勤部轉業軍官三百多人分配到八五三農場某分場，頭一項任務是去一分場二隊背糧、背鹽。春天開化，車馬不通。每人用一條長秋褲，褲腿用繩子一扎，裝上大米，套在脖上。每人負重四五十斤，涉水過河，來回一百四十多里。

八五四農場轉業官兵，因新建點東大崗處於沼澤包圍之中，為了解決原糧加工，專門組織一支青年突擊隊，從三分場抬回石磨，八人抬一扇磨，涉水幾十里，硬是把石磨抬回東大崗。

八五五農場動員八百名轉業官兵，搶修寶清到七星河的

公路，苦戰十晝夜，將這條全長九十六華里，大小橋樑三十三孔的公路，全線修通。

八五六農場的轉業官兵因農機具嚴重不足，就用人拉犁杖、人拉圓盤耙和播種機，進行翻地、整地和播種。有的地快，乾脆用鍬翻地。四分場五百多畝水稻田，就是一鍬一鍬翻出來的。

青島海軍基地和海軍速成中學的轉業官兵來到一個名叫「老牛圈」的荒地建點，為了克服春播種籽運輸困難，有二十里道路泥濘，黨支部要求每人背種七十斤，有的由八十斤背到一百四十斤……短短幾天，人力運種 127,720 斤。

八五二農場下放官兵為了搶播大豆，他們肩挎背包，裝上豆種，手拿自製捅棍，頂星星下地，望落日回家，晌午吃在地頭，二萬七千畝豆地全是人工點播。

牡丹江墾區有四千名轉業官兵，從密山一下火車就直接開赴雲山水庫工地，在東西兩大工區搭起小馬架一千多座，紮下施工大軍營盤，開始了搶建「北大荒人工湖」的戰鬥。

近千名轉業官兵踏上荒原，就投入修建密山到虎林的鐵路，全線一百一十四公里，砸石子，修路基，鋪枕木，架鐵軌……當時的口號：苦戰四十天，打通密虎線！終於在解放軍建軍三十一週年前夕，全線建成通車。緊接著，又轉入修建虎林到迎門頂子（後改名迎春）45公里的鐵路……

在荒涼、偏僻的裴德小鎮，新建一座八一農墾大學——原是一所農業技校的底子。幾百名轉業軍官剛報到就投入緊張的建校勞動。當年實行「場校合一」，而校長是赫赫有名的王震將軍，雖是「兼任」，毋庸置疑是全國最高地位的大學校長。「尉官」學生們有的割草，有的砍柴，有的蓋房，有的投入大田勞動。不久，一聲令下，全體學生都參加興建青年水庫的勞動，每天勞動時間十六至十八小時，有時幹到二十小

時……築起了一條 1,750 米長、12 米高的大壩！而後按「抗大」的辦學經驗，開展了教學活動……

歷史一定會記住這批年輕軍官和士兵。當年，他（她）們勞動、拚搏，以及艱辛的墾荒生涯，並不亞於戰爭年代！他們的奉獻，也不亞於血與火之間的奉獻！

傳說二千多年前埃及古王朝為了建造金字塔，經常要動用十萬勞力，歷時三十多年才完成這堪稱「世界七大奇觀」之一的輝煌建築物。看來，二千多年後的中國東北角——北大荒，十萬官兵正按照「共產主義」藍圖，用自己的忠誠和熱情，企圖在黑龍江畔建造另一座堪稱「奇觀」的「金字塔」。

所謂「奇觀」，是因為同樣是十萬人馬，而埃及建造金字塔費時三十餘年，而中國穿軍衣的「移民」們只需三年！當年傳遍墾區的口號是：「兩年機械化，三年電氣化」！

當年史料中記載的震人心弦的事蹟，和十萬官兵可歌可泣的拚搏，他（她）們的勞動顯然不能同二千多年前建造金字塔時人力搬運重達 2.5 噸的石塊相比擬，但付出的體力和毅力，卻是異曲同工！

三十八、搶建「人工湖」

請看《牡丹江農墾史》關於「會戰雲山水庫」的文字記載：

「1958 年 3 月，鐵道兵農墾局根據王震部長的指示，經勘查決定在完達山西麓，七虎林河上游興建中型的雲山水庫（因在雲山腳下而得名）。3 月 18 日成立了施工指揮部，以八五○農場主建，月底集中復轉官兵 4,000 餘人和其它職工組成施工大軍。5 月 1 日，王震部長親自挑土奠基和開車壓實。5 月 2 日正式開工。施工隊伍住帳篷，吃大楂子，連口水井都沒有。復轉官兵們發揚人民解放軍的光榮傳統，口號是『晴天大幹，小雨猛幹，大雨苦幹，緊要關頭日夜連軸轉，突擊週裡絕不下

火線』；在挖運土時，則是『裝筐裝滿尖，抬起一溜煙，大筐大步走，中筐跑步顛』……經過194天搶建，終於在11月12日宣告竣工。水庫建設者們在少量機械力量配合下，抬土63.3萬立方米，澆灌混凝土568立方米，砌石685立方米、修公路64公里，橋樑三座，築建了長3,000米、高9.5米、頂寬8米的水庫大壩和配套工程。預計水庫修成後可蓄水4,750立方米……因是『大躍進』的產物，質量不高，獲取的效益不大。」

李夢雲，當年參加工程設計的一位水利設計工程師，他剛從新疆奉命調到密山，就來參加「北大荒人工湖」的戰鬥了。他回憶了當年的情景：

「我們指揮部人員都擠在雲山奶牛隊舊址，在僅有的五間磚牆草頂的房子裡辦公、吃飯、睡覺……大壩工程是在邊勘測、邊設汁、邊施工的『三邊』方針下進行的。壩址定線工作剛完成，壩體設計還在進行，4,000餘名官兵就來安營紮寨、開始施工了。一部份人到山坡高地打草，用來加厚窩棚和睡覺的草鋪；大部份人就在指定地段，將破碎的冰塊筐挑肩扛，運到壩址下游幾十米處堆放……5月上旬進入化凍期，施工部隊搶時間清除壩基的草皮、淤泥、腐植土，化一層挖一層，一直清除到見黃土層為止。分配在低窪地段和七虎林河兩側施工的官兵，由於冰上流水日益加大，破冰清基任務更加艱苦。他們在刺骨的冰水裡頑強地勞動著。六月初，東段壩基開始填築，填築的土方最初全由人力挑抬，運距近的約40-50米，遠的100多米。壓實工作由於沒調來機械，只好用人力打夯壓實，以及人工挑抬土時來回腳踩，質量根本得不到保證。後來雖然調來一台拖拉機擔任輾壓，仍滿足不了上土量的壓實需要。六月下旬，王震部長再次來到工地看望轉業官兵，並檢查施工情況。

第二天，王震召集轉業官兵作了動員，號召大家再接再勵大幹一百天拿下大壩全部土方的任務。會後，他和部長助理彭達彰都到壩面和轉

業官兵一起抬土上壩。這樣，工地上再次掀起了熱火朝天的勞動競賽。天剛亮轉業官兵就搶先上工，猛幹兩小時再吃飯，吃罷飯又接著幹；吃了午飯仍不休息，跑到工地接著比賽，看誰挑得滿，抬得多，跑得快。整天就這樣大幹猛幹，直到天黑才收工吃飯。遇到陰曆十五前後那幾天，還趁著月光又幹到夜裡十二點才回去睡覺。後來調來一台發電機組，現場有了照明。施工部隊就分成兩大班，每天在零點和中午 12 點交換作業。挑土籃的改成抬兩筐，抬大筐的由兩人抬一筐變成兩人抬兩筐，有的把三筐土摞在一起，極個別的一次抬四筐。一個個只穿一條短褲，還是汗流浹背。抬杠抬斷了不知多少根，肩膀上不知磨了多少血泡。第一班交換班時間還沒到，第二班人馬就提前來到。第一班到了收工時間也不收工，總要多幹半小時才走。有的人過度疲勞，又不甘心落後，竟出現了抬土時後邊的人一邊抬土跟著走、一邊閉著眼睛打盹的奇蹟。每天各大隊的統計日報數，都在人均上土 10 立方米以上，個別小組達到 20 立方米大關的驚人紀錄……」

轉業軍官少尉張勳，當年作為記者的身份用文字攝取了雲山水庫夜戰的鏡頭：

「初冬季節，深夜，西北風在草原上肆無忌憚地呼嘯著，但在這個曾經是亂草遍布、水窪重重的雲山腳下卻是熱火朝天。一條緊連東西高崗的大壩，攔腰斬斷了以泛濫著稱的七虎林河。壩上壩下，人來人往。電燈光，探照燈光，機車的光柱，把天都映紅了。馬達聲、勞動吼聲匯在一起，老遠就能聽到。好像是一朵朵火紅的鮮花開放在荒原上的寒夜裡……

工地黨委發出號召：『苦戰七晝夜，全線竣工。』舖蓋卷都搬到了工地上，可是它們一直被放在壩跟的草堆旁邊，沒有打開過。人們只在抱著鐵鍬打個盹的時候，靠它一下。這是第四個晚上，也就是人們在經過 70 多個小時的苦戰以後所表現出來的。

在壩的西段，我碰到兩個青年突擊隊員，一個叫盧家榮，一個叫丁善德。正遇上工間休息十分鐘，我們就到那些放舖蓋卷的地方坐下了。這裡背著燈光，但能辨別出這兩張臉上蒸發著熱氣。每一次碰到這兩個只二十歲出頭的小伙子，我總喜歡和他們談上一會。可是今天，實在不忍心侵占這十分鐘。我靜坐著，想讓他倆得到休息。但，盧家榮開口了：『你知道不？咱們今天能突破六十方。』丁善德接著說：『可不要把這個消息傳出去，等我們突擊隊的大衛星放出去以後再說。』……我看清了他們的沾滿塵土的臉。這幾天來，工地上的每個人別說洗不上臉，就連吃飯的時間都捨不得騰出來，都是一邊抬土，一邊啃硬饅頭。要是坐下來休息，很多人就睡著了。睡上五分鐘，甚至一分鐘，也特別香甜。哨音一響，就又都站起來，抬上 300 斤重的大土筐，直衝上壩……

他倆的身影夾在人流中飛向壩面。六十方，他們將要在這樣陡峭的壩上創造每人每天上土 60 方的驚人紀錄！7 個月來，他們總是以這樣的氣魄來回奔走於壩上壩下。當初，指標只規定每人每天上土 2 方，他們提出保證完成 10 方，結果以 12 方告捷。他們無止境地不斷地躍進，大放衛星。盧家榮、丁善德和周圍的許多同志，是從武漢部隊轉業來的。1957 年春天，他們在修築武漢東湖長堤時大顯過身手，治服了當地的水旱災害。今天，遠征北疆，在荒涼的雲山腳下，又鬧得天翻地覆……

當我走近閘門，取土場裡有一個人向我打了個招呼，定睛一看，原來是突擊連的李忠發排長。他曾在解放戰爭和抗美援朝戰爭中榮立過一次特等功和三次大功，是位出色的戰鬥英雄……他用鍬鏟土，一個人供兩副抬筐，幾十小時連續勞動，在朝鮮金城反擊戰中負過重傷的那隻右手，不聽使喚了。手腕裡殘留著的彈片發脹，手臂發軟，渾身發寒。抬土的人放下空筐，抬走滿筐，裝土稍有鬆懈，就得窩工。李忠發咬緊牙，憋足氣，一刻不停，鐵鍬飛舞，直到他額上冒出豆粒大的冷汗，臉

色煞白。旁人勸他下來，他說：『你們放心走吧，我李忠發保證供上兩副抬筐。』現在已是深夜，他還在供給兩副抬筐，見了我，没法停下和我談話。我問起他的右手，他邊裝土邊說：『傷口痛是常事，常事就是小事。』……

　女工中隊有一位『穆桂英』，名叫張雲香。我走近她時，『卡嚓』一聲，她的抬扛剛好斷了，這是因為土筐裝得實在太滿，墜斷了的。她把土倒掉，抬頭見是我，笑著說：『這已經是斷第三根了。』……她在『苦戰七晝夜』以前是在伙房工作的。在伙房裡，她就以一天挑水 80 擔而聞名全工區。每天送飯到工地，放下飯擔，她總得抬上幾筐。突擊隊夜戰開始，她投入了上壩勞動。白天，她把孩子放在壩基的空筐裡；夜晚，讓孩子吃飽奶，睡在暖和的伙房裡，反正伙房工作也是徹夜不停，有人照顧。張雲香真不愧是從山東鄉下來的勞動婦女，挑起兩個大抬筐，跨腿能跑。領導上只准她和別人合抬一筐，她卻不聽，偏偏一人挑兩筐……

　風停了，天氣乾冷乾冷。環顧工地，仍然是一片燈光，一片吼聲……東方透出了魚肚白。一會兒，朝霞出現，染紅了鎖在雲山腳下的六里長堤。人們在繼續奮戰，用勞動迎接第五個晝夜的開始……」

　坐在我面前的是眼下墾區頗有名氣的國營農場經濟專家，職稱副研究員，當年從南京部隊轉業來的少尉軍官，名叫周迅，他向我講述了雲山水庫工地的情景：

　「這是我一輩子也忘不了的一場人海戰術，就像打仗時衝鋒陷陣一樣。我和妻子匆匆辦了結婚證，從南京來到密山，一下火車，就拉到雲山工地來了。没有家，也無法同居。我倆都住帳篷，我住男宿舍，她住女工中隊的帳篷。起早貪黑地抬土，一天下來渾身上下像散了架。你知道，我是『三門幹部』，從家門到校門，從校門到部隊機關門，從來沒有幹過這樣繁重的體力活兒；可是，我咬緊牙關，挺過來了。我倒是擔

心新婚的妻子挺不下來，那時她不到二十歲，是個小姑娘，為了我來到北大荒，同父母鬧翻了，只有我才是她的唯一依靠。每次，下了工，我找到她，見她同我一樣，滿身灰土，成了個『黑姑娘』，除了眼白牙白，上下一身黑。我心疼地問她：『怎麼樣？能挺下來嗎？』她總是默默地望著我，咧咧嘴，一對嫵媚的眼睛衝我忽閃忽閃，瞅得我心裡發緊發酸。

王震來工地幾次。他一來，我們就掀高潮。說實話，我們巴望他來，來解決工地的吃住條件太差、勞動強度太大、機械力量嚴重不足的問題。來了也真能解決一點問題，調來一些機車，保證我們每週吃上三五斤豬肉……可是，一來就掀高潮、『放衛星』，心裡就打怵了。有一次，王震站在壩上，召集我們轉業官兵講話，看來他有點上火，埋怨進度上不去，號召我們再接再勵，放大衛星。說著說著，他指著身邊的一位技術人員，對我們說：『你們可不能像他那樣，他思想右傾保守！』這話說得那位技術員臉色煞白，渾身發顫。我們也聽出味來了，心想：可不能右傾保守啊，還得放衛星。心裡這樣想，實際做不到。你知道，這是連軸幹了一百多天，勞動強度已經達到了頂點，不能再往上冒高了。於是，我們心裡揣了個小旮兒，只好搶進度了，因為取土作業面越來越小，路越來越遠，就不管土料好壞，有時在壩腳下游不到 10 米處挖取含水量很大的土料，甚至把取土場廢棄的不合格土料，以至草皮、草炭土、塔頭等，只要自己能挖到的，全部一齊抬到壩面……要不，進度上不去，拔你的『白旗』，扣上『右傾保守』的帽子，受不了啦……

特別是到了最後的七天會戰，幾乎是連軸轉，那情景使人聯想起戰場上攻碉堡那樣的前仆後繼，一個個仿佛都不要命了，紅了眼，抬起土筐就衝上壩堤，衝上衝下，一溜煙地跑。到了第七天，總算熬到了頭，竣工了，土方完成了。至於怎樣完工的，完成的怎樣？……一概不知道，扔下土筐，衝進帳篷，倒頭便睡。食堂裡傳來的鐘聲，召喚大夥吃

飯，改善生活，也一概聽不見了。一個個睡死了，睡了三天三宿，才醒來……呵，雲山會戰真是一個夢呵！」

「北大荒人工湖」的這場大會戰，是一場「人海戰術」，靠人力的拚搏、高強度的體力勞動，以及人的主觀能動性的一而再、再而三的昂揚！

轉業官兵的心情是複雜而微妙的。這心情裡摻雜著五七年「反右」的陰影，也摻雜著「大躍進」的狂熱。

但無論怎樣複雜和微妙，歷史已經寫下了：如果沒有十萬官兵進軍北大荒，完達山麓不會在 194 天就冒出了個「人工湖」。同時，歷史也寫下了：當年「邊勘測、邊設計、邊施工」的「三邊」方針對科學的輕視，對人的寶貴的勞力的浪費，以及由於工程質量不高而帶來的三十多年來的後遺症。

三十九、火龍開進北大荒

十萬官兵在搶建雲山水庫的同時，又在完達山南麓發起了搶建一條從密山到虎林的鐵路大會戰。全線 114 公里，從密山縣東行，經裴德，沿著穆棱河北岸，穿越沼澤地上的一條巨大的堤壩，過楊崗，越湖北，經寶東，直插虎林縣。

這是一條橫貫三江平原腹地的大動脈，北靠完達山，南臨興凱湖。由於它的貫通，將使分布在這一帶的「八」字頭農場—850、851、854、856、857、858、8511……農場，以及新建的八一農墾大學、醫院、工廠等，連成了一片。

王震將軍在鐵道兵時期就想修建這條大動脈，只恨手下兵力不足。要不，早該動手了。1958 年春天，大批轉業官兵在密山縣城擁擠、堵塞的情景，使他修建這條大動脈的決心更加強烈，他不惜拿出千名轉業官兵來打通「密虎線」。

「告訴接待站，在密山留下一千人馬，別分配下場，留在鐵路工程處，成立築路隊！」將軍坐鎮密山北大營，下達了決心。

矮個子工程處長臉露難色，心想，這是一條大動脈啊，114公里，只分1,000人，平均1公里攤不上10個人，要砸石子、修路基、鋪枕木、架鐵軌，還要調車皮，訓練火車司機，培養列車員……

仿佛看到了部下的心事，將軍笑了起來：

「你別給困難嚇住，困難嚇不倒我王鬍子，我知道這條密虎線的底細，也順路看過！」

接著，他一五一十地擺了這條線路的有利條件……擺著擺著，差點上了火，要不是礙於眾人在場，他會當場罵蘇聯老大哥叫「老毛子」的。

原來密虎線有著一段特殊的經歷：昭和10年（1935年），日本關東軍侵略北大荒時，鐵路和公路是同軍隊的刺刀一起向腹地延伸的。當年，日本鬼子抓來成千上萬勞工，動工修築虎林鐵路。自林口為起點，開鑿險峻的長白山峽谷，沿著連綿起伏的隘路，穿過長白山中的要津麻山山麓，涉過穆棱河谷到達雞西。再由雞西開始，在沼澤地裡築起一條巨大的堤壩，經密山，虎林，直達烏蘇里江邊的虎頭鎮。當時，沿途抗日聯軍的槍聲不絕於耳，鐵道工程強行施工，關東軍前後花了兩年時間，第一列軍用列車就從密山方向開來，途經虎林，駛入了虎頭車站，虎視眈眈地瞄著僅一江之隔的蘇聯……

歷史又翻過了一頁。

1945年8月9日深夜零點左右，蘇聯遠東軍第一方面軍第35集團軍第57邊防總團，奉「對日宣戰」之命，強渡烏蘇里江和松阿察河，越過河灘和沼澤地帶，向三江平原縱深推進，接著解放了虎頭、虎林、密山、牡丹江、佳木斯……翌年3月，根據蘇、英、美三國外長會議協議，蘇聯紅軍開始從東北各大城市逐步撤退回國。蘇軍從三江平原撤退

時，將密山——虎林——虎頭的全線鐵軌拆下運回本國，只剩下光禿禿的路基……

將軍決心在這條舊路基上修建起一條新鐵路來。遭到破壞，也是路基嘛。

1958年4月，一千名轉業官兵剛剛放下背包，便被分配到築路隊。

有必要把當年鐵路工程處的《政工通報》摘錄如下：

《通報》第4號，1958年5月5日：「築路隊發揚中國工人階級革命的光榮傳統，隊隊之間比高低！他們的口號是：爭榮譽，當先鋒，密虎鐵路上出英雄！……裝卸隊裝枕木時，把枕木壘高，與汽車平齊，由過去45分鐘裝一車，增快到23分裝一車。第一工區採用流水作業法，由每小時抬35筐，提高到68筐。石碴隊由於改進打眼放炮的方法，由日產石塊200方提高到800方。『苦戰四十天，進軍到虎林』。線路隊自誓師大會後，由原來每天鋪軌80公尺、300公尺、500公尺，進而每日可鋪700公尺。如果用機車運送鋼軌，突破每日3～4公里的指標是可能的。有人提出『五一』節不休假的口號。工程隊突破每日打8根樁的指標，創9.5根紀錄。其中一根樁只用2.5分鐘打16錘，即完成任務。石碴隊在誓師大會前17天勞動共打石碴3,962立方，每人平均日產量0.69立方。而大會後的5天，則打石碴2,072立方，每人平均日產1.67立方……」

《通報》第5號，1958年5月8日：「不平凡的『五四』青年節，星期天，是五月第一個禮拜天。這天陰雲密布，小雨下個不停。但全線1,500名職工，包括石碴隊、線路隊、裝卸隊、工程隊等，都以實際行動發揚『五四』革命的光榮傳統。5月7日17時，當機車滿載鋼軌到達裴德，線路隊正召開支委會，當即暫停開會，支委和幹部同大家一起卸車，在昏暗的天色裡共卸鋼軌243根，魚尾板500塊，螺絲50包……」

《通報》第7號，1958年5月10日：「工程隊工效每天打10根

椿，每分鐘拉 7-9 下錘，有個椿打 29 分鐘。號子喊得有力，喊得好，把有關文件內容、任務情況、奪紅旗和先進事蹟都編了進去。流水作業，齊動手，沒窩工，移錘架迅速，拉錘時齊用勁，猛拉齊放……大橋約 10 日完工，12 日便可在楊樹河施工。人員準備徒步去，車輛只載材料物資……大家反映：『質量好，比黎湛線、鷹廈線強得多。』」

《通報》中雖無「衝鋒陷陣」、「決一死戰」的字樣，但，密虎線上轉業官兵們的砸石、接軌、拉錘、移椿等等連續作戰的氣魄，躍然紙上！

王忠瑜，空軍轉業軍官，中尉，原來是《人民空軍》雜誌社的記者，在部隊採訪了眾多的空軍戰鬥英雄張積慧，趙寶桐、王海大隊等先進事蹟。來北大荒後，他的筆尖對準了參加密虎線的戰友：

「北大荒的黎明來得特別早，當北京還是深夜三點鐘，這裡已是陽光照耀了。這時，在密山縣通往裴德鄉的公路上，已有一群群穿著綠色軍裝的砸石工人，男的女的，肩上扛著鐵錘、鍬鎬，手裡拿著小榔頭，迎著陽光走向工地。從他們那已經曬得黑紅的臉上，幾乎看不出是參加勞動還不到一個月的人。

這支石碴隊──密山農墾局鐵路工程處石碴隊，從隊長、指導員起，到砸石工人，都是轉業軍官。其中有北京空軍政治部的軍官，有天津、太原文化速成中學的教員，有南京步校和坦克預校的學員。一個月以前，他們從部隊轉業來到北大荒，在到密山的當天晚上，便被分配參加修復密虎線的會戰了……

4 月 1 日早晨，天上還飄著雪花。這些新的砸石工人，便向工地發了。沒有水洗臉，就抓一把雪擦一擦；沒開水喝，就捏一個雪球含在嘴裡。抬的抬，砸的砸，幹這樣重活，對他（她）們這些軍官來說，還是平生第一課。有的人沒砸幾下，手上就磨出了水泡。有的人抬了兩筐，腿就抬不起來了。開頭幾天，每人每天只能砸石 0.3-0.5 立方米；後來，

他們主動提出每天勞動 10 小時，每兩週休息一天的要求，提高了工效。他們的口號是：『進軍虎林縣，苦戰四十天，削平裴德山，讓它把路墊！』

爆破分隊的同志，都是從各分隊抽調來的棒小伙子，但，對爆破沒有經驗。起初一炮只能爆破一兩立方的石塊。他們就採取『連夜爆破』的辦法，以供應石碴隊有石頭打。步校學員郭柏林，一氣連打 760 次大錘也不歇息。準尉陸小康在寒風中掄大錘，兩隻手背都凍得開裂流血，仍堅持作業。他們不斷研究爆破方法，改進技術，現在一炮能爆破 60 多立方石塊了。

轉業來的女軍官也不甘落後，空軍司令部的機要員賀麗娟懷孕已 5 個月了，仍堅持去工地砸石子。空軍門診部的少尉護士長李春林，她的手早已砸傷，也和男同志一樣幹活。最突出的是石碴隊三分隊八組，頭三天平均每人每天日產量 2.78 立方，是全隊的最高紀錄⋯⋯」

1958 年 7 月 25 日，經過連續三個月的苦戰，密虎鐵路終於正式通車。這批轉業官兵立即投入虎林至迎春的鐵路建設。

12 月 29 日，虎迎鐵路正式通車，並舉行了剪彩典禮。他們又轉移陣地，搶建迎春至東方紅的鐵路⋯⋯

當時，國家在虎林未設鐵路管理機構，由農墾局鐵路交通處代管，簡稱為「農鐵」。密虎線上的客車車廂大部份是「悶罐車」改裝的。由鐵道部撥給舊機車 9 台、客貨車廂 231 節，組成了農鐵運輸。車站和列車工作人員大部份是在鐵道兵部隊和十萬轉業官兵中挑選的。列車員一律穿綠軍裝和藍褲子，胸前佩戴「農鐵」符號。客車每天在密山、虎林間往返一次。列車長是從中南海轉業來的女文工隊員梁小芳。

《人民日報》為此發表了一條消息：

「火龍開進北大荒」！

四十、汗水、淚水和血水

這場墾殖史上的「淮海戰役」，總指揮無疑是王震將軍。

他仿佛要在短短一年時間裡幹出好幾年的成績來。他不僅從北京搬來一個勘測設計分院，還將第五十六預備醫院一分院從佳木斯搬到裴德來。他不僅要修水庫，建鐵路，還要在虎林建立電廠、糖廠、鋼廠，又指令原來隸屬於農墾部的瀋陽汽車修理廠盡快地搬到迎春來，建立一座拖拉機修配廠……

他還馬不停蹄地從這個農場來到另一個農場，督促他的老部下——農場場長和書記們，鼓勵剛來的轉業官兵們迎戰困難，邊打邊建，先治坡後治窩，打勝1958年開荒生產的關鍵仗！

八五八農場六百多轉業官兵在穆棱河畔組成了一個分場和三個生產隊。她的動人事蹟是當年上千個新建點的縮影。剛到時，地無一壟，房無一間。除搶搭馬架草棚以外，多數同志擠在附近老鄉的苞米樓、磨房裡住。吃的粗糧，沒有蔬菜；整天吃鹹菜就飯，有時還沒有開水喝。只有三台拖拉機、二台五鏵犁、一台重耙、四輛馬車……這就是整個分場的全部家底。沒有別的辦法，只有依靠六百雙手來征服荒地。當時的口號是：「迎五一，開展紅五月活動，發揚人民解放軍光榮傳統！」六百多名轉業軍人，加上職工、家屬，都發動起來了。五月前後，天還很冷，早上水面結著薄冰，下邊有凍土層。大部份同志沒有膠鞋，都光著腳挖土，有膠鞋的認為幹活不方便，也脫了鞋。他們是邊排水、邊開荒、邊修灌渠的情況下來播種水稻的。放水後有些地塊水上不去，同志們為了多播種，將自己的臉盆拿出來潑水澆地。在處理稻種和撒播時，需要席子、木桶、播斗、繩子，但，這些物資總場也沒有，同志們就紛紛拿出自己的雨衣、雨布來代替席子，挖坑代替木桶，用臉盆和大蓋帽代替播斗，用背包帶代替繩子……就這樣克服困難，適時播種水稻一萬

兩千多坰。

　　周惠忠，淮海大戰時，他還是個十八歲的爆破班長。在碾莊圍殲戰裡，他在幾個戰友負傷之後，抱著一包炸藥，穿過敵人密集的火力網，炸毀了黃伯韜司令部的地下室，為部隊發起總攻開闢了道路。為此，他榮獲二級戰鬥英雄的稱號。十年後，他隨十萬戰友來到了北大荒，分配到八五二農場五分場二隊。不久擔任副隊長。這個來自南京部隊的上尉軍官上任不幾天，就「泡」在機務排。他知道，對一個生產隊來說，機務排猶如部隊的尖刀排。光抓二百多個勞動力，是完不成生產任務的。他會爆破，但，他不會擺弄鐵疙瘩，所以一有空，他就幫助農具手修五鏵犁，幫助拖拉機手擦發動機。白天鬧得滿臉、渾身油泥，活像個周倉。晚上，點著豆油燈，坐在小櫃子上，一筆一畫地記下白天學到的那些玩意兒：引擎呀、活塞呀、排氣管呀……一天夜裡，他闖進機務排宿舍，把機務排長搖醒說：「我得掌握機務規律，想學技術，就拜你為師！」排長激動地坐起來說：「沒問題，我包教到底！」就這樣，兩人悄悄地訂下了師徒合同。

　　七月，場裡又給生產隊開荒兩千畝的任務，可是二隊四周早就沒荒地了。他和統計員踏荒兩天，才找到幾百畝地，數量小，東一條，西一塊，不成片。第三天兩人背上水壺、乾糧袋，乾脆到小索倫河邊上找去了，果真發現了大荒片，還是盡長著狗尾巴蒿、五花草的平整地。他眉笑顏開地誇道：「太好了！」回來後，大夥議論開了，有的說那是兄弟分場的地，離二隊太遠。他說：「你就記得這，可你忘了，那也是八五二的，也是國家的。」那人說：「成績沒法算。」他說：「咱們開，他們種，還有什麼賬不好算的！」大夥聽了，紅著臉，都同意了。

　　開荒時，拖拉機手很忙。天不亮他就爬起來，給大夥打水劈柴。吃罷早飯，他就背起水壺，拿著火柴，扛著樹條子，竄荒草棵子去了。他見荒就燒，然後偵察地形，把深水泡子、大窪坑的四周，插上一圈樹條

子，作出標誌，提醒機車不往裡開，免得陷車窩工。傍晚回來，把揀來的野鴨蛋往伙房一放，再轉到機車上了解情況，安排第二天的地塊。剩下時間就幫助刮大犁上的泥，拾掇農具，給大夥講愛聽的淮海戰役的故事……日子一天天過去，荒地越開越遠，人們上下班有時要走三十多里地。來回跑，又累又不出活，怎麼辦？……這個上尉隊長跟大夥嘮喀時有人無意地說了一句：「要是搞個活動房子，跟著大夥轉，那就美氣了。」說者無意，聽者有心。他回隊向支部匯報工作，第四天轉回來，真的用一台拖拉機拽了一間房子來。這房子是用木頭板子釘的，底下安一副爬犁，拉起來不費勁……從此「爬犁房子」在五分場出了名，也給開荒幫了大忙。每挪一個地方，拖拉機手們總要看看風水，選選地勢，把這幢爬犁房子擺在小樹林子邊的高崗地上，然後把支部做的那面優勝小紅旗，往房頂上一插，老遠看去，活像一片綠色大海裡飄著一團火……開荒勝利結束了，他們超額完成了任務，一共開了三千多畝地。回來路上，這位才上任幾個月的上尉「農業指揮員」，親自開著一台斯大林100號，在頭前領隊，得勝歸營了……

八五六農場當年流傳著十個「鋼姑娘」的事蹟。她們來自北京工程兵司令部，最小的十八，最大的二十二。她們剛到生產隊的第二天，就下伙房做飯了。沒有籠布，就拿出自己的包袱皮來。沒有井水，就化雪水淘米、洗碗，手都凍裂了口子。每天早兩點起床，晚九十點鐘才能睡覺。要是改善一下生活，吃烙餅，她們就通宵幹。她們還要送夜班飯，兩位姑娘挑著飯桶往十多里地外的地號，給拖拉機手送飯。天黑，看不見道，人掉進水泡裡，衣褲都濕了，爬起來，還接著挑。

春雨連綿，為了解決伙房燒柴，她們冒著大雨上附近的林子裡拾柴、背柴。道路泥濘，一步一個「撲哧」，背著柴禾，一不小心就滑倒，一個個像泥人一樣，還笑著繼續背。端午節那天，她們不僅改善伙食，還悄悄地上男宿舍將戰友們髒了的衣褲和床單「偷」了出來，又洗

又晾曬又縫補……

　　這場「淮海戰役」的感人事蹟和轉業軍人創造的輝煌，可以說俯拾皆是。他（她）們用雙手創造了墾殖史上的奇蹟，也贏得了各種各樣的桂冠。女軍官和家屬們，除了「鋼姑娘」的榮譽稱號外，還有「鐵腰姑娘」、「大豆姑娘」、「穆桂英班」、「花木蘭班」、「三八包車組」等桂冠……八五〇農場四分場三隊通往作業區的路上隔著一條水渠，水深無橋，每次上下班，人們都得趟水過渠，弄濕了衣褲，還影響工作。這時，兩位姑娘挺身而出，一位姓董，另一位姓胡，她倆利用業餘時間，悄悄地來到水渠邊，用木料架成了一座挺結實的橋，人們譽之為「二女橋」……

　　她姓胡，原總後勤部中尉女軍醫，如今是正教授了，卻一點也看不出高級知識份子的派頭，活像北大荒老大娘。在她那飽經風霜的臉上，也找不出一絲當年江南小姐那種嬌生慣養的影子，留一頭斑白短髮。她從醫生的角度向我講述了當年轉業軍人的情況：

　　「當時，轉業官兵勞動強度是很大的，幾乎沒有什麼節假日，每天純作業時間，都在十個小時以上，還提出『輕傷不下火線，小病堅持戰鬥』的口號。儘管這樣，送到我們這個新建醫院來的病號真不少，而且送來的都是重病號。原因很簡單，一是轉業軍官中有的本來有病，匆忙轉業，來到天寒地凍的北大荒，病就加重。二是本來身體挺好，在這場超體力勞動、氣候惡劣、營養極差的條件下，得了各種地方病。我原來在部隊當大夫，能接觸到這樣大量而多種病症的病號，確是一個鍛煉的好機會。當我了解到他（她）們各種病因和症狀，想到醫院嚴重缺藥，內心不由得一陣陣緊縮……

　　記得有一天，內科病房送來一個女病號，長得滿漂亮，二十出頭，說話甜甜的。送她入院的是一位年輕的轉業軍官，長得一臉麻子，心腸特好。兩口子都是修築密虎鐵路線的，女的是砸石工人。在連續苦戰的

工地上，加上吃住條件差，她突然發現眼睛看不見東西了。每當她舉起砸石的鐵錘，一砸就砸在自己手背上，我看到她那紅腫、血漬斑斑的手背，忍不住落下淚來。經過身體檢查，原來是眼底出血，高血壓，嚴重的腎炎。這種病在大城市醫院，滿可以對症下藥，經過治療康復出院的。可是，在當時的北大荒，難哪……

一天天過去了，藥物始終跟不上去。這位砸石女工的病情逐漸加重。原來漂亮、白淨的臉蛋開始浮腫、變青，漸漸地脫相了。她還是甜聲甜氣地安慰丈夫不要著急，她會好起來的，待修通鐵路，還要同丈夫坐火車回家鄉探望父母哩……我走出病房，這位少尉軍官就尾隨著我，一個勁地央求我治好他妻子的病，還絮絮叨叨地向我介紹了他倆的戀愛經過：原來他倆婚前未見過面，經雙方通信交換了照片，才建立起感情。年輕軍官那熱情洋溢的情書和他那佩帶少尉肩章的照片，促成這位漂亮姑娘答應跟他結婚……他咽嗚地對我說：『大夫呀，你知道當初她來部隊相親，見了我的長相，並不嫌棄，就跟我結婚……我要是不下放，她就不會到北大荒來，不來這裡，在部隊當軍屬，就得不了這種病……都怨我呀，大夫，你一定要治好她的病……』

不久，年輕媳婦去世了。這位少尉軍官像孩子似地嚎啕大哭，守護著妻子的遺體，一邊哭一邊打自己的胸脯，從病房一直送到停屍間……醫護人員見了，都傷心地落淚。安葬時，這位轉業軍官摘下了手上的『奧米茄』手錶，讓它隨著心愛的妻子下葬了……」

至今，這批穿軍衣的「移民」談到當年進軍荒原、向地球開戰時的情景，仍激動萬分，思緒洶湧。在進軍荒原的當年，他（她）們就失去了好多戰友和親人：有因搶運油料，在泅水推運油桶的激流裡被淹沒，有因搶救家屬婦女，被黑瞎子的前掌拍碎腦殼，有因過分勞累，在麥秸裡沉睡而被機車碾死，有因上山伐木，被倒木反彈而砸死，有因踏查荒地而在風雪中迷路、失蹤……

十萬大軍開發北大荒的歷史，是一部用汗水、淚水和血水寫下的歷史。這是一次從軍官到移民、從城市到荒原、從軍營生活到超負荷的體力勞動的「大落差」。它帶來的震盪是多方面的，從政治到經濟，從家庭到個人，從行動到心理⋯⋯都經歷了難以想像的震盪。

確切地說，過著近似穴居人的生活，幹著超負荷的勞動，以及單調、枯燥的原野生活，對十萬穿軍衣的移民來說，算不上真正的震盪。他（她）們本來就熱愛生活，不乏樂趣，並富於創造，住進親手蓋的擁擠不堪的馬架草棚，他們稱之為：咱們的「北京飯店」，咱們的「國際賓館」。到了冬天，他們詼諧地將結冰掛霜的小屋叫做「水晶宮」。吃著用鹽水就的大楂子飯，他們大談特談北京的「全聚德」，上海的「大三元」和杭州的「樓外樓」。有的風趣地給部隊戰友寫信：「咱們的伙食以蘿蔔條為基礎，鹹鹽為骨幹，團結改造粉條，⋯⋯」有的寫信說：「這裡的姑娘太少了，逮個耗子，也是公的！」儘管他們中的多數沒有幹過如此繁重的勞動，但他們卻從各種各樣的活計中創造出新奇和樂趣來。面對甩手無邊的寧靜的荒野，他們用自己的歌聲、琴聲和粗獷的吼聲來充實它。有的甚至趕一二十里夜路，將一雙皮鞋搭在肩頭，去鄰近城鎮的文化宮參加難得的舞會，或進小館飽餐一頓噴香的大米飯和油煎的攤黃菜。他們除了領取低於部隊百分之十的工資外，幾乎成了「無產階級」。為了進軍荒原，他們將自己的行囊精簡又精簡，只帶一鋪一蓋、一碗一筷、一穿一戴，除此就是捨不得扔下的心愛的各種書籍，或者一把二胡、一支口琴和一台當年時興的用來夜間看書的空氣電池燈⋯⋯這一切，都顯示了他（她）們對生活的熱愛，並不太在乎標誌著人生旅途轉折點「大落差」帶來的震盪。

真正的震盪是什麼呢？震盪莫過於當年黨和軍隊錯待了他們，將他們視為不聽話、不馴服、不報喜只報憂的「逆子」，從而「光榮」地將他們打發到漠漠大荒來進行「開發北大荒」的思想改造了。

　　是的，在當時人們的心中，失去軍籍意味著失去一切，失去榮譽和尊嚴，特別是在部隊整風反右以後失去軍籍。但，事物是複雜的，時間老人會把事件的真相一點點地坦露出來。有時失去軍籍，被刷下來，並不等於失去一切，更不是失去尊嚴。有時保留軍籍，留在部隊，因整人而晉升軍銜，倒反而失去尊嚴，失去榮譽。

　　這些轉業軍官帶到荒原來的行囊很少很輕；但，隨著他們身後而運來的檔案卻很厚、很重。這些個人無法看到的檔案，裡面裝滿了錯待他們的各種材料：個人的檢討、旁人的揭發和證言，以及組織上蓋著印鑑的結論。這些檔案保存在各農場總場部安裝鐵欄的遠比馬架草棚牢固得多的屋子裡，這在當年重視檔案勝於人的年代，是不足為怪的。遺憾的是，在荒原大進軍的忙亂時刻，丟失檔案的事時有發生。隊伍徒步行軍到了新建點，而運送檔案的汽車卻找不到了；有的汽車運送到目的地卻發現半途顛掉了整袋檔案；有的因探親回家，推遲了報到時間，來到密山縣隨著另一支隊伍到了新建點，他的檔案也找不到了……這比丟失一個轉業軍人還要棘手。因為當時一個人的檔案丟失，猶如人丟了魄一樣。個人歷史上造成的空白，有時比扭曲的歷史記載所造成的後果要嚴重得多。就是這些檔案帶來的扭曲了的陰影，一直籠照著他（她）們的心靈。

　　這才是真正的震盪，政治上的震盪，心靈上的震盪，百倍於肉體傷痛的震盪！

第八章
家庭和婚姻的裂變

四十一、少尉軍官日記和「不倒翁」

老托爾斯泰有句名言:「幸福的家庭大都相同,但不幸的家庭各有不同。」其實不然,幸福的和不幸的家庭都有不同的遭遇。至少北大荒的轉業軍人的家庭是如此。

「有女不嫁轉業郎,日日夜夜守空房。」當年這句順口溜,判定了轉業軍官的愛情和家庭生活的坎坷多舛。他們的愛情總是姍姍來遲,成了家也是「牛郎織女」的命。這批尉官來北大荒之前,除了少數成家外,大都是「光棍漢」一條。尤其是中尉、少尉、準尉,近三萬人,成家的是少數。他們大都在城市尋找伴侶,有的正處在熱戀和初戀之中,有的還在苦惱地期待著「愛神之箭」的降臨。然而,1958年春天十萬官兵的轉業,帶來了眾多家庭和婚姻上的裂變。

請看當年一位來自上海部隊的少尉軍官的日記:

「1958年3月10日

上午聽了政委的報告,我決定去北大荒。下午一點在政治系同志的大宿舍開座談會,幹部處指定我主持。張××正站在我的背後,神色不大好。他剛與一位戰友一同找未來的愛人談過,這是剛建立的戀愛關係;但,前天公布轉業名單

後卻驚動了他。剛確立關係，馬上要轉業北大荒，無疑是一個極大的打擊。他原來對自己下放估計不足，他在座談會上說，對象的父親和他談了：『如果你想把我女兒帶出上海，我就跟你拼了！』怎麼辦？他為難了，好不容易找了一個對象，眼看要吹。所以，他遲遲不敢向對方透露轉業北大荒的事。今天上午出去就是想側面試探一下，但，前途岌岌可危……

孫××，我非常敬佩，她是個年輕的姑娘，生長在江蘇。從動員上山下鄉時，她便確定到北大荒去。這種精神是非常可貴的。她的發言帶有風趣：『我也是一個『光棍』，沒有什麼顧慮。』但，從她的臉上看去像是要掉淚……她真的是『光棍』，沒有意中人嗎？

××是個大個子，他離開軍隊往哪裡去呢？只有去東北。但是愛人在他的生活中占有重要地位，只得請示老婆。因此，他在座談會上表態說：『我還得研究一下』……

3月11日

張××從外邊走進來，心情好些了。他說：『我決定了，去北大荒。』

這倒是令人難以相信的事，因為昨天他還說：假如小妹能同我結婚的話，我什麼也不顧了……現在他終於勝利了！我們為戰友祝賀。

王××躺在床上，聽了這消息也被震動了。過了一會兒，伸出手來取煙，吸了一支，對我說：『我想叫我愛人馬上回來，你幫去問一問，可不可以一同去。』

等我去問過回來，他已經坐起來了。他那剛露笑容的臉又出現了愁雲。愛人這次不能去，怎麼辦？他又猶豫了……

3月12日

吃過早飯，我到政治系宿舍去，王××說：『我考慮好了！』

『去北大荒？』我問。

『回家！』

我對他這樣選擇有點惋惜說：

『你只是為了老婆就不去了？』

他說，『回家也是建設社會主義嘛。』

一會兒，××回來了，他家在上海，愛人在大學教書。有人對他說：

『你愛人是搞農業的，你太可以去了。』

他憂心忡忡地說：『我主要是從她的事業考慮，她在大學教書，離不開⋯⋯』

唉，現在我們都處在生活的轉折點上⋯⋯」

少尉日記通篇記載著當年轉業時有關家庭和婚姻問題上的各種不同選擇。對這幫即將離開軍隊、走向荒原的尉官們來說，事業上的轉折，加上家庭、婚姻上的轉折帶來的考驗，使他（她）真正理解了生活與愛情的全部意義。

他姓呂，十四歲就投身革命的紅小鬼，來北大荒之前，正當少年英俊，風度翩翩，一位小有名氣的攝影記者。他向我叙述了當年和女友分手時的情景：

「整風那陣，也正是我和女友熱戀的時刻。她比我小五歲，是北京市團委的一名幹部。一個健康、活潑、豐滿的年輕姑娘。我倆是一九五六年相識的，那是一次花樣滑冰運動會，我作為攝影記者要採訪報導這次盛會。她的花樣滑冰很出色，舞姿美極了，博得觀眾的喝采，當然，也引起了我的注目。這樣，我的攝影鏡頭就對準了她，一會兒『蜻蜓掠水』，一會兒『乳燕展翅』⋯⋯幾乎把我帶的膠卷都照完了。我找了一個機會，在她休息時主動接近她，告訴了我的記者身份，並希望她將地址告訴我，以便將照片寄給她⋯⋯她聽了，打量了我一眼，就高興地同我交談起來。以後，我倆經常約會，有時去北海溜冰，有時去景山公

園;漸漸地,相互產生了感情。她家是個知識份子家庭,父母都是有學問的人,一個是西醫大夫,一個是學校老師。我也把我的身世告訴了她:從小受苦,十四歲那年流落在街頭撿破爛,經一位八路軍幹部的指點,才投身到革命隊伍裡來……以後,黨和軍隊把我這個不懂事、沒文化的窮孩子,培養成一名新聞攝影記者。她激動地聽著,仿佛我就是她心目中的英雄,相互間的感情更貼近了……對我來說,能找到她這樣一個有知識的家庭裡長大的姑娘作為終身伴侶,真是天大的幸福。別看我文化不高,但在文化圈裡呆久了,也受感染。我愛看文藝小說,從俄國的托爾斯泰、屠格涅夫,到蘇聯的高爾基、奧斯特洛夫斯基寫的小說,我愛不釋手。特別是那本《鋼鐵是怎樣煉成的》,我不知看了多少遍。我經常把我和女友的關係比作保爾·柯察金和冬妮亞。當時,我的攝影事業正處黃金時期。我曾參加過板門店談判的記者團工作,又參加中蘇科學家聯合考察隊對黑龍江兩岸的考察攝影,我還執行了陪同印度的衛生部長考爾夫人一行在國內的參觀訪問的專職攝影任務……正當這時整風開始了,因早給黨支部提過了意見,就不想說了。但,領導啟發我:你把過去提的意見再重複一遍。沒想到,就這兩條意見給我帶來厄運。反右開始了。大字報、大批判,使我不僅在政治上受到沉重打擊,而且也危及我倆熱戀關係。當時,我非常痛苦,內心鬥爭很激烈,深怕失去了她,又擔心自己的問題波及到她……最後,我決定把發生的一切告訴她,同時也做好了關係破裂的準備。

那天我倆見面了,在北海公園白塔下的樹蔭裡,我痛苦地一股腦把政治上遭到厄運的事告訴了她。她聽了,沉默了好久,接著重新表示了對我的愛,堅信我沒錯,而且堅信總有一天會洗刷掉這強加在我身上的不白之冤……打這以後,她幾乎每天和我在一起,安慰我,鼓勵我,還談我們的未來……『我準備離開北京,可能要去北大荒……』我試探性地冒了一句。她聽了,說,『我願意跟你走,離開城市,開發荒原,會

使自己更充實……』

不久，我們一批人去十三陵水庫勞動。勞動回來，行政科派人陪我上街買去北大荒的必需用品，像皮大衣、雨布、膠鞋、蚊帳等等。臨走那些天，她憂鬱地告訴我，單位黨支部幾次警告她，別跟我接近，要她跟我劃清界限。她卻堅定地表示：她相信我，也相信她自己不會看錯人。她一邊安慰我，一邊叮囑：到達北大荒後，一定要告訴她詳細地址，她將訂幾份我願看的報刊，按時給我寄去。她知道我的生活費急劇下降，訂不起報刊。我倆每天談到深夜，經受著生離死別的痛苦。她說：過一段時間，她就申請到北大荒來，要和我一起生活勞動……她還打聽我哪天起程，要去車站送我。我說：送君千里，總有一別。我不願意讓人看到我倆分手時難受的樣子，我擔心她受不了……

臨行前一天晚上，她又來宿舍看我，手裡捧著一大包為我在路途上準備的食品。她深情地瞅著我，雙手捧著一個紙包遞給我說：這是送給你的一件紀念品。我問：這是什麼？她小心翼翼地打開紙包——原來是一個不倒翁。她用手指輕輕一推，那紅袍白鬚的不倒翁搖晃了幾下，又站立起來了。我見了，心一熱，兩眼頓時噙滿了淚水……第二天，她聽從了我的囑咐，沒來車站送我。1958 年 3 月 28 日清晨，我和其他下放的人一起，從北京前門火車站出發，踏上了去北大荒的征途……」

一束邱比特的「愛神之箭」就此折斷了。三十多年後，這位風度翩翩的攝影記者已成為乾瘦的老人，他那光禿的頭皮怎樣也使你聯想不出當年那頭烏黑的「西式頭髮」……自他踏上北大荒以後，姑娘的來信和寄來的報刊曾經維持了一段時間；後來，猶如他頭上的黑髮一樣隨著苦惱的劇增而全部消失。他理解姑娘的處境，只怨恨自己的遭遇。當年，一個天真無邪、熱情的共青團姑娘，怎能違背組織的意志，無視政治形勢，去追隨一個犯了錯誤、被放逐到北疆的人呢？……這裡，需要有超人的毅力和忍辱負重的決心。從此，他就斷絕了任何與姑娘主動接近的

機會和一切非分之想，但，那座「不倒翁」卻使他在漫長的生涯中感受到無窮的溫暖和慰藉。他在北大荒足足當了近二十年的「光棍漢」，直到朋友們再三的好心撮合，他才與一位離異的婦女建立了一個雙方將破碎的心合在一起的家庭。

四十二、飛來的新娘子

當年，未婚妻告吹的事可以說數不勝數，但，也有未婚妻執著地追隨而來的故事。他姓栗，從湖南長沙工程兵學院轉業來的少尉軍官，父親是國民黨政府中一位頗有名氣的官員，解放前去了台灣，弟弟後來成為一位美國的實業家。他留在大陸，並參加了人民解放軍。這在當年，按慣例他的檔案上記載著「海外關係」一條猶如「緊箍咒」似的按語。他是一個謹慎小心、少言寡語的人，有時沉默得像塊石頭；所以，在整風反右期間也找不出任何可以上綱上線的「反黨反社會主義言論」來。部隊動員上山下鄉時，他同戰友們一樣，寫了去北大荒的小字報，但，他心裡還有著一股強烈的願望：他不僅要做一名正規化現代化的軍人，還要加入共產黨。他對父輩那個黨嗤之以鼻，他決心走自己獨特的道路。當時他的心愛姑娘在天津工作，這是一個能歌善舞、熱情似火的姑娘，他僅見過一面，這已經足夠了。他倆心心相印，也可以說是「門當戶對」。姑娘原來也是一位軍人，曾赴朝參戰，兩次立功，右臂負傷。遺憾的是，姑娘的哥哥也是國民黨政府的官員，按慣例在她的檔案中也注有「海外關係」這一條。姑娘比他早幾年轉業到了地方，他原本想在軍事學院好好幹上幾年，入了黨，軍銜由少尉晉升為中尉，然後「衣錦榮歸」地去天津跟心愛的姑娘結婚。這該是多麼耀眼的花環呵！

耀眼的花環消失了。當領導宣布批准他轉業北大荒時，他內心像被雷擊了一般。他對比了那些也申請但未批准轉業的戰友，心裡明鏡似的——要害就在「海外關係」！這本來不是他的錯誤，而是部隊為了純潔

內部的舉措。但，他視同自己犯了錯誤一樣。黨歷來有一條擲地有聲的、公諸於眾的政策：講成分，不唯成分論，重在政治表現，因為家庭出身不能選擇，而走什麼道路是可以選擇的。他早在解放戰爭年代就選擇了與父親截然相反的道路，投筆從戎，而且多次立功受獎。為什麼非要轉業北大荒呢？那些日子，他整宿地失眠，在軍官宿舍裡轉輾難眠。他給遠在天津的心愛姑娘去信，告訴說他已「光榮」地脫下軍裝，去開發北大荒了。為了兩人的未來，他希望姑娘「慎重考慮」，包括中斷他倆的戀愛關係……寫到這裡，他那顆沉重的心噴射出痛苦的岩漿。他坐了三天三夜的火車，從湘江之濱來到了完達山下的八五二農場。他算是不幸的幸運者，他拼死拼活地幹，修路、蓋房、伐木、開荒……終於被總場調到宣傳部當一名宣傳幹事。他知道再也不可能從少尉晉升到中尉；但，出頭的日子還是有的，他要創造出一個稍微體面的條件，以便與尚未中斷戀愛關係的天津姑娘成婚……

　　兩人相距千里，而且僅僅見過一面，讓身居鬧市的能歌善舞的姑娘，投奔到寒冷而又荒涼的北疆，與這個一落千丈的脫了軍衣的農工成親，這在當時似乎是不可能的事。然而，奇蹟終於發生了。

　　一天，天津姑娘打點起行裝，坐上火車到了密山。臨行前，她給他發了電報，告訴他到密山的日期和車次。這是「千里尋夫」──「尋」還未有婚姻關係的「夫」。對她來說，絕不是狂熱，也不是青春的騷動，而是經過慎重的思考和縝密的選擇。理解和信任比什麼都重要，歷史上「按慣例」的人結合在一起可以不設防啊……

　　她滿以為一下火車就能見到他那張驚喜的臉，然而，她失望了。站臺上的旅客都已走盡，環顧左右，只剩下她孤孤零零一個。她拖著沉重的腳步走出了車站。從密山車站通往縣城是一條積雪的土路，她高一腳、低一腳地走著，天上還飄起了清雪。幸好她在道上意外地遇見了原來在部隊文工團時的戰友。

「你怎麼也在這裡？」她心裡熱乎乎的。

「我轉業到北大荒了，在八五四農場文工隊，還幹老本行……」女伴說，「今晚我們在農墾局匯演。」

「你見到老粟了嗎？」她關切的問。

「他在八五二農場呀。」

「真怪，我給他發了電報，他就不來接站，安的是啥心！」她的語氣帶著憤懣的情緒。

「先別管他。今晚我們文工隊演出，你就當個臨時演員，不，特邀演員吧，來個獨唱，亮亮你的嗓子。走，走……」

女伴拉著她往農墾局駐地北大營走去。當晚，她參加了八五四代表隊的演出，人們不禁納悶：這是從哪裡冒出來的漂亮的女演員 ?!……女伴告訴大家：這是從天津趕來尋親的，剛從火車上下來還不到三個小時哩。

她終於結識了八五二農場文工團的新伙伴。匯演結束，她搭乘農場汽車，一路上翻山越嶺，顛簸到天黑才到寶清縣境內的八五二農場場部。汽車一停，伙伴們就熱鬧地將她日夜盼望的人擁簇到跟前。一對情人的目光相遇，素來沉默的少尉不禁怔住了，冒了一句：「你……來幹嗎？」

她聽了，淚水不禁奪眶而出，忍住了說：

「我來找你的，你歡迎不歡迎？要不，我馬上就走！」

他著慌了：「快，快進屋。」

他不是不歡迎日夜思念的人，只是見她為了自己竟也到這荒涼地方於心不忍。

三天以後，農場為他倆在一幢專門為王震將軍建造的俄羅斯式的全木結構的房子裡舉行了隆重而簡單的婚禮……不久，農場的油印小報登了一條耐人尋味的通訊，標題是：「飛來的新娘子」……

　　這位少尉軍官的「愛情之箭」沒有折斷，他和飛來的新娘子一起品著人生的苦果。中國的傳統文化心理，都是同情弱者。他倆因海外關係而轉業，相逢在北大荒，並結合在一起，當然引起人們的同情。然而，他倆想的是：「我們不需要同情，我們需要的是理解。」……直到歲月的年輪駛進了八十年代，他倆的鬢髮已白，才在苦果中品出人生的甜味來。

　　她姓馬，一位剛考上南開大學的姑娘，入學報到前，她突然接到未婚夫的來信。未婚夫是一個很有才幹的中尉軍官，信中說，他已經脫下軍裝了，轉業到北大荒五九七農場，參加建設國營農場的工作。消息來得那麼突然，令她大吃一驚。從未婚夫的信中，她在字裡行間隱隱看出一種不祥之感：心愛的小伙子到底為什麼轉業？犯了錯誤，還是服從革命需要？……她急需到北大荒探望，她知道在這關鍵的轉折點，未婚夫需要親人的安慰和激勵。儘管離入學報到時間迫近，她毅然乘車北上，來到了七星河畔的新建點，見到了神情沮喪的未婚夫。

　　下面是這位未來的女大學生和未婚夫的對話：

　　「告訴我，究竟發生了什麼事？」

　　「沒什麼……這次轉業來北大荒的官兵有十萬人，不光是我……」

　　「不，我看得出來，你有心事……咱倆之間還有什麼事保密嗎？」

　　「……」

　　「這次我特地來找你，就是為了弄清你到底發生了什麼事？」

　　「……」

　　「難道你就讓我帶著問號去大學報到？」

　　「……」

　　沒有比失去心愛的姑娘的後果更為嚴重了。這位 1948 年入伍的中尉軍官，終於抵擋不住未婚妻的盤問。他痛苦地敞開心扉，告訴姑娘他在「大鳴大放」時把心坦露出來，寫了大字報，惹惱了頂頭上司。於

是，反右時上綱上線，一頂「中右」的帽子，扣在他頭上。順理成章，他的預備黨員資格被取消了……

接連幾天，這對未婚戀人在熱烈的戀情和嚴肅的剖析中度過。離入學報到的日期越來越近，兩人在感情的折磨中難捨難分。馬架、草棚的集體宿舍裡不是進行談心的場合，他倆只得背著人群在荒原深處和樹林裡漫步躑躅……然而，北大荒的雨季來到了。大雨如注。中尉催促未婚妻趕快上路，去南開大學報到。但，姑娘放心不下，生怕未婚夫思想反覆，變卦……

「說好了，你等我四年，大學畢業我一定要求分配來北大荒。」

「你放心地走吧……」

「你說，你等我！」

「我……等你……」

戀人之間終於達成了諒解，海誓山盟中姑娘心中一塊石頭落了地，可以放心地趕路了。但，老天爺沒開臉，大雨依然下個不停。整個荒原籠罩在雨幕之中，再也分不清天和地，樹和路了。北大荒本來就沒有路，從新建點到分場，從分場到總場，再到火車站足足有好幾百里路程，單身姑娘怎樣趕路？弄不好就要迷失方向。沒有車，就是有車也打誤……

就這樣，連天暴雨、交通斷絕，誤了姑娘入學報到日期，她被取消了入學資格。事情到了這個地步，著急和後悔都沒用了。姑娘說：「這樣也好，就留下，把一切關係都辦來。」她失去了「大學生」的資格；但，她贏得了戀人的心……不久，他倆在毛家窩棚舉行了地地道道的「荒原婚禮」。

三十多年過去了，這個本可以成為大學高材生、甚至可能當大學教授的姑娘，卻在北大荒當了三十年的臨時工，在家屬隊幹活……從一個年輕、漂亮的姑娘變成了北大荒的老大娘。

四十三、少尉和女中學生的戀情

　　他倆都姓周。來北大荒之前，經受了愛情的衝擊和考驗。男的是部隊裡的一名理論教員，軍銜少尉；女的是一名南京市的中學生，兩人在一次舞會中邂逅，並互相間產生了愛慕之情。遺憾的是女方父母已經為她定下了親事，對象是南京軍事學院裡的一名大尉——正在深造的工農幹部。姑娘就墜入了愛情的苦惱之中，她在少尉和大尉之間苦苦選擇未來的終身伴侶。一個軍銜高，但沒文化，比她大好幾歲，雖然定了婚，交談中總是找不到共同語言；另一個軍銜低，有文化，少年英俊，年齡相當，僅僅幾次接觸，她就被少尉的魅力所打動。姑娘終於做出了抉擇，認定少尉是她心目中的「白馬王子」。不久少尉了解到自己已經捲入一場「三角戀」，當下清醒過來。他主動找姑娘表明：既然已經同大尉訂下了親事，不應當再跟他「纏纏綿綿」了，雙方可以保持一般朋友關係，必要時斷絕來往，以免感情發展到危險的邊緣。恬靜的姑娘聽了這話，兩眼噙滿了淚水，一言不發，只是默默地偎依著少尉，緊隨不捨……

　　這時，部隊裡正開展「整風反右」運動，少尉在「鳴放」時發表了鞭辟入裏的見解，令領導和同志們叫好。他是部隊裡頗受器重的理論「尖子」，組織上正準備保送他進一步深造。按理轉業時輪不上他，即使他的發言有些過火，但他的見解確實對提高部隊理論水平大有裨益。誰料正在這時，南京軍事學院發來一封公函，函件控告他「破壞軍婚」，對大尉的未婚妻存有「非分之想」。這樣，就在他「轉業」的天秤增加了一小重重的法碼。

　　儘管少尉向組織上陳訴了他與姑娘之間的關係，以及他曾主動要求斷絕來往的光明磊落的態度。但，無濟於事。組織上告訴他，大尉曾多次尾隨他和姑娘的行踪，以及姑娘三番五次要求解除與大尉的婚約，表

明他已插足並破壞了「軍婚」。

他轉業了，義無反顧地轉業了，對部隊這種武斷的做法大為惱火。他最後一次去找姑娘，當面把對方熱戀期間的來信還給了她，並希望她把他的信也如數退給他。姑娘還是那個性子，默默含淚地痴望著他，盯著他放在面前的一疊信，不伸手去接，也不把他的信還給他。他把信放在桌上，大義凜然地致了「告別詞」，轉身走了。他決心把姑娘、南京以及不再留戀的部隊一股腦兒地拋在身後，走向北大荒了。

就在他打點行裝、準備離開軍營、轉業北大荒的當兒，姑娘卻意外地出現在他面前。她恬靜地將一份與大尉解除婚約的證明交給他，並細聲細氣地告訴他：同父母鬧翻了，又找大尉辦了這個證明，決心跟他走，走到天涯海角也不變心，而且，要求同他立即登記結婚⋯⋯少尉對姑娘突如其來的舉動激動不已，他想不到這個毫不起眼的漂亮女學生，居然獨自採取了這樣果斷的措施。他把姑娘緊緊地摟在懷裡，不斷地吻著她那娟美的頭髮和溫馨的頭頂⋯⋯

四十四、少尉的婚變

他姓楊，少尉，是在四川山區長大的小伙子。方臉盤，瘦削，黝黑，一對毛烘烘的眉毛和一張緊閉著的嘴，像一座雕像，其實他是一個富有感情的人，青少年時代充滿了許多戲劇性的事件。例如，他家很窮，靠開旅店的哥嫂接濟，走了三天的崎嶇山道，考上了縣裡的重點中學；結果，旅店失了火，燒得精光，沒錢了，只好垂頭喪氣地回來。斷斷續續地上學，功課都名列前茅，不僅數理化好，語文還得到老師的誇獎，又會演戲：演《西廂記》崔鶯鶯的弟弟，還男扮女裝演《風雪夜歸人》。好不容易進了重慶工業學校學機械，一腔熱血湧上來，參加學生運動，與幾位同學組織進步社團「真理社」，辦地下刊物，手抄、散發，傳閱，還抗議校方貪污學生伙食費，結果被開除出校。重慶臨近解

放時，全市大搜捕，一位地下黨員動員他快離開，黑名單中有他，還給了他兩塊鋼洋，他卻躲在同學家裡，偷偷地參加了「4・21」大遊行，還暗中籌備迎接解放軍進城，用布做了一面五星紅旗，卻做錯了：四顆小星在四角，一顆大星在中央！歡迎解放軍進城時不好意思拿出來……

然而，最富有戲劇性的事還是他和一位姑娘（後來成為他妻子，又成了四川女歌唱家）的羅曼史，以及來北大荒後的婚變。

他倆從小就相識，可以說是「青梅竹馬」、「兩小無猜」。

他比她大兩歲，當時都念初中。一個初二，一個初一。小姑娘長得挺俏，可學習成績差，家裡人都說她是一隻「繡花枕頭」，外面漂亮，內裡卻是一堆破敗的棉絮了。

小姑娘怨老師教得不好，怨學校差，還怨父親和姑媽不關心她……快臨期末考試了，學習上不去，到頭來又得領一張「滿科不及格」的成績單了。

家裡人更犯愁，決定給小姑娘請一位輔導老師。商量來商量去，就選中了這位從山區來的黑不溜秋的比她才高一年的「高材生」。

經她姑媽介紹，帶他上她家，又經過她父親面談——實際上是一場嚴格的面試，終於決定讓他當輔導小老師。

他倆的羅曼史就這樣開始了。當然雙方都是天真無邪的半大不小的孩子，誰也沒想到十多年後會成為結髮夫妻。

暑假期間，這位窮學生兼輔導老師就住在她家了。從「X+Y=Z」開始，教到兩個氧分子加一個氫分子等於水……手把手地教，瞅著他的女學生漂亮臉蛋，過足了當老師的癮。下課了，雙雙來到風和日麗的青山上，脫了鞋，光著腳，像一對頑皮的孩子滿山坡跑，又哼又唱。這時，他才充分地展示了他的才能，向女學生表演一個戲劇片斷，唱一曲四川小調。愛好音樂的姑娘，也跟著一展她那美妙的歌喉，並發現小老師的全才：不僅熟知「數理化」，還通曉「來米發」，糾正她發音的錯誤哩

……

四川解放不久，他就參軍了，進了西南軍區炮兵第四團當一名文工隊員。在這個只有三四十人的文藝宣傳隊裡，他很快地成了台柱子：作曲、寫歌詞、拉手風琴、寫活報劇、搞表演唱，還令人羨慕地獲得了好幾個二等獎。這期間，他和姑娘之間羅曼史不僅沒有中斷，而且日趨白熱化。當時，姑娘上有老母，下有弟弟妹妹，自己還要上學，而家庭經濟不景氣，他就毫不猶豫地包了下來，從參軍那年起，他就省吃儉用，每月寄錢給她……到了部隊實行軍銜制，每月工資增加到七十多元，他更慷慨解囊，少則三十，多則四十……月月不拉。

熱戀的兩地書，一直穿梭於他倆之間。姑娘對他的稱呼逐步升級，開始稱「同志」，繼而「哥」，進而「親愛的」；信的末尾也是這樣：開始是「致以革命敬禮」，進而「握手」，最後是「吻你」了。他也陶醉在愛情的漩渦裡，感到自己是世界上最幸福的人。

1956 年，姑娘來信報告了一個喜訊：她考取了四川音樂學院聲樂系，這樣要上四年大學，並徵求他的意見：家裡經濟狀況不好，母親希望她別念大學，找工作，撫養弟弟妹妹……他見了信，當即答覆姑娘：堅決支持她上音樂學院，至於她的學習費和生活費，由他包下來！

這時，命運又給他安排了一個戲劇性的事件。

那年部隊開展肅反運動，外地寄來一封外調材料。材料證明他早年參加的所謂進步組織「真理社」，是一個托派組織，當時五人小組的負責人是托派份子，正在受審……他如同當頭挨了一棒，有口難辯。一次又一次審查：開會，交代，總是過不了關……他苦惱極了。難道當初一腔熱血，冒著生命危險參加的學生運動，是反動的嗎？即使那個地下黨員是托派份子，難道他也成了托派？……他百思不得其解。

一天，組織上派人找他，讓他打開箱子，要檢查他保存的私人信件、照片和日記……他一股腦兒地拿了出來。接受審查的滋味是不好受

的。既坦然又痛苦，一束束懷疑的目光對著他，連往日很熟的戰友也變得陌生起來。當檢查人把他的全部信件、日記、照片等翻看了一遍，一句話也沒說，把這些東西原封不動地還給了他，就轉身走了。他們沒有發現任何有關他同托派聯繫的蛛絲馬跡。

運動結束時，組織上找他談話，告訴他：經過肅反運動，對他的結論是：當年參加的那個組織是托派組織，而他是誤入該組織……

他聽了，終於吁出了一口長氣，但，從此也投下了政治上的一道陰影……

這期間，姑娘不斷來信，告訴他在音樂學院的學習情況，以及她在聲樂上取得的成績。信中說，最近學院在市裡公演，她的民間演唱博得了全場觀眾的熱烈掌聲。在演出節目單上，她的芳名榮居第二位……他看後，心裡得到了莫大的欣慰。

部隊經過肅反運動後又恢復了往日的寧靜，同來的一批戰友都紛紛找了對象，有的很快地組成了小家庭。軍營裡呈現出一片喜氣洋洋的景象。這時，他感到應該向姑娘提出婚事，如果等她畢業再成家，那他已是三十出頭的人了。好心的戰友也催促他：趁熱打鐵，如不採取主動攻勢，日子長了，小心叫人奪了去……

他熬了一個通宵，給她寫了一封長信，曉之以理，動之以情，告訴姑娘，他倆的愛情已到了「瓜熟蒂落」的時刻了。儘管她正在上學，但，婚姻對學習不僅沒有矛盾，反而有促進，何況他倆是文藝戰線上的同行，……最後，他強調地指出雙方的年齡，言外之意，不能再等了！

一天天過去了，姑娘沒有回信。他急得猶如熱鍋上的螞蟻，一天要去收發室好幾趟，總是乘興而去，敗興而歸。

姑娘終於來信了，信裡告訴他：經過再三考慮，並徵求了母親的意見——老人家一直在誇他……她同意結婚，但是，有個條件：幾年之內不要孩子，以免影響她的學習，否則她就……

讀完信，他終於吁出了一口長氣。

姑娘來到了軍營，給他帶來了他最喜歡吃的四川豆豉和辣醬，還帶來了單位同意結婚的介紹信……這位當年光著腳丫同他滿山坡跑的小姑娘，如今成了光彩照人的少女，他心裡不禁湧出一股甜甜的暖流。

姑娘是隨同整風反右運動一起來到軍營。蜜月與運動同時進行。

好在那時反右鬥爭還沒開始，運動的主要對象是向領導提意見。白天他輕鬆地參加鳴放座談會，提了幾條他認為極有分寸的意見。寫了幾張大字報，逐字逐句地斟酌，顯得極有文采。到了晚上，他就回到新房，同這位音樂學院的女高材生共享小家庭的溫馨，還幫她整理即將進京演出的四川民歌〈繡荷包〉……

他驚奇地發現她的歌喉大有長進，歌聲是那樣婉轉動聽，充溢著民謠的熱情、純樸……使他想起四川山區農村玻璃窗上貼著的那種「喜鵲唱枝頭、牛郎織女七巧相會」的紙窗花……

他激動地將她擁進懷裡，連連親她。她太美了，也太可愛了。他擅長作曲填詞，但，他感到此時此刻一切美好的形容詞，在她面前都黯然失色。

當他要進一步親熱時，她就用手擋了回去，嬌嗔地說道：

「咱倆不是事先有了約法三章嗎？不要孩子……」

他聽了，頓時冷靜了下來，帶著無奈，也帶著歉意，忽地提高嗓門說：

「好！你再唱一遍〈繡荷包〉！」

蜜月在短暫的幸福和甜蜜中度過。

她走了，他送她上車後，回到軍營，回到空蕩蕩的新房，也回到現實中來。

這時，運動的風向開始轉了。從過去向領導提意見、大鳴大放大字報，轉為反擊右派的猖狂進攻了。特別是《人民日報》接連發表社論

〈這是為什麼？〉、〈文匯報的資產階級方向應當批判〉之後，軍營裡的氣氛頓時緊張起來。鋪天蓋地的大字報，接著揪出了幾名「右派」，大會鬥小會批……令他驚魂不定。他接連反省自己：鳴放時有沒有過火的言論？他在座談會上發言，與報上公布的、大字報批的那些觀點有沒有相近之處？……每當大樓裡貼出一批新的大字報，他就搶先去看，就像當年肅反受審一樣，看一看大字報上是否點了他的名字。

果然不久，大字報開始點他的名了。措詞極為嚴厲，指責他在鳴放時發表右派言論。兩條罪狀：一是他曾建議在肅反運動之後，成立一個領導小組，複查一下。二是不搞差額選舉，不太民主。大字報大興問罪之師：這是地地道道的右派言論，與社會上的右派份子遙相呼應，否定肅反運動，為自己鳴冤叫屈；同社會上的極右份子葛佩琦叫嚷的「黨天下」，如同一轍！以後的事情發展就無須多說了，總之，他在度過了短暫的蜜月之後，又經歷長時間的批判和鬥爭……到了第二年，也就是1958年春天，他就順理成章地轉業，脫下了軍裝，來到了北大荒。

他慶幸自己在這場暴風驟雨式的階級鬥爭中沒有被打成右派，也沒有受任何處分，而是光榮轉業。儘管歡送大會上，在熱烈的掌聲中他胸前佩戴了大紅花，環顧同他站在一起命運相同的也戴著大紅花的戰友，他心裡難受，臉上卻不得不露出笑意。

他分配在完達山下的八五三農場。因工作積極，又有才能，被調到農場宣傳部工作。當時，宣傳部裡的七名轉業尉官，其中有兩名尉官的家庭產生了裂痕。一名是來自公安軍的上尉，才能出眾，妻子是個演員，來信提出一刀兩斷。一名是中尉，已經有了兩個孩子，妻子來信鬧得不可開交，堅決要求離婚。這事對他帶來很大震動。自他轉業以後，妻子來信少了，信裡的語氣也不像以前那樣熱烈，而且逐步降格，信上不寫「親愛的」，也不「吻你」了……他開始忐忑不安了。

他決定去成都探望她。伙伴們也鼓勵他：「等她提出『哀的美敦

書』，就晚了。這事宜早不宜遲，趕快採取行動。好在你倆是青梅竹馬，你又省吃儉用供她上學，感情基礎比較好。」

行期一再推遲。他是恪守「革命第一，家庭第二」的人。眼看工作堆成了山，總不能為個人的事撂下工作不管。當耳際響起她那「繡荷包」的歌聲以及腦海浮現出在軍營時新婚燕爾的一幕幕場景，他就安慰自己：她是單純和善良的姑娘，不會變心的！

他接連去了幾封信，姑娘一直沒有回信。他不得不請假去成都一趟。臨行時，從撓力河買了二十條大鯽魚，加上別的土特產，負重上車。北京轉車時，他又發了加急電報，告訴她車次和到達成都的時間。一路上，他時而憂心忡忡，時而豁然開朗……當火車駛進站臺，他隨著人流出來，到處沒找見她的人影。他懊喪極了：「她沒來接我！」

到了音樂學院，他才找見了她。見面時很尷尬，他說：「我來了，電報……收到了嗎？」她說：「我這陣子忙……沒去接你。」她領他進了宿舍，讓同宿舍的女伴走了。又一陣難堪的沉默。他瞅著她。她兩眼躲躲閃閃。

他問，「我給你的信……收到了吧？」

她答：「這陣子忙……沒時間回信。」

見她冷若冰霜，他的心往下沉……但，他又很快地逐退可怕想法，再次安慰自己：夫妻兩地分居，初見面總是有點害羞……

晚上，她不知忙什麼，一會進屋，一會兒又出屋……她端了一盒飯菜進屋，輕聲地說：「你用飯吧。」又出了屋。不一會兒，她進屋收拾床鋪，只放了一個枕頭。他不覺一驚，繼而想道：「應該放兩個……也好，晚上更親熱一點。」

她又出出進進，收拾了碗筷，輕聲說：

「你累了，休息吧……我這陣子很忙，還要彩排……」說罷，轉身走了。

　　這一夜，他成了被遺棄的人。在床上轉輾難眠，像被人奚落、嘲笑了一樣。

　　他被冷落了幾天。直到臨別時，她也沒說一句心裡話，沒送他上車……其間，他從她同學那裡探聽到一點消息，那位姑娘對他說：我早已看出你們中間出現裂痕了，樂隊有個小伙子追求她，他倆形影不離……他又插空去探望她的母親，顯然老人不知女兒的變心，還一個勁地誇獎他，感謝他對她家多年來的接濟，希望小兩口日子過得和和美美，臨走時，他給老人留下 50 元生活費……

　　他離開了冷冰冰的成都，感到四季如春的西南山城比北大荒還要冷。他像一隻打了敗仗的公雞，但，他性子倔強，打敗了，自認倒霉，也不低頭！

　　回到農場，伙伴們關切地打聽此行的「戰果」，他苦笑地向大夥擺了一遍。大家都為他抱不平，氣憤地說：

　　「這個負心的女人！不得好報！人們老說世上有陳世美，難道沒有女的『陳世美』？她要打離婚你就拖垮她！」

　　果然不久，她的離婚報告寄到農場。受理此事的戰友對他說：

　　「她正式向你提出離婚了。現在，就看你的態度。」

　　言外之意：只要一方不同意，就離不成。他思索良久回答：

　　「我對她沒有感情了。」

　　這就是當年一個少尉的婚變……離婚那年，他三十三歲，如今六十六歲了。這個老少尉在墾區頗有名氣，依然多才多藝。職稱高級經濟師。成果累累，涉獵的領域很廣：新聞、文藝、史志、經濟理論研究……而且都是先行者，像拓荒牛一樣，頭拱地，狠勁地拉犁，聽操犁人在後邊吆喝，犁罷一片，又犁另一片……

　　離婚多年以後，經人撮合，與一位來自廣西的女子成了親。她賢慧、善良、溫柔，彌合了他那顆受傷的心。如今，三代同堂，夫妻共享

天倫之樂。

我建議他哼一下〈繡荷包〉的歌。

他沒聽從，卻念了一首他最近創作的古體詩，詩名〈糊塗歌〉（七律）：

人生難得幾糊塗，

糊塗需要真功夫。

酒肉穿腸醒亦醉，

煙雲過眼有若無。

人來人往情難熱，

我行我素心不孤。

楚河漢界爭高下，

滿盤贏棋自認輸。

四十五、上尉女軍醫

她姓李，原是部隊的一名上尉軍醫，大眼睛，細長眉，鵝蛋臉，嘴角常掛著甜甜的笑，一口清脆的北京話。可是，整風反右運動衝擊了她。原來她丈夫是位上校，上校在整風中受到批判，為了擺脫困境，丈夫央求她承認這是她的唆使，接著鬥爭的火力就集中到她的身上。結果是：上校丈夫解脫了，她卻成了「右派份子」。上校提出離婚，可回到家中卻和她甜蜜如初，說姿態是做給人們看的……

於是，她戴著「右派」帽子，隨十萬戰友來到了北大荒。接著，分配到了農墾局新成立的寶東醫院。這是一所非常簡陋的醫院，但，部隊支援來的器械和藥品以及從部隊轉業來的醫生和護士，使這座醫院頗負盛名，成為方圓幾百里地農場群的醫療中心。這位女「右派」上尉，忘我地投入了緊張而艱苦的醫療工作，她接待了一批又一批病號，為戰友

們解除病痛，內心深處卻埋藏著劇傷——離開北京時上校丈夫沒來送行，來後儘管她一次次去信，卻沒接到過一封回信。看來是真的離婚了！這個佩戴上校軍銜、衣冠楚楚的男人，原來是個口蜜腹劍的人哪！當初聲淚俱下地央求、感激和誓言，原來是騙人的鬼話……不久，她發現有了身孕，漸漸挺著個大肚子，站立和行走很不方便。她的心情很複雜，這是負心上校種下的孽障，可畢竟是一條小生命啊！她未來的希望和精神的寄託！

她寫信給母親。自從她遭到厄運以來，母親是世界上最關心她，最體貼她的人，不斷來信安慰她，還不斷寄來營養物品。這位老知識份子早年在杭州美專任教，後來調到中央對外文委工作。她在沾滿淚水的信中不斷地勸慰苦命的女兒：忘掉痛苦，挺起腰來做人，無辜就是無辜，冤枉總有一天要洗清，如果在北大荒遇到合適的對象，不妨考慮重新組成家庭……

就在這時，上校突然來信了。不知他從哪兒得知她懷孕的消息，信中說，他很想念她，因為忙，長期出差，檢查部隊工作，所以才回信，請她原諒。信中又責怪她沒有把懷孕的消息告訴他：這樣一件大事為什麼瞞著他呢？這是他倆愛情的結晶。希望她回北京檢查，保胎，將來在北京生孩子，孩子由他撫養，等她改造好了再回來團聚……上校還同時匯來了一筆款子讓她做路費。

她看後就把信撕了，錢也不取。每天還是挺著大肚子上班，給戰友診斷治病……不久，上校又來信了，一連來了好幾封，又匯來款子。她信也不拿，錢也不取。照常上班，到了晚間，獨自默默地為即將出生的嬰兒備製衣褲……

一天，她正在科室為病號診斷，突然送來一封加急電報。打開一看，原來是母親從北京發來的，電文上說：得知她即將臨產，決定親自來北大荒，希望接站。最後註明了車次和到密山站的時間……怎麼辦？

密山離寶東還有很遠的路程，她又即將臨產……她暗暗地捧著電報落淚。

這時，耳邊傳來了一句話：「李大夫，發生了什麼事？」

她抬眼瞅去，原是一個年輕的病號，從八五〇農場來的轉業軍官。小伙子長得帥，北大荒的冷天氣使他得了鼻竇炎，曾幾次找她診治過，攀談過幾句。但，不熟悉。

「沒什麼……」她搖了搖頭。

「都是部隊轉業來的，」小伙子加重了語氣。「你準是遇到什麼棘手的事，能不能告訴我，興許我能幫上一把？」

她蠕動著嘴唇，半晌，嘆息了一聲，將母親從北京來，她又不能去接站的事，告訴了對方。

小伙子聽了，同情地笑道：

「這事好辦，交給我，我準能接到！」

「火車站人多，你又不認識我母親。」

「有照片嗎？」

她搖了搖頭。

小伙子當即從她手裡拿過電報，斬釘截鐵地說：「這事交給我辦吧！」

她仿佛震驚了一下，又瞅了小伙子一眼，臉上呈出複雜的神情：女「右派」能貿然讓一個轉業軍官代替她去接站嗎？

「李大夫，你放心，誰遇到這件事都該這麼辦！何況你還懷著身孕。」

說罷，小伙子轉身走了。

趕到密山，從牡丹江來的火車早開過了。小伙子著急地在站裡站外找，也沒找到女大夫的母親。留言牌上也沒留下她的話。小伙子直奔郵電局，他知道這是知識份子下車後最寄託希望的地方。沒錯，一進大

門，他就見到電話機旁站著一位身著咖啡色拷花呢大衣的老年婦女，金邊眼鏡中透著焦慮不安，手提著裝滿各種物品的網籃，正在對著話筒不斷地重複説：

「請你給我接醫院……」

一口純正的北京話。小伙子斷定她正是要接的人。走上前去，把電報呈到她面前。她迅速掃視過電文，激動起來，竟雙手捧著小伙子的臉，淚水忽然湧出，連聲説：「謝謝您！」

天早已黑了。密山小縣城旅社全滿員。小伙子陪著老年婦女最後還是找到了一間空房，只一床被子，也無火取暖。雖是三月，可仍寒氣逼人。小伙子脱下棉軍大衣給老年婦女蓋上，自個合衣滾在另一個蒲草墊子上熬了一夜。第二天一早，兩人登車東行，到了寶東醫院，母女倆終於在淚水朦朧中會了面。

到了下午，小伙子準備離開醫院、返回農場時，這位老年婦女突然來到醫院招待所看望他。在嘈雜的車馬大店中，她坐在小伙子身邊，慈祥的臉上帶著強作的笑容，問：

「是部隊轉業的嗎？」

小伙子回答説：「是北京空軍」。

「是軍官嗎？」

「是少尉。」

「我女兒是右派，知道嗎？」

「知道，連打成『右派』的過程都知道，這裡的人全知道……她是個需要幫助的人，而我僅僅能這樣幫助她。大家都説她是個好大夫，是個好人……」

女大夫的母親聽了這話，向周圍掃視了一眼，沉默了一會説：

「你幫助我們母女……我這次來決意要求她回北京分娩，把孩子留在北京。可是她堅決不肯，只重複這句話：孩子要生在北大荒，長在北

大荒，北大荒絕不會把孩子造就成他那種小人！」

說到這裡，老婦人頓了一下，端詳著小伙子良久，含著淚花說：

「我做母親的不知怎樣才好，我想到了你……求你了！」

小伙子聽了，怔怔地看著老婦人，內心升騰起憂傷、痛苦、同情和對世間醜事的憤懣之情……半晌，他重複地喃語：

「她是個需要幫助的人，而我僅僅能這樣幫助她……」

母親伏在年輕少尉的肩頭嗚嗚地哭了，在耳邊說了聲「謝謝！」

當小伙子抬起淚眼望去，老婦人的身影已消失在門口。

一個月以後，小伙子接到老婦人幾經輾轉從北京寄來的信，信中說：

「……你對我們母女的幫助是那麼切合當時的需要，使我永遠銘記不忘。在寶東時，我原想有機會再見到你，但老來無能，行動艱難，不敢做出奢想，只好作罷。

你是誠篤而爽朗的青年，對人有感染力，過去我和青年接觸頗多，學生中具有你這樣性格的人，一般與我交往更密，他們今已壯大，成家立業，仍和我不失聯繫。教書人的精神果實，是值得自豪的。你是我的新交，但願長遠的友誼將予我無盡的溫慰……」

以後，年輕少尉怕聽到關於她母女消息，更怕見到這位「右派」女大夫，他寧可乘火車去較遠的裴德醫院看病，也不去寶東醫院了……

荒原開發史上的這個帶著悲劇色彩的故事並未劃上句號。不論它的結局如何，但，它這短暫的曲折經歷，足以震懾人們的心靈，啟迪人們的思考了。

四十六、「邱比特」的鉛箭

他姓孫，原是軍委空軍樂隊的演奏員。1958年來北大荒時，正是風華正茂的英俊小伙子。轉業前，他在軍樂團，身穿筆挺的毛呢演奏服，

佩戴閃光的五線譜肩章，儀態瀟灑，引得了四川老家的一個姑娘的愛戀。

　　姑娘鍾情於他。他也省吃儉用資助姑娘參加化工專業學習。後來姑娘以優異的成績被分配到吉林市一家化工廠當了技術工人。正在他倆編織著美好花環時，他來到了北大荒。他寫信要姑娘來結婚，姑娘卻要他去吉林安家。於是，希臘神話中的愛神——邱比特，這個長著雙翼的孩子帶著弓箭，在他倆之間的空中飛翔，穿梭於北大荒和吉林之間，而且是一直飛翔了五年之久。傳說邱比特帶著兩支箭：一支金箭，一支鉛箭。誰中了他的金箭就產生了愛情，誰中了鉛箭就要失去愛情。

　　五年來，這個軍樂隊演奏員眼巴巴地盼著那支金箭的來臨！他太愛姑娘了，既是老鄉，說話甜甜的，又是他省吃儉用幫助她上學，如今是一名有技術的女工了。如能成親，那是畢生的幸福。他在馬架裡，點著油燈，寫著一封封訴說衷腸的信，向姑娘表達了自己的愛情、忠誠、理想和未來美好的憧憬……但，姑娘執意要他來吉林，信中說，聽說北大荒很艱苦，住的是草房，吃的是苞穀，這些我都不怕；但，我是學化工的，這裡工作離不開，你們那裡有化工廠嗎？再說成家立業不是簡單的事，你說等北大荒開發建設好了再接我，啥時能建設好呢……

　　五年馬拉松式的戀愛總得有個結局呀！他一邊苦苦期待姑娘不會變心，一邊急切地盼望北大荒早日進入「共產主義」，那怕消滅馬架草棚，代之以磚瓦房，能夠成親安家也好。然而，嚴峻的現實粉碎了他的美夢：緊接著兩年「苦戰」、「夜戰」之後，1959年下半年特大自然災害降臨了。馬架東倒西歪，糧食減產絕產，農場瀕臨危機，他那一心想同姑娘在北大荒成親的物質基礎已蕩然無存！

　　1961年春天，這位當年風度翩翩的軍樂隊員，現時滿臉皺紋、略顯浮腫的北大荒農工，背著一小袋玉米麵，風塵僕僕地來到吉林市化工廠和姑娘見面了。

　　五年歲月，已經在這對戀人身上烙下了強烈的反差，姑娘是地地道道的城市姑娘了，而他則是不折不扣的農民！看著他那曬黑的臉龐和粗糙的手掌，姑娘心疼地流下了眼淚。

　　「談判」的結果是：姑娘同意結婚，但，不去北大荒，他也得離開北大荒，至於調轉手續和婚事操辦姑娘全攬了。他聽了，心事重重：一邊是冰天雪地的北大荒，一邊是心上人，何去何從……他獨自在松花江堤上走來走去，想到那裡的戰友，想到五年來思念的姑娘雖然嘴裡說不變心，但已感陌生。「強扭的瓜不甜」，不如就此劃上感情的句號。最後，他不顧姑娘的挽留，毅然踏上了北去的列車，回到了北大荒。

　　苦待五年之久，邱比特的箭射中了他，不是金箭，而是鉛箭！

　　應當說，當年十萬官兵中被邱比特的鉛箭射中的大有人在。有的在熱戀時被射中！有的成親以後，在兩地分居時被射中，甚至有的將妻子接來之後被射中！

　　啊，邱比特，你的金箭在哪裡?！

第九章
解放軍總部慰問團

四十七、周總理要來視察的消息

　　王震部長：遵照你的指示，為迎接中央首長到來，曾於 4 月
26 日發出緊急指示，布置春季十項工作⋯⋯不難看出，「五
一」前夕手諭下達後已有良好反應，廣大職工群眾幹勁很足，
特別是新到轉業官兵，不畏艱苦，積極肯幹，已在農場形成一
股動力，更將促使多方面工作不斷向前躍進⋯⋯

　　這是 1958 年 5 月 8 日牡丹江農墾局給王震的信。信裡提
到了「迎接中央首長到來」，是指周恩來總理即將來墾區視
察。這消息對十萬官兵來說，無疑像「久旱逢甘雨」一樣，
很快傳遍了五萬多平方公里的每個角落。

　　當時，作者正在松阿察河畔的一個新建點當一名地地道
道的體力勞動者──農工。我和戰友們在一個名叫「老等
窩」[1]的沼澤地裡割草，每天勞動十小時，加上來回路途就十
二三個小時了。每人每天的指標是割草八十捆，為建造草木

---

1 「老等」，北大荒的一種水鳥，活動於沼澤地，涉水覓食。閒時，單
　　足而立，故名「老等」。

結構的住房備料，否則，就過不去冬了。到了第十五天，突然接到緊急通知：轉移陣地、執行新任務！

「什麼新任務？」大夥好奇地問。當時，我們來新建點還不到兩個月，幾乎隔三岔五地變換任務：修路、伐木、扛麥種、查荒地⋯⋯這在「房無一間，地無一壟」的新建點裡像這樣經常變換任務是可以理解的。然而，時間已經到了五月，荒也開了，地也種上了，應該集中精力抓備料蓋房了。一百多名尉官擠在兩幢大馬架子裡，其中還擠著好幾對夫妻，生活非常彆扭，何況有的尉官等著把家接來，有的遠方妻子來信提出「警告」：如長期分居下去，就要解除婚約⋯⋯有的未婚妻已經寄來「哀的美敦書」；而大部份尉官「光棍漢」則望「屋」興嘆，就像眼下歌詞裡唱的：

　　我想要有個家，一個不需要華麗的地方，在我疲倦的時候，我會想到它⋯⋯誰不會想要家，可是就有人沒有它，臉上流著眼淚，只能自己輕輕擦⋯⋯我好羨慕他，受傷後可以回家，我只能孤獨地尋找我的家⋯⋯

當時，對我們這幫成了家或未成家的尉官來說，想擁有一間簡陋的草木結構的「家」是迫在眉睫的了。為什麼正在割草備料之際，又要轉移陣地了！

「告訴你們一個喜訊！周總理要來北大荒看望我們了！」生產隊長也是個轉業軍官，工程兵大尉，說這話時他那瘦削的臉盤露出笑容。

「烏拉──！」中尉俄文翻譯站在水草叢裡高舉鐮刀喊。他是一個身材敦實的小伙子，妻子也是俄文翻譯，雙雙轉業來了。小伙子很幽默。幹活時說些俏皮話，給大夥逗樂。他說：來北大荒，跟老婆親熱的時間和場合都沒有了⋯⋯

經他一喊，大夥也跟著舉起鐮刀喊起「烏拉」來。這確是一個喜

訊：周總理來看望大夥。當時，對黨和國家領導人，在我們這幫知識份子型的尉官來看，毛澤東主席仿佛是一尊頭頂上有光環的神，可敬不可近，特別是經過了「整風反右」運動，不免對他略備戒意。而周恩來總理，凡在部隊裡聽過有關他的講話傳達，都感到他可敬可親。他在講話時總是坦率地剖析自己，説他的家庭社會關係很複雜，出身官僚，歷史上還曾犯過路線錯誤，還勉勵大夥（他是通過自身的經歷和感受來勉勵的）要學到老，改造到老……

　　我還記得，在北京工作時，經常在週六或星期天晚上去劇場觀看新上演的話劇或國外歌舞團的精彩演出。一天晚上，我照例地來到一家劇場觀看一齣頗受推崇的話劇（記不清劇名了）。當全場入座的觀衆静悄悄地等待上演，鈴聲響了起來，從入口處進來三五個人。突然，觀衆席中有人輕聲喊：「周總理來了。」我抬眼望去，果然是他。周總理笑容可掬地走來，微微抬了抬手，向大夥致意，又表示了一種希望大家肅静、不要因為他的到來而受到影響的神態。但是，他的來到以及他那平易近人的舉止，還是在人們心中掀起了感情上的波瀾。總理的座位離我很近，只有三排之隔。我在後座完全可以看清他的容貌以及他側向陪同人員輕聲交談的神態。劇場的燈光黯淡下來，舞臺的帷幕拉開。好長一段時間，我同周圍的觀衆一樣，不時拿眼瞅著總理，並暗中叮囑自己：待劇中休息時再好好看他。到了劇中休息時，好多人搶先離座，湊到前面去。可是，總理在陪同人員的護送下，進了舞臺一側的休息室。激動的觀衆則等在休息室門口，一位老年觀衆笑咪咪地對大家説：「總理總是要出來的！」大家像受到鼓舞一樣，耐心等待。當總理再次出現時，在人們擁簇中，我才真真切切地看了個夠……這是我一生中見到黨和國家領導人距離最近的一次，至今留下難忘的印象。如今我和十萬戰友脱下軍裝來北大荒「向地球開戰」來了。在這樣一個翻天覆地的變化當中，又面臨好多具體困難，我們是多麼巴望他的來到啊……

　　大尉隊長將我們這支割草隊從沼澤地帶到一塊通向三分場方向的大豆地。這是搶播搶種地塊，雖然動用了機械，但缺少機械滅草措施，放眼望去，草苗齊長，有的豆苗被草蓋住了。路過的人為此作順口溜：「遠看一片黃，近看苣菜塘，大草在上面，豆苗歇蔭涼。」像這樣的豆地，如不滅草，到秋收會造成嚴重減產。然而，作為生產隊長的工程兵大尉心裡很明白：偌大地號，僅靠人工鋤草是無濟於事的。而轉業官兵的住房問題，如不在入冬前解決，將會帶來比這塊地號減產更為嚴重的後果。我們放下鐮刀，拿起了鋤頭，在通向三分場公路邊的豆地裡鋤草。雜草非常頑固，莖桿壯實，連砍幾下也不斷根。到了第三天才鋤了一巴掌大，望著無邊無際的豆地，大夥不覺嘀咕起來：照這樣人工鋤下去，猴年馬月才能鋤淨?!再過兩個月，麥收了，接著大田收割，農活一環扣一環，什麼時候才能騰出手來備料建房呢?……

　　隊長聽了，收斂起笑，說：

　　「有啥法子，上級緊急通知，用實際行動迎接周總理……」

　　「備料建房也是實際行動！」

　　「上級說了：生產第一，生活第二……」

　　「說是『向地球開戰』，但，我們不是打了仗就走，還得再在這裡安家立業。眼下不抓備料建房，到了冬天一個個都得凍成『冰棍』……再說，周總理來看望我們，見大夥像沙丁魚一樣擠在大馬架子裡，他心裡好受嗎？」

　　「這話留著等總理來了再提吧。」

　　「不光房子問題，還有老婆工作怎麼安排？光棍漢咋找對象？這裡前不著村，後不著店，讓咱們找黑瞎子談戀愛？……還有，什麼『兩年機械化，三年電氣化』，看來在說大話！」

　　大夥七嘴八舌提開了意見，弄得大尉隊長氣不打一處來，他吼了一聲：「抓緊鋤草，等把道邊的地塊鋤淨了，見草荒不扎眼就成！咱們就

趕緊打道回府，上老等窩割草備料！」

於是，在一片「烏拉」聲中，大夥將道邊的地塊拾掇乾淨，重新拿起鐮刀上老等窩了⋯⋯

這就是當年用實際行動迎接中央首長到來的一個小插曲。雖是在一個新建點發生的事，但也反應了當年轉業官兵們的心態。正如農墾局給王震將軍的信中所說：

「今春大量轉業官兵進入初期，各農場一度反映有困難⋯⋯在組織生產大躍進中，由於多項任務並舉，感到勞力不足⋯⋯」

在如此大規模的「移民墾殖」中出現這樣那樣的困難和問題，是難以避免的。問題是這場戰役的決策者和組織者，應當面對現實，認真傾聽十萬大軍的呼聲，因勢利導，逐個地解決存在著的問題，才能使這場荒原大進軍、大開發，得以順利地進行下去。然而在當年全國「大躍進」的氣氛衝擊下，這班決策者和組織者也腦瓜發熱起來，只看表面的轟轟烈烈，對嚴峻問題視而不見，甚至報喜不報憂，將問題掩蓋起來。

正因為如此，十萬官兵才翹首以待，盼望中央首長來墾區視察，盼望周總理的到來。然而，周恩來總理因故並沒有來，這給十萬官兵好似潑了一瓢冷水。大家深深地失望了。

不久，又有消息傳來：農墾部派來了巡視團。這又給大夥點燃了一絲希望。結果是巡視團只去了八五六、八五九農場，八五六農場只去了一、四分場，其它農場和分場都沒有去。原因正如巡視團的一份材料裡說的：「氣候多變，道路泥濘，交通不便⋯⋯」如果巡視團能克服「道路泥濘、交通不便」的困難，來到邊遠分場和生產隊親眼看一看，他們肯定會了解到很多罕為人知的轉業官兵面臨的困境。即使這樣，他們也發現了問題，材料上這樣寫道：

「⋯⋯帶病參加勞動，這是他們（指轉業官兵）一個很大的特點，來者 20% 都有些病，八五六農場四分場二千多人。每天有 170-200 人看

病。可這些人看完病大都參加勞動生產。五分場有個中尉副政指，姓惠，只有半個肺葉，呼吸困難，可每天參加勞動。二隊有個轉業軍官，姓張，腰、腿、頭部三處有病，原係部隊長期病號，到此後每天參加勞動，並稱，我是來建設北大荒，不是養病……」

　　材料列舉了轉業官兵艱苦的勞動之後，指出了他們中的「消極因素」：人心浮動，有的要求退場，想回老家……並分析了原因，寫道：

　　「客觀原因：現實環境確實也艱苦些，如有的生產隊沒有一間房子，全住在人造屋（指馬架子）裡。下雨就要淋濕。有許多夫婦不能在一起過生活，愛人和孩子住在老鄉家，離得遠。每天吃粗糧，病號、小孩吃的細糧也很少。四分場五隊好幾天吃不上菜，以鹽水代替……新建房子質量差，惟恐雨季一到就成問題。一、五分場，特別是四分場二千多官兵，他們沒有隔夜糧食，沒有一輛汽車運輸，急待解決……另外，轉業軍官子弟入托入園入學轉學問題很大，現除總場部有一所子弟校外，其它分場均沒有……

　　領導工作方式粗糙，不是耐心說服教育。有的領導說：『不好好勞動，扣你的工資！』有的威脅：『考慮你的黨團籍！』一分場黨總支書記說：『就算你們調皮，再調皮，我們農場有法院，有公安局、派出所，有勞改隊改造你們！』

　　主觀原因……他們對農場前途遠景發生懷疑：一分場許多人拿出局裡印發的動員講話材料，指著說：『二年能否機械化？三年能否電氣化？……』有的說：『這裡的水比馬尿都難喝。飯也不如豬食。』七隊的轉業軍官剛來，只一口鍋，吃不上飯，吃鹽水當菜，有的大便出血，也沒有井水喝……總之，經受不住艱苦環境的考驗……」

　　材料中揭示的問題，僅僅是十萬官兵來到北大荒後面臨大量問題的一角。即使這樣，也未引起有關方面的重視。轉業官兵們感到深深的失望！

四十八、部隊來的親人

正在這時，傳來了解放軍總部派來了龐大的慰問團的消息，司政後三總部首長派代表來探望大夥了！這消息又點燃了十萬官兵的希望。

1958 年 5 月下旬，總部慰問團一行數百人來到密山車站。

當團長率領全體成員步入月臺，受到了農墾局領導和轉業官兵的熱烈歡迎。車站廣場和農墾局大樓門口都搭起了用松枝和鮮花點綴的牌樓。鑼鼓喧天，彩旗飄揚。鮮紅的橫幅上寫著惹眼的大字：

「歡迎中國人民解放軍總部慰問團」

「歡迎你，部隊來的親人！」

這是一個令人感動的場面。它充分表明十萬官兵慰問團懷著極大的熱情和期待。離開部隊才兩個來月，有的興許才十多天，然而，「一日不見，如隔三秋」。何況是遠在邊境的蠻荒之地重逢自己的戰友呢？人們像見了親人一樣，有的熱淚盈眶，有的傾吐衷腸，有的則千言萬語不知從哪說起……特別是好激動的女轉業軍官，見了慰問團裡的女戰友，都情不自禁地緊緊擁抱，淚如泉湧！

慰問團的陣營是龐大的，團長是總政文化部長李偉大校，他率領好幾百名軍官，其中還有少量部隊非現役的工薪制人員。慰問團成員按照農墾局所屬農場又劃分了一二十個分團。僅赴八五○農場慰問分團就有七十多名人員，其中有四名上校、六名中校、二十名少校，還有四十名尉官和一名工薪制人員。他（她）們來自總政、總參、總後、總幹以及各大軍區和院校。這樣龐大的慰問團的組成，表明了部隊首長對十萬轉業官兵的關切；然而，他們心中也忐忑不安。臨來前他們就聽取了農墾部有關轉業官兵情況的介紹，有的在部隊就接到轉業官兵的來信，對墾區的情況略知一二。他們知道，如果慰問團的任務僅僅是慰問，比如像抗美援朝戰爭時組成的赴朝慰問團那樣，在炮火連天的戰場上給戰友們

帶去祖國和人民的問候，激勵他們奮勇殺敵，然後演出一些文藝節目，再分發一些慰問信和慰問品，那就單純多了。眼下不是這樣，十萬戰友並不在炮火紛飛的戰場上，而是在渺無人煙的荒野裡從事一場艱苦的曠日持久的「移民墾殖」事業，他們要在這裡安家立業、拓荒建點……他們面臨的是嚴酷的大自然以及由於事先準備不足而產生的各種各樣的意想不到的困難。

慰問團成員一下火車，特別是驅車來到荒原腹地的農場和生產隊，就發現他們已陷入一種事先稍有覺察、但還是大大超乎意外的身不由己和有口難言的被動局面。

只需對比一下慰問團成員和被慰問的轉業官兵兩者身上的裝束，就可以發現雙方之間的差距了。前者身穿筆挺的校官尉官軍服，佩戴金光閃閃的肩章，胸前斜拎武裝帶，一身英武之氣！後者呢？分手才兩個月，披荊斬棘的勞動，不分晝夜的苦戰，使他們原來的裝束大變！身上的軍裝已被磨礪得千瘡百孔，有的還齜牙裂嘴地吐出了棉絮。鈕釦早已脫落，無法縫綴，也找不到縫綴的地方。有的肩頭、袖口補丁摞補丁，有的棉褲膝蓋裡的棉絮已蕩然無存！為了禦寒，敞著衣襟無法扣上，乾脆用草繩攔腰一繫，這要比扔棄的武裝帶方便得多！

為了迎接親人的到來，上級通知：要把宿舍打掃乾淨，把被褥拆洗一遍，換一身新軍裝，還要擠出時間寫板報、寫感謝信……轉業官兵聽了，氣惱地說：還在搞「形式主義！」晝夜苦戰，哪有時間？馬架子東歪西倒，透風漏雨，如何打掃？被褥已被煙火薰黑，新建點的井水供一百多口人洗菜做飯還不夠，如何拆洗？帶來的軍裝，一件件已成了雞啄狗咬一般，怎樣換新……作者從空軍穿來的一雙新的半高腰皮靴，在行軍、伐木、修路的勞動中早已開線張嘴，好不容易換了一雙高腰水靴──那是電工用的，可耐高壓一千伏（當時物資供應奇缺，什麼鞋也買不到，隊領導無奈只好派人去哈爾濱為大夥買了十六雙僅供涉水割草用

的「電工靴」）！就是這雙高腰水靴，在半個月的老等窩割草中，也挨了十幾下鐮刀的親吻，開了好幾個口子……為了迎接親人，不穿開口子的水鞋，只好光腳！

如果說慰問團在密山接受農墾局的熱情接待，還能看到一群著裝比較整齊的轉業官兵和一片歌舞升平的場面。那麼，當他們驅車進入荒原腹地，來到農場場部，特別是來到一個個剛從蠻荒叢中開闢出來的新建點，他們看到的已不是那樣的人群和那樣的景象了。

他們看到的是一群群衣衫襤褸的「移民」！看到的是一座座新建不久、但已「披頭散髮、拄杖淌淚」的馬架、草棚！

他們對分別不久的十萬戰友的處境和「戰績」，深感驚服！

四十九、總部慰問團匯報材料

三十年以後，作者有幸地看到當年慰問團赴各農場的匯報材料。誰看了，都要為之動容！

《赴八五○農場慰問團匯報材料》：

「慰問工作從 5 月 31 日至 6 月 20 日結束。慰問方式主要是：開慰問大會，與大家共同勞動，個別訪問，或召開地頭座談會以及京劇晚會演出……

轉業官兵對慰問團同志問寒問暖，把自己的臉盆、暖壺、被子騰出來給慰問團用。有的還感動得流淚，他們認為部隊首長和同志們來了，知道他們的艱苦了。有的軍官說：『過去我以為部隊把我們推出來不管了，今天來慰問改變了認識。』

為了迎接慰問團的到來，他（她）用實際行動掀起了生產新高潮。如六分場三隊，種水稻，每人平均一坰地。由於去年秋耕，需播前翻地，但田間泥濘過膝，機車下不去，馬又不能下水，牛又多病。在這種情況下，轉業軍官以人力代替機器和畜力，用 20-24 人栓一張雙輪單鏵

犁，完成翻地任務。過去用牛拉，日耕 9 畝。他們卻日耕 1.1 垧。稻田裡有草，每犁下去就有一二千斤重，田裡有水，晨結薄冰。大多數人沒有雨鞋，就穿一般鞋襪在冰水裡拉犁。這樣，在泥裡水裡苦幹月餘才完成任務。

三分場畜牧隊，十三名轉業軍官，四男九女，特別是九名女同志，與另兩位男同志共養 86 頭豬。她們從雲山畜牧場趕豬往回走。途中三天，有兩天下雨，涉泥趕豬。她們過去是保育員、打字員、護士長、調劑員，沒有養過豬。趕豬時，公豬還不斷往回走，她們就遍地追趕。晚上，豬休息了，她們還得餵豬，又怕狼吃了豬，輪流站崗。就這樣，豬走她們走，豬停她們住，弄得滿身泥污，也顧不得洗。走一百多里，才把豬群趕回新建點……她們對豬很愛護，經常給豬洗澡，抓癢，還給豬拿虱子，甚至虱子爬到自己身上也不覺得。有頭豬不愛吃食，她們就不安，有的還偷偷流淚。她們商量要給豬群搭個新圈，作夢也想著，晚上一聽到豬叫就醒，唯恐狼吃了豬……

三分場三隊由空軍第十航校、第十四航校轉業軍官組成的，他們派去兩個排除田間障礙小組，露營於野外，沒有房子，他們用雨衣、雨布搭成小馬架，我們去看了布置很整齊。兩人一把斧，開始每天挖直徑 25 公分的柞樹根八個，目前躍進到每天挖 240 個。炊事員是十航校來的一個掌握『Ｘ』光的軍醫，給大夥燒火做飯，表現非常積極，並爭取入黨……經了解，他因父親去香港三個月，參軍後成了歷史問題，這次轉業來北大荒，仍申請加入共產黨，但，有個文件規定，下放軍官暫時不能入黨……英雄事蹟很多，如帶病勞動、冒雨苦幹、苦戰通宵、數夜不歸，舉不勝舉……」

《八五二農場慰問材料》：

「轉業軍官到了農場，幹勁十足，都認為這裡是進入北大荒後的第一次考驗。大家抓住這裡『日照長』的氣候特點，早上三時或四時就上

工，晚上六時或七時才收工（緊張時八時才收工），中午在地頭吃飯，午休時還讀文件、講形勢、聽宣傳員的口頭宣傳。平均勞動時間在十二小時左右，有時下雨還堅持幹活。六分場三大組在下大雨時還鋤草，指導員動員他們回去。他們說：『在總路線照耀下，下點雨算什麼。』三分場五隊九組同志提出：『苦戰十五天，中午不休息，不怕苦，大雨小幹，小雨大幹，晴天拚命幹；早起床，少午休，往返路上快步走；輕病號當好漢，重活不行輕活幹，重病號不吃病號飯，免給伙房添麻煩』……

四分場一隊一名殘廢軍人（一隻手殘廢），他就用另一隻手幹活……已經住院的四十多個病號，自動報名參加苦戰……一名轉業軍官由於痢疾，曾有幾次便在褲裡，還堅持勞動；另一名轉業軍官肚子痛在地上打滾，讓他休息也不休息，不能站著幹，就坐著幹……還有一名轉業軍官有肺病，咯血，仍堅持勞動，有一次因咯血暈倒在地裡，被大家叫醒後，仍不肯回去……

九分場五中隊有名轉業軍官，姓吳，為修建房子備料，他多次帶頭涉水伐木。往返時不空手，他扛著木料返回途中涉水過河。一次，當他扛著木料過河後，因其它人空手，他就將木料讓給別人，而自己又去涉水扛料，當渡水過河時，因水流急，不慎被河水沖走，大家喊叫，搶救不及，終於被河水淹死……」

…………

總部慰問團對此震驚不已！

兩個月前，同是穿軍裝、戴帽徽、佩肩章的軍人，而如今竟處在截然不同的世界，懸殊如此之大。

目睹忍辱負重的十萬戰友，陷入極度的困境中仍在苦戰、夜戰……端詳著戰友們一張張疲憊的臉，一身身襤褸的衣衫，慰問團成員的內心深處不覺顫動不已……

　　慰問團來到八五四農場進行慰問。這是一個座落在完達山麓的農場，有轉業官兵三千四百多人，其中軍官近二千人。他們來自解放軍總部、北京、南京、瀋陽、濟南、浙江等五個軍區四十多個單位，散落在完達山東南麓二三十個新建點裡。這裡，群山險惡，由西北向東南展開了一片坡降的臺地，烏蘇里江的一條支流七虎林河，猶如一條難以馴服的蒼龍橫躺在荒野叢中逞凶恣虐。大自然的殘暴，曾經使早年來到這裡的日本開拓團聞風喪膽，丟兵折將。如今，只留下幾個象徵著歷史殘跡的地名。一曰「迎門頂子」，凡進軍八五四農場，來到大門口，就會抬頭望見這座險峰。早年日本鬼子起名「迎門頂子」。轉業官兵來了，鄙棄此名，取意為迎接北大荒的春天，改名「迎春」。二曰「交通部」，這是離場部不遠的又一座山峰，係早年日本武裝開拓團駐地。轉業官兵來後，將它改了名，為紀念來自安徽省的轉業軍人，就改名為「皖峰」。三曰「老爺嶺」，這又是一座險峰。傳說王震將軍曾帶領一支先遣部隊來此踏查荒原。抬頭見此峰，將軍用於一指，問：「這是什麼山？」嚮導老鄉告之曰：「老爺嶺！」將軍聽了說：「如今什麼年代了，還叫老爺！……堅決把它的名字改掉！」至於改什麼名。將軍當時並未授意。將軍走後，轉業官兵為紀念將軍曾在此踏查，就改名為「將軍嶺」……

　　三峰均改了名，而且冠以「迎春」、「皖峰」和「將軍」的字樣，體現了轉業官兵對社會主義農墾事業的美好嚮往。然而，嚮往是嚮往，現實是現實。嚮往代替不了現實。在那無視現實，只強調嚮往的年代裡是要付出昂貴的代價的。因為用「嚮往」補充「現實」的不足，把思想作為物質的代用品，只能在一定的時期，一定的限量之內；如果長此以往，樂此不疲，是要吃苦頭的。

　　慰問團到農場進行慰問時。正趕上轉業官兵初嘗「苦果」的時刻。他們中有的人已按捺不住心頭之火了。對這場「移民墾殖」中日趨嚴重

時問題大為不滿了。

應該説整個慰問工作進行得比較順利，農場從上到下組織了有秩序的歡迎。然而，冷不丁冒出來的唐突的傢伙和他們表現的不禮貌的舉止，將整個氣氛和秩序打亂了。

一個轉業軍官衝著笑容可掬的慰問團成員粗暴地喊道：「你們別老一套！別到這裡擺譜了！」當場，陪同人員身邊的轉業官兵將此人連勸帶拉地支走。

慰問團成員驅車顛簸地來到一分場四隊，按照計劃召開了轉業官兵座談會。開會時氣氛比較沉悶，主持會議的生產隊指導員和慰問團的一名組長寒喧了一陣，到會的穿軍衣的「移民」就零零落落地發言了。會前，指導員給大夥定了調：要踴躍發言，要熱情歡迎，還要向慰問團的同志表達我們的決心……發言的人就慢條斯理地講起來。有的正好利用難得的「苦戰」中的休息機會坐著歇歇，有的端詳著慰問團成員那一身乾淨的裝束，對比自己的尷尬處境，不由得心裡泛起一陣痛楚……這時，一位轉業上尉，姓司，大著嗓門發言了，像開了閘的江水，滔滔不絕，使座談會的氣氛一下子變得緊張起來。他當著慰問團成員的面，訴說了在部隊遭受的不公正的待遇，接著訴說了來到迎門頂子以後所處的各種困難，住沒住的，吃没吃的，還不叫休息，一天連續十多小時的體力活……説到這裡，他有意地衝慰問團成員和指導員挖了一眼：

「蘇聯、美國不是衛星上天了嗎？對我來説，三顆衛星上了天！第一顆衛星是我轉業，第二顆衛星是我來北大荒，第三顆衛星將是我的徹底完蛋……什麼形勢大好，也許全國形勢大好，我們農場困難重重，好個屁……指導員要我向慰問團表決心，我的決心是堅決離開這裡，打回老家去！」

這席話使指導員大為吃驚，也使慰問團成員尷尬萬狀，不知這個座談會將如何進行下去？倒是在座的轉業軍人解了圍，他們暗地為這位敢

於直言的戰友擔心，雖是一吐為快，說出了大家的心裡話。只是某些提法過激，諸如「三顆人造衛星」、「好個屁」、「堅決打回老家」之類，經過整風反右，誰都會掂量這種激烈言詞會招來什麼樣的後果。為了保護這位戰友，也給慰問團解圍，他們就婉轉地折衷地上下左右平衡地開了腔，漸漸地將農場存在著的大量問題一五一十地擺了開來……

《八五四農場慰問工作報告》詳細地記載了轉業官兵們面臨的困境，可以看出慰問團對十萬戰友的處境表示了極大的同情，並為之向有關部門大聲疾呼：

「我們了解到，十萬官兵轉業時，部隊和農場所作的動員是不全面的，講遠景多，講現實少，好的講得多，困難講得少，以局部代替一般。有的單位動員時不從實際出發，如浙江訓練團提出『滿堂紅』的口號，還動員了住康復醫院的轉業軍官來北大荒，如李某肺部開刀，裡面還置放兩個類似乒乓球大小的器械，顯然不適合來開荒建點，也被動員來了。有肺葉切除的，有住院七年的也來了……

來到新建點，地無一壟，房無一間，生活環境異常惡劣，而勞動強度大，很少休息，沒有節假日。因此，有的牢騷滿腹，怪話連篇，有的開始逃跑，如一分場四、五隊，二分場四、五隊，共逃跑十六人，其中有兩人回來了……一分場五隊有個中尉，姓尹，他要慰問團滾回去，並破口大罵：要和你們（指組織）鬥爭到底！他認為：來北大荒是『組織欺騙』，『賣給農墾局』，『浪費青春』，『埋沒人才』……」

慰問團到來後，分赴各農場，他們深入分場和新建點進行「慰問」，的確親眼看到了十萬戰友的輝煌「戰績」及其面臨的困境。但，他們無力解決這些困難和問題；他們的任務是代表部隊首長前來慰問，而不是中央派來的調查團對這場「移民墾殖」中存在著的一連串問題進行決策性的剖析和解決。

從當年眾多的匯報材料中可以看出慰問團做了可貴的努力，有的材

料以巨大的篇幅列舉了轉業軍人面臨的各種困難和問題：從反右運動的組織處理到轉業軍人對個人結論的不服；從動員時的不切實際，到傷殘人員來後的如何妥善安置；從勞動強度過大，到保證節假日休息和婦嬰的特殊照顧；從馬架、草棚難以過冬，到家屬婦女的工作安排；從小伙子找不到對象，到有妻室的軍官如何解決兩地分居的問題……等等。

有的材料還提出好多具體建議，如一份材料中提出：請中國科學院鑑別一下北大荒哪些野菜能吃，再請他們研究如何防禦小咬、蚊子的方法或藥品；有的還建議趕快建立郵電、書店、商店系統，以解決轉業軍人長期看不到書報、電影，也買不到任何商品……

五十、這裡存在誤區

儘管問題和困難擺了一連串，但，它沒有也不敢接觸到當年問題的癥結：這就是「大躍進」、「共產風」以及「整風反右」之後帶來的「左傾思潮」，給這場「移民墾殖」造成的影響！

三十多年過去了。這些材料完好如初，可以認辨的是這些材料在當年沒有進行認真的傳閱，更沒有什麼領導人在上面加以批註，以期引起重視，逐步加以解決。沒有！絲毫沒有這樣的跡象。這是歷史的悲哀。當年用思想代替物質，以「精神萬能」來指導這場「移民墾殖」運動的年月，任何運動，活動都帶有強烈的政治色彩，而且，這些運動和活動都滲透著「形式主義」的缺陷。連同這規模龐大的慰問活動，也擺脫不了這種困境。怎麼能指望它引起有關方面重視呢？……運動本身就是目的，其它目的一概拋在腦後。

作者看到這樣的一份類似指示性的文件。時間是 1958 年 7 月 22 日，也就是慰問團走後留下匯報材料不到一個月。文件上這樣寫道：

「農墾部某領導在農墾局黨委會上指示：今年接收十萬官兵是不容易的。某些缺點也是難免的，只要認真地接受那些教訓，就可更大的躍

進。對轉業的軍官要幫助,沒有足夠的認識,這也是右傾。我們的工作是有困難的,但是前進道路上的困難⋯⋯」

在另一個函件上,農墾部某領導人有這樣的「指示」:

「⋯⋯轉業軍官中有病的,目前也一律不要送回,就在你們那裡養起來,能勞動的參加一些輕微體力勞動。如果現在就將他們送回就要搗亂⋯⋯」

看了令人怵目驚心!病號被「一刀切」、「滿堂紅」地送來北大荒,經慰問團反映,可以按照他們病情加以妥善處理,包括送回部隊醫院治療⋯⋯怎麼會得出「送回就要搗亂」的結論呢!

還有,「對轉業軍官要幫助沒有足夠的認識,這也是右傾。」這又如何理解?在當年「左」傾思潮泛濫下,慰問團反映了大量嚴峻的事實,難道不該立即解決嗎?拋開這些問題和困難,不加解決,反而把目光集中在「對轉業軍官的幫助」上,否則就是「右傾」,這是多麼令人心寒的邏輯!

只要正視當年的現實,就不能不承認十萬轉業官兵一邊拼命地勞動,一邊普遍存在著焦慮與失望,一種無所適從、難以名狀的失落感、憂患感、危機感與渺茫感,籠罩在表面上轟轟烈烈的黑土地上。

當年陷入這種「怪圈」,正是因為十萬大軍在開發北大荒的進程中存在著誤區,這就是:大躍進的衝擊所帶來的對現實曲解,對未來的臆斷,以及對「戰績」的誇大和失真。它導致了在開發宗旨與戰略取向上的繼續失誤,特別是在那「報喜不報憂」的年代,「政治運動」的氣溫逐漸增高的形勢下,使這種失誤,可悲地延續下去!

正是當年這個思想上的誤區,才使慰問團反映的大量問題,未引起重視,終於埋下了隱患!

然而,當年誰敢冒天下之大不韙正視這個問題的癥結所在呢?

請看1959年「廬山會議」彭總直言不諱的下場!

第十章
「大躍進」帶來高溫

五十一、農墾局首屆黨代會

這是「大躍進」年代，異想天開似乎「天」真能「開」。全國如此，北大荒也如此。「一張白紙」，好寫好畫「最新最美的畫卷」。想怎麼寫就怎麼寫，想畫什麼就畫什麼。當「共產風」席捲華夏大地，僻遠、貧窮、荒涼的北大荒居然要「提前進入共產主義」。於是，黑土地上的拓荒者們憑藉狂熱的幻想和幹勁，掀起了一場令人自豪、又使人傷心的熱潮！

1958 年國慶節前夕，密山北大營召開了鐵道兵農墾局首屆黨代大會，三百多名代表風塵僕僕，而又心事重重。他們給大會帶來了穿軍衣的「移民」們半年來苦戰的巨大戰果，但，在挎兜裡也塞滿了這場墾殖中存在著的各種各樣問題。這些問題幾乎一個個都是燃眉之急，如不解決會產生「多米諾骨牌」一樣的惡果……然而，會場內外紅旗招展，鑼鼓喧天，一陣陣此起彼伏的「大躍進」和「總路線」的口號聲，使代表們不得不強作笑顏。他們大多是各農場的場長、黨委書記，有的是來自新建點的轉業軍人代表。他們像坐在火山口上一樣，既看到輝煌的火山景觀，又感受到正在沸騰而滾

動的隨時可能爆發的岩漿……

在熱烈的掌聲和樂曲聲中，王震將軍走上了主席臺。尾隨他身後的是一位獨臂的轉業軍人。他姓王，1938年參加革命，在一次繳獲日本鬼子的火炮時親自試炮中負傷，左手殘廢，嘴唇留著難看的傷疤。他是將軍手下一名得力的幹將，驃悍英武，在1956年鐵道兵進軍北大荒時立下了汗馬功勞，當時他是鐵道兵後勤部長兼政委。如今是牡丹江墾區的「首腦人物」：局長兼第一書記。

這位早年來自吉林扶餘縣的中學生，如今顯赫一時的黨委書記，向代表們匯報了墾區的輝煌戰果：這年春天，僅這個墾區就接納了十萬轉業官兵中的六萬人馬！其中師級幹部八名，團級幹部一百一十九名，其餘大都是營、連、排級幹部的「尉官」了……短短半年，三萬多平方公里的荒原上新建、擴建了十多個大型農場，還新建了採煉廠、造紙廠、鐵合金廠……開荒面積飛速增長！搶建了一條從密山到虎林的鐵路，目前正在向迎春方向的「將軍嶺」挺進！好幾座容量為五千萬至八千萬立方米的水庫，正在日夜會戰之中。一支近三千人的伐木大軍挺進完達山。還在荒原上史無前例地建起一座由王震將軍親自擔任校長的八一農墾大學……

局長兼第一書記的工作報告確是「輝煌」，但，掩蓋了大量的嚴峻問題……這是當年的通病：狂熱和空想，使勇敢變成了愚昧，也使幹勁化成了魯莽。幾個月來，慰問團、巡視團以及農墾局派往各農場的工作組反映上來的各種問題一概不見了。在工作報告中只是輕描淡寫的所謂「九個指頭和一個指頭」的問題，是「前進道路上的困難」，諸如此類的套話……早在幾個月前，黨的八大二次會議上令人注目地發出了「插紅旗、辨風向」的訊號：「要敢於插紅旗，越紅越好……你不插紅旗，資產階級要插白旗。與其讓資產階級插，不如我們無產階級插……資產階級的旗，我們要拔掉它，要敢插敢拔！為了插旗子，就要提高嗅覺，

學會辨別風向……」

從北京飄來的這股階級鬥爭的火藥味，作為殘廢軍人的墾區首腦人物引起了警覺，再次辨別方向。

又一陣雷鳴般的掌聲，代表們歡迎風塵僕僕的王震將軍親臨大會，他們期待著將軍作一番鞭辟入裏的講話，使他們能撥開迷霧，看準航向，從眼下的「輝煌戰果」中躲開潛伏的暗礁，乘風破浪地前進！

好心腸的王震將軍卻給代表們作一個題為〈向著偉大的目標——共產主義前進〉的報告。將軍用濃重的湖南口音向大夥傳達了黨的八大二次會議精神，興奮地告訴代表們；黨的建設社會主義的總路線已經通過了，全國將進一步掀起全面「大躍進」的新高潮。同他的得力助手一樣，他也沒有正視墾區潛伏的危機，卻像一個率領士兵衝鋒陷陣的指揮員，有力地揮動手臂問：同志們，在全國全面大躍進的形勢下，我們當兵出身的是衝在全國人民前頭呢，還是跟在後面呢？……沒等大夥答腔，將軍用斬釘截鐵的語氣說：咱們軍墾理所當然地要走在全國的前面，要打衝鋒，要提前進入「共產主義」……接著，他向大夥描繪了墾區的未來：

「……我們要為著向共產主義過渡來進行建設規劃，一個總場就是一個城，分場就是總場的衛星城，要城市化、生產隊要成為作業站。要普及中等教育和高等教育。後年就可以大搞樓房建設，規劃道路，修公園，安自來水。共產生義的幸福美好生活，是由我們的沖天幹勁，自己勞動安排和創造……」

是的，將軍同志，當年你提出的這個偉大而宏偉的目標，以及描繪的共產主義藍圖，確實把代表們的熱情鼓動起來了，並且為之而奮鬥，而苦戰，而肝腦塗地！三十多年前，十萬官兵中的大多數人，正像你一樣，虔誠地醉心地天真地迫不及待地要使這塊古老的土地提前進入「共產主義」。如今看來，你和我們一樣吃了當年那股狂熱思潮的苦頭，仿

佛一個個得了「健忘症」，忘卻了眼前的苦難和危機，一個勁兒地往南牆上撞！咱們忘記了自然規律和經濟規律這兩個鐵面無私的傢伙！忘記了：一個農場的誕生，遠比荒原的開拓更加艱巨，更加複雜，更加科學，更加講究自然規律和經濟規律。因為墾荒建場不是打仗，更不是空想，何況咱們要在北大荒建設一個現代化的農業商品生產基地呢！

五十二、「共產」和「躍進」兩股孿生氣浪

黨代會以後，「共產」和「躍進」兩股孿生氣浪，就像北大荒著名的大煙炮一樣，橫掃了三江平原和完達山南北麓。十萬穿軍衣的「移民」們勒緊腰帶，咬牙苦戰，同時用天真的幻想給各自的農場編織一幅幅「共產主義藍圖」。

當年八五四農場所在地的迎春鎮，它是人口不足一千的農場場部，居然規劃成一座繁華的大城市：上百座樓房，機關大樓高幾十層，還有環城河，飛機場……輪船來來往往，藍天有客機翱翔，全場還要建造十座衛星城！八五〇農場五分場場部，這座位於虎林縣西四十多里地的小村，當年是王震將軍的「試驗田」。按照共產主義新村的「藍圖」規劃，要在一片柞樹林帶的平坦高地上建造一座「衛星城」。城鎮生活實行軍事化、戰鬥化、集體化。全分場各生產隊的居民一律集中在衛星城裡，全體居民衣食住行、學習、醫療、文化娛樂都不要錢，建築上要達到樓房化……八五五農場的轉業官兵，在「積極為建設共產主義創造條件」的口號下，紛紛解囊投資，拿出轉業金和積蓄，還自動要求降低工資。一位具有大學文化的轉業於官在「提前進入共產主義」座談會上說：「我在部隊工資拿一百多元，現在拿九十元。我的勞動活計是給大車老闆當助手，是個跟車的，每天進林子拉伐下來的樹幹；大車老闆是個山東老鄉，每月掙三十多元，他的技術比我高，貢獻比我大。我要求上級批准，把我的工資再降下來……」有一個農場科室，全體幹部在醉

心呼吸地了「共產風」之後，群情激昂，短短半小時內就紛紛解囊獻出轉業金，集資七千三百多元。一位轉業軍官當場獻出存款一千元。「要共產主義，不要鈔票！」八五三農場一些職工不僅獻出存摺，連認購的公債券也交公了。家屬婦女提出：「給錢不幹，不給錢多幹！」

「共產風」刮進了千家萬戶。1958 年 10 月 3 日，也是這個首屆黨代會，極其莊嚴地通過了〈關於實行統一供給標準的集體伙食制度的決議〉。這就是當年聞名遐邇的「共產主義大食堂」！〈決議〉要求：「墾區所有伙食單位，從農墾局、總場、分場到生產隊，在十月中旬以前一律實行新的伙食制度，廢除其他各種形式的伙食制度。」於是，墾區上下立即行動：所有幹部、職工、家屬、孩子，男女老幼一律進大食堂就餐。各家存的糧食，養的雞、豬，以及炊具、餐具，一律獻給大食堂。小家小戶不得再起灶做飯，不得再種自留地，不得再養家禽，要「以場為家」。一些單位還要求各家各戶把鍋砸爛交公去「大煉鋼鐵」。有些單位更為出奇，規定「就餐軍事化」，排隊入廳，對號入座……

空想從一開始就要倒霉，它命中注定要受物質的裁判！「大食堂」裡，大肚漢猛吃，不對口味者挨餓。就餐人員過多，食堂管理混亂，浪費現象嚴重。漸漸地，副食品供應不足，主食逐漸減少。1958 年冬天，一些單位不得不允許各家各戶再起灶做飯了。翌年，「共產主義大食堂」宣告解體……

「大躍進」躍進到了各個領域。而且，它自身也在不斷加碼：「大躍進」——「持續躍進」——「特大躍進」！大地已凍至 20 厘米，農場仍然大搞深翻地：要求深度 30-50 厘米，有的地號把毫無肥力的白漿土也翻上來。這能怪農場嗎？農墾局下達了「大躍進」的高指標！這能怪農墾局嗎？農墾部就向墾區下達了高指標！1958 年，農墾部在給密山、合江農墾局的通知中要求：「在單位面積產量上：小麥平均畝產保

證 500 斤，力爭 1,000 斤，其中 1,500 斤畝應占百分之十；大豆平均畝產保證 300 斤，力爭 500 斤，其中 1,000 斤畝應占百分之十……以上各種作物都要放出高產衛星。」

這種用「理論推算」出來的指標數字，像氣球一樣冉冉上升，高不可攀！農墾部的一位領導人卻又「加溫」，他在 1958 年 12 月 28 日給墾區的一封指示信中「浮想聯翩」：

「如果小麥每畝 80 萬株，每株 50 個麥粒；大豆每畝 8 萬株，每株 70 個豆粒，就能使小麥、大豆達到畝產二千斤以上……」

「奇文」可嘆為「觀止」！壓根不考慮實際的土壤肥力、種子優劣、播種質量所能達到的保苗株數，至於一系列的增產措施、氣候多變的影響，以及穿軍衣的「移民」們難以承受的勞動強度呢？均不在考慮之列。

實際情況是：1958 年，牡丹江農墾局小麥平均畝產 117 斤，大豆平均畝產 75 斤。即使三十年後，黑龍江墾區小麥最高產量平均畝產 256 斤，大豆平均畝產 192 斤。

對於如今鬢髮斑白、年近花甲的轉業官兵來說，那是令人終生難忘的年代，他們仿佛做了一個可笑、荒唐、可悲、無奈而又曾經自豪的夢。在這場夢幻裡，他們懂得了：既然「大躍進」和「共產風」是在反右鬥爭之後開展的，那麼它必然要走向反面！

一場惡性循環的併發症：「高指標」、「瞎指揮」、「浮誇風」和「放衛星」隨之而起，並迅速蔓延開來。

地處烏蘇江畔的某農場，在當年是個「炙手可熱」的場子。它曾以「大躍進」的赫赫戰果，獲得了國務院頒發的一面錦旗，並有三名代表光榮地出席了全國群英會。然而，農場的轉業官兵中間卻流傳著一段順口溜：「場長吹牛皮，書記坐飛機，為了放衛星，創造了『褲播機』。」何謂「褲播機」？就是播種時地澇、機車不能下地，強行推廣

所謂「先播種後整地」的竅門，組成大批人馬，每人脖子上挎一條灌滿種籽的長褲，兩手分別捏緊褲腳管，在明水汪汪、未經整地的地裡播種……於是，放出了播種進度的「衛星」。黨委書記坐上飛機，作為「先進農業集體」的代表，出國訪問東歐……

「順口溜」對書記、場長進行了冷諷熱嘲。當然，對這種「瞎指揮」、「浮誇風」，他們是有責任的。但是，人們對他倆還是寄予同情；因為當年不僅這個農場如此，整個墾區也是如此，而且華夏大地概不例外。「上有好者，下必甚焉。」這個農場下屬的分場機關，種了一畝計劃畝產百萬斤水稻的「場長試驗田」，將地深挖一米八，然後一層糞一層土鋪好，機關百餘勞力苦戰一個月。挖土一千多方，加上鋪進的糞肥，共動用土方二千多方。畝保苗 300 萬株，因株數過密，通風透光不好，施肥過多，發生了稻瘟，顆粒未收。

據《牡丹江農墾史》記載：

「迎合高指標，浮誇風盛行。躍進指標層層下壓，層層加碼。下級明知道達不到也不敢講，誰要說『完不成』，『有困難』，就會當作『右傾保守』或『反對大躍進』，遭到批判鬥爭，誰要虛偽地稱『保證完成指標』，甚至編造出『超額完成』的數字來，誰就大受表揚……

八五○農場一個水利工地上，有的單位報捷說創造了高工效，放出了『大衛星』，一人一天完成幾百土方，領導上也不深入調查，只看看溝的兩頭，實際上那是實施爆破後只在兩頭清除了冰塊，中間根本未動，也算了工效……」

牡丹江墾區在好幾個大型農場耗資興建了幾座號稱「萬米」的孵化大樓。群眾稱之為「浮誇大樓」。原來是「異想天開」，不顧農業基礎薄弱，也大搞養禽業，發展所謂「速效禽」。僅從書本和國外資料上找依據，以雞下蛋，蛋生雞，雞再下蛋，蛋又生雞的「打滾遞增」法推算出來繁殖的天文數字。結果，育雛密度過大，光照不足，管理不善，發

生雞瘟，大批死亡，加上自然災害，農業減產，飼料不足，這些磚瓦結構的「孵化樓」全部報廢！

這是一種非常特殊的奇異現象。

轉業軍人們拼命苦戰，節衣縮食，卻將大批糧食白扔進水裡，來換取「播種進度」的大躍進；寧可自己擠在透風漏雨的草棚馬架裡，卻將大批磚瓦材料興建勞民傷財的「萬米孵化大樓」。白天苦戰，放生產上的「衛星」，晚上還不讓休息，連續「作戰」，人人做詩，放所謂詩歌「衛星」……狂熱的「共產風」和「大躍進」，使他們仿佛忘記了開發北大荒的真正目的，也忘記了自己的真正身份。滿腔熱情，熱血沸騰，拚盡了全身力氣，在苦戰，在消耗，在浪費！

五十三、放「衛星」的少尉

他姓陳。一位曾經參加水利工地「放衛星」的少尉，他叙述了當年這幫尉官們豁出命來「苦戰」的情景，同時描繪了在那狂熱年月裡關懷戰友的一位令人蕭然起敬的上尉軍醫：

「據我的日記記載：那次大放衛星是 1958 年 12 月 14 日。零下 26 度。我縮在四處透風的馬架裡昏暗的燈光下，哈著筆尖，每寫幾字必凍，就把筆尖放在口中去暖去哈去融化，再寫，像摻了水，顏色淡淡地記下那天經歷：自蘇聯第一顆人造衛星上天，神州大地掀起了放衛星熱。這股熱，到 1958 年底在北大荒方興未艾。地點：引洪幹渠水利工地；目標：人均挖土 20 立方米，放衛星的任務就落在從全隊一百四十多人中精選出來的我們八人肩上。準備工作從 13 日開始，先用十字鎬揭去八九十公分厚凍結的地皮，底下是攪出油的黑土……

在準備工作中，隊裡醫生老王和我在一起刨著凍層，他不時囑咐我要注意身體：撐不住就退下來！我問：比雲山水庫怎樣？他瞪起眼就罵：他媽的不一樣，今天是零下 26 度！我說：會死嗎！他點著我的腦門

又罵：他媽好的也得脫層皮！這次聽咱王哥的！我説：王哥我聽你的！可我要最後一個倒下！他聽了，又罵了一句一摔鐵走了，他真的生氣了……

我和這位上尉軍醫是雲山水庫結識的。在雲山水庫勞動中，可以説，他救了我，救了我們不少人。每當我們突擊隊晝夜突擊，總是在剛刷新紀錄時，他就出現了。他把冰冷的聽診器放在我們的胸口，按我們的脈搏，逐個檢查；最後一揚手斷然地説：行了，回去休息！有人和他吵，他就罵一句：他媽的你懂個屁！……在工程後期，他建議隊裡成立第十五小隊，實際是收容隊，把各小隊老弱病殘全收羅去了。這一得人心的做法很快引起東工區隊的效仿。他在我們心目中的形象極佳。可有一度他卻成了各小隊眾矢之的。因為病號多，影響了土方量的完成，開始他忍住了，哪個小隊有病號要休息，他就到哪個小隊去幹，和最有力氣的人比著幹。後來病號多了，他又不會分身術，吵煩了，他就罵：他媽的你來背這藥箱，我去幹活！……畢竟醫生是缺不得的，又看他是條漢子，就都不再説什麼了！甚至對他惱火時罵人也付之一笑。他是山西人，罵人時略帶鼻音，又柔和又敦厚又親切又隆重，被他罵的都説，他罵聲中有一種真摯的感情……

放衛星前，他果然來了，凶狠地對我説：你他媽的就聽咱這一次，咱是醫生！要不，以後永遠別理我！我説：小弟記住了！他橫了我一眼才走。14 日零時『放衛星』開始了。周圍是濃濃的甜甜的夜的沉寂。北大荒夜色圍著我們。斯大林——80 號機車拖著鏵犁翻起沉睡千年的黑土，我們在橫掃過來的灼目的燈光中抱起沉重的泥塊，奔跑數公尺，丟下，奔回來再抱起，再奔再丟下，再奔回來，無數次的奔、抱、丟、奔……冰一樣的泥塊，凜冽的天氣，身上卻滾燙，脫去棉衣棉褲，還熱。拽去絨衣絨褲，還熱汗淋淋。扒去毛衣毛褲！襯衣襯褲汗水浸透，結了冰！撕去，只剩下背心短褲了。冰一般的泥塊緊緊抱在胸口，奔！

突然，我哇地一口，又一口，吐出既鹹且苦又腥又燙的烏紅烏紅的

液體，血！在東方魚肚白中，我借著晨曦看清了那是血，忙用泥塊掩住，像罪犯急於滅跡。到了上午，有兩名臉色蒼白的戰友被硬拖出戰場，不久，他們一個個倒下被架走，只剩我一人了。半個時辰後，他們又一個個披掛上陣了。這時，上尉軍醫跑來抓住我就罵：你他媽的該倒下了！也就在這時，突然有一件棉大衣披在我的身上。我回頭看，竟是指導員，他制止了這場大放衛星。

上尉軍醫和我來到馬架裡，量了體溫，聽了心臟，又按了脈搏後，竟神態詭譎地審起我來：你他媽的在部隊幹了啥窩囊事，怎麼鬧了個『中右』？懸懸的！快給你家哥哥從實招來。我聽了，無言以對。他好像已有所聞，又說：分場政治處主任是我戰友，我建議把你調去還幹宣教，他看了你的檔案說不行。你在《文藝報》座談會上胡說了些什麼？……我只有照實招來：我在五七年《文藝報》一次座談會上諮的是關於波蘭影片《街頭一少年》中接吻大特寫竟占了整個銀幕，匈牙利影片《稱心如意》中一對情侶在廚房中抱吻 130、131 地邊數邊吻，手還亂摸，有礙觀瞻，也不符合中國人的欣賞習慣和欣賞心理。那時年方二十二，尚未成婚，很能珍惜光陰，不戀愛，即使偶然和異性接觸，必嚴守三大紀律八項注意，『非禮勿視，非禮勿動……』從不知接吻為何物，發言時頗義憤。後來被部隊查獲，受到多次批判，逐步升級到『破壞社會主義陣營團結』，終於被灰溜溜地趕出部隊，來北大荒安居樂業……那次，我還講了指導員和我的一段緣分。聽罷，上尉軍醫頓足唉嘆，想說什麼，幾次又都沒說出來，只是默默地直視著我……

次日，他才告訴我：指導員因制止放衛星被撤職了！是他通風報的信。他認為只有指導員才能制止，免得給這幫尉官留下終身病災。沒想……他頓足地說他害了指導員，害了這位大尉……他要我跟他回生產隊，明天去醫院檢查身體。第二天，我跟他走向寶東醫院。我倆緩緩而行。我拄著根棍，腳、踝、膝、髖、腰、肩、頸、肘、腕，到處痛疼。

一路無言，只有腳步聲和手中的棍子篤篤聲，話似於在曠野中的馬架子裡早已講完了……

中午時分，寶東醫院的大煙囪遙遙在望。他停下來，拿過我的棍子指著身後說：這根棍子留下一路逗號，留得青山在，不愁沒柴燒。逗號是可貴的！你還年輕，還要一路逗號下去，別慌忙劃句號！北大荒是一天能建成建好的嗎……」

像這樣關心戰友、語重心長、暗中抵制「大躍進」的上尉軍醫，以及由於制止「放衛星」而被撤職的大尉指導員，在當年北大荒的土地上，應該說是大有人在！

五十四、「皇帝新衣半件多」

他叫張惟，是一個長得很帥的小伙子，白淨臉，一副金邊眼鏡。老家在福建老根據地，自幼愛好文學，參軍後筆耕不已，出了一本散文集，名叫《蘆溝橋畔》。作為總參謀部的一名少尉軍官，他帶著年輕人的幻想、感情和意志力，隨十萬大軍來到了北大荒。當時他在八五○農場當宣傳幹事，一邊為領導寫各種各樣的報告、講話、總結、匯報材料，一邊用他那優美的文筆為十萬戰友搖旗吶喊。那些發表在全國報刊的散文，恣情地描繪了北大荒自然風光的瑰麗多彩，荒原的情懷、古樸，以及拓荒者們征服之戰的激烈和豪邁……在當初眾多的文學愛好者中間，他是一名佼佼者，也令周圍的姑娘們刮目相看了。

八五○農場是王震將軍手裡的一張王牌，場長余友清是他的老部下——上校副師長，又是一名老紅軍，當時重操二十多年前未當紅軍戰士之時的長工活計，帶領復轉官兵搞「人拉犁」。他那艱苦建場的事蹟通過少尉的筆名揚天下。自然，也得到了將軍的關注。幾次來場，將軍總要把少尉召到跟前，鼓勵幾句，希望發表更多反映十萬大軍開發荒原的文章。

　　隨著時間的推移，生活的幻想終於被嚴峻的現實所替代。這位少尉作家，畢竟是受魯迅、茅盾的為人生的文學和現實主義文學傳統薰陶而成長的。青年社會主義者的良知也促使他去思考和反映真實。作為一名黨員幹部。他深深地為當時那種「浮誇風」、「瞎指揮」以及不顧實際的「大放衛星」而憂慮，決心寫一篇文章發表出來，以引起警惕和重視。

　　當時，為了慶祝國慶十周年，墾區的文藝刊物《北大荒文藝》在籌備出刊「國慶特大號」，向黨獻禮。編輯們正為缺乏「拳頭作品」而發愁。突然，張惟送來他的中篇小說《第一書記上馬記》。大夥看後不禁拍案叫絕，都說這是一篇不可多得的力作。作品以巨大的熱情塑造了轉業軍官、生產隊指導員王宏德的藝術形象，鞭辟入裏地揭示了被「大躍進」掩蓋著的「浮誇風」和「放衛星」等等的虛假；最後因抵制錯誤而被撤了職的指導員由於總場黨委書記韋克儉的及時發現和糾正，當場向他道歉，並提升為分場黨委第一書記。作品的結尾是這樣的：總場黨委書記韋克儉對王宏德把手一揚，指向廣闊的原野說：「第一書記，上馬吧！」

　　正巧省刊《北方文學》也為國慶獻禮來北大荒組稿，見了作品，高興異常。當下拍板成交：《北大荒文藝》先發，而後由《北方文學》轉載。共同為黑龍江省推出一篇震聾發聵的力作。作品刊出後，果然引起了強烈反響。

　　這是對「大躍進」中浮誇風和官僚主義的奮力一擊，卻不知當時黨中央在廬山正召開一次重要的會議：原來反對左傾變為反對右傾了。這篇在荒原草棚裡寫就的作品，居然與彭德懷的萬言書聯繫在一起，成了「右傾機會主義」的大毒草。

　　廬山會議的公報這樣寫道：

　　……對於實現今年的繼續躍進，當前的主要危險是在某些幹部中滋長

著右傾機會主義的思想。他們對於那些根據客觀條件和主觀努力本來可以完成的任務，不去千方百計地努力完成。他們對於幾億勞動人民和革命知識份子在大躍進運動和人民公社運動中所取得的偉大成績估計過低，而對於這兩個運動中由於經驗不足而產生並且已經迅速克服的若干缺點，則估計過於嚴重……這是完全錯誤的。

猶如挨了一下重錘，整個編輯部同志都愣住了。緊忙給《北方文學》掛電話，撤回轉載稿──其實對方早已聽到風聲，並表示理解和同情。幸好，農墾局宣傳部領導人對此比較寬容，指示召開業餘作者座談會，「批判」一下；刊物要發表評論文章，讓作者「檢討」一下，云云。於是，刊物接連兩期，在「堅決向右傾機會主義作無情的鬥爭」的總標題下，刊發了一組評論文章，諸如〈不能令人容忍〉、〈是誰上馬？〉……等等。張惟則在座談會上作了有氣無力的檢討，責任編輯──來自總政文化部的一位中尉軍官也象徵性自我批判了一番……在座的業餘作者們大部份是轉業尉官，他們對這場一百八十度大轉彎的運動頗不理解，但，屈於當時的政治形勢，就一個個「心照不宣」地正襟危坐地聽著。

這裡需要指出的是台下有一位「特殊編輯」──聶紺弩，他卻冷眼客觀地賦詩一首，詩曰：

《第一書記上馬記》，
絕世奇文惹大波。
開會百回批倒了，
發言一句可聽麼？
英雄巨像千尊少，
皇帝新衣半件多。

北大荒人誰最健,

張惟豪氣壯山河。

少尉作家回到農場,老紅軍場長特地到床前安慰他,免去了他宣傳幹事的工作,調到黨委辦公室當秘書。不久,省委宣傳部長延澤民,一個從小參加革命的陝北老幹部,也來信勸張惟不要放棄創作。

二十年後,黨的十一屆三中全會召開。劫後的聶紺弩飽嘗憂患,終於落戶於「勁松」新居,手錄當年的詩〈懷張惟〉贈給年過半百的老「少尉」——其時,他已落葉歸根,返回福建龍岩地區主持編寫革命老區的歷史了。

這位老「少尉」回憶當年這場戲劇性的插曲時說:

「當時是一個高喊口號的年代,但生活畢竟不是口號組成的。……在我年青時代遇到的這場震撼中國靈魂的狂飆,我的熱血沒有冷卻,我看到了我們民族和人間存在的凜然正氣。當然,這裡還有我們北大荒特有的博大胸懷……」

五十五、剛正不阿的老戰士

一九五七年反右鬥爭擴大化帶來的「萬馬齊喑」的後遺症,使十萬穿軍衣的「移民」不願意再次「挺身而出」了。誰願再受「出頭椽子」的厄運呢?當然,他們中間有虔誠的「共產主義」信徒,以為僻遠、荒涼、貧窮的荒原可以提前進入「天堂」,有被政治運動弄得心灰意冷的人,有習慣用部隊打仗的辦法來開荒種地的人,也有把北大荒看作「世外桃源」,甘心「削官為民」、當一輩子老百姓的人。

悲劇在於:當時,這是全國性狂熱之風,彈丸之地的北大荒無力扭轉,也無力抗禦。悲劇更在於:當年中國之事,從中央到地方,往往只能由決策者本身糾正失誤或問題,而失誤或問題總是「一個指頭」、

「支流」以及諸如「前進道路上的困難」等等的遁詞加以掩蓋。由他人或下級提出意見加以糾正，那是萬萬使不得的。如不信，試試吧，對不起，「引蛇出洞」，「請君入甕」！

打頭的姓向，這個方臉大眼的漢子，十六歲就參加新四軍，轉戰在豫、鄂、皖一帶。日本鬼子投降，他被派到遼南軍區，參加了東北地區的解放戰爭。建國後不久，他被選派到當時北大荒西部地區最大的國營農場任場長。經過五年的實踐和探索，他又被選派到東部地區擔任鐵道兵農墾局副局長。作為老墾荒戰士和墾區領導人之一，他對中央成都會議的戰略決策，對十萬大軍開發北大荒的高度熱情和幹勁，從內心就感受鼓舞。但，他對當時逐漸暴露出來的不切實際、違背科學的做法，持有不同看法。

1958年10月，就在墾區那個首屆黨代會上。這位富有辦場經驗的老戰士，擺了他的主張「建立農場必須經過勘察、設計、施工、基建，而後才是生產，建設農場必須是三、五年，」而不是當時那種齊頭並進的作法。他認為那種作法是「盲目冒進」，既開不好荒地，也搞不好生產，更建不好農場……

這在當時是需要勇氣的。這正是黨中央接連召開了南寧會議、成都會議、北戴河會議，大力宣揚「大躍進」、「人民公社化」和「總路線」這三面紅旗的時刻，而十萬大軍中因提意見而挨整下來的部份轉業軍官，以及來北大荒勞動改造的一千五百名高級「右派」這樣活生生的冷酷現實，也迫使他惦量著這種「直言不諱」將帶來的嚴重後果。

這位當兵出身的副局長沒有絲毫顧慮，他還對農墾部一位副部長被打成「右派」表示迷惑不解，說這位來自陝甘寧邊區的老革命，從1948年就在東北地區創建了一批榮軍機械農場，怎麼會反黨呢？對黨的農墾事業的方針和政策，可以允許有不同意見，即使錯了，也不要上綱上線，隨意扣上「反黨」帽子！

　　根據當時的政治氣氛，遵照上級的「批了再說」的指示，這位耿直的老戰士當場受「批判」了。繼而上綱上線，定調為「對中央開發邊疆的農墾事業，從方針到原則、具體方法上一貫進行激烈的反對。開始時對上級公開反對，消極抵抗，在群眾中散布悲觀論調，到後期旁敲側擊，消極怠工，把中央的多、快、好、省的方針和邊開荒邊生產的破格作法稱之為『盲目冒進』，把北大荒的建設稱之為『無底洞』……總之，我們要多快好省，他要少慢差費。這是兩年多來針鋒相對的鬥爭！」「是向黨中央農墾事業方針進攻的右派份子在鐵道兵農墾局的代言人」……會議期間，責令反省。可是，從來沒有人能使這位老墾荒戰士說出一句自動檢查的話來。當接觸到他的「錯誤」時，人們從他嘴裡只能掏出這樣的話：對農墾事業在「大躍進」中已經造成的損失和可能造成的更大失誤。他對十萬大軍開發北大荒懷有欽佩之情，但，他提出要修改那些「高指標」遭到了批評後，他的感情受了挫傷。因為在當時，對真正拓荒者來說是科學的東西，對狂熱者來說卻是罪行。「我希望我過去辦場時發生過的沉痛教訓，今天不再重演。」他深沉地說。這是他一生中最痛苦的時刻，也是最難以理解的時刻。說心裡話需要勇氣，受批是痛苦和屈辱的。當他得知黨代會期間，大樓貼滿了批判他的大字報，還要進一步肅清他的「流毒」，批判同情他的人的「右傾」，他真是痛不欲生了。

　　在我案頭放著一份當年關於這位副局長自縊死亡報告，上寫：

　　向某當全國大躍進之際，他對建設農場抱著消極怠工觀望的態度……責成檢討，無悔過之心……在黨員幹部會上進行幫助教育，他不但不接受教育，反而一次比一次瘋狂地向黨反攻。適值局黨代會之際，向某不僅不認真反省，反而頑固地抗拒到底，終於決心叛黨和背叛人民，於 10 月 12 日下午四時自縊死亡。現在繼續深入揭發批判，使其反動言行在群眾中搞

臭，以肅清右派影響……

當時，他單身在招待所，閉門思考，足不出戶。他痛苦極了，真正的拓荒者得不到承認，榮譽卻屬於喊口號的人。他痛心的是那種偽裝的「躍進」，一種掩蓋得很巧妙的虛假。他看不慣當時那種不斷更換口號和指標如同更換舊炕席那樣頻繁的年代。到了下午服務員推不開門，才叫來人。打開門後，才見他那微胖的身軀半卧在地。他不是上吊死的，是用布圈套在門的把手上，把頭往裡一套，就半躺半卧地斷了氣……他死了，一個有辦場經驗的副局長死了，沒有人參加葬禮，沒有花圈和輓聯，代替的是又一批反擊的大字報：反叛黨！自絕於人民！死有餘辜！……1

老墾荒戰士直言不諱，剛正不阿！落到這樣結果，其他人可想而知。

從那次首屆黨代會以後，牡丹江墾區在掀起「大躍進」新高潮的同時，自上而下的「反右鬥爭」也進入了高潮！

呵，北大荒真是與「流人」和「右派」結下了不解之緣。不僅大量接納，而且就地製造！

---

1 1985年，總局農墾史志辦公室在查閱歷史檔案時，發現了這個冤案。並將抄錄有關向某自縊死亡的文件和材料，上報總局黨委審查。總局黨委已批示牡丹江管理局黨委按照黨的十一屆三中全會以來的一貫方針、政策，予以平反昭雪。

第十一章
第二次反右鬥爭

五十六、雲山水庫工地

1958 年 6 月，被譽為北大荒「人工湖」的雲山水庫工地，首先開始了第二次「反右派運動」。

事情的起因是：這個在「大躍進」形勢下的「人工湖」工地，自開工以來，幾乎沒有休息日，不分黑白天，不分晴雨天，一味地苦戰、夜戰，只顧趕進度，放「衛星」，不顧工程質量……漸漸地，轉業官兵們提出了不同意見，有的發牢騷，對飲食差、住宿條件惡劣提出了批評。

作者查找了當年雲山水庫的「情況簡報」，對上述問題和產生的主客觀原因得到了證實。《簡報》中這樣寫道：

「……從 3 月 24 日開始，即投入接收轉業官兵的工作，由於在接收前幾天才接到安置家屬的任務，準備不足，問題較多，所以日夜投入準備。接收工作，基本上保證了有吃有住，沒有發生多大問題。從 3 月 24 日至目前為止共接收轉業官兵 2,809 人，家屬 457 戶，共 1,000 餘人……計有：濟南軍區、青島海軍基地、瀋陽高炮學校、空軍司令部、志願軍一軍、坦克兵、北京警備師等 25 個單位。家屬住在老鄉家，吃燒都有困難，且冷，思想比較混亂。從濟南幹校來的幾十人

聯名向中央寫控告信，說組織騙他們。馬某某因不滿環境，發展到要求退黨。姜某某怕苦怕冷，怕勞動，幾次逃跑……工程原定是半機械化，而目前來看，機械數量和時間要求未能保證。至目前，運回鐵鍬 1,000 把，糧 95,000 斤，白菜 23,000 斤，蘿蔔乾 7,000 斤，鹹菜 15,000 斤，豆油 2,000 斤，鹽 3,000 斤，麵碱 2,250 斤……所需的 300 輛斗車、10 輛拖拉機、7 部推土機、100 噸水泥、10 噸鋼筋，以及全部照明設備，這些都是半機械化施工的前提……至今未運到工地。

關於勞力問題，目前從數量上看達到了 2,800 多人，但就體力來看，存在問題。其中殘疾體弱，患有嚴重肺結核的為數不少，約占百分之十左右。其中百分之五根本不能參加勞動，如三隊徐某某重肺結核，到後即臥病不起，大量吐血，上尉張某某在部隊住院已達四年之久……

運輸問題：水庫每日糧食、蔬菜運輸約上萬斤，燒煤、砂石、器材運輸量也大。目前只有五輛汽車，三輛停工待修，一輛返回，只有一輛汽車擔任……

氣候情況：一個多月來，雨天占二分之一。需解決施工人員的雨衣、雨鞋，才能保證施工。若三班作業，雨鞋需 1,400 雙（現僅有 600 雙）。需抽水機五台（七虎林河水漫床漫流，積水很多，壩基漂垡處更嚴重）……工程處領導和大隊幹部被糾纏在生活事務上，不能集中精力指揮工程……」

顯然這個「人工湖」工地處境非常不妙，問題成堆，連半機械化作業也無法保證，只得大量投入人工勞動，而在施工人員的吃住和作業後勤保障上又是困難重重。當時，正好趕上上級黨委關於開展整風的文件下達，要求群眾對領導提意見，整頓「三風五氣」。於是，工地上貼出了一批詞句尖刻的大字報，火力對準了工地領導。有一名轉業軍官氣憤地追著工地副指揮，要把大字報貼到他的背上。緊接著又發生了一名病號未得到及時治療而死亡的事件，終於引起了公憤。一名來自武漢軍區

公安幹校的轉業軍人，姓王，他用犀利的筆寫了一張署名「悲風」的大字報，針對工地惡劣的生活條件和高強度的作業狀況，以及「草菅人命」的官僚主義提出了批評，大字報作者還為此作了一首淒涼悲愴的詩，表達了他的忿懣之情。大字報一經貼出，立即引起了轉業官兵的強烈共鳴，工地的大字報鋪天蓋地，達到了高潮。

這一事件被看做「群衆鬧事」的典型反映上去了。正在墾區視察的農墾部的一位領導人聽了，大為惱火，立即指出：「這是右派，要抓！對於右派，什麼時候出現，什麼時候抓！哪裡有，在哪裡抓。」於是，「悲風」事件被作為「右派翻天」的典型，遭到了「萬炮齊轟」的厄運。於是，這位署名「悲風」的大字報作者，在「七‧一」傍晚放映電影《鳳凰之歌》前，當衆被宣布開除黨籍，依法逮捕，雙手上銬，被帶走了。

看來發動整風的人，不一定把自己置於整風之中，而是置於整風之上，整風之外。他願聽那些他願意聽的話，相信那些他願意相信的事。帶來捷報喜訊，説好話的人，得到稱讚，得到晉升。帶來批評，説逆耳之言的人，受到批評，受到處分。自以為比群衆高明的人，不可能具有謙遜、博大的襟懷，即使他具有很高的地位和豐富的知識和才能，也絕不可能。當人們説出不順耳的話，他會惱火地反擊！

五十七、「悲風事件」

追尋了三十六年，作者終於找到了「悲風事件」的主角——王雲。

我是在他家那間小小的方廳裡見到他的。黝黑的方臉盤，開闊的前額，劍眉細目，一張堅毅的嘴……聽完他的自述，難以想像這個在牡丹江墾區第二次反右鬥爭中曾被當成「活靶子」、被錯判四年徒刑，後又被錯揪錯鬥、繼而又被隔離審查十一個月的人所走過的坎坷道路。

他走的是一條充滿風險的路，需要非凡的勇氣和毅力。他幾次被命

運推向深淵，推向絕境。他常有一種攀岩者繫生命於削壁懸崖之上的感覺，他正是在這種感覺下度過了漫長的一生。

我開誠布公地說明來意。他聽了，激動地彈跳了一下劍眉，開闊的前額下那對細長的眼睛閃著深沉的目光說：

「我一直過著離群索居的生活，居然還有人記得我，這是三十多年來的第一次，我打心底感謝你。」

他出生在燕人張翼德的故鄉——河北省的一個貧苦家庭。只念過兩年半小學，後來務農，當學徒，16歲那年參的軍。當時，年齡小，不讓參軍，他急了，趕緊找老師——一位在縣教育局工作的科長，替他說情。這樣，他才考取了保定軍校。不久，被保送到北京公安總隊學習，當了文化教員。由於他刻苦學習，很快掌握了祁建華的「速成識字法」、常青的「速成寫作法」和曹為民的「速成數學法」；所以，輔導一批營、團級幹部學文化頗有成效。他愛看小說，古今中外都看，也愛寫點小文章，在《中國青年報》的「辣椒」副刊上亮亮相。這樣，在總隊就有點小名氣。出身好，根紅苗正，加上在「文化大進軍」中有功，1956年組織上保送他到武漢公安軍第一校深造，在那裡入了黨⋯⋯

1957年，部隊開展整風運動。他的思想很單純，心想：自己能有今天，是毛主席、共產黨給的。整風寫大字報是政治任務，沒有意見也得寫。於是，他就拿起筆來刷刷地寫了，盡是雞毛蒜皮的事。年紀小也沒顧慮，大字報寫了一張又一張⋯⋯不久，反右派，學校裡抓出了一批「右派」，倒是把他嚇了一跳：原來寫文章也會帶來橫禍。

他這個人性子倔強，遇事好出頭，不甘落後，也好衝動。到了1958年，學校動員「上山下鄉」，開發北大荒。他想：七年多的軍隊生涯，沒有過一番槍林彈雨、轟轟烈烈的日子，很遺憾。除了讀書、教書、寫文章，就是逛公園、看電影，真沒意思。於是，就萌生了到艱苦的地方去的想法。那年1月，他給校黨委寫了去北大荒的申請書。大字報一貼

出去，就引起了熱烈反響。當時，全校共有 11 個區隊，1,500 多名學員。他所住的區隊，經過他帶頭發動，全班、全排，後來全連集體報名去北大荒。這件事轟動了全校，在整個武漢軍區也成了典型。他成了大忙人，給川流不息的戰友們介紹他的決心和發動同學申請的經過。一連十多天，他興奮極了，認為自己這一步走對了。

學校準備歡送同學們去北大荒了，他也忙著打點行裝。有的同學有點後悔：馬上畢業，就授予少尉軍銜，這一去北大荒，眼巴巴到手的軍銜就丟了……一天，一名上校軍官找他談話，言辭懇切，帶著關懷，說：

「有一件事需要徵求你個人的意見。」

他不解地問：「什麼事？」

上校說：「在這次上山下鄉運動中，你起了模範帶頭作用，校方對你的評價很高。」

他知道，由於他的帶頭，不僅自己受到表揚，而且校方也得到了軍區的好評。在這次申請去北大荒的熱潮中，他感受到自己的組織才能，同學們送給他一個非常體面的外號，叫他「宋景詩」。這是個響噹噹的清代農民起義領袖，才識過人，富有號召力，簡直達到了「一呼百諾」的境地。他對自己的前途充滿信心。

上校依然用關懷備至的眼光看著他：

「組織上對你另有安排，你考慮一下，是不是別去北大荒了？」

「不去北大荒？那不行。」他幾乎脫口而出。

「為什麼不行呢？不是你自己變卦不去，而是組織上另有安排，工作需要你留下來。」

他聽了心裡一熱，感激組織上對自己的信任，繼而想到：做為帶頭人，讓戰友們奔赴北大荒，自己卻留下來，這成了什麼了？……「大丈夫一言既出，駟馬難追。」這是他的人生信條。

他婉言謝絕了上校的好心勸告，再次表明自己的態度：同戰友們一齊去北大荒！

他確信應當這樣做。但，他絲毫沒料到，這一步給他一生帶來了不幸……

3 月 31 日，他同千餘名學員，登上了北去的列車。4 月 13 日到達密山。15 日到達雲山水庫……僅僅十天之後，25 日水庫工地就發生了一名病號未得及時治療而病死在馬架子的事件……

這位年近花甲的老人開始沉浸在激動的回憶之中，講述了當年「悲風事件」的始末：

「死者是我的戰友，他叫蔡香升，也是公安軍一校來的，我們同住在一個馬架草棚裡。整個工地分兩個工區，東工區和西工區，一色的馬架、帳篷。我們住的是西工區，離我們住的馬架 50 米遠，隔一條道就是衛生所，距離很近。對於當時繁重的體力勞動和惡劣的食宿條件，我們都忍受了。記得我在寬沿大草帽上用紅漆寫了一首詩：『中華兒女志四方，當年鏖戰今墾荒；全國皆享太平樂，我令冰雪化米糧。』……令人不能忍受的是對人，特別是對病號的態度，可以說比冰雪還冷。那天夜晚，大夥過度勞累，早早入睡，蔡香升也沒有什麼異樣，只是哼哼呀呀地躺下了。誰知到了凌晨 1 點鐘，他就呻吟起來。大夥紛紛醒來，問他哪裡不舒服？他也說不清楚，只是說胸疼，發悶發脹。摸了摸他的額頭，也不見發燒。就趕緊派人去衛生所找大夫丁。時間一分一秒地過去，病人不見好轉，呻吟聲越來越大。大夥就著急地等大夫，結果三番五次地去催，大夫還是沒來。這時，大夥就發起牢騷來，埋怨工地領導，責罵大夫，不關心群眾的疾苦。由於連續苦戰，大夥都很勞累，不知不覺地又進入了夢鄉。過了幾個小時，大夫才趕來，湊到病號面前一看，早已斷了氣。大夥圍在蔡香升遺體前悲憤地哭泣，一邊指責大夫的失職，草菅人命。大夫也感到問題的嚴重，百般地為自己開脫。正在這

時，出工號吹響了。由於這個突發事件，我們沒有像往常那樣立即出工。不一會，工程處長氣咻咻地趕來，見狀不問原由，也沒表示出一個領導者起碼的同情心，只是催促大夥趕快出工，說什麼人已經死了，人死不能復生，又大講起水庫建設的重要性和緊迫性，等等，等等。這就激起了大家的義憤，紛紛責問這位處長，批評工地領導的官僚主義……當時，中央正號召整頓黨的『三風五氣』，要求群眾對領導提意見。這之前，工地的草棚也貼出了一些大字報，揭露出了一些問題。這時，我的倔性子就上來了，當場冒了一句：『寫大字報，我要給工地領導提意見！』就這樣，大夥沒上工，紛紛寫起大字報來。這就是後來批判我的一條罪狀：煽動罷工！……記得我的大字報上寫了一首打油詩：『處長大人好威風，死人面前來念經，滔滔不絕數千言，沒有半句通人情，多虧死人不會動，否則又要記曠工。』落款『悲風』，以表達我的悲憤之情……

　　接連幾天，圍繞著蔡香升的驟死，工地貼出了一批大字報，我又貼了幾張。只記得有一張名叫〈哭吧，雙目失明的老媽媽〉，大意是：『哭吧，雙目失明的老媽媽，／為了人民解放，／你的兒子，背井離鄉。／槍林彈雨，沒有奪去他的生命，／千辛萬苦，沒能使他倒下，／但是，今天，／在舉國升平的日子裡，卻被官僚主義者扼殺。／英年早逝，怎不令人痛煞，恨煞，／哭吧，雙目失明的老媽媽……現在看來，措詞犀利，有火藥味。但，我的大字報都是揭露有關蔡香升的死而生發出來的工地領導的官僚主義作風和漠視人命的危害，沒有涉及其他任何事情。當時，自持出身貧農，共產黨員，多次立功受獎，又帶頭響應號召來北大荒，應當在這次整頓『三風五氣』的運動中響應黨的號召，帶頭貼大字報……想不到，一張無形的網在我頭頂上漸漸地籠罩下來、收攏了……

　　三天以後，工地召開大會，農場黨委書記當場宣布蔡香升的死因是

『心臟血管栓塞』，說明此病無法治療，如同蘇聯駐聯合國首席代表維辛斯基的突發性死亡一樣。同時，告訴大夥，農場黨委決定給予死者家屬優厚的撫恤金，並厚葬死者……大夥聽了，總算出一口氣，不再激憤了，也心平氣和了。我想：農場黨委書記親自來工地宣布決定，表明此事畢竟引起了上級的重視，並做了妥善處理。可是，從這位領導的講話中，隱隱感到並沒有深刻地『引以為戒』，仿佛在回避著什麼……不料，當天下午，工地上貼出了兩張大字報，引起了人們的圍觀。大字報是以『水利訓練班七班』的名義寫的，矛頭指向先前寫大字報的人，說這些大字報『偏激』，是『借題發揮，攻擊領導』。戰友們看到後，紛紛來告訴我。我去看了，果然如此。一時性起，我就揮筆疾書，給以回擊。揭穿『水利七班』的大字報無非是罵罵別人、抬高自己。這一反擊不要緊，便惹來了滔天大禍。這張反駁的大字報，可謂是我『引火燒身』，對他們來說，則是『引蛇出洞』。於是，工地上出現了十倍於我的『水利訓練班』大字報，火力集中地向我圍攻而來。剎時間，帽子漫天，棍子遍地。他們是停學停工，上級發給紙筆，整天寫大字報圍攻我一人。而我整天勞動，只有用中午、晚間的工餘時間，自籌紙筆，來迎擊他們……顯然，形勢對我不利，條件不對等，寡難敵衆，許多戰友替我捏一把汗，也為我撐腰，紛紛寫大字報為我鳴不平。這時，我已發現苗頭不對，怕連累戰友，被對方抓住把柄，便勸阻戰友不要參與，說：『由我王雲一人跟他們周旋，退一萬步說，最後倒霉的是我一人罷了。』這樣又筆戰了幾天，真是難分難解。表面看來，他們人多勢衆；實際上，戰友們的心都傾向我這一邊。最後，我向工地黨委提出建議：我願意同水利訓練班進行口頭辯論，這樣省時省力，速戰速決。黨委同意了。

第二天，整個西工區上千人全部停工，圍觀。大辯論開始了。由黨委的一名幹事主持，以水利訓練班 40 多人為一方，以我為一方，在大

曠野上擺開了擂臺。對方的論點是：王雲的大字報具有煽動性，就是破壞水庫建設，破壞社會主義建設；大字報的矛頭指向水庫領導，就是反對黨的領導，就是反黨。我的論點是，我的大字報揭露的事實是否存在？領導是否有責任？醫生是否失職？草菅人命，不顧群眾死活，是否就是關心水庫建設？給某個或某級領導提意見，是否就是反黨？……一直辯論了三天，每天八小時。開始群眾中支持我的人很多，但，主持人一再宣稱這是階級鬥爭，要站穩立場……最後，我陷入了『孤軍奮戰』的狀態。即使這樣，我仍毫不示弱，據理力爭，對方除了強詞奪理、亂扣帽子外，已無反擊之力。眼看『大辯論』收不了場，第三天晚上，工地黨委便派人叫我去辦公室，劈頭就問：『你是不是黨員？黨員是把黨的利益放在第一位，還是把個人利益放在第一位？一個黨員是維護黨的威信，還是降低黨的威信？辯論是你要求的，每天耽誤一千多工日，現在已經三天。五千多工日了。這些誤工你要全部負責……』接著，又以《論共產黨員修養》來開導我，說真正的黨員應以大局為重，必要時可以委屈求全，犧牲自己換取黨的利益。最後，又說：只要承認錯誤，安定了群眾情緒，使工程順利進行，就是幫助黨作了工作。至於處分當然要給的，不給處分群眾也不服。只要你檢討得好，保住黨籍絕不成問題……同我談話的是兩人，他倆一個裝紅臉，一個裝白臉，對我軟硬兼施，雙管齊下。當時，我的身心極度疲勞，見大勢已去，就動搖了，心想：不能再硬碰硬了，還是為社會主義大樹當肥料吧。於是，在他倆的授意下，寫了書面檢討，修改了三次。他們把這份檢討印成小冊子，整個工區人手一份，又掀起了對我的公開批判……就這樣，我舉手投降了，『群眾』也服了，工地重新開工，我卻病倒了，獨自在草棚裡靜靜躺了 50 多天，像一具活殭屍，等待最後的宣判……

　　7月1日，正是黨的生日，下午5時，全工區集合看電影。放映前，新上任的工程處長當眾宣布我是『反黨反人民反社會主義建設的反革命

份子』，開除黨籍，逮捕法辦。當夜公安幹警前來用手銬將我帶上一輛卡車，這時，同屋戰友們擁上來，一名戰友衝著幹警喊：『把他的手銬取下！』我當即用眼制止了他們。就這樣，我被帶走了，投進了虎林監獄……」

這位帶頭響應號召、奔赴北大荒的轉業軍人，從此開始了他一生中漫長而崎嶇之旅……

這一夜，年僅23歲的王雲被剝奪了人身自由，走進了狹小而昏暗的牢房。與他同牢的正是因「右派縱火罪」而被關押的著名老作家聶紺弩。一老一少，同牢而居。聶紺弩的黨齡比王雲年齡還大。具有諷刺意味的是兩人都因「反黨」罪名同年被開除了黨籍。

幸好監獄裡的管教幹部對他倆比較寬容，沒有讓他倆參加重體力勞動，還讓王雲管理犯人們的伙食。不久，聶紺弩因有關方面的關照，勾銷了「縱火」罪名，放了出來。王雲卻被判了四年，就苦苦等待冤案昭雪那一天的到來。

管教幹部多次暗示他「這是犯錯誤，不是犯罪，老實認錯，會放你的。」他一邊等待，一邊寫著申訴材料……

1961年初，看守所長遞給他一份判決書。判決書這樣寫著：

被告王雲，別名悲風，男，家庭出身貧農，本人成分學生，原籍河北省交河縣，捕前是虎饒縣八五〇農場雲山水庫農工。被告於1958年12月22日被虎饒縣人民法院以反革命罪以刑字第71號判決，處有期徒刑四年，被告不服上訴，經牡丹江地區中級法院復審，於1960年3月2日以刑上字第7號判決，駁回上訴，維持原刑……

他看後，全身一震，兩眼閃著悲憤已極的烈焰。

管教幹部同情他的處境，安慰道：

　　「實話告你說，法院是不想判你刑的，因為你沒構成犯罪。可是現在是政社合一，法院要聽農墾局的。農場要求判你 20 年徒刑，現在判你 4 年，是法院和農場雙方折衷的處理。」

　　他憤懣地說：「我就不信天下沒有公理，他們駁回，我再上訴，再駁回，我再上訴，直上訴到最高法院！黃河總有水清的一天。」

　　管教幹部又勸道：「你的刑期快滿了，再熬些日子就出頭了。千萬不要上訴，出去以後再說。如果現在不服，再三上訴，後果就難以設想了。你想想，等你上訴再審期間，就是勝訴了，等批回來，你的刑期也滿了。何苦呢？」

　　他聽了，就打消了上訴的念頭，直到刑期服滿為止。

　　1962 年 7 月，他總算度過了整整四年的囹圄生涯，走出牢門，踏上了茫茫人生路。他決心繼續上訴，洗清身上的不白之冤。他開始為自己奔走呼籲！步行，搭汽車，睡車站，找法院，一次次地上訪、申訴……他一貧如洗，變賣了一切可以換回錢來的物品，用作路費。他只剩下一件從部隊帶來的呢上衣沒有賣掉，平時小心翼翼地用包袱包好，只是出現在上訪單位大門口時才穿在身上。他成了「上訪專業戶」，他不願意接待他的人看到他破衣爛衫的模樣。他要自己始終保持轉業軍人的尊嚴，一個蒙受不白之冤的轉業軍人的尊嚴！

　　他去了牡丹江中級法院三次，又去了佳木斯中級法院兩次。他太不幸了，農墾機構有了變動，原來的牡丹江農墾局已經撤消，它同合江農墾局合併，成立了東北農墾總局，地址設在佳木斯。兩家法院互相「踢皮球」，將他支來支去！一方說農墾系統屬佳木斯，另一方說原判隸屬牡丹江！……他上訴無門，百般無奈，只好去省城找高等法院了。先後去了六次，省高院先是熱情接待，後來冷淡下來，一推再推，拒不受理，讓他回去找原判法院……

　　又一年過去了。他不得不進京上訪了。中共中央組織部的同志熱情

地接待了他，聽完了申訴，並介紹他到最高法院第一刑事審判廳。事情進行得很順利。高院接受了他的申請，告訴他：安心回去，等待處理結果。他聽了，心想：到底是北京，黨中央所在地，這下上訪有門了……

又一年過去了。這一年他是在苦苦煎熬中度過的。日也盼，夜也盼，盼望命運對他的公正判決。可是高院的訊息石沉大海……一天，他在一家小旅店苦思對策，打算再次進京上訪，可是，囊中剩下錢不夠作路費了，還得吃呢？住呢？……誰知道在北京又要待多久？……

正當他束手無策，走來一個小伙子。兩人攀談起來，對方非常同情他的處境，並安慰說，天無絕人之路，不要悲觀，總有出頭日子。小伙子還告訴說，他準備去饒河縣，那裡有不少熟人，有的身居要職，說不定還能給他找一份工作，待有了工作，日後再上訪也不遲……他心裡重新燃起了希望。兩人越談越熱乎，他把小伙子當成了親人。的確，自從他被判刑以來，舉目無親，唯有眼前這個小伙子同情他、幫助他……分手時，小伙子一再叮囑他：你就在這裡等我，我到了饒河縣，給你找到工作後，再來接你。他感動得連連道謝。小伙子問他：身上還有多餘的錢嗎？暫時借用，回來就還……他就掏出口袋裡的錢給對方了。為了使小伙子進饒河縣有一身體面的著裝，他把僅有的一件呢上衣，也叫對方穿走了……就這樣，他在小旅店裡等著小伙子回音。日子一天天過去了，不見影踪，也無音訊。他開始不安起來，就親自來到饒河縣尋找，一打聽，原來對方是個騙子，早把他的錢物拐走了……

他感到自己真正的大不幸！上訪無門，又遭到拐騙！整個世界遺棄了他……他在一家小飯店痛飲了一頓，把身上僅有的錢花個精光。乘著醉意，跌跌撞撞地來到了烏蘇里江邊。陽光下，寬闊的江面平靜如鏡，可是，他內心卻捲起感情的狂瀾！他要同這個遺棄他的世界告別了！

永別了，烏蘇里江！永別了，我的戰友！我是熱愛你們的。可是，眼下我已無立錐之地。只能走這條命運早在六年前安排好了的路！

他打開了隨身攜帶的僅有物品——一個挎包，從裡面取出轉業證、立功證和獎狀，脫下了襪子，一一塞了進去。然後，扔到江裡。讓這些曾經證明他存在的東西，隨著江水飄走吧！最後，他一鼓作氣，縱身跳入江中……

當他甦醒過來，發現自己正躺在一塊木板上。周圍站著一群人，正七嘴八舌地衝著他議論。原來他投江後，不省人事，被人救上來。一個穿著民警制服的人好心地盤問他：叫什麼名字？從哪裡來？為啥跳江自殺？……他緩緩地流淚，一一答了。

誰料民警聽了，喜出望外地說：

「原來你叫王雲，這些日子，我們到處打聽你哩！幸好救上來了，要不真不好交代哩。」

隨即告訴他：上級發來了二審判決書，對他宣布撤銷原判，無罪釋放！

就這樣，這個被囚四年、上訪兩年、正走投無路的王雲終於得到了解脫。

1964 年 4 月，他被安置在虎林農墾分局機訓班當文書，恢復了黨籍，退賠了工資。

1965 年初，他成了家。對象是從甘肅來的一個姑娘，隨轉業軍人的哥哥來到雲山水庫，曾親眼目睹「悲風事件」的始末，內心對他充滿了同情和愛憐。

然而，命運卻是個惡作劇的傢伙，它沒有放過對王雲的繼續捉弄。由於篇幅關係，作者只能簡要叙述他以後的坎坷遭遇：

1965 年冬，也正是他新婚之際，社會主義教育運動開始了。他立刻被作為「階級鬥爭」的對象接受審查。

1966 年 2 月，又一個社教團進駐，將他作為「四不清」對象實行鬥爭。每天從早晨 7 點到晚上 10 點，輪番「轟炸」，無限上綱。足足整

了一個月。由於他過度疲勞，妻子產假期受驚大出血，他又一次屈服，承認有「四不清」問題。這年 6 月 18 日，他被當衆宣布「開除黨籍，下放勞動」。緊接著，史無前例的文化大革命開始了。在當時的「白色恐怖」中，他首當其衝，遭到批鬥、打罵，關進群衆專政的「牛棚」，長達兩年之久。

1969 年 2 月，他被下放到兵團 40 團（現八五一一農場）六連勞動。其間，他一直上訴，對被開除黨籍不服。上訴了七年之久，沒有結果。

1976 年 7 月 1 日晨，他所在連隊發現三條「反動標語」，其中一條是「鄧小平萬歲。」於是，他又被列為懷疑重點，保衛股來人稱：「你是我們在檔案裡挖出來的階級敵人。」接著抓進團部的小監獄，一關就是一年。直到「四人幫」被粉碎後的 10 個月，他才被釋放回家。

1979 年，黨的十一屆三中全會召開，他的「反標」事件才得以平反，翌年恢復了黨籍……

這位年近花甲的老人，他一生中的大部份時間是在荆棘叢中度過的。他的遭遇不是個人悲劇，而是當年社會的悲劇，是中國這個古老的國家十分沉重的歷史因襲──野蠻落後的封建殘餘勢力的後遺症。幸喜那個時代終於結束，中國歷史已經翻開了嶄新的一頁。

五十八、鬥爭的氣溫逐日增高

應該說，在雲山水庫出現「悲風事件」之前，早在 5 月 12 日農墾部下達的〈關於進一步做好轉業軍官安置工作的補充指示〉中，已經露出「反右鬥爭」的端倪了。這個文件在安置工作方面規定了若干政策之後，指出：「對於在此大轉變過程中暴露出來的一切落後思想，應本著『團結─批評─團結』的精神進行批評、教育，不應採取粗暴方式對待；而如果其中某些有政治破壞性的右派份子，則應堅決揭露、鬥爭，嚴肅處理……」關鍵是後一句。過了十多天，農墾部又對此「補充指

示」作了「補充」：「在思想認識提高的基礎上，再以大鳴大放大字報的群眾自我教育方式，批判資產階級個人主義和各種落後表現，對個別情節嚴重的壞份子，要依靠群眾多數，開展揭露、批判、鬥爭，並進行適當的嚴肅處理。今後這種整風運動，最好每年進行一次……」

鬥爭的氣溫逐日增高，政治壓力在逐步加大。過了兩個月，農墾部的一位主任來墾區時直截了當地指出：「首先是抓右派，像過去按部就班地抓『三風五氣』就不易展開，要打破常規，敵我矛盾不解決，其它什麼個人主義、三風五氣都不能解決……」他又說：「右派跑不了四種人：一是原來的中右份子，二是地富資本家出身、沒有改造好的，三是蔣、偽職人員和兵痞，四是極端個人主義……對這些人有什麼可惜的？」

在緊鑼密鼓的催促下，牡丹江農墾局在雲山水庫召開水利工作現場會，美其名曰「水利工作」，實際上推廣水庫工地「抓右派，促工效」的所謂經驗，會議部署了在全墾區範圍內開展「反右鬥爭」，並決定將「右派」的批准權限下放到農場……這是 1958 年 8 月，正是中國人民解放軍建軍三十一週年的節日，十萬大軍進軍荒原的第五個月，他們中間的戰友就遭到厄運！

請看這場以「群眾自我教育」方式進行的反右鬥爭！

八五七農場《整風簡報》中寫道：

「……對聲勢不大的單位，進行嚴厲批判，指令他們以最快的速度把運動發動起來。二分場 14 日下午召開支書、隊長會議，就分場黨委委員畢某某的右傾思想進行了重點批判，同時撤銷了他的整風領導職務。場黨委提出戰鬥口號：苦戰三晝夜，堅決把右派份子、各種壞份子抓出來……會議一直開到第二天早晨。在黨委號召下，群眾迅速發動起來。目前已鬥倒鬥臭了右派份子和各種壞份子 6 個，揭發落後集團兩個。三分場經過幾天戰鬥，原來摸底摸出來的 32 名有右派言論和各種

破壞活動的份子中，已有 20 人被鬥倒鬥臭……有的單位過早地扣上帽子，而本人又堅決不承認，發生頂牛現象，出於激憤和急燥，發生了綁人現象（已經糾正）……工副業廠的轉業軍官蘇某某，在日記本上寫數首反動詩（按：未標明），並保存偽滿幣 20.5 元，日本國幣 80 元，舊朝鮮幣 10 元，國民黨幣 395 元，臺灣幣 665.12 元。當問他一切偽幣來源，他要賴不發言。果園隊一轉業軍官，原中右份子馬某某說：『北大荒什麼東西都是貴的，只有勞動力最便宜。』現初步統計，初步確定右派 48 名，壞份子 43 名，違法亂紀份子 61 名，消極怠工份子 66 名，中右份子 14 名……共 285 名，落後小集團 7 個……」

這個農場的另一份《整風簡報》中說：

「……個別領導還有右傾情緒，對整風縮手縮腳，不敢發動群眾，生怕把問題搞大了，搞左了。如四分場場長楊某某說：『我們這裡都是內部矛盾。』當抓出了右派份子以後，總支書記問他：還有沒有右派？他又不敢肯定，既反映其思想右傾，又心中無數……在鬥爭右派和壞份子當中，曾出現過個別打人現象，有的光呼口號，不以理服人……在整風運動中，全場有十七名轉業官兵擅自離場……」

鐵路管理處的《簡報》說：

「……堅決與資產階級知識份子進行鬥爭，主要方法是大鳴大放大字報。有的大字報貼在橋墩上，有的貼在鐵道上，有的貼在枕木架上，如測量隊才 40 多人，一天貼出 180 張大字報，對『三王』（指三個姓王的轉業軍人）的錯誤言論，進行了揭發和批判，『三王』開始低頭認罪……」

八五二農場《簡報》中寫道：

「……各級領導都提出『插紅旗，拔白旗』的口號，以總路線精神對照每人錯誤思想進行大辯論。三分場結合各隊『雙反』貼大字報，對思想問題嚴重的同志進行面對面的辯論，打下了他們囂張的氣焰。二分

場也對不安心的教師陳某和農業技術員劉某進行辯論。六分場二隊由總場黨委書記親去講活，對鬧得最嚴重的劉某進行批判，經過團支部大會討論，開除了他的團籍。經過整風，二隊氣象一新……郝某說：『共產黨真行，搞兩面紅旗花不了二分錢，搞得人快累死了。』又說：『什麼叫大躍進？大躍進就是不要命！』趙某說：『我要將九・一八歌曲改成三・三〇歌曲來唱』（他是三月三十日來北大荒的）。有人說：『兩年機械化，三年電氣化，二化並一化，把人拖得不像話。』……這些人將作為整風重點，通過大鳴大放大辯論，狠狠地進行鬥爭，徹底鬥倒搞臭。是中右的給他提升一級，上升為右派；是右派的給他提升一級，上升為極右，並給以降職降級處分，進行監督勞動……

　　八五八農場火石山分場的一名轉業軍人，在黨、團過組織生活時，他和幾位非黨群眾沒事閒聊，開玩笑說：「咱們組織個農工黨吧。」（當時轉業軍官來農場勞動統稱「農工」──農業工人）。在這場整風反右鬥爭中被定為「反革命份子」，判有期徒刑十八年。八五九農場二分場有一名轉業軍官，對吃、住條件惡劣和勞動強度太大有意見，說：「這裡不如勞改隊……」被打成「右派」，開除團籍，降行政 21 級為農工 1 級。有一名姓李的轉業軍官，對遠離家鄉，長期分居有意見，說：「來北大荒有家不能養……」被打成「右派」，開除黨籍，行政降級。一位姓賀的生產隊長，他是從南京軍區轉業來的軍官，對部隊送給轉業軍官的一批圖書，被分場扣留沒發到生產隊有意見，說：「應完璧歸趙……」就被批判為鼓吹「興生產隊，滅分場」而被戴上「右派」帽子，撤消隊長職務，送右派隊勞動改造。八五〇農場四分場一隊指導員，在排水會戰中未完成任務，被分場黨委當眾插了「白旗」。開會回來，他將「白旗」插在隊部門口，當晚用腳蹬步槍的板機，開槍自殺……

　　真是令人不寒而慄！這批穿軍衣的「移民」躲過了 1957 年全國規

模的「反右鬥爭」，卻沒躲過 1958 年北大荒獨創的第二次「反右鬥爭」。據《牡丹江農墾史》記載：在這場「反右鬥爭」中被定為「右派份子」474 人，定為「反社會主義份子」269 人，定「中右」197 人，定「消級怠工份子」514 人……又是一千五百人的數字！北大荒殘酷地捉弄了他的主人，它鍛造拓荒者，它也製造一批當代「流人」！

五十九、女大學生的自述

楊淑雲，如今已是瘦削乾癟的老太婆了，解放前四川大學的女大學生，後來同丈夫一起參軍。部隊改成鐵道兵，她隨五師副師長來北大荒建八五〇農場。她身材瘦小，仿佛一陣風能將她吹倒，面容桔黃，仿佛活不到明天。可是當聽完她的坎坷經歷，你會確信她是如此高大，堅強。她向我敘述了這場第二次「反右鬥爭」給她帶來的血淚遭遇：

「我是鐵道兵第一批開發北大荒的女戰士，那年才二十八歲。當時生活艱苦，但精神很充實。我想：作為一個女兵，能夠走進拓荒者的行列，而且第一個去踏查，去開路，去建房，去種田……真是感到自豪。正是這樣想法，建場不久，我把母親從四川老家接來，又把剛從朝鮮戰場回國的丈夫動員來，還把他的小妹妹也接來，決心在北大荒開一輩子荒，種一輩子地！

過去總是兩地分居，這一回總算有了真正的家了。每天晚上，全家老小圍坐在丈夫從部隊買來的『幸福牌』收音機跟前，聽廣播，學唱歌，或者聽他給孩子們講朝鮮戰場上打美國鬼子的故事，他還在房前種上黃花菜、野百合、山葡萄和李子樹，盼著它們開花結果……這是我倆結婚以來全家團聚在一起最幸福的三個月，也是命運給我們團聚的僅僅三個月！

正當我們嚮往更加美好的未來，晴天霹靂從空而降。1958 年 8 月，剛從部隊轉業來農場不久的丈夫在整風時對園藝站領導的浮誇風和官僚

主義作風看不慣，説領導是不稱職的『灶王爺』，上天奏好事，下地不保平安！就這條意見，他被戴上右派帽子。不，這不可能！我不相信他是反黨的右派份子。他完全是出於公心才敢在會上指出當時的『大躍進』、『浮誇風』的毛病，為的是不讓農墾事業受損失。解放前他在地下黨領導下，參加學生運動，屢遭國民黨特務圍攻毒打，被列入黑名單，三次改名換姓才熬到解放，盼來了新中國。是他幫助我接受了馬列主義，跟黨走，參了軍。但，在當時高壓氣氛下，他遭到了誤解，受到了歪曲，成了當時農場新抓出來的六十一名『右派』中的一個……

為了不拖累我和全家，我丈夫臨去右派隊的前一個晚上，痛苦地提出要跟我離婚。我永遠也忘不了他留在我耳邊的發顫的話：『你最理解我的心，孩子還小，我現在被人看成狗屎堆的人，而你還可以為黨做更多的事……』我抑制了內心的激動，沒讓他説下去。為了不驚醒孩子，我緊緊地抱著他，讓我們無聲的淚水交織在一起……

誰料一波未平，另波又起。八月份，建軍節，我丈夫進右派隊。九月份，國慶節前夕，肅反複查小組由於我丈夫是『右派』，又審查我的歷史。我在十三歲念初中一年級時曾參加過三青團，這在部隊早就交待清楚，下了結論。可是，當時政治氣溫增高，丈夫反黨，我又沒割清界線，加上這段歷史，最後給我戴上了『歷史反革命』的帽子。接著撤職降級，從總場下放到五分場四隊勞動……當我聽到這個處理決定，差點暈了過去。我感到這個世界，連同這個我親手建起來的農場，是那樣的陌生、可怕！回到家，我背著老人孩子，暗自流淚：命運對我實在太殘酷了，丈夫打成『右派』，我又打成『歷反』，夫妻雙雙都是『階級敵人』，這日子往後怎麼過？我不僅是一個墾荒戰士，更是一個上有老母，下有三個孩子，丈夫又被關在右派隊勞動的女人哪，那年，我才三十二歲……

我思想鬥爭了好幾天。我不能像丟了魂一樣，我有事業，北大荒土

地有我的汗水和淚水。我還對北大荒有用，我要繼續為戰友們種糧食、種瓜果、種菜，讓人們感到我的存在……連隊生活艱苦，我倆又各降了三級工資，為了不讓老人太傷心，我決定把母親送回四川，讓我丈夫的妹妹住校念書，免得影響她的學習。陰影一直籠罩在我的心頭，但，我咬牙挑起了家庭生活的重擔，又堅持出工，幹我那沒有任命的技術員工作。這一年，就栽種了大片蘋果樹，引種蔬菜四十多種。當轉業官兵吃上南方引種的絲瓜、冬瓜，北京的茄子、辣椒和西紅柿，我感到了最大的慰藉，埋下了個人的傷痛……

過了兩年，我被任命為五分場試驗站的技術員。這年冬天，我丈夫的『右派』問題也得到了甄別，恢復了名譽。他從右派隊回來了，近兩年的勞改生活總算結束了。正當全家慶賀他洗去不白之冤、闔家團聚的時刻，由於他過度興奮，加上勞改生活造成的浮腫病，晚上聚餐時多喝了幾口酒，不慎摔倒在地，中風了！命運又一次可怕地打擊了我和我的全家。臨終前，我丈夫已說不出一句話，只是默默地流淚，緊緊拉住我的手，放在他心口，痛苦地望著我，好像對我說：只要我理解他，信任他，黨和人民也理解他，信任他，他就死而無憾了……是的，我的親人，我的戰友，你和其他為北大荒獻出生命的同志一樣，所有北大荒人都永遠記著你，你們的腳印，已經深深留在北大荒的土地上了……

我失去了丈夫，我才三十四歲。又是在北大荒，未來生活道路是多麼艱辛啊。我將丈夫的遺體埋在隊部對面的山上，這樣，早上能看到他，晚收工回來也能看到他。我要堅強地生活下去。每當我下班時看到三個孩子不是下地拾菜葉回來煮著吃，就是天黑下來才把草割回來燒炕，或者在凜冽的寒風中站在家門口等我回來……我的心像貓抓似的難受！孩子啊，我沒有盡到做母親的責任，對你們來說，我既當爸爸，又當媽媽呀！對農場來說，我既當技術員，又是內部使用控制的人哪……」

她和她的丈夫就是這一千五百名中間的兩個。

這是繼北京遣送來的當代有名的「流人」之後，北大荒就地製造出來的又一批「流人」。他（她）們的命運更為悲慘，他們是沒有名氣的「右派」，沒有人會得到像丁玲、艾青等能得到的那種特殊照顧。他們被編入另一等級的「右派隊」，過著那種政治上最低檔、體力上超負荷的艱難日子。如果這位農業技術員當年身邊沒有三個孩子，她被扣上「歷史反革命份子」帽子，她也要關進「右派隊」；只是由於孩子的牽扯，她才免遭進「右派隊」之苦。

自從她向我敘述了這催人淚下的坎坷遭遇之後，在我腦海裡始終劃著一個問號：她早年就跟隨副師長來北大荒創建北大荒農場，她跟這位享有崇高威信的老場長非常熟悉，她是摟著懷裡的孩子坐著老場長的小吉普進的荒原，這位上校副師長還親呢地稱呼她「小楊子」。這樣熟悉的老首長，她為什麼不找他訴說自己和丈夫的「不白之冤」呢？……

一次，我向她提出了這個問題，她聽了，瞅著我，苦笑地搖了搖頭。

「你找他了，沒解決問題？還是壓根兒沒找他？」我進一步探問。

她那雙酸楚的眼睛含著淚水，依然搖了搖頭，什麼也沒說。

我明白了。她是一個性格內向、有苦往肚裡吞的人。命運打擊了她，她就忍氣順從，絕不找任何人，連熟悉的老領導在內。我更明白，在當年的政治高壓下，即使找了老首長，又會有什麼結果呢？當時抓「右派」，同時狠反領導上的「右傾」，作為場長能有回天之力嗎？追溯全國反右鬥爭時，中央的一些部長級幹部，他們的老部下甚至是貼身秘書被扣上「右派」帽子，不也是眼睜睜無能為力嗎？……

六十、少尉領航員的遭遇

他姓熊，一個來自空軍第一師的轉業軍官，少尉領航員。一個充滿

反抗精神的小伙子。興許是老家湖南愛吃辣子養成的剛毅而帶火爆的性格，他做不到像農業女技術員那樣逆來順受的地步，一絲一毫也做不到！嫉惡如仇，不平則鳴！而且是大鳴特鳴！

遺憾的是我至今未見他一面。三十多年後的今天，我仍逢人打聽他的去向，仍不知所終。然而，他當年那種執拗地反抗「反右鬥爭」的剛烈行動，以及由此帶來的悲慘遭遇，如此強烈地震撼著我的心靈，盤踞在我的腦海裡久久不散……

這位少尉領航員念中學時就參加了共青團。參軍前後的人生旅程應該說是一帆風順：抗美援朝時投筆從戎，保送到軍委機要青年幹部學校學習，以優異的成績被分配到空軍擔任見習機要員、譯電員……直到晉升到空軍領航員。他躊躇滿志，正要幹一番事業。這時，全國規模的「反右鬥爭」開始了。

一天，他接到家信，告知父親被打成了「右派」。他大為吃驚，怎麼也想像不出他那善良、耿直的父親竟是一個被當時報刊上連篇累牘描繪的「青面撩牙」的人物？不幾天，部隊領導也向他通報了這個消息，並責成他表態、揭發……就這樣，父子幾乎同時挨整，他也成了批判對象。

當年資料是這樣記載這件事的：

熊某在 1957 年反右鬥爭中，因其父被劃為右派，而產生對黨不滿。在部隊進行「四個主義」檢查中，不僅對其父表達了極大的同情，而且對我軍組織紀律性進行了污蔑，抗拒思想改造，經中共空一師直屬隊委員會批准，決定開除其團籍……

所謂「污蔑部隊組織紀律性」的罪狀，是指這個火爆性子的少尉在批判他的會上對他施加的壓力，以及讓他揭發他父親、與父親劃清界線

的做法極為不滿，說：「你們說革命者要隨時隨地地聽組織的話，那麼，就是要把人的思想變成為一支鬧錶，可以隨人任意調整，成了機器人了嗎?!」

他不僅被開除了團籍，而且被摘下了肩章帽徽，當作一個危險人物隨轉業軍人一起來北大荒了。他大發雷霆，對如此高壓政策下的轉業處理大鳴不平！以致在開往北大荒的列車上繼續發開了他那火爆性子。好心的戰友擔心他這樣下去，會招來更大的不幸，規勸他冷靜對待，卻遭到他的反駁、痛罵。他不理解這些戰友為什麼這樣忍氣吞聲，不敢有絲毫反抗！他更看不慣個別人簡直是在「助紂為虐」！於是，在列車進行的隆隆聲中，由帶隊人組織一場批鬥會在進行著……他氣極，像火山噴發一樣，傾吐不平之情！

火車到達密山車站，他就被宣布戴上「右派」帽子。這是十萬大軍中經農墾局批准的第一個右派，也是最早的右派！

他被分配到八五二農場。按照他那隨時發作的火爆性子，可以想像事態發展日趨惡化的後果。當時，農場甚至懷疑他是否患有神精病症，也請醫院檢查而不能認定。可是當時領導人絲毫沒有考慮到父子倆被雙雙打成「右派」後繼續施加高壓，對一個正常人來說其精神上和心理上所承受的能力到底有多大？

一天，人們不願看到的事情終於發生了！

農場黨委關於「熊某案件」的一份報告，上面這樣寫道：

熊某到生產隊後，勞動表現不好，逃避勞動，且不接受領導監督。由於經常受該隊副隊長的批評，對副隊長極為仇視。在其日記中對現實不滿，藉口父母年邁，需要照顧，多次向生產隊、分場申請，請求調離北大荒，未予批准，便以跳井自溺威脅組織……1958 年 9 月 21 日，因不服從領導監督而打了副隊長，同時用鐵鍬要打勸阻的同志。分場根據治安管理條例，

乃給予熊某行政拘留五天之處分，而熊某在拘留期間表現異常頑抗，不僅用腳踢人，謾罵武警，且將煙筒踢壞，後經分場黨委研究決定將其升為極右份子（總場未批准）……

按「右派持鍬行凶」罪拘留後，熊某仍窮凶頑抗，已構成威脅他人生命安全、頑抗到底之罪，遂交政府法辦。公安局根據分場黨委意見和總場黨委指示，於1958年9月26日將熊拘留於看守所……

熊某拘留於看守所後不僅不勞動，且百般毆打與謾罵同拘人員，謾罵武警……且發展到奪槍企圖逃跑（經本人承認）。1959年1月2日半夜，熊某借小便之機，直奔武警奪槍，以後被其他人員綁起。當時武警穆某某來詢問時，熊某大聲謾罵，穆一時氣忿，便與另一武警將其綁在室外電線桿子上。不久值班武警擬將其放回室內，而熊某對其口吐唾液，該武警未將其解下。次日晨，被分局領導發現後鬆綁，發現手已紅腫，立即送醫院治療。熊不服治療，多次將包傷之紗布棉花解掉，對護理人員百般刁難，影響護理。由於熊不服從治療，致使雙手由紅變紫，後發展到完全變黑，手指各關節完全呆木，為保全其生命，只能截手……

這位少尉領航員由於父親「右派」的牽連，自己也成為「右派」而「極右」，而「拘留」「關押」，而「舉鍬」「奪槍」，而「被綁」「雙手被凍」，而「不服從治療」，最後「被截去雙手」！

我們認為熊某所犯錯誤已不是人民內部矛盾問題，是階級鬥爭的反映，是敵我對抗的表現，是敵我矛盾。不僅是右派，而且還持鍬行凶，在拘留中違犯監規，企圖奪槍。根據熊某之行為，已觸及國家法律，實屬違法。但，根據黨的政策和熊某的具體表現，可以不以反革命論處，不以反動份子對待，以處理人民內部矛盾處理。而熊某又已成殘廢，因此，我們同意公安分局對熊某的案件的處理意見。現已將提某送醫院進行療養與復壯，

待體質好轉後給予裝置假手，然後與當地政府和熊父母聯繫，向他們進行黨的政策教育和勸導，將熊某接回……

　　可以看出當年農場對此事件深感棘手，只是用迂迴曲折的言詞加以掩蓋並報告上級，末了還是冠冕堂皇地強調黨的政策，可以人民內部矛盾方式處理……這位少尉領航員蒙受的不白之冤纍之失去雙手，顯然是難以這樣打發回老家，可以一了百了。據說當年，這位剛烈火爆的少尉軍官有這樣一句話被當作「右派言論」進行了批判，他說：「領導同志與被領導同志沒有任何區別，只是領導者有發言權，被領導者沒有發言權的區別……」這真是切中當年時弊的一針見血的話，農場報告中透露出來的不正是這種領導者特有的唯吾獨尊的心態嗎？這位受冤的領航員的坎坷經歷，不也正是被領導者那種沒有絲毫發言權、處處被動、步步挨整的悲慘境地嗎？……

　　「熊某案件」至今仍是一個謎。它的結局鮮為人知。作者只知當年農場曾去函給熊的父母，徵求對其殘廢的兒子如何安置？對自身處在逆境的父親來說，兒子也被戴上「右派」帽子，而且雙手被截肢，對兩個老人的震驚和打擊，是可想而知的。老人極願兒子遣返老家，但，又無力將其接回家中撫養。農場又擬將其送湖南省殘廢革命人員療養院，經與湖南省人委、省公安廳書信往返，聯繫毫無結果。因其是「右派」，又係奪槍造成之殘廢，故不能享受革命人員之待遇……此事幾經周折，仍無結果。那是 1962 年的事了，時值中國人民解放軍建軍三十五週年前夕，這位命運悲慘的殘廢領航員仍守在病榻苦待安置……以後下落就不得而知。

　　對於牡丹江墾區擅自定案的一千五百名「右派」、「反革命」、「壞份子」、「消極怠工份子」的事，中央已有所聞，曾派出中央考察團來調查，並向農墾局提出批評：「這些人按中央規定的六條標準，不

夠右派條件⋯⋯不要在五七年之後再搞什麼『反右鬥爭』！」

　　從 1960 年開始，歷經 1962 年、1965 年，直到黨的十一屆三中全會以後，這 1500 名北大荒土造「右派」終於得到了徹底的甄別。但，他（她）們已經把美好的青春，連同他們的苦難、屈辱、血淚，全部獻給了這塊曾經熱烈歡迎他們、狂熱地鼓動他們、而又殘酷地摧殘他們的黑土地。

第十二章
三年特大自然災害

六十一、天災加人禍

如果當年十萬大軍進軍北大荒是務實的、冷靜的、穩紮穩打的，如果出現的問題能及時糾正，不搞「精神萬能」，不搞政治高壓政策，不搞第二次「反右鬥爭」；那麼，即使發生了連續三年特大自然災害，十萬大軍還是能咬緊牙關，上下擰成一股繩，戰勝天災、克服困難。

鄧小平同志 1959 年在上海的一次會議上批評「大躍進」中產生的「瞎指揮」、「高指標」和「共產風」時說：「這是吹牛皮，謙虛打掉了三分之二……擦粉一尺厚，本來漂亮，也就不漂亮了……天天弄得那麼緊張，就能改造好？那是妄想，辦不到。」1960 年，劉少奇同志在一次會上尖銳地指出：「五八年和五九年是依靠增加人和延長（勞動）時間實現躍進的……是人海戰術！」1961 年，他在中央工作會議上談到全國面臨的嚴峻困難時指出：「三分天災，七分人禍！」

中央領導人的批評，雖就全國而言，但，對當年北大荒面臨問題的分析，也切中了要害。從 1959 年下半年開始，老天爺對狂熱的北大荒給予了應有的懲罰！假如當時能乘飛

機，臨空俯視大地，看到的北大荒將是什麼模樣呢？

從黑龍江畔到完達山南北麓，從烏蘇里江之濱到松嫩平原，大地籠罩在白茫茫的淫雨之中。一塊塊地號成了一片片汪洋，機車像小甲蟲似地臥趴在地裡不能動彈。小麥蔫耷著赤黴病的穗頭。花花點點的人群在握鐮割麥，揮鍬排水，或將已建成的堤壩扒開放水。總場、分場和成千個新建點蓋起來的馬架草棚，一座座東歪西倒，人們為無休止的大雨和它帶來的生產和生活上的重重困難發愁！

據牡丹江墾區資料記載：這是 1929 年以來未曾有過的特大澇災。1959 年墾區平均降雨量 747.6 毫米，大多集中在 7-10 月份。麥收十分困難，接著又是秋雨連綿，秋收難以進行，秋翻地極少，大部份地號是明水封凍。

1960 年全區降水量 756.2 毫米，受澇面積 268.9 萬畝，占播種面積95%。糧豆總產 4.3 萬噸，平均畝產僅 10 公斤。全墾區虧損 3,571 萬元。

在連續兩年澇災之後，1961 年又是旱、澇、蟲、風災交替發生⋯⋯

真是多災多難！當時作者已經從八五六農場調到農墾局機關工作。農墾局機關已從密山縣搬遷到虎林縣——一個只有幾千人口的小鎮，偏遠、簡陋，人們戲謔地編了一段順口溜：「一個車站一座樓，一個警察一隻狗，一條大街走到頭。」只是農墾局的辦公樓稍稍有點氣魄，磚瓦結構，東西兩幢，顯示了墾區首腦機關的一點威風。妻子已從北京接來，她不聽從我關於墾區面臨困難勸她推遲行期的忠告，抱著同甘共苦的熱情堅持要來。無奈夫妻雙雙擠在一間原來用作倉庫的冷窖裡，四壁掛霜，且只有六平方米大小，放下一張單人床和取暖的火爐之外，再也放不進別的物件了。燃料供應極為緊張，只有入睡前將火爐燒紅，然後讓它自生自滅。爐火正旺時，天棚和四壁的白霜就化成雨點，「滴滴瀝瀝」地下來，我倆像過節似地享受著久別重逢的歡樂和撲面而來的暖氣。待爐子冷卻，趕緊雙雙鑽進被窩，互相用身體取暖，以度過寒冷的

冬夜。次日一早，雙雙離開「冷窖」，上大食堂去領取每人一份的「烤糕」。

名曰「烤糕」，實際上是一塊用少量玉米麵摻合著酒糟製成的食品。它的外形和顏色幾乎同紅磚一模一樣，堅硬度也不比紅磚遜色。可見這食品中玉米麵含量是如此之低，而酒糟含量又如此之高。但，這是每人一天的食糧，因此，領取後必須將其一截三段，一段留早餐，一段留午餐，一段留晚餐。就這三分之一烤糕下肚的是每人一碗不見油星、只見凍蘿蔔和白菜葉的湯。其味苦澀，但，它不是「代食品」，而是百分之百的蔬菜，因此皺著眉頭將其全部消滅。為了解決營養不良，寫信給大城市裡的親友，讓他們寄「魚肝油丸」來。一次，為了解饞，我倆別出心裁地將一小瓶「魚肝油」丸悉數倒在鍋裡，熬成魚油，用來煎一片片「烤糕」來吃。雖腥，也覺香美。

我的辦公地點座落在虎林鎮西北角一個偏僻的獨立家屋。它用鋼筋水泥製成的，外表頗像一個碉堡，傳說是早年日本鬼子扔下的一座建築物，住過日本關東軍的一個少將，也有說是關押犯人之地，因為屋裡水泥牆上留兩個鐵環，後屋地面留有洞口，底下是伸手不見五指的地下室。連我在內，一共十多位來自總政、總參、空軍和軍區的轉業軍官，擁擠在三個小屋裡辦公。每天的工作是：捅爐子，燒茶水，看材料，編編寫寫……偶而打發人去鄰近老鄉家用高價換回一點煙葉和土豆、窩瓜，那就是「改善生活」了。「碉堡」周圍長著高大的榆樹，戰友中一位本地人氏告訴大夥：榆樹到了冬天就沒指望了，等到來年揚花結實，它那一串串榆錢，是滿可以充飢的。早先這一帶老鄉遇到饑荒，就上樹採榆錢吃，還可以磨麵，摻合著吃，眼下咱們的新名詞就是「代食品」了。

一個個轆轆饑腸，對屋外的一圈大榆樹不免眼饞，望著它們在冬日寒風中簌簌發響的枝條，想像著明年春天早一點來臨，好嚐一下榆錢的

滋味……

誰料不幾天，竟在一夜之間，這幾棵大榆樹叫人剝了皮。一個個像光著身子的老人，在冷風裡僵立著。

那是清晨時分，隆冬的北大荒還沉浸在灰暗之中。我把睡死在「碉堡」裡的單身伙伴一個個叫到屋外，他們見此景象都大為驚訝：誰幹的缺德事！真是饞不擇食、殺雞取蛋……繼而卻同情半夜來此作案的老鄉：這年月，誰都挺不住了，何況中央號召「大搞代食品」……只是這幾棵樹的老命危在旦夕了。

特大自然災害，帶來糧食大幅度減產。許多地號連種子也沒收回來，庫存糧漸漸吃光，人們的口糧當然緊張起來。自 1960 年 11 月起，牡丹江墾區職工月口糧減為 12.5 公斤，家屬月口糧 10 公斤。到 12 月，職工口糧又減至 10 公斤，家屬口糧減至 7.5 公斤。此時，中央號召：民以食為天，實行「低標準，瓜菜代」，即「減低口糧標準，輔以瓜、菜和代食品。」到了 1961 年 1 月，職工口糧再減至 7.25 公斤，家屬 5.5 公斤。這是臨近最低的口糧標準了。人們的視野不得不轉向一切可以用來「代食」的物品：豆秸、玉米秸、玉米葉、麥麩、稻糠、酒糟、豆粕、樹皮……

1960 年 12 月 8 日，農墾局那位獨臂局長從省城發來急電：

「要大搞代食品！代食品做到無毒、無害、有營養、有味道、好吃！要保證職工吃好、吃飽、吃細、吃省！不准有浮腫，不能有餓死人。哪裡有這種事，黨委要做檢討！」

在黨委號召下，各農場紛紛大搞代食品，還舉辦了「民以食為天」的代食品展覽。真是琳琅滿目，各式糕點，名目繁多，色彩紛呈，然而都是「金玉其外，敗絮其中」，代食品的糧食含量是微乎其微了。

這裡保存著當年王震將軍致八一農墾大學校長的一封信，專談「代食品」，抄錄如下：

姜瑞元同志：

送來摻和豆秸粉加工製成的餅乾二斤已收到。

你們響應黨中央號召大搞代食品，大搞增產節約度荒運動，利用豆秸提取澱粉蛋白代糧，對於節約糧食，保護體力健康意義很大。望你們認真做下去，有始有終，防止流於浮誇，望能做到代糧。

現在中央號召節約，一再禁止送禮，也不准藉新產品的名義送禮。你們既然送來了，我只能收下。為了表示對同志們辛勤勞動的敬意，特附價貳元以表示謝意。

此致敬禮！

王震

1960 年 11 月 11 日

仿佛預感到這場「代食品」運動將重蹈「大躍進」運動那樣「流於形式」，將軍在信中特地指出：防止流於浮誇，望能做到代糧！……遺憾的是，「浮誇風」既然形成，要去掉非一朝一夕之事。

牡丹江農墾局於 1960 年 9 月 21 日給農場發出指示信，信中號召大抓野生植物、家植作物的代食品，字裡行間依然透出「大躍進」「浮誇風」的氣味：

當前正值秋收（包括小秋收）脫穀，在搞好（農墾）秋收的同時要大抓狠抓一下野生植物、家植作物的代食品的生產和收購。農墾局算了一筆大帳：秋收植物副產品利用，有大豆秸，苞米秸，苞米窩，苞米核，大麥秸，小麥秸，蕎麥秸，小豆秸，燕麥秸，糧穀細糠等十二種，代替糧食49,375 噸；野生植物產品利用，有草籽，橡子，榆樹葉，柳樹葉，菱角，山苞米根等六種，代替糧食4,000 噸；蔬菜類副產品利用，有白菜、甜菜、

窩瓜、角瓜、西瓜等六種的葉、根、皮、蔓的利用，代替糧食 2,545 噸；飼草的代用，可節約糧食 4,800 噸。上述副產品如果收好，管好，用好，可代替和節約糧食 60,720 噸，占今年預計糧食作物產量的 66.8%，夠 30,300 人吃一年。這個大賬很可觀……因此，各級黨委應給予足夠重視，立即巧妙地結合秋收季節把野生植物、家植作物的副產品，能吃的、用的、穿的詳細算個大賬，邊生產，邊收購，把應收上來的東西全部拿到手，以解決糧食和飼料的緊張……

　　農場連連告急！由於口糧大減，代食品又未很好解決，而災年裡持續躍進的苦戰仍在進行，墾區職工食不果腹，每天幹活 11 小時以上，節假日不休息，有的單位連十天一休的「大禮拜」也取消了。人們缺食乏力，營養極度不足，浮腫病大量發生！

　　據八一農墾大學 1960 年 12 月至 1961 年 1 月統計，全校師生浮腫病的發病率達全體總人數的 24.8%，閉經占婦女總人數的 21.5%，小兒營養不良占小兒總人數的 10%。這還是從事教學的單位，至於從事生產的農場發病率情況可想而知。據牡丹江墾區從 1960 年 12 月到 1961 年 3 月統計，發病累計 23,790 人，其中職工 20,142 人，占職工總數的 12.5%，浮腫病患者占全墾區總人口的 7.23%。根據當年「報喜不報憂」的頑症，這個統計數字顯然是縮小了的。飢餓和浮腫病給人們精神上帶來恐慌。當時，轉業官兵中流傳著一句話：「三腫不消，準備鐵鍬！（意指準備挖墳）」

　　八五七農場有一位分場黨委書記，係轉業軍官，由於極度飢餓而暈倒在地。農場有三名職工，餓極，途經野地，見「走馬芹」（按：有毒的野生植物）就摘下吞食，中毒而死。有一個偏遠的農場生產隊，入冬時仍苦戰不休，人人精疲力盡，飢餓難忍。入夜，一名職工拖著浮腫的身軀走向草甸，用手扒開土層，生吞塔頭草墩下的根系黑土，得以解

餓。如此數夜，依然獨身潛入草甸吞食根系黑土，體力稍有恢復。遂將此法報告隊領導，隊部將此法推廣全隊，職工如法炮製果然有效，並建議給該職工立功授獎……

六十二、疾病與死亡

隨著飢餓、浮腫，死亡接踵而至。當年，牡丹江墾區非正常死亡的現象非常嚴重，曾受到上級嚴厲批評。對此，牡丹江農墾局向農墾部，農墾部黨組向中央並東北局及黑龍江省委都寫了檢查報告。

1961年牡丹江農墾局黨委〈關於當前墾區工作的檢查報告〉裡這樣寫道：

「（墾區）工作存在著不能容忍的缺點和錯誤，主要表現在職工中浮腫病大量發生和非正常死亡嚴重，違法亂紀，瞎指揮生產嚴重……尤其是1960年幾十年來未遇的災害，問題暴露更加明顯、突出：……自去年10月至今年2月底，全局職工與家屬非正常死亡491人，占35萬人口總數的0.14%，其中職工死亡364人，占0.22%，家屬小孩死亡127人，占0.057%。非正常死亡中因浮腫病致死者68人，浮腫病並有慢性疾病者190人，各種工傷事故如燒、凍、餓、中毒、亂吃東西腹脹致死者133人。案情與違法亂紀者致死者23人，原因不明待查者70餘人。八五〇、八五二農場在林區先後不到十天，連續發生兩次火災，燒死36人，八五六農場上山六百多人，因病和燒死者80多人，病號200餘人……有的職工死在山上，個別死在路上，不知因何而死，更不知死者為何人？死後善後工作也未很好處理。八五七農場職工陳屍室內達四十餘日，屋內還有人睡覺。死者有的無棺材，用席子捲埋。對死者撫恤和家屬照顧也差。嚴重者則離場返鄉，走時不給路費，造成賣子離場的悲劇。八五七農場六分場三隊職工于某被該隊支書逼死後，其父要回關裡，幾次請求，不給路費，于父不得不將其幼子賣掉，全家五口才勉強

返回山東……

　　住的條件很差。尤其是保暖差。大部份宿舍冷，炕涼，室內溫度低，一般在零度左右。宿舍和食堂門窗殘缺，四面透風，室內滿掛白霜。個別房舍零下20度。食堂炊事員要戴皮帽子，皮手套做飯、打菜；有的食堂桌、凳、碗、筷一概皆無，職工只能用雙手捧著盆站著吃飯，等不到吃完，就早已涼透。喝不上開水，更無溫水洗臉。火炕不好燒，一屋生火，幾戶冒煙。職工戴皮帽子睡覺，被上結霜。小孩凍得白天圍著被子，不敢下炕。因此，職工反映農場有四冷（屋冷，飯冷，水冷、幹部的心冷）。

　　長期拖欠工資。全局十四個農場，拖欠工資總數1200萬元，除牡丹江畜牧場不欠外，一般都欠二至三個月工資，個別場拖欠11個月之多。最嚴重的八五七農場，該場的七個分場的三十個生產隊中，有五個隊還欠1959年部份工資……八五〇農場四分場黨委宣傳部一下放幹部，因病不能出工，逼著夜間到野外作業，不完成任務不行，結果因病加之天寒、腹空，身體支持不住凍餓而死……」

　　十萬穿軍衣的「移民」畢生難忘那災難深重的年月，稱之為：「難忘的一九六〇年」！「三年機械化，兩年電氣化」，「提前進入共產主義」，都成為一紙空文，扔進了歷史的垃圾堆。他們面臨的是飢餓、寒冷、夜盲、暈眩、浮腫，以及大面積減產和絕產的土地。在冷冽的冰雪裡，他們相互端詳著對方虛腫的臉，每個人都能從對方臉上看到死亡。這是最可怕的時刻，也是最傷心的時刻。因為經歷了從部隊到荒原、從城市到邊疆、從現役軍官到屯墾戍邊的農工，拚死拚活為之奮鬥的，難道就是眼下這個景象嗎？

六十三、八五三精神

　　這裡，要特別提到的是當時在墾區傳頌著的「八五三精神」。這個

農場轉業官兵和職工，在當時口糧每月只有十多斤，其它以野菜、玉米皮澱粉、榛柴葉補充的艱難情況下，勒緊褲腰帶，節衣縮食，省下糧食，支援其他災區的人民：1960 年，全場第一次上交糧 600 萬斤，農墾局考慮這個場的實際困難，只收 560 萬斤。幾個月後，因災區和兄弟農場缺糧告急，八五三農場又主動上交了六十三萬斤糧……全場轉業官兵和職工再次勒緊了褲帶！

請看《八五三農場誌》記載：

當時農場經濟困難，搞不了基建，發不下工資，職工生活異常艱苦。冬天沒棉鞋，夏天沒單鞋，下地打赤腳，機務上「油漬麻花」（無工作服更換），農工全身「棉花」（棉衣、棉褲面被草拉破，無法修補），住房「披頭散髮拄拐棍」。口糧標準低，最低的一個月只有八斤。機關人員首先出現了浮腫病。在這種極度困難的情況下，黨員和幹部想到的是國家、是集體、是工作。四分場一隊轉業軍官黨支部書記閻寶，為了機務工人在地裡喝上熱水，用自己在部隊上的積存錢買熱水瓶，看到職工衣服破爛無處補，使用自己的錢買了縫紉機。一分場一隊轉業軍人、包車組長劉明江，為搶播查地情一個多月沒有睡過一個囫圇覺；他和大家拿起「三大件」（鍋、鍬、鋤），拉起一張犁，參加抗澇救災百日戰鬥……

她叫董學勤，八五三農場四分場婦女幹事，1958 年從哈爾濱軍事工程學院轉業來的女軍人。剛來時，在四分場一隊當農工，她領導的女工班是全場有名的「鐵腰姑娘班」。她人工點播大豆一天十五畝，長度累計四十華里，人稱「彎腰四十里的鐵腰姑娘」。災年，她調任分場婦女幹事，整天奔波，到各生產隊組織婦女生產自救。當時，營養缺乏，婦女發病率很高，浮腫病和婦女病流行，她心急如焚。從分場部到一隊之間，隔著一條河，她不顧水深，捲起褲腿，涉河而過，深入到各家各戶

問寒問暖，幫著解決具體困難。分場黨委號召全分場大會戰，搶建一座大橋，解決下隊涉水渡河的困難。當時，水深沒膝，她帶頭跳下水，在深水裡堅持幹了一整天。到了傍晚，上岸時她已站立不住了。同志們架著她回宿舍，幫她換衣眼時才發現她有嚴重的婦女病。當晚大出血，發高燒，不省人事。人們將她扶上擔架，連夜抬到相隔80里地的總場醫院。大夫檢查了她的身體，批評分場來的人說：

「這樣的身體，怎麼還讓她下水幹活呢？」

經搶救，不見效果，又將她轉到八五二農場醫院，終因病重而醫治無效，於當年4月溘然長逝了。

在她的精神感召下，全場經過苦戰，終於在沼澤地上建成了一座大橋。時值黨的生日，命名為「七一大橋」。

他叫吳守常，西北軍區文化教員。上大學時念的是中文系，很有才能，可是有點「歷史問題」。1958年從部隊轉業到八五三農場二分場。分場場長也是一位轉業軍官，不顧條條框框，大膽地起用吳守常擔任分場小學的校長。

當時，整個分場已組建了八個生產隊，加上畜牧、基建、副業單位，大大小小有十多個。可是只有分場一所小學。生產隊離分場部有一二十里地，小學生都得帶上行李在分場住宿才能讀上書。1961年，學生已發展到100多人，而這所小學還沒有一間教室。上課「打游擊」，今天搬這兒，明天挪那兒。食堂、倉庫、職工宿舍、教師家庭，都當過課堂。實在沒地方，還在露天的樹蔭下上課。

這年秋天，農場忙於「抗災自救」，原來由基建隊為學校搶建起來的一棟九間大草房，剛砌好四壁，蓋了屋頂，就停了下來。眼看冬季即將來臨，小學教室又要落空了，怎麼辦？吳守常就向分場黨委提出建議：由他和老師們領著小學生把學校建起來。可當時，口糧一再降低，浮腫病流行，上級規定，縮短勞動時間。在這樣嚴峻的情況下，怎能讓

老師帶領小學生參加蓋房勞動呢？……分場黨委書記猶豫不決。

吳守常說：「如今分場遭災，工人們都下地了。老師和學生們咬咬牙，能把教室搶蓋起來……眼下不動手，入了冬，我這個校長面臨的困難就更多了。」

黨委書記終於同意了他的建議，並一再叮囑：千萬要注意身體！

吳守常領受了任務。他的身子十分虛弱，只是多年的苦難磨煉，使他意志砥礪得十分堅強。

他既是校長，又是設計員和施工員。

儘管有了房框和房蓋，但，建校任務還是相當艱巨。那棟立起來的校舍，要間隔成六間教室；為了冬日保暖，靠北牆要留出一條走廊；兩間教室之間，要搭一道火牆，每個房間都要搭一個爐子。這樣，除了二十六個門窗由基建隊解決外，所有的隔牆、火牆、爐子和天棚，所需材料和施工都要靠全體師生了。

這是感人至深的場面：身體虛弱的吳守常總是第一個來到學校，一等學生來齊，他就迅速地分配任務，然後到最艱苦、最困難的環節上當班。四隊支援學校一大批土坯，距離遠，運不回來。吳守常就從馬車班借來一輛馬車，有車沒馬，就自己駕轅讓學生推，來回幾十里地，終於把土坯全部運回學校。

為了搭隔牆，需要大批做拉哈辮子用的草繩。吳守常一邊向學生們講故事，一邊親手示範教大家搓草繩。學生忘了疲勞，一邊聽故事，一邊搓出了一大團草繩。

操場上，一排三個小土坑。吳守常和老師們帶領學生挖土、抬水、和泥、擰拉哈辮……有的用手抓，有的用棍挑，有的用筐抬，運進屋裡。幾個手腳麻利的女學生立刻把拉哈辮掛剖了立桿上……最活躍的是一些朝鮮族的孩子，心靈手巧，掛拉哈辮，釘木架，砌火牆，搭爐子等技術較高的活，幾乎都是他（她）們幹的。特別是女學生，運土坯都喜

歡用頭來頂，一次能頂三塊。

吳守常終於病倒了，可他硬挺著來到學校。全身發燒，嗓子啞得說不出話來。當學生團團圍著他等待領受任務，他幾次張嘴就是發不出聲音，只好用粉筆在黑板上顫抖地寫著分工，寫罷，吞下藥片，照樣領著學生在工地幹起來。

「大吳老師，」大夥心疼地勸道，「你休息吧，咱們能幹好的！」

他沒聽，卻找了一個最緊的和泥的活，不一會累得大汗淋淋。大夥心疼地又勸，他那蒼白的臉盤露出淡淡的笑，嗓音嘶啞地說：

「你們看……我的感冒好了……也退燒了……」

經過師生們一個多月的苦戰，終於完成了任務。不管是桌子還是凳子，不管是學生用的還是老師用的，都是一個模式：在地上釘幾根木柱當桌腳或凳腿，在立柱上釘幾塊板子當桌面或凳面。只是桌子高點是四條腿，凳子低點是兩條腿。吳守常要求很嚴，一律按照他的設計來幹。所以各個教室裡的土桌土凳，看上去前後成排，左右成行，十分美觀。

當全體師生來到新校舍上課時，一陣陣熱氣撲來，大夥激動得唱起了自己編寫的歌：

我們是北大荒的孩子，

在戰火中降生，

在艱苦中成長。

共產黨把我們撫養成人，

北大荒把我們鍛煉成鋼。

兒童團的戰旗，

扛在肩上，

南泥灣的火炬，

映紅胸膛。

從小跟著毛主席，

從小跟著共產黨，

艱苦奮鬥，

發憤圖強，

以親愛的父兄為榜樣，

在千古荒原建起新課堂……

在那飢餓的歲月裡，不僅八五三農場，其他農場同樣也湧現出許多感人的事蹟。

姜振興，江濱農場十二分場黨委書記。1946 年入伍，在部隊曾擔任副排長、指導員、副教導員。1958 年轉業來農場。這位山東漢子擔任分場書記時，正是農場遭災的時期。那年他四十出頭了。分場部只有幾間土房，燒著火炕，比較暖和。同志們為了照顧他，讓他住，他卻笑著說：

「我這人，在部隊打游擊慣了，睡火炕容易上火……」

他安排身體弱的同志住，自己卻搬進辦公室。夏天睡桌子，冬天就在牆角墊上草，睡在草窩裡。分場機關同志對他的桌子叫做：「四用桌」。辦公時當寫字桌，吃飯時當餐桌（因食堂小，只好打回來吃），人多時當椅子（椅子少，他經常把椅子讓給對方，自己坐在桌角跟大夥談心），睡覺時當床。

每天一早，他就下生產隊了。等大夥起床，他已經跑過一兩個生產隊，察看五六個地號了。機關同志見他過於勞累，勸道：不妨召開生產隊長會，聽聽匯報，布置任務……他聽了，搖搖頭說：「這陣抗澇救災，下邊忙，還是咱們下去的好！」

從分場到一隊，有一片低窪地，明水汪汪，涉水非常艱難。當時，口糧定量很低，他下隊檢查了地號往回走，走著走著，就支持不住，又

累又餓。可是，他硬是挺起精神來，每走過一根電線桿就靠著喘息，休息片刻，繼續趕路⋯⋯好不容易挨到了家。

這位分場書記下隊，一般不吃隊裡的飯。他知道隊裡的口糧很緊，不應當占用。一次在生產隊，正遇上開飯時間，他見職工們從地裡回來，他卻悄悄地下地去了。有一次，他同職工們在地裡幹活，見送飯的馬車從老遠趕來，他又藉故走向另一塊地號了。又有一次，他同分場的一名幹事下隊，待了一上午，中午開飯時，他拉著幹事下地了。晚上隊裡派人找他吃飯，他又拉著幹事回分場了⋯⋯群眾非常感動，說：

「有這樣好的書記帶領咱們抗災自救，再大的災難也能克服！」

八五六農場轉業軍人文彥芳，是生產隊裡的糧食保管員。他白天要到場院幹活，夜間還要守護糧囤。當時，口糧標準只有十二斤。為了填飽肚子，大豆秸、玉米皮、葵花盤、都成了他肚子裡的「代食品」。他氣喘吁吁、兩腿發軟，用手一按腿上一個深坑。他得了浮腫病，幹活時饑腸轆轆，如同響鼓。囤裡金光燦燦的大豆和小麥，他卻不曾挪用一粒。一天，他虛弱得下不了炕，打發妻子去請假。生產隊大夫過來一看，對他說：「你呀，老文，守著糧囤挨餓，真是的！眼下這光景，你當保管員拿一點糧食誰也不會知曉，餓急了隨手抓一把大豆嚼嚼，也好挺一陣子呀。」他聽了，苦笑了幾聲，搖了搖頭。大夫找到隊長，說：「老文營養不良，浮腫嚴重，不能下炕，你就給他批三斤營養豆吧。」「營養豆」，就是在口糧標準之外，為了照顧病號、產婦，每月由隊裡撥給的少量大豆。這些豆子，由保管員保管，經大夫建議，隊長批條，保管員憑條付糧。隊長聽說保管員病倒了，就批給文彥芳三斤營養豆。可萬沒想到條子送去後，文彥芳打發妻子把條子退回來，說：「老文說他不打緊，挺兩天就會好的。這營養豆還是照顧其他同志吧。」

八五六農場生產隊大夫張漢平也得了浮腫病，每天仍堅持巡迴出診。他是空軍 2541 部隊轉業來的。來後成了家，妻子和孩子同他一樣

整天忍受著飢餓的煎熬。他想：榛子可以吃，榛葉也可以用來代食。他在巡診回家的路上，撿了一些榛葉回來，交給妻子説：「今天咱們家好好飽餐一頓！」妻子把榛葉泡在水裡，再三沖洗，用刀剁碎，再抓一把麵和勻，烙成了餅子。全家狼吞虎嚥地吃起來，他吃了幾口感到噁心想吐，立即奪過孩子手裡的餅子。孩子淚眼汪汪地瞅著他。他勸道；「乖孩子，再忍一會兒，讓你媽烙個真正的餅子給你吃！」孩子吃著真正的烙麵餅，他和妻子一口一口地將榛葉餅吃下了肚⋯⋯不久，生產隊為了關心職工，讓大夥集中在食堂就餐。一日三餐，每餐每人三勺稀粥——粥雖稀，卻是純大米做的。大夫每次去食堂，自己一口也不吃，將稀粥端回家來同妻兒一起享受。一天，他巡診回來，在雪道上發現一個帶毛的馬蹄，就撿了回來。妻子喜出望外地用開水燙，扒下一小碗肉來。全家像過節似地改善了一頓⋯⋯一次，生產隊裡有個產婦，產後大出血，生命垂危，急需輸血。大夫驗血一看，產婦血型是Ａ型，正與自己血型相同。當場毫不遲疑地給產婦輸了二百毫升的血。回到家，他卻乏力地倒下了⋯⋯

呵，難忘的 1960 年，難忘的飢餓歲月！是八五三精神，是姜振興們、文彥芳們、張漢平們、轉業官兵和職工家屬們，用沉甸甸的情，結結實實的愛，戰勝了特大的自然災害⋯⋯

六十四、從「代食品」起家的教授

自然界畢竟只是人類生活的天然環境。災害也罷，飢餓也罷，雖然對生命有著嚴重的威脅；但是，生命的實際意義只有在同大自然共處中才能充分體現出來。

王敬立，當年八一農墾大學的一位極其普通的老師，就是在三年自然災害中把希望的目光投向了「代食品」，投向了完達山野生植物⋯⋯鍥而不捨，遍嘗百草，終於成為北大荒的「神農氏」。

他是浙江省衢縣人。1950 年畢業於浙江大學農學院，爾後在東北農學院攻讀研究生，並留校當老師。1958 年，王震將軍在裴德鎮創建八一農墾大學，他主動放棄了繁華安逸的都市生活，帶著妻子和一個不足三歲的孩子，來到這所偏遠、閉塞而荒涼的邊塞學府。

建校初期的八一農大，條件非常艱苦。一間不到 20 平方米的陋室，集臥室、書房、廚房於一體。到了冬天，四壁透風，滿屋掛霜，成了名副其實的「冰窖」。為了禦寒，他弄了些麥秸鋪在床上，一家三口圍著被子蹲在床上，也還是冷得瑟瑟發抖。

自然災害那年，裴德地區春播時連續下雨 56 天，許多地號播不上種，災情很重。全校播種糧豆到 35,000 畝，單產只有 74 斤。這些糧食如不上交，全校師生員工每人每月也只攤上 40 多斤皮糧。可是，師生員工們為了分擔國家的困難，勒緊腰帶，上交 100 噸，而自己實行「低標準，瓜菜代」：每人每月供應口糧 18 斤；農忙多吃，農閒少吃；到了冬訓，還要節約百分之十的糧食……

學校領導正焦思苦慮要物色一個搞「代食品」的人，使全校師生員工度過難關……他們首先想到農學系，繼而想到農學系植物專業老師。最後，相中了王敬立。

於是，這位三十六七的年輕老師，挑起了試製代食品的重擔。確切地說，不是試製，而是批量生產……他幹得異常認真！

玉米秸、玉米穗、大豆秸稈……粉碎，清選，加工……凡是可以填肚子的東西都用上了。

老師中間有人惋惜地說道：

「科班出身的研究生，卻研究起毫無營養價值的代食品了……研究員成了炊事員！」

他毫不理會，依然起勁地幹著。

一天晚上，他勞累已極，回到家裡，見妻兒已經入睡。他就躡手躡

腳地來到床前，費勁地脫下了上衣，感到目眩耳鳴，周身乏力。當他解開褲帶，想脫下棉褲時，不知怎的，怎麼也脫不下來。他氣喘吁吁，費了好大勁才將棉褲脫下，低頭仔細一看，原來全身都浮腫了。用拇指按大腿，一按一個「坑」……他苦笑起來，想道：

「代食品畢竟是代食品，水份大，不易消化，如長期食用，水腫是不可避免的……眼下，最好的途經就是向野生植物找出路了。」

這一晚，他沒睡著，大腦皮質一直處在興奮狀態。仿佛他沒得「浮腫病」，而是得到了一把開發野生植物寶庫的鑰匙……

念珠藻，又稱葛仙米，俗稱「地耳」。藍藻門，念珠藻科。細胞球形，由多數細胞連成念珠狀群體，外包膠質，濕潤時呈綠色。附生於陰濕的泥土上。我國各地均有分布，可供食用……

王敬立一頭扎進資料室，查閱了所有關於野生植物的圖書資料。一邊查閱，一邊摘錄……從老祖宗的《神農本草經》到《本草綱目》，從當代的「野生植物學」到「營養衛生學」，從中草藥的分類到有無毒菌的區分……他像北大荒的土撥鼠一樣，頑強地開掘一條通向野生植物資源的隧道。

他開始形成了一個獨特的思維結構：傳統與現代的結合，野生植物理論與完達山資源實際的結合……

他從資料和實踐中找到了四十多種可以食用的野生植物：地耳，蕨菜、牛蒡、野苜蓿、猴腿、野細田穀、山茄子……也區分出了三十多種有毒性的野生植物：狼毒、蒼耳、白頭翁、天南星、蝙蝠葛、金銀花果、黃柏……

這時，大雪封山，寒風刺骨，完達山南伸的餘脈上能找到的野生植物已經很少。他拖著浮腫的身軀，一步一個撲哧地在深雪裡跋涉著，尋

找著……像早年上山的挖蔘人，尋覓稀有的「七品蔘」一樣。

他終於找到了葛仙米！見到這念珠狀的野生植物，他欣喜若狂，忘掉了飢餓和勞累，扒開積雪，露出地表，繼續細細地尋找起來……直到天色暗淡下來，他才戀戀不捨地從山上返回校部。

「葛仙米」的採集和食用，給他和周圍的人們帶來無限希望：

「用野生植物或菌類取代『代食品』，是一條切實可行的渠道！」

不久，在校方支持下，王敬立又人工養起了小球藻，搞「人造肉」，還專程去母校「東北農學院」搞來了蘑菇菌種。菌種需要在溫室裡種植。人工繁殖蘑菇首先要經過滅菌這道工序，防止雜菌感染。沒有儀器設備，他就到學校醫務所借來手提式滅菌鍋，按照操作規程放在爐子上燒……燒著燒著，誰料溫度和時間還沒達到，滅菌鍋竟「嘭」地一聲爆裂了！

他垂頭喪氣地瞅著這場失敗了的試驗。收拾起滅菌鍋的碎片，仔細一看商標，原來是「大躍進」的產品，就苦笑了一聲……

北大荒嚴冬的淫威漸漸地收斂，積雪開始消融，大地復甦。

1961 年初春來到了。

王敬立抖擻精神，拖著虛弱的身體，手持鐵鍬，來到山腳下的一片荒地，尋找隔年的植物根莖。他一鍬一鍬地挖著，虛汗像豆粒似地從他蒼白的額頭滾落下來。每當挖到未見記載的野生根莖，他就如獲至寶，帶回家自己先品嚐一番，直到他認為可以食用了，才拿給別人去吃。

「這是車前子，帶著粘液，味道有點酸甜，它包含著維生素B1，不僅可以充飢，還可以清熱明目消腫哩！」

他舉著一束帶著穗狀花序的野生植物，笑咪咪地用他那浙江口音給人介紹。接著教給對方怎樣識別，怎樣去挖，又怎樣代食，經過幾百個日日夜夜，他從不間斷對野生植物的尋找、採集、品嚐和記錄……漸漸地積累了大量的北大荒野生植物資料。

不久，一條新聞轟動了全校「王敬立舉辦野生植物展覽會！」

琳琅滿目的植物標本，詳實的科學記載，吸引了全校師生員工的濃厚興趣。參觀的人們流連忘返，讚不絕口，都說：

「王老師為開發北大荒野生植物資源的研究領域，填補了空白！」

從瀋陽農學院來的幾位老師，參觀了展覽之後，又親口品嚐了王敬立從山上挖來的玉竹等野生植物做成的菜，嘖嘖著聲說：

「味道好極了，趕上美味佳餚了！」

這就是在艱難的歲月裡，由「代食品」起家的北大荒野生植物專家！

如今，他已「古稀之年」，仍孜孜不倦地開拓著野生植物資源的廣度和深度，變野生植物為栽培植物，潛心鑽研，並結下了累累碩果！

1984 年，他主持完成了「完達蜂（掌）斗菜的研究」、「莢果蕨的研究」、「刺五加的研究」等三項成果通過鑑定，均屬國內外首創。

1985 年，他主持完成的「三江平原地區植物資源」、「八五〇農場植物資源」、「八五三農場植物資源」通過鑑定，均達到國內先進水平。

這一年，農牧漁業部何康部長到學校視察，觀看了王敬立教授的實驗地，對他的研究給予了很高評價，特撥專款 20 萬元，給農大建一個具有相當規模的野生經濟植物園！

1986 年，王敬立教授光榮地加入了中國共產黨，並獲得了黑龍江省勞動模範和全國「五一」勞動獎章獲得者的光榮稱號。

這對於把畢生精力都獻給這塊苦難又富饒的土地的王敬立來說，是當之無愧的。

然而他卻說：「成績只能代表過去，我注重的是未來……即使在災難的年月，我也注重的是未來！」

第十三章
中央聯合調查組

六十五、匿名信飛向北京

從 1959 年下半年開始,就有轉業軍官給黨中央和國務院寫信了。態度誠懇,語氣坦率,反映個人和墾區面臨的困難,希望引起中央重視。信中署上真實姓名和所在農場的番號。有一封署名王某的來信——他是寫給毛澤東主席的,信中說:「……許多同志過去在軍隊裡工作,現在年紀大了,長期不能和愛人在一起,愛人也不能調來,有的離得很遠,不能和未婚妻結婚……見面都困難。有的身患重病,不適合農場工作……」

1961 年 11 月,八五六農場的一位分場黨委書記,姓孫,寫信給周恩來總理,信中反映了他所在的分場已欠發職工十七個月工資,截至 11 月底共欠發 50 多萬元……過了兩個月,又寫一信,信中說:

「敬愛的周總理,我急切等待你的覆信和指示……我分場 1960-1961 年欠發工資快十九個月了,不少外調幹部的薪金還欠著,所以給工作和生活上帶來很大困難。有的職工連寄信都沒錢買郵票,婦女買月經紙的錢都沒有,有的則買不起肥皂、牙膏……較大的困難就更多了,如紅白喜事,父母

妻兒治病,添置棉衣棉鞋等等。農場靠農業收入,而北大荒地區只能一年一收,加之連年遭災,連年虧本,不敷支出⋯⋯不少職工因長期欠發工資而沒給家裡寄錢,在某種程度上也影響父母夫妻的正常關係,尤其是入冬以來的北大荒,職工穿戴無錢購買,問題尤其嚴重⋯⋯」

信的末尾還加蓋印章,顯示了這位分場黨委書記的慎重和負責。

按照慣例,群眾來信即使寫明毛澤東主席或周恩來總理「親啟」,其結局也同樣落到中央辦公廳群眾來信組那幾個工作人員手裡。正如當年周總理說的那樣:你們寫來的信,都落到那兩個小辮子姑娘手裡⋯⋯而後,代拆代辦,按照既定順序,逐級下轉,由中央轉省委,由省委轉地委,再轉回農墾局。困難年代群眾來信太多,輾轉費時,層層加條蓋章,耽誤了時間,來信者又見自己的信落在領導手裡,不了了之,就大為失望,按捺不住,開始寫起「匿名信」來。態度兀突、語詞尖刻,甚至提出嚴厲的責問!

1961 年 1 月,八五八農場一位化名為「遠山近水」的人,寫信給劉少奇和譚震林,信中控告該場藉開展糧食戰線上兩條道路鬥爭之名,在生產隊職工群眾中「割資本主義尾巴」,實行抄家,翻箱倒櫃,對本來掙扎在飢餓線上的職工進行一次所謂「挖餘糧」運動⋯⋯

到了 1962 年 2 月,一封匿名信,由中央辦公廳轉到農墾部。寫信者只署「牡丹江局直」、「八五四農場」和「八五七農場」,未署真實姓名,代之以「胡宣」、「武明」和「乾說」的化名。信是寫給毛澤東主席的,歷數了北大荒墾區面臨的十大問題,並提出責問:

「⋯⋯五八年北大荒下放了十萬官兵,美其名曰:勞動鍛煉⋯⋯在那種情況下這種處理還勉強說得過去。現在呢?還長期叫這些官兵日夜不眠進行苦役勞動,而杳杳無期,看起來就非常錯誤了⋯⋯苦戰太多,每天 14 小時,人人精疲力竭,而生活得不到改善,直接影響生產。農場太窮,每月只發幾塊錢,其它部份全由農場借用。不僅如此,還號召

必須買半年建場儲蓄，還有鋼鐵公債、黑龍江公債等。總之，一般每月收入 70 元左右，除扣完各種項目，想著憑個人收入往家裡寄點錢，就一無所有了。從 58 年底以來，至今一口豆油都吃不上，每人每月無油吃，一塊肥皂也沒有，一塊香皂也沒有，點心糖類就更難見了……病號堆積太多，由於北大荒醫院技術低、條件差，對這些病無法醫治和療養；為了不使農場賠錢，強迫人們帶病勞動，至於他們的死活生命都是第二位……廣大官兵對此不滿，對提意見的人一律進行鬥爭鎮壓，結果鬧出了名曰右派壞份子等……北大荒本來勞動時間就長，每晚上再加『拔白旗』、辯論會、鬥爭會三小時，幾乎整年平均每人每天休息 6-5 小時。主席同志，你受得了嗎？你可詳細調查一下……親愛的全國人民領袖主席同志，一切希望，都寄在你一人身上……」

接著，又轉來一封署名為「一農工」的「匿名信」，信上寫道：

「我是黑龍江省牡丹江農墾局 856 農場的職工，58 年 3 月由北京空軍轉業來農場，剛來時這裡工資還能按月發，自 59 年 7 月-8 月就開始陸陸續續欠發工資至 60 年 4 月，就一直拖欠。這種情況如家在農場的困難還比較少一些，但如家在城市依靠工資養家的就困難多了。在現在物資缺乏時期，誰不需要用錢呢？家庭生活需要錢，父母、妻子、孩子生活需要錢，可以想像作為一個職工，沒有錢，他將如何處理這些問題呢？……希望中央能下來了解我們的情況，解決我們的問題……」

匿名信轉到牡丹江農墾局時，農墾部有關領導作了批示：

「這些信中所提有些是正確的，我們確實要在今後工作解決這些問題。但胡、武、乾之流雖有些事情會有，然其出發點、觀點、目的都是反動攻擊……」

另一位領導人批示：「其中署名胡、武、乾的這封信是反動的。其餘信只能作改進工作的鞭策，不能簡單鬥爭。」

應該說，胡、武、乾的信用詞極其尖刻，大有「興師問罪」之勢，

對中央領導人採取了很不禮貌的態度。但，撇開基本事實不談，卻在措詞的分寸和語調上挑毛病，進而定為「反動」，這就與毛澤東當年教導的「言者無罪、聞者足戒」、「有則改之、無則加勉」背道而馳了。

看到農墾部領導人的這種嚴厲的批語，1962年4月11日，農墾局政治部專為此信下達了「絕密」通知，並批示各場：「這封信固然對墾區情況作了一些反映，就其全信內容來看是極其反動的，把墾區說成一團糟，攻擊社會主義制度，因而這封信已超出了人民內部矛盾，而是敵我矛盾問題……希望你們認真迅速地運用祕密方法進行查找……」

一錘定音：敵我矛盾！而且要「運用祕密方法查找」！找到後想必又要為北大荒增加一名當代「流人」無疑了。作者遍找此文下落，幸好未見結果，看來寫匿名信的人僥倖地躲過了這場劫難。

當時黨中央正在北京召開擴大的中央工作會議（也稱「七千人大會」），開始糾正「大躍進」、「共產風」、「瞎指揮」的偏差，毛主席在會上動員在座的中央委員多提意見，風趣地說：「白天出氣，晚上看戲，一日三餐，兩乾一稀。」又說：「像連隊一樣，光指導員講話不行，還得司務長開飯。」鄧小平也在會上說：「這幾年我們搞了許多大運動，甚至差不多把運動當作我們群眾路線的唯一方式，天天運動，這是不好的。指標過高，要求過急，黨內鬥爭發生了一些偏差……傷害了部份不應當傷害的幹部……」

黨中央的糾偏挽救了胡、武、乾諸人寫匿名信招來的劫難。其實，匿名信中採用尖刻的語詞以及對中央領導人的不恭，細分析起來是事出有因的。當年，一味苦戰而且又處在欠發工資、營養極度不良的轉業官兵們，他們並沒有提出什麼過高的要求。他們知道全國都處在三年自然災害的「非常時期」，只是新開發的北大荒顯得更加困難而已。他們所不滿的是這場荒原大開發、大進軍中的過激做法，置十萬官兵於不顧，不去稍微改善一下他們所處的惡劣的生活條件和勞動條件。他們更為不

滿的是墾區一些身居高位的領導人不僅沒有與大夥同甘共苦，而且嚴重地脫離群眾，建造自己的「安樂窩」，甚至個別人的生活糜爛透頂！

六十六、「王團」的墮落

為首的就是這個左手殘廢的農墾局長，他姓王，1938 年參加革命，有著一段輝煌的歷史。《密山縣縣誌》曾記載著他早年的功績：

> 1946 年春季，偽自衛軍（群眾稱「中央胡子」，國民黨任命的東北剿共司令郭興典）大約五百多人，在密山一帶活動，到處搶掠燒殺，無惡不作。繼此之後，又來了楊、盧、于、謝文東等中央胡子，他們同樣地燒殺掠奪，殘害鄉民。同年春季，我軍王團（按：就是這位左手殘廢的局長）、常團（常團長）帶隊進攻密山（東安市），把中央胡子司令郭興典打出了東安市……時隔不久，郭興典又聯合了于、楊、盧、謝等土匪，一起向我軍王團進犯……王團長帶我軍全團人馬從穆棱河南岸直插密山包圍土匪巢穴，一舉全殲，到密山後王團與我三五九旅勝利會師，解放了密山縣——東安市……

早年在密虎寶饒一帶，這位「王團」是一位非常出名的傳奇式人物，英勇善戰，令敵人聞風喪膽，也深受人民群眾的愛戴。十六年之後，他作為王震將軍手下的一員主將，率一萬七千多鐵道兵戰士在當年浴血奮戰過的這塊黑土地建立了一批以「八」字頭為番號的國營農場群，使他更富有傳奇色彩，並顯赫一時。

這位左手致殘的局長，雖然行動不便，說話木訥，但，他的軍人儀表和幹練的作風是頗得人心的。應當肯定，在這場荒原大進軍和大開發的初期，他在貫徹王震將軍的戰略部署和具體組織指揮中，立下了汗馬功勞。他被委以重任。當時，他不僅是牡丹江農墾局局長，又是第一書

記；不久，還兼任牡丹江地委書記處書記。在當年三萬多平方公里的牡丹江墾區，他就是第一號人物了。他管轄的地區擁有三十多萬人口，四百萬畝耕地，三千多台拖拉機，一百多公里鐵路和二千多公里的公路……他本來可以繼續成為令人崇敬的一位英雄人物，就像早年剿匪時人們傳頌的「王團」那樣。

遺憾的是他的輝煌歷史到這裡就打住了，並從此走向了反面。轉業官兵們耐著性子等了他幾乎五年的時間，巴望他能在這場歷史性的災難中糾正失誤，帶領大夥共度難關，走向新的輝煌。可他早忘記自己的「王團」歷史，忘記正處在飢餓線上的戰友和廣大職工，躲在虎林那幢溫暖如春、擺著漂亮沙發和豐富食品的套間裡尋歡作樂。

從政治素養、人格到私人生活，這位「王團」已經從人們敬仰的「英雄」寶座上跌落下來，墜入了「地獄」。但，他偽裝得極好，曾矇騙了許多人。一次，在機關食堂裡人們吃著味同嚼蠟的「烤糕」時，突然發現他坐在一角吃著同樣的「烤糕」。善良、樸實的轉業官兵大受感動，紛紛奔走相告：王局長跟大夥一樣吃「代食品」了……又一次，在虎林劇場裡，面對黑壓壓的人群，他號召大夥群策群力，克服非常時期的困難，並當眾宣布了取消局級領導所享受的一些「特殊」待遇，立即搏得了雷鳴般的掌聲……只要看到他那隻空袖筒和嘴唇邊的傷疤，人們就會同情他，但，一旦了解實情，他的偽裝就被扒得精光。一個偶然的機會，作者一早在機關大樓的後邊空地上溜達。那是一個不惹人注目的場所，爐灰碴鋪的地，一座鍋爐房和一桿拔地而起的煙囪。很少有人來此。那裡還有一幢小灰屋，孤零零的，也不顯眼，但屋門口有一條紅磚道通向大樓的後門。這是冬天的清晨，作者飢腸轆轆地來到這裡，好奇地打量這陌生的小灰樓。從屋裡傳出鼓風機的響聲，忽地屋門開了一道縫，隨著一團霧氣發出誘人的香味。作者走近推門一看，原來屋裡乾淨的桌布上已擺著豐盛的早餐：牛奶、麵包、油煎大馬哈魚塊和一碟碟小

菜……正等待著局長和書記們的光臨。原來這是隱蔽的「首長小食堂」！在宣布了取消局級幹部「特殊化」待遇之後，居然還悄悄地存在著……

由於控告信不斷飛向北京，中共中央監委派來了聯合工作組，對這位「王團」和他的一夥進行了檢查，認為牡丹江農墾局的領導班子存在著嚴重失職、特殊化和生活腐化問題。

先摘錄上級工作組有關這位「王團」的生活特殊化、白吃白拿的檢查清單：

「王某白吃白拿雖發生在 1962 年以前，但情節嚴重，群眾意見很大，也必須退賠。如王某於 1960 年在牡丹江畜牧場一次白拿糕點二十斤，當時職工反應：還是當官的好！……1959-1960 年墾區職工停發取暖費，而王某仍享受取暖待遇，應補交取暖費三年共 598.41 元。

1959 年，王某分得虎骨六兩，計 37.44 元；接受農場送禮（糕點）9 斤，10.80 元；收牡丹江畜牧場雞蛋 10 斤，7.9 元，蘋果 30 斤，12 元，熟雞 5 隻，7.50 元；1960 年，拿牡丹江畜牧場糕點 20 斤，30 元，拿 852 農場糕點 3 斤，5.4 元；拿 853 農場中灶白酒 4 斤，4.80 元；蜂蜜 10 斤，大醬 17.5 斤，13.25 元；拿 854 農場餅乾 5 斤，7.5 元；拿八一農大蘋果 20 斤，8 元；芹菜、蒜苗各 1 斤，1.5 元，拿牡丹江畜牧場燒雞 20 隻、雞蛋 10 斤、活雞 3 隻，計 74.15 元……1961 年，欠付裴德醫院醫療費 243.69 元；拿 855 農場豬肉 10 斤，7 元；……1962 年，拿東海煤礦原煤一車，126 元；欠付房租 6 個月，21 元；……1963 年收 853 農場人蔘 5 兩，7.50 元；豆油 8 斤，5.28 元；……1964 年欠付裴德醫院鑲牙費 2 元；應付小灶超支 165.65 元，應付住房暖氣費 211.86……」

不詳錄這一清單的全文了。從這份大大縮小了的事實的退賠清單中，除去免退部份，實際要退僅 961.30 元。這個數字以及縮小了的「白吃白拿」，對今天社會上發生的「不正之風」來說，可以說是「小巫見

大巫」；但，在當時處在災難和飢餓狀況的墾區來說，卻是異乎尋常的事。這不能不引起群眾的強烈不滿，難怪寫匿名信的人把對墾區領導人的不滿，以及上級遲遲未作處理意見，用尖刻的語詞發洩在寄給黨中央領導人的信中。

「王團」豈止生活特殊化！這位早年的英雄在虎林地區的腐化行為簡直令人髮指！他利用局長的權勢，殘忍地蹂躪著可以獵到手的女人，以滿足他的獸欲。他幾乎不分白天、黑夜，也不分場合和地點，追逐奸淫婦女……別看他左手殘廢、行動不便，但，在發洩他那獸性時不擇手段。一位了解內情的轉業軍人告訴我：有一次，這位道貌岸然的「局長」居然在夜間露天下用呢製大衣鋪地，用一隻胳臂將一婦女按倒在地……被他蹂躪過的婦女不是三個、五個，也不是十個、八個……在他那糜爛生活的影響下，領導班子裡的某些人也都惹花拈草，影響極壞。難怪農墾部的一位部長助理奉中央之命來調查這位「王團」劣跡時，竟失聲嘆道：「農墾局的那幢小樓（按；指局長、書記們住的那幢樓），就像《紅樓夢》裡描繪的榮國府，只有樓前那對石獅子是乾淨的！」

部長助理的這句話不免誇張，但，一針見血地道出了當年以這位「王團」為代表的某些領導人的荒淫糜爛的生活。

六十七、「達摩克利斯」之劍

「階級鬥爭」的衝擊波，一次又一次地衝擊著進入荒原「向地球開戰」的轉業官兵。

在某些領導人的眼裡，「階級鬥爭」是非搞不可的。不想搞階級鬥爭的理由，正是要抓階級鬥爭的依據！愚昧，貧窮，落後的惡性循環，天災和人禍的惡性循環，正是當年「移民墾殖」的一道陰影！

1958年以來，在「王團」管轄的十多個農場開展了整風、反右、整黨、肅反、新三反等一系列的政治運動。以八五六農場為例，1958年整

風反右運動中，揭發右派份子 73 人，壞份子 44 人，共 117 人。1959 年整黨整風運動中，整了七個「後進」黨支部，重點批判了有「錯誤」的 20 名同志。1961 年整黨整風運動中揭發三類分場二個，三類生產隊七個，同時批判教育 21 名有嚴重「五風」的幹部。連續搞了四年運動之後，這個農場在一份報告中說：

「根據上級有關甄別平反的指示精神，我場至 9 月底，已甄別 633 名受處分的幹部。並分別召開了平反大會……」

「達摩克利斯」之劍，始終懸在轉業官兵頭上！從部隊到荒原，從 1958 年到 1962 年，這把僅用一根馬鬃懸著的利劍，一直懸在十萬穿軍衣的「移民」的頭上。而腐化墮落的「王團」，他頭上卻沒有懸掛什麼利劍，不僅沒有，反而得到庇護。儘管有關他的控告信一封封飛向北京，飛向黨中央，飛向農墾部；但，一封封又轉回來，控制在極小範圍內。這些控告信上看不到「一錘定音」的批示，至多將「王團」的問題列到「好人犯錯誤」的框子裡，甚至還加上「念其作戰有功，對開發北大荒作過貢獻」等字樣。

拖了五年之久，「王團」一案才開始處理，其時「王團」已榮任東北農墾總局副局長。作者參加了由各農場場長、書記參加的所謂「背靠背」的揭發「王團」的分組討論會，聆聽了關於這位曾顯赫一時的人物一樁樁劣跡，真是「罄竹難書」！會議過後，又平靜了一年。只見這位當年的一號人物，孤零零地住在招待所的一間小屋裡「停職反省」，每天能見到他行動不便地懷抱著一只竹殼暖壺去水房打水……對比五年前整個農墾局大樓鋪天蓋地的大字報揭發批判那位不同意盲目開荒、「大躍進」、「高指標」的副局長向某的情景，真是天壤之別。同樣是「停職反省」，卻是兩種不同的待遇：前者「背靠背」地揭發，後者「面對面」地批鬥！

這是歷史的悲劇！真正的拓荒者卻遭到厄運：停職反省，猛烈批

鬥，被逼自縊身亡。而偽裝的拓荒者卻「輝煌」了五個年頭，經群衆揭發，才宣布停職反省，背靠背揭發，等待冥冥中「保護性」的處理……

又過了兩年，臨近社會主義教育運動之時，這位長期「停職反省」的一號人物，養得白白胖胖，悠哉游哉，有關他的處分結論才遲遲到達墾區：行政上撤銷職務，級別降五級（後又寬大，降三級），工作上另行分配……大夥總算長長地呼出一口氣！請問：為何對「王團」一案處理長達數年之久！相反，在轉業官兵中「抓右派」、「抓壞份子」、「抓消極怠工份子」卻是異常迅速的，有時是「迅雷不及掩耳」，是「速決戰」，是「三天內掀高潮」，是「一定要抓出百分之一、二、三」來？

他姓王，1958 年 4 月來到八五〇農場的一名轉業軍官，在部隊當過保衛幹事和偵察員，在對敵鬥爭中顯得機智、靈活。可是，來到北大荒後卻無所適從了。一來他知道自己背著包袱——解放前曾參加過三青團，入伍後雖作了交待，總是一塊心病。要不怎麼會轉業來北大荒呢？二來困難時期調二隊擔任支部書記，工作非常難幹。用他的話來說：「真是剷豬割耳朵，兩頭受氣。」全隊百分之八十以上職工不安心，五九年來的支邊青年已逃跑二十多人；全隊浮腫病達 90% 以上，就是家屬婦女得浮腫病也達 60% 以上。出勤率低，生產任務又壓得很緊。他感到支書難當。上級下達的任務一年幾變，一會強調這個，一會又強調那個。剛抓順手了，又變了卦。心想：支書這活不好幹，也不能幹，不如繼續當勞動幹部，或者調走。如果幹不好，還要犯錯誤，再連繫自己的歷史問題……真是「吃不了，兜著走」。就在這時刻，隊裡發生了丟糧事件。經上級派工作組來調查，說其中有三噸糧食的丟失與他有關。他再三申辯毫無用處。正當抓糧食戰線兩條道路鬥爭的關鍵時刻，他就被定罪：一是丟失糧食，嚴重失職；二是全隊職工不安心，逃跑二十多人；三是全隊浮腫病達 90% 以上，出勤率低……經工作組建議，支部討

論，給他留黨察看一年的處分，建議行政上撤職處分。

他姓姜，也是一個生產隊的支書，貧農出身，歷任排長、政治指導員，五八年轉業來北大荒。不久，當了生產隊支書；又不久，受到「黨內警告」處分。其罪狀就是：「當上級號召『撿糧』運動時，曾組織40多人次以『撿糧』為名，到外地號去偷背。還在會上說：『我是幹部，若不是幹部，我也去偷了。就是苦了幹部了。』『你們偷著炒豆子吃，我不是沒看見，我眼睛也不瞎，只不過是睜一眼閉一眼就是了。』」

他姓劉，上尉軍官，1958 年轉業來北大荒任三隊隊長。他也受到「黨內警告」處分，其罪狀是：「因澇災，生活艱苦時，不執行黨的指示，秋後糧食上場後就開始丟糧，他說：『現在年成不好，吃不飽，還能不讓人家偷?!』……主管生產，職工住宅被拆毀 20 餘間，141 頭豬被狼吃掉 40 頭，壓死 20 多頭，凍餓死 70 多頭……」

他姓鄧，生產隊長，受到「行政記大過」處分，其罪狀是：「對代食品不重視，反而對吃代食品的職工加以威脅，一次在吃代食品時說：『想死的坐這邊來……吃了代食品會增加浮腫』……」

他姓畢，轉業前是部隊的宣傳股長，來後擔任農場宣傳部副部長，也受到黨內警告處分，其罪狀是：「身為黨的宣傳幹部，本應積極宣傳黨的政策，但，對現實不滿，在宣傳工作會議上片面地只講大好形勢，經領導指出後，又片面地講困難，致使部份幹部、職工產生頹喪情緒，影響生產積極性……他認為對大好形勢的宣傳說服不了人，又認為食堂沒什麼吃的，而小館出售高價食品不好，農場又拖欠職工工資，既吃不到又買不起……他又說：不發工資就是不好講話，北大荒只要臉上有點肉就算胖……當總場工作組檢查四分場工作時，身為工作組成員，他違犯黨委意願，竟在幹部會議上說，我們是向你們道歉來的……」

類似這樣的幹部處分，當年真是不計其數。通過一次又一次運動，批判一批幹部，處分一批幹部，企圖通過幹部的更迭來挽回面臨的困

境。結果適得其反，不僅沒擺脫困境，反而傷害了大批幹部。像割韭菜一樣，將在崗的幹部割了一茬又長一茬，滿以為北大荒有的是連排幹部，更換「易如反掌」，殊不知茬茬留著「傷口」，使轉業官兵們心中滴血，舊傷未癒，新傷再生……

據牡丹江農墾局關於甄別工作進展情況的統計，自 1958 年至 1962年 5 月，全局共處分幹部、黨員、職工 6,049 人，占總人數的 3.9%，其中處分黨員幹部 2,604 人，占其總數的 16.1%，非黨幹部 1,012 人，占其總數 8.2%……

瀏覽了這摞關於幹部處分檔案之後，驚嘆當年在這方面堪稱創「檔案學」之最！每一份都列有受處分者的簡歷、錯誤事實和處分結論。有正本副本，有本人交代和各方證言。有從生產隊黨支部到分場、總場黨委的結論，又有農墾局關於此人的處分決定；事隔數年，又附有關於此人的甄別平反的調查報告和新的結論……如果說當年農墾局在開發荒原、建設農場以及在農業科學方面給後人留下了珍貴資料；那麼，在搞歷次政治運動、處分幹部和甄別平反方面，卻留下了大量的更為可觀的「財富」。

人在向自然開戰的同時，卻進行了一場曠日持久的「內耗」！相互伐戮，無休止的批鬥，又無休止的平反……直到一九六二年開展甄別平反之後，十萬官兵總算呼出了一口長氣，這下該集中精力「向地球開戰」了。

六十八、毛澤東問候北大荒人

李艾同志：

承贈食物一包，甚為感謝！祝賀你的進步。問候北大荒的同志們。問小蔣小胡他們好！

毛澤東

九月二十七日

　　李艾原是從中南海轉業來的文工隊員，她同蔣自重、吳鳳君、梁小芳等幾個姑娘一樣，都是公安軍中央警衛團文工隊員，1958 年告別了中南海和毛澤東，來到了北大荒。幾年來，每當夜深人靜，姑娘們在各自工作崗位上總是想念毛澤東的音容笑貌，想念著中南海的紅牆、碧水和豐澤園那棵老銀杏……姑娘們一直沒有給毛澤東寫信，就像一群孝順的女兒怕給遠方的老父親增添憂愁。但，她們思念毛主席的心情一天比一天強烈。吳鳳君的好友小劉和毛主席的衛士張仙鵬結婚了，仍住在中南海。她就通過小劉打聽毛澤東的身體是否健康。後來，毛澤東知道了，把小劉找來詢問吳鳳君她們在北大荒的情況。「告訴小吳，再不寫信，我就生她的氣了。」吳鳳君收到小劉的信，得知毛主席仍然關懷著她們，激動得熱淚盈眶。她揮筆修書，寄到北京。很快地，毛澤東給她回了信：

　　小吳同志：兩信都收到了。感謝你，你的文化、政治都提高了，勞動和技術想必也學了很多，為你祝賀！還有一件事要向你祝賀的，你的婚事解決了，向你們兩人致祝賀！承致好意，極為感謝。我也時常想念你，大概永遠不能忘記，是我主張你們遠走高飛的，是我主張你們改行的。你們高飛到千里之遙，改業為生產者了，多麼好啊！文工團何必要占那麼多生產力呢？現在還是多了些，還應有一部份人高飛改革，於人民事業有利。你們去北大荒的一群人，聽說不全在一起，她們在何處？寄小胡一信，勞神轉交為荷！

　　祝好！

毛澤東

1959 年 1 月 28 日

　　看來姑娘們並沒有把北大荒存在著的嚴重困難告訴毛澤東，只是匯報了個人的工作和婚事。當年，告別中南海時，毛澤東曾極為認真地囑咐過她們：「可要經常寫信哪……你們的信實在太寶貴了。你想，我不可能接觸到那麼多老百姓啊。你們把下面的情況及時告訴我，有什麼困難也可以來信講嘛……」

　　轉業不久，北大荒的糖廠建起來了，組織上派李艾她們去齊齊哈爾糖廠學習製糖技術。當李艾手捧著自己親手製成的白糖，懇切地對車間主任說：「我想買一小瓶。」困難時期，白糖也是營養品，可以消除浮腫。主任同意了。李艾裝了一玻璃瓶親手製的糖，小心翼翼地收藏起來。她有一個美好的心願，期待著能有一天重返北京見毛主席，把自己親手製成的糖獻給他，讓老人家嚐嚐。這一天終於來到了。全國文藝調演在北京舉行，李艾作為農墾系統的代表來觀摩演出。她給李銀橋打電話，把那瓶白糖託他轉交給毛主席。沒過幾天，李銀橋找她，把一封信鄭重地交給了她。李艾接過毛澤東的信，心裡蹦蹦直跳……

　　這就是前面提到的毛澤東那封祝賀她進步，並問候北大荒同志們的信。

　　李艾急切地對李銀橋說：「我想見見毛主席。」

　　可是，這天晚上有活動，安排代表們觀摩話劇。戲散之後，儘管已經很晚了，李艾騎上自行車飛快地往中南海的方向疾馳。

　　站在門口焦急地等了很久的李銀橋一見李艾，就連聲埋怨：

　　「怎麼這麼晚才來，主席等你老半天了。」

　　李艾顧不上解釋，快步走進了豐澤園。

　　「主席，您好！」

　　毛澤東上下打量著李艾，讓她坐下，連聲說：

　　「長大嘍，長大嘍……」

　　「主席，我去觀摩話劇，讓您久等了。」

「你看什麼劇呀？」

「《東進序曲》」。

毛澤東吮了下嘴唇，點頭說：「知道了，這是一齣好戲，是寫華東戰場的。」

又攀談了一陣，李艾一看手錶，哎呀，已經是夜裡 11 點多了。她緊忙站起來說：「主席，太晚了，明天是國慶節，您還要上天安門去檢閱。我走了，下次再來看您。」

「不要急嘛。」毛澤東極力挽留，但李艾考慮到毛主席明天的重大國事活動，還是依依不捨地走了。

離開北京的前一天晚上，正逢中南海週末晚會，李艾又一次來到中南海。這也是她最後一次見到毛澤東。

春藕齋樂聲悠揚。李艾一到，毛澤東就招呼她：「李艾，過來，過來。」

毛澤東拉著她的手，對全場的同志們介紹說：「哎，這是從北大荒回來的李艾同志。」

毛澤東讓李艾坐在他面前，很高興地告訴她：「你們遠走高飛，長大嘍，成為一個勞動者了。前些時候，到北大荒的那個梁小芳到我這裡來了。這個小鬼呀，才這麼一點點高的個子，就當了列車長了，好啊！」

毛澤東打聽著到北大荒去的其他人的情況，他想仔細地了解北大荒的生產生活，忽然問李艾：

「你有沒有挨餓？」

李艾遲疑了，心裡很想告訴毛澤東她們真實情況——一場大雪把黃豆全捂在地裡了。為了還蘇聯的債，為了支援全國人民，她們親手把一粒粒大豆和玉米裝進麻袋，運上火車，自己卻餓得腿肚子發抖，兩眼冒金花。在這種情況下，有的姑娘臉上浮腫，有的姑娘絕經了……

這一切能對主席講嗎？李艾看著明顯蒼老了的毛澤東，心裡一陣酸熱。聽李銀橋說，主席已經很久不吃肉了，經常吃些野菜、芋頭補充糧食。她裝做輕鬆的樣子，告訴毛澤東：

「我們北大荒還行，沒挨著餓。」

實在遺憾，姑娘沒有向毛澤東敞開心扉。歷史在這裡切斷了「下情上達」的渠道！

樂曲奏響了。李艾環顧周圍的景物，心想：今晚簡直就像在夢境裡一樣美好，明天就要返回北大荒了，不知何時才能再見到主席啊。

她懷著眷戀的依依深情，輕輕地對毛澤東說：「主席，我請您跳舞！」

〈瀏陽河〉悠揚動聽的曲子，依然讓毛澤東陶醉。

一曲終了。毛澤東又一次問李艾：

「你那裡的情況是不是真實情況？」

「主席，糧食是豐收了，大家生活確實比以前改善了。我們是吃很多苦，在艱難困苦的環境中，大家都發揚了人民解放軍的光榮傳統。」李艾胸脯起伏著，兩眼閃著難以覺察的不安的神色。

毛澤東呼出一口氣，欣慰地說：

「問候北大荒的同志們！你們要愛護身體，身體是革命的本錢嘛。」

李艾點點頭，依戀地向毛澤東告別：

「主席，我該走了，明天就回北大荒了。」

毛澤東看著李艾，突然又問：

「我能幫你做什麼事嗎？」

李艾搖搖頭，微微一笑：

「主席，您放心吧，我一切都很好。」

「長大嘍！」毛澤東喃喃地說。

李艾舉手敬了個軍禮，離開了中南海……

六十九、鄧子恢視察墾區和農墾「憲法」

「整風學習會議，應該掌握三個『不』字（不抓辮子、不扣帽子、不打棍子），暢所欲言，充分發揚民主，個別同志在會上發火，給別人扣帽子是不對的……」[1]

這是 1961 年 7 月鄧子恢副總理聽了農墾整風學習會匯報後說的話。這次會著重解決農墾部這些年來存在著的問題，而北大荒農場就是其中的一個棘手的難題。過了一個月，這位黨內經濟專家，聽取了北大荒寧安農場的匯報之後，用他那濃重的福建口音說：

「農工怎樣才能積極，要看和農工的利害關係……調整生產關係，這是最重要的。沒有這一條，糧食上不去，是空的。」

又過了一個月，鄧子恢親自披掛上陣，來北大荒視察了。他一路走，一路看，召開座談會，與轉業官兵促膝談心，回到北京，他召集了農口的部長們，說：

「這次去東北，到了北大荒，看了牡丹江農墾局幾個農場和種馬場……從牡丹江墾區的情況來看，還是以前說過的四句話：『成績偉大，問題不少，前途光明，責任重大』……農場各方面的問題確實不少，首先是產量低……三個月不發工資是普通的，有的場八個月不發工資……」

說到這裡，這位副總理上了火：

「密山墾區共 35 萬人，其中職工 14 萬人，有 620 萬畝耕地，但生產隊的農工總數不到 7 萬人。50% 以上的勞動力搞非農業生產，煉鋼、

1　注：鄧子恢副總理的講話，以及視察北大荒時的講話，連同本章有關南寧會議王觀瀾、王震的講話，均見《農墾工作文件資料選編》（農業出版社 1983 年 8 月出版）。

煉鐵等等，這叫不務正業，再這樣下去，農場招牌要拿下來改為工廠了
⋯⋯這幾年的『五風』為害，除在幹部思想上分不清什麼是社會主義，
什麼是共產主義的界線外，主要是官僚主義！」

「北大荒之行」為鄧子恢提供了活生生的經濟狀況，他認真地思索
科學社會主義的理論，特別是由這塊古老而棘手的黑土地引起的國營農
場的經濟理論問題。

1962 年 2 月 28 日，鄧子恢就國營農場問題向黨中央和毛澤東主席
呈遞了一份報告。報告中充分肯定了農場的成就，並對北大荒進行了鞭
辟入裏的透析，開出了藥方！

在十萬官兵開發北大荒的歷史上，如果説王震將軍拉開了雄壯的序
幕，那麼，鄧子恢則是在曲折的困境中樹起了一面科學務實地進軍的大
旗！

早在十年前，他擔任中共中央中南局第二書記時，毛澤東曾寫信給
他：「民主人士及大學教授願意去看土改的，應放手讓他們去看，不要
事先布置，讓他們隨意去看，不要只讓他們看好的，也要讓他們看些壞
的⋯⋯」

他就是本著這個精神來北大荒的，不光看好的──前幾年已經在報
刊上連篇累牘地這樣做了，現在要看些壞的了⋯⋯這才能對症下藥！

他在王震將軍的陪同下視察了北大荒，看了幾個農場，也看到了王
震手下的兩位得力幹將。一位是牡丹江農墾局長，那個在戰爭年代失去
一隻胳臂的「王團」。另一位也姓王，合江農墾局長王正林。通過視察
和接觸，他打心裡喜歡這個 1938 年參加革命，當了好幾個縣的縣委書
記、友誼農場的創始人了。他感到這個年富力強的河北漢子是務實的，
有著可貴的科學態度和平易近人的領導作風。在十萬官兵進軍北大荒的
五年裡，合江農墾局雖然也搞過「大躍進」和「共產風」，但，由於當
時領導班子作了一些抵制和不斷地調整，生產形勢要比牡丹江局好得

多，也沒有搞第二次「反右鬥爭」，更沒有餓死人⋯⋯當他了解到「王團」的嚴重問題時，他瞅了瞅一直陪同他視察的王震將軍，心想「兩王」是將軍手下的兩員幹將，如今看來，他在北大荒的左右手實際上只剩下一隻胳臂了。

南寧。郁江碧波粼粼，春意盎然。

1962 年 3 月，這座廣西壯族自治區的首府，雲集了全國農墾系統的各路「諸侯」。作為農墾部直屬四大墾區之一的北大荒，也派來了代表。代表們知道這次會議的重要：農場開始進入黨的八屆九中全會制定的以調整鞏固充實提高為方針的發展階段了。

鄧子恢主持了這次大會，作為中央農村工作部部長和國務院副總理，一年來緊鑼密鼓地進行調查，多方奔波，就為了做這樣一篇大文章：召開會議並出臺一部農墾「憲法」——《國營農場工作條例》試行草案！

王震作了兩次發言。他畢竟一半是部長，一半是將軍。當將軍的魄力理不清國營農場的規律時，部長的視角就開闊起來。五年來十萬官兵進軍荒原以及整個農墾工作的實踐，使他獲得了戰爭年代以及屯墾南泥灣無法比擬的豐富經驗——正面的和反面的⋯⋯他在會上作了嚴格的自我剖析：

「我作為農墾部的負責幹部，部長和黨組書記，對於黨中央和毛澤東同志思想方法的學習不深不透，因而在工作中由於主觀片面和急躁情緒而產生了一些嚴重的錯誤缺點⋯⋯」

接著，他對「共產風」、「高指標」等問題作了檢討，聯繫到鄧子恢向中央、主席的報告中指出的農場勞動生產率、商品率低，這兩「低」是同他的錯誤缺點有關。

由於得了感冒、遲來一個星期的中央農村工作部副部長王觀瀾，在會上對將軍的自我剖析予以充分肯定，說：

「王震同志採取嚴肅的認真的檢查態度，提出了五條，將責任放在自己的身上，並要求同志們提批評的意見，這是完全對的，是農墾系統領導人帶頭實行嚴格的自我批評的開端……王震對我說（我在友誼農場也聽到），他心情急躁，遇事好發脾氣，有時甚至罵娘，有些人就怕他。但我知道，王震為革命事業，是忠心耿耿，不避任何艱難困苦，也很爽直，講過罵過就完了，不計較……共產黨員為革命連生命都在所不惜，難道這點缺點錯誤還不能改正？大家一定要將會議的精神帶下去，不要將缺點掩蓋起來……」

會議整整開了二十天，代表們暢所欲言，心情舒暢，肯定成績，剖析缺點，並認真地討論，修改了《國營農場管理工作條例》。

一部國營農場的「憲法」，經歷幾年的前進和曲折，凝聚了廣大轉業官兵、支邊青年和職工們的汗水和心血，終於誕生了！

會議結束後不久，1962年11月，中共中央和國務院對北大荒農場作出了新的戰略部署！

決定成立東北農墾總局（設在佳木斯市），撤消牡丹江農墾局和合江農墾局，管轄原來兩局所屬農場和其他企業。

國務院任命：農墾部副部長張林池兼任總局局長，副局長黃家景、王景坤、王正林、劉伯增。其中三名分別於1964、1965年調離，而王正林挑起了重擔，三年後提升為總局局長。

歷史選擇了這個經受考驗倍受群眾愛戴的老拓荒者。

與此同時，中央派來了聯合調查組，調查和處理原牡丹江局和「王團」的嚴重問題。

歷史將永遠記住黨中央和國務院的這一舉措。北大荒的風雪滿天飛舞，似乎在歡慶這個舉措。十萬官兵和廣大職工們的心情也為之一振！這個舉措將決定北大荒的命運：是繼續挨餓、吃代食品、無休止地「瞎指揮」、「拔白旗」，還是務實求是地一步一個腳印地搞「農業機械

化」。

北大荒出現了轉機！往日的神話、夢囈、狂熱被窒息了。那種派生出來的「五風」和以「王團」為代表的腐朽，也被外科手術刀加以一一摘除了。

請看《黑龍江省志‧國營農場志》對東北農墾總局這時期的評語：

「1964年墾區認真落實了中央關於改革國營農場經營管理制度的批示，改善了經營管理和生產面貌，武裝了一百個機械化生產隊，並把一切納入了『面向生產隊』的軌道，使生產出現了轉機，由經營虧損轉為盈利。1966年糧豆總產14.5億公斤，工農業總產值7.6億元（1980年不變價），盈利1213萬元，基本上實現了國家提出的建立商品糧基地的要求。」

七十、北大荒的「焦裕祿」——王正林

牡丹江局和合江局合併，成立東北農墾總局，使原來分處兩局的十萬官兵「合二為一」，成為一家人了。機構合併，幹部交流，使雙方了解到五年來同是一個天、同是一個地，而雙方的處境卻不盡相同。原因在哪裡？除了諸多客觀和主觀因素外，「二王」顯然是一個不可忽視的因素。難怪牡丹江局的轉業官兵見了合江局的戰友，都流露出一種羨慕的神態，甚至打趣地說：「你們的命好哇！攤上了一個好局長，王正林。我們呢？偏偏攤上像『王團』那樣的局長，真是『屋漏偏遇連陰雨』，倒了霉了。」

遇到這種場合，合江局轉業官兵就像他們的局長王正林那樣謙虛，說：

「那裡那裡，我們也一樣遭受了折騰，不過，沒有你們那樣折騰得邪乎，也挨了餓，不過沒死過人，也沒有搞第二次『反右鬥爭』……」

當雙方進一步接觸，擺了各自五年來的情況，特別是擺了牡丹局和

「王團」的嚴重問題之後，合江局轉業官兵大為驚訝，並深表同情，最後，歸結到一句話：

「咱們的王正林呀，沒說的！響噹噹的帶頭人……威信高，平易近人，又懂農業，是個焦裕祿式的好領導呀！」

王正林，河北漢子，寬厚的身材，給人一種厚重感。但，他是屬於知識份子型的幹部。歷史的巧合，他同「王團」一樣，也是1938年參軍。曾在新四軍第四支隊同他的妻子一起辦機關報《拂曉報》。早年報社的全部設備，就是鐵筆、鋼板、蠟紙、油印機……沒有固定的地點，只是在林立的敵人據點的空隙裡活動，每時每刻都準備打仗、準備行軍轉移，以及插空編稿、刻印、出版、分發……

1946年冬天，在漫天飛舞的大雪裡，他身背步槍出現在北大荒的土地上。穿一件從豫皖蘇邊區帶來的灰布大衣，搭乘一台燒木炭的汽車，率領小分隊叩開了雪原的大門。從此，他投入了緊張的反霸、建政、剿匪、土改的工作，先後擔任了寶清、樺川縣委副書記、書記，以及松江省、吉林省農業廳副廳長的職務。1954年，國務院決定在北大荒籌建我國第一座大型機械化農場——友誼農場，他因才幹出眾而被任命為農場副場長兼農業總技師，五年後擔任第一書記兼場長……當十萬官兵進軍北大荒時，他又因德才兼備的群眾威望以及在友誼農場的政績而提升為合江農墾局副局長……從此，他和十萬官兵的命運緊緊聯繫在一起了。

1958年春天，「大躍進」的衝擊波席捲北大荒，「瞎指揮」和「浮誇風」迅速蔓延。當時，農墾部的一位局長親臨友誼農場，主持了一個名曰「高產密植」經驗交流大會。會議口號是：「人有多大膽，地有多高產。」參加會議的是各農場的場長和書記們。一位來自北京的局長向大夥介紹了全國「大躍進」的形勢，以及各地競放「高產」衛星的所謂「經驗」。他說：友誼農場是全國農場群中「天字第一號」的大場，機械化程度最高，應該「當仁不讓」，放出一個「高產密植」的衛星來

……在這個局長的鼓動和壓力下，會上有些農場代表坐不住了，紛紛表態，產量口號一個比一個高，大字報貼滿了俱樂部內外，真是狂熱到了極點。

當時，王正林正在合江地區開會，他也經受了重壓，原來這個會議以整風運動的形式推動「大躍進」。幾個月前，《人民日報》社論〈發動全民，討論四十條綱要，掀起農業生產新高潮〉，已經發出了咄咄逼人的訊號：「有些人害了右傾保守的毛病，像蝸牛一樣爬行得很慢。他們不了解農業生產合作化以後，我們就有條件也有必要在生產戰線上來一個大的躍進。」會場內外也緊搖「戰鼓」，到會的頭頭們紛紛表態。以務實精神著稱的王正林見這情景，如芒刺在背，心中十分不安。根據農場多年來的實際，畝產達到二百四五十斤也就算高產了，哪能信口雌黃？黨歷來教導要實事求是，能做到的說，做不到的不能說……會上，他始終保持冷靜的態度，沒有隨便表態……正在這時，友誼農場打來緊急電話，向他通報了那裡會議的情況，說那位農墾部來的局長為了把會議推向高潮，堅決讓友誼農場推廣小麥播到5000萬株，大豆播到100萬株的所謂「密植高產經驗」，還揚言：誰反對大躍進，就給誰扣上「右傾保守」的帽子……

王正林在電話裡問：「你們的態度呢？」

電話裡回答：「我們沒表態……種這些年地，讀那些年大學，從來沒見過密植到這個程度！」

王正林心裡有了底，說：

「好，你們做對了，咱們一定要實事求是，千萬不要隨波逐流，要量力而行！」

「壓力實在太大了，」電話裡向他訴苦：接連幾天晚上，那位局長一直對他們採取軟磨硬泡的辦法，盯住他們幾個開小會，個別開導，還宣稱：一定要在友誼放出大衛星，否則就抓一批右傾份子。

「你們先頂住，等我回來再說，」王正林放下了電話。

地區會議一結束，他就連夜趕回友誼農場，沒顧進家門，來到俱樂部觀看大字報。看罷，見沒有友誼表態的大字報，心裡懸著的一塊石頭落了地，便到了會議休息室。

正趕上友誼農場的幹部和那位局長頂牛的時刻。有人勸他別露面，由他們頂著。為了緩和緊張局面，他大步走進會議室，對那位局長說：

「你放心，友誼農場保證比其他農場增產百分之三十，如果不夠數，你拿我王正林是問！」

那位局長說：「現在的問題是：你們要表推廣小麥播到5,000萬株，大豆100萬株的密植高產的態！」

王正林說：「這個態我們不能表，對密植高產，我們可以做到三條！」

那位局長問：「哪三條？」

王正林回答：「第一積極試種，第二作好示範，第三慎重推廣！……馬上要大面積這樣幹，我們做不到；但保證今年要增產！」

那位局聽了，惱火地走了。大夥見狀，為王正林捏一把汗。第二天一大早，那位局長又把王正林找去了，專門在小屋裡談。大夥擔心地聽著屋裡的動靜，只聽得那局長的嗓門越來越高，王正林還是慢條斯理地給對方擺事實講道理。不一會兒，那位局長走出了屋，一邊走一邊說：「右傾，右傾！」

大夥進屋，擔心地問王正林：「咋辦？」

王正林苦笑道：「寧可官不做，也不能眼看黨的事業受損失。好哇，還有你們給我撐腰哩！」

這一年，由於「大躍進」的左傾思潮的影響，許多農場減產了，友誼農場由於按照自己的經驗穩步前進，沒搞什麼「密植高產」，小麥播700萬抹、大豆40萬株上下，奪得了豐收……

　　1958年，全國掀起了「人民公社化」高潮，報紙、廣播裡幾乎天天都報導「共產主義大食堂」和實行「供給制」的消息……友誼農場領導班子內部也有人主張緊跟這種形勢，搞集體食堂和供給制，否則要犯政治錯誤。情況反映到王正林那裡，他思考良久，然後說：「全國有全國的形勢，我們有自己的實際情況，辦事要從實際出發，否則將事與願違。農場人員來自全國各地，很多同志都負擔老家親人的生活費用。在這裡吃大食堂，實行供給制停發工資，老家親人生活怎麼辦？大家都到食堂去吃，冬季各家各戶還得燒火取暖，這樣勢必形成浪費。雖然上級有這個精神，其他地方有這樣的做法，但是我們對待問題得具體分析，條件不具備就不能勉強去做實在辦不到的事。」

　　由於王正林的堅持，友誼農場沒辦什麼「共產主義大食堂」……過了幾個月，實行供給制、吃大食堂的農場都吃了苦頭。

　　有一次，農墾部的一位領導人來農場視察工作，並召集了轉業軍官開大會，希望他們安心邊疆建設。有一位南方籍的轉業軍官在會上給這位領導遞一張條子，發了一通牢騷，並要求發放退職金回老家。這位領導看了就火了，當場就說：「寫條子的人可能是右派或者是極右份子！」當時，會場氣氛十分緊張，大家也為遞條子的人捏一把汗。散了會，這位領導同志火氣未消，耿耿於懷，臨走時衝著王正林說：「你們一定要好好查一下，這條子倒底是誰寫的，為什麼寫這樣的條子？」

　　當時，農場組織部的一名大尉轉業軍官，請示王正林：這事該咋辦？

　　王正林思索良久，說道：「我看還是屬於認識問題，查出了批評一下，不要給什麼處分，更不要打成右派。」

　　三年困難時期，武漢軍區來農場調六頭奶牛，解決那裡的副食供應。王正林大力支持，派專人將六頭奶牛送到武漢。當送牛的幹部回來時，帶來軍區首長送給王正林一大包高級營養品，以示酬謝。他見了，

堅決不收，對那幹部說：「你把這包東西給辦公室吧。」

有一次，王正林去北京匯報，農墾部安排他住新僑飯店，他見住房高級，打聽每天宿費13元，嫌貴。第二天，自己去聯繫了一家招待所，每天6元。同去的幹部對這位局長的行動既欽佩又表示公家可以報銷不必過於簡樸，他卻笑著說：「你知道一斤小麥多少錢？一毛七分五！」

王正林每年下基層的時間至少在半年以上，下農場調查從不要很多人陪同，不搞「前呼後擁」。有時工作需要只帶一二個人，多數時間是自己一個人下場。吃飯時不要農場的同志陪餐，更不准大吃大喝。有的基層幹部見他很辛苦，讓伙房多燒幾個菜，拿點酒解乏，他不等對方行動就撿起酒杯讓服務員拿走，並笑著對基層幹部說：「我知道你那一套了，又是什麼『只此一遭，下不為例』了。咱們不搞『下不為例』！我們的工人吃啥呀？這樣搞，我們吃得下去嗎？」

王正林妻妹在東北農學院畢業，要求分配來農場工作，他大權在握，卻沒有同意，並耐心地說服對方：「你想想，我當領導給你開了方便之門，群眾會有什麼反應？我又怎樣來要求下級呢？」最後，妻妹被分配到西藏工作去了……

面對這樣一位「焦裕祿」式的局長，人們不能不從心眼兒裡崇敬他，愛戴他……到處流傳著關於他的「一條馬哈魚」和「半碗野雞肉」等廉潔奉公的故事。當聽到人們傳誦他的平凡而又閃光的事蹟時，每個幹部、職工不能不經受一種正義、純潔的感情的衝擊！

他的家庭擺設是那樣的簡樸，與他身居高位和擁有的權力形成了巨大的反差。然而，當人們看到他兩個裝滿書籍的書櫃時，不由得驚嘆他是多麼博學和「見縫插針」的苦學：《資本論》、《土壤學》、《C-80型拖拉機》、《戰爭與和平》、《遠征歐陸》……牆上掛著巨幅墾區農場分布圖，另一面牆上掛著一張他在茫茫麥海中向遠處眺望的照片。案頭放著一台聯結著他和上百個農場的電話機……

歷史已經把這位杜鵑啼血，效力北大荒三十年的「焦裕祿」式的幹部的名字鐫刻在黑土地上。

他自擔任東北農墾總局副局長、局長後，作為農墾部副部長兼總局局長張林池的助手，同新班子一道，遵循毛澤東主席當時告誡的「大興調查之風，一切都要從實際出發」、「堅持真理，隨時修正錯誤」，僅僅甩開膀子幹了三年多，就把原來遭受「大躍進」、「共產風」以及三年自然災害的破壞而帶來亂攤子，整頓得有條不紊，使生產出現了轉機，由經營虧損轉為盈利。三年三大步，到了 1966 年，墾區到達了上下一致公認的北大荒的黃金時期！

誰料歷史在這裡又拐了一個彎！

正是 1966 年，黨中央召開了八屆十中全會，「階級鬥爭」的弦又進一步擰緊。一場「史無前例」的「無產階級文化大革命」降臨到這塊多災多難的黑土地上！

王正林，這位受到墾區上下愛戴的人物，首當其衝，成了「炮打司令部」的火力目標！

作者寫到這裡，筆很沉很沉……「十年浩劫」「罄竹難書」。王正林遭到的肉體上和精神上的摧殘，也是難以描繪的。這裡，作者只是想告訴人們：「文革」給正在經濟復甦和正要大顯身手的王正林和十萬官兵以致命的打擊。當時「王團」這樣的人物已經不屑一顧，他是一條「死老虎」，不是「重點」。

當時卻認為：王正林這樣的人物才是「危險」的人物，是「打著紅旗反紅旗」，是「蘇修的忠實門徒」，是最難識別、最能迷惑人、最陰險最狡滑最毒辣的「赫魯曉夫」式的人物，理應揪出來示眾，批倒批臭，然後踏上一萬隻腳……

應該把這段迷亂的歷史留給後代！

讓這段歷史不再重演……把被顛倒了的歷史重新顛倒過來！

第十四章
彈指一揮三十年

七十一、一位歷史學家的評語

對北大荒來說，1958 年的大進軍、大開發和後來的大折騰、大轉折，僅僅是它開發史上的「彈指一揮間」。可是，這瞬間，十萬大軍卻有著敘述不盡的自豪、悲痛、寬慰和眼淚。

一位歷史學家曾對十萬官兵進軍北大荒作如下評語：

轉業官兵們的豐功偉績值得大書特書，作為墾區的中流砥柱，他們不僅為三江平原的開發奉獻了全部心血，而且樹立了成千上萬個忠誠愛國者的形象。他們來自五湖四海，會師到冰天雪地，莽莽千里荒原。幾十年如一日，艱苦奮鬥，勇往直前，他們中的許多人甚至還留著創傷，卻始終巍然不動，堅守在自己的戰鬥崗位上。他們沒有索取，只有奉獻。「吃的是草，擠的是奶」。他們以自己的崇高理想和無言的行動，樹立了一座雄偉而壯麗的豐碑！

如今，北大荒已發生了翻天覆地的變化。從 1947 年創建第一批公營農場開始，至今已四十多年，古稱「黑水靺鞨」

之地已變成碧波萬頃的良田，成為我國最大的農業商品生產基地。她擁有大型機械化國營農場103個，耕地3,000萬畝，職工70萬人，人口163萬。她還初步建成了自己的工業、商業、文化、教育、交通、電訊等企業事業體系，初步建設為農林牧副漁全面發展、農工商綜合經營的農業現代化生產基地。

可是，對十萬官兵開發北大荒這樣一個重大歷史事件，至今仍在爭論。正如1964年董老視察墾區時即興賦詩中所說：

斬棘披荊憶老兵，大荒已變大糧屯。

雖然經驗有得失，得失如何要細論。

「這是一場歷史悲劇」，一位來自部隊的老戰士訪問了當年建起來的農場群之後說：「五七年的反右和五八年的大躍進，加上三年自然災害和一連串政治運動。使得這個偉大的歷史事件塗上了悲劇和鬧劇色彩……退一步來說，當年可以動員整建制的部隊來開發，而不是把數萬名有文化、有各種專業技術的尉官們投到這裡，而付出如此巨大的代價！要不，成就要大得多！」

「教訓和失誤確實不少，而且很慘重，」一個離退二線的農墾部門的老墾荒戰士說，「任何偉大歷史事件都不是十全十美的。試想，北大荒如果沒有五八年這十萬官兵來開發，它能形成現在的模樣嗎？三十多年來，還不是這批十萬官兵頂著北大荒的大樑，忍辱負重地繼續開發和建設嗎？」

爭論不僅在墾區外部，而且內部也議論紛紛：

「別揭十萬官兵的傷疤了，早年的傷痛和淚水已經太多，還是多擺一擺他們的英雄業績和現在農業現代化的成就吧。」

「不，如今已不是當年光顧往自己臉上貼金的年代了。我們不需要

那種虛假的光榮和偽裝的神聖！要睜大眼睛。用外科手術刀來解剖一下這個歷史事件的得失是非，這才是真正拓荒者需要的勇氣！」

各執一家之言。一個好心腸地給歷史塗上引人向上的色彩，一個是冷靜地揭開長久以來蒙在歷史上的那層罩衣。

但願各種紛紜的意見匯集成一個辯證的整體。北大荒需要在自豪和激勵中正視失誤，繼而在失誤的反思中創造出更大的自豪和奮進！「老尉官」們用自身經歷也出色地證明了這一點。

七十二、闖入氣象王國的「少尉」

蔡爾誠，1958 年 4 月從天府之國來到北大荒的一名防化學兵少尉。從他那張黝黑堅毅的臉上，可以想像到當年準是個倔小伙子。他十五歲就參加志願軍，幾乎年年立功受獎，可是他始終實現不了入黨的願望。原因很簡單：他祖父是地主，又是「國民黨官僚」。直到 1975 年才調查清楚：他祖父是 1926 年由董必武單線領導的地下黨員。

這個原先只有初中文化，全憑自學成才的氣象專家，在北大荒經歷了曲折而坎坷的道路。

當年他用農場批下來的二百元經費，置了兩支溫度錶，又從鄰近公社氣象哨廢墟上撿回來一架百葉箱和雨量筒，稍加修理，繼而在一塊玉米地上「破土動工」，建起了農場第一個氣象觀測場。

他的事業就在這樣一個簡陋的場所起步的。他每天起早貪黑觀測雲天，記錄著成千上萬條資料。四處走訪老農，搜集民間流傳的天氣諺語。他拚力地挖掘科學數據和傳統諺語之間的通道。

正當他探索雲天、奮力自學的時刻，他在愛情和家庭生活上遭到了不幸：妻子得了妄想型精神分裂症。原來他妻子在婚前有過一個對象，對方是飛行員，由於她家庭關係複雜，沒被批准結婚，精神上受到很大打擊。婚後，她對丈夫看管很嚴，生怕有人奪走……每天他上小山包觀

測天氣，妻子就尾隨在後，邊追邊喊：「你上哪？你回來呀。」他在辦公室填寫氣象日記，妻子神經質地躲在窗外窺看。他走訪老農，妻子就盯梢……最後，歇斯底里大發作，收音機砸了；手錶摔壞了，還將他的「氣象日記」扔進了廁所……

1965年冬天，他惘然若失地將妻子送進北安精神病院，又將不足三歲的兒子托付給老丈人家，繼而匆匆搭乘火車進京，參加北京大學氣象函授班的畢業考試。畢業時，他提出了一篇與蘇聯長期預報的鼻祖牟爾坦諾夫觀點不同的「隨機頻率」的論文，被推薦給《氣象學報》發表。

1965年召開的全國氣象預報學術會上，他的兩篇論文入選。但，他遞交給黨組織的一份份入黨申請書卻毫無結果，組織上讓他「繼續接受考驗」……

從1966年2月10日起，他一天也不間斷「看天日記」，即使出差、開會，或在火車上，也不中斷對雲天的觀測和記錄。二十年後，《解放軍報》記者專程查看了他保存下來的一本本大小不一、式樣各異的《看天日記》，並作了報導。報導中強調了三個令人矚目的數字：轉業少尉蔡爾誠連續觀測記錄雲天20年，累計7,300天，資料達140萬字！

漫長的二十年！前十年正是在史無前例的「文化革命」中度過的。這個風暴要比妻子發瘋造成的「風暴」大得多。將他長年探索氣象奧秘說成是「個人主義惡性膨脹」、「資產階級名利思想」，有的居然將他家庭的不幸造成的痛苦，顛倒過來，說他「逼瘋了妻子，送走了孩子」，至於他那長期背著的家庭包袱──「祖父是地主」、「伯父是國民黨官僚」，更是眾矢之的了。

漫漫的長夜，他等病妻熟睡後，出屋抬頭望看雲天，他那遭受兩股風暴夾擊的心在流血。他緊握著雙拳，仰望長空，心中發出無聲的呼喊：「老天啊，你給我帶來各種痛苦和創傷，我也要從你身上奪取最後的勝利！」

他決定寫一本氣象方面的書！

1971年黨的生日前夕，他將無數個日日夜夜熬盡心血寫成的書稿，寄給了一家出版社。可是，當出版社同志拿著書稿來徵求農場上級領導機關意見時，得到的回答是：不同意出版。理由是：名為群眾看天，實則是蔡一人的意見，此方法存在不同看法，未經推廣，云云。

書稿被否定，他要求將原稿還給他，得到的回答是：不行，書稿由上級封存！於是，他被剝奪了同自己書稿見面的權利。這時，他那有瘋病的妻子又得了肺結核，他已無暇顧及書稿，送妻子入院，日夜護理。一天，鄰居失火，當他從護理妻子的醫院回家一看，原來不多的家當也付之一炬。於是，他被剝奪了一切！徹底的剝奪！他成了無家可歸的人，暫時借住在農場招待所為拖拉機手準備的大通舖上。

在這擠滿五六十人的大炕上，他顧不上周圍的喧鬧和燈光的昏暗，捲被當桌，握筆疾書，追記著那被封存的書稿的每一頁、每一行……他在大通舖上送走了1971年除夕，迎來了1972年新春，他終於在大炕上寫出了第二稿！

三年之後，一本燙金封面的《看天測雲雨》，終於在出版社同志的全力支持下，衝破重重阻力，正式出版了。後又再版，並譯成蒙、朝文版。

1976年，他的視線轉移到用雲預報暴雨的探索上了，整整三年時間。他仔細分析了十四年內每一場大雨前雲的特性。八十年代，他的一個新論述〈中國暴雨雲型〉提交全國學術會上，繼而又提出了與國際降水物理學會榮譽主席T‧貝吉龍觀點不同的暴雨形成觀點。

他受到了中央氣象臺的重視。1984年他隻身來到這座七層現代化大樓裡，默默地與幾個國家氣象中心進行著一場沒有裁判員的競賽。他勝了。二十天總試驗結果是：暴雨成功指數比中央氣象台預報高11%，比電子計算機做的客觀預報高30%。1985年他又去河南省氣象臺進行了三

十八天暴雨預報試驗，成功率比中央電視臺高 21%；比日本氣象臺高 40.7%。

親愛的蔡先生：中尺度分析與預報專題討論會，於 1987 年 8 月在加拿大溫哥華召開。謝謝你，收到了你 87 年 4 月 4 日來信及論文。遺憾的是，將論文收集到預印本截止期已經過了三個月。但是，我仍然希望你能夠出席這次會議。

署名是：英國氣象局布郎寧博士。

他由於應邀去北京試驗，決定放棄出國的機會。作為北大荒復轉軍人的代表，他出席了時隔 37 年之後才舉行的第二屆全軍英模大會。路過佳木斯，我望著他那張北大荒風霜吹曬的黝黑臉，問：

「三十年來，你的人生道路充滿著坎坷，聽說一些氣象中心邀請你去，不知你的想法怎樣？」

他用濃重的四川口音回答，語調是那樣平和，卻顯示了一種力量，一種權威。聽了後，使人覺得這個毫不起眼的小老頭，簡直像一位將軍在跟你說話：

「縱觀歷史，不少成果開拓者本人去世後多年才為社會所了解所承認。然而，每當後人想起他們，總為他們的獻身精神而感動。『前人栽樹，後人乘涼』，這永遠是一個真理。我在七二年元旦的『看天日記』上寫過這樣一段話：『在科學發展的道路上，並不是人人都是勝利者，並不是人人都能攀到頂端。許許多多的人僅僅是以一顆無名砂石的身份為後來者的成功鋪平道路。為了預報旱澇，我願像螞蟻築窩那樣，默默無聞地倒在北大荒坎坷的征途上……』」

1991 年「三九」天，我驅車來到了地處三江平原腹地的五九七農場。在一幢低矮的磚房裡，再次見到了他。他告訴我，最近完成了一篇

論文〈中國北方暴雨預報的一種新方法〉，並由省科委推薦給即將在加拿大埃德蒙頓召開的國際旱地科技發展學術會議。每天，除了堅持長跑和研究以外，早晚都要抽出一小時來練習英語的聽讀——他準備在那個會上宣讀自己的論文，並與國際同行們探討雲天氣學方面的問題。

這是一間不到十平方米的小屋。一張舊桌，一張木床，一隻台燈，一把椅子，一個算不上書架的舊櫃。全軍英模大會贈給他的一套新書和一架 135 照相機，堆放在水泥窗臺上。牆角有蛛網，天棚塌下一塊，用幾張報紙糊上了。火牆上留著清灰時填補上的磚塊的痕跡……所有一切，表明屋主人對生活要求已降到最低限度，而對雲天探索的執著達到忘我的境界。

我執意要看一看他的手。他不好意思地伸出來，袖口頓時露出筋筋吊吊的線頭，粗大的十指竟布滿了凍瘡！他苦笑解釋：「我妻子病情緩解，但，生活不能完全自理……她只會往爐子裡填煤，卻不會捅爐子，火始終燒不旺，有時爐子就滅。我捅爐子，她又嘟嘟囔囔地發火……」

正說著，裡屋傳來響聲。不一會兒，一個兩鬢斑白的婦女走進屋來。我見了，大吃一驚。她簡直像一個侏人！她不是走進來的，而是蹲著一步一拐地挪進屋來。原來她長期臥病在床，兩腿肌肉萎縮，就造成了這種蹲著行走的架式。她的臉色還算紅潤，有點發胖；但，深深的皺紋和怪戾的笑容，使人怎麼也聯想不出當年這位來自北京氣象專科學校的姑娘的風采了。我向她問好，並自我介紹是 1958 年與老蔡同時轉業來北大荒的戰友。她向我笑了笑，繼而轉身一步一拐地出了屋。

離開這幢簡陋的高級氣象工程師的家，他妻子蹲著拐行的背影深深地盤踞在我腦海裡，久久不散……忽地望見遠處氣象觀測場上那桿矗立在空中的風向器，在寒風中那風標在不停地轉動，一分一秒也不停息……

七十三、「上尉」電氣高級工程師

　　桂體仁，當年轉業來的上尉軍官。如今年過花甲，滿頭銀髮。在墾區三十多年來，由於家庭、社會關係複雜，這位名牌大學的畢業生一直「留用」在農場，幹著「學非所用」的活兒。

　　勞動，無休止的勞動，而所學的機電專業一無所用！一次，農場要建立一所電廠，想到了他。派他和其他幾位同志去鄰近的一座城市的電廠學習。他心花怒放，使出渾身解數，把建立電廠的設備技術，從安裝到試車全部過程學到手。回場後，在他的帶動下，農場有史以來的第一座電廠建成了，場部地區家家安上了電燈，入夜一片光明。他興奮極了，終於在北大荒數年之後找到了自己的位置和目標。突然，組織上通知他返回原單位勞動，不能留在電廠。為什麼其他同志都留下了，唯獨他——對建立電廠貢獻最大、技術最高的人卻被打發走了呢？他被告知：由於某種不能告知的原因，所以不能留下，但，以後還有機會，還可爭取……云云。他痛苦極了：幹得再出色，也不能抹去他那家庭、社會關係複雜的陰影。不久，他的待遇稍有改善，分配到農場中學當個教書匠。他教得很出色，枯燥的物理課，講得同學們一個個入了迷。全班成績斐然，畢業後參加高考的物理單科成績居墾區之首。

　　他的愛情和家庭生活同樣坎坷，轉業前在部隊裡同一位正熱戀著的姑娘分了手，來到農場，姑娘奇缺，再加上他那樣的身份，不願連累人家，他打算打一輩光棍……「文化革命」，他理所當然被觸及了「靈魂」。出身於「國民黨官僚資本家」的陰影，使他意識到這輩子與愛神無緣了。這時，農場的一位勞動模範在批鬥中致死，家裡留下寡婦和孤兒。「同病相憐」，經人撮合，他思考再三，就同這位當會計的寡婦組成了新的家庭，1986 年，我陪同丁玲到友誼農場採訪他時，聆聽了他這一生的坎坷經歷，女作家唏噓不已，出了家門，她長長地吁出了一口

氣，說道：「咱們中國的知識份子遭遇呵，真是一言難盡。」

黨的十一屆三中全會——這個中國歷史上的春分點，使他重新煥發了青春。經歷二十多年之後。他終於回到了心愛的電子科研單位，為北大荒引進的第一台糧食乾燥機負責組裝電子部件。他的高超技術和驚人的判斷力，使前來驗收的美國技術人員豎起大拇指：「中國人真聰明！」原來，他當眾指出了對方技術裝置上的錯誤。不久，他又參加研製北大荒第一台玉米精量點播機、糧食電子秤……為北大荒農業插上了現代化的翅膀。這些成果都獲得了國家級科技進步獎。

1981 年，組織上派他去加拿大作引進技術考察，有人說：「這老頭長期不被重用，『文革』中又遭了那麼多罪，這次出國不會回來了。」這個擔心是有道理的。他的親屬多數在海外，我看過他的親屬照片：長袍大褂的老父親，拄著枴杖，西裝革履的哥哥，打扮時髦而又獲雙重博士身份的嫂子。他那在海外當研究室主任的哥哥長相幾乎跟他一模一樣，不同的是：他白髮蒼蒼，他哥卻滿頭黑髮……

他如期從加拿大回來了。在國外，親人勸他留下，他卻說：「三十二年前我沒走，是為了祖國需要，如今，我回到了心愛的電子專業，還能往哪裡去呢？過去挨整，埋怨黨嗎？黨已經振奮起來，並糾正了過去的錯誤。我做為一名知識份子，應該拿出更多的科研成果，追回失去的時光，來彌補以前的損失。」

回國後，他一個心眼撲在電子科研上。1982 年，他將幾件從美國進口的康拜因電子監控系統的電路測繪和分析，做得一絲不苟，並寫出了學術論文，同時被中國農機學會的兩個專業委員會錄用。

1983 年。用日本貸款進行補償貿易而建立起來的現代化農場——洪河農場的一座糧食處理中心，急需配製一部糧食自動測溫儀，在他帶領下，進行了總體設計，終於圓滿地完成了裝配任務。購買這樣的機器，需要五萬元，而他設計的這台，測溫點增加二百多個，資金卻節省二萬

多元。接著,他又帶領一批年輕技術人員,試製了一台乾燥機出糧水分控制器,在大連市召開的鑑定會上通過了鑑定:在連續式乾燥機上使用這種控制儀,是國內首創。遼寧、北京等地糧食部門,當場定貨。這一技術已轉讓給墾區一家機械廠正式投入生產……

如今,他在墾區的「科學城」──農墾科學院,辦起了為科研服務的「東方農業技術設備聯合體」經理部。這是科學院對外進行技術開發、技術服務的經濟實體。以此為龍頭,聯合了墾區八家工廠、三個科研單位,實現設計、安裝、調試、培訓、訂貨、驗收一條龍,幾年來為墾區各農場建立現代化「糧食處理中心」92座,還為部隊農場、外省和俄羅斯遠東地區建起了14座!由於這全天候、全流程、全自動的糧食處理中心系列的普及,三江平原升起了「小太陽」群。收穫季節,再也不用擔心雨季降臨時糧食霉爛損失了。1991年墾區遭受特大澇災,糧食卻減少損失七億斤。中央電視臺為此專門在《新聞聯播》中發布了這條令人振奮的消息!

眼下農場群裡屹立著一座座糧食烘乾設備的龐大金屬群體,襯托著陽光、麥浪,呈現出銀亮的軀體和線條。這是全自動的工藝世界:巨大的自動檢斤秤台,潔靜的化驗室,彎彎曲曲的流管,高聳的提升機和烘乾塔,以及排列整齊的貯藏量為幾百噸位的金屬糧倉群……

這是經過長期沉默之後能量的爆發!也是經過苦煉之後的幅式放射!在經歷種種煎熬之後,迸發出來的驚人的衝擊力!

七十四、特等功臣‧農工‧教授

三十多年前,上尉從部隊特等功臣的寶座上跌落下來,一落千丈,被貶到八五五農場的一個偏遠生產隊當農工。不是普通農工,而是一名戴著「歷史反革命」帽子的被管制的農工。然而,他堅信真理,堅信自己的清白,忍辱負重,踉蹌前進……終於盼來了水落石出的一天。

通過崗哨，他走進了北京軍區大院。幾名校官在一間明亮、寬敞的辦公室裡接待了這位當年被打翻在地的老「上尉」。看來他們了解他的坎坷一生，第一句話就是：

「我們佩服你，在這麼大的壓力下，你沒被壓倒。」

老「上尉」沉默得像塊石頭，心裡卻掀起了如海的波濤。

「如今你什麼都有了。職稱是正教授，職務是大專院校副校長，教學成果顯著，又是全國優秀教師，還享受國家終身特殊津貼的殊榮……今天，軍區對你的歷史問題宣布平反，向你賠禮道歉。我們感到棘手的是，對你該怎樣落實政策呢？」

是呵，如果他是一名老農工或者囊中空空，組織上會給他恢復原來的級別，給以經濟上的補貼……眼下，這一切他都有了，遠遠超過了，該怎樣落實政策呢？

老「上尉」依然靜坐著，粗大的手指正夾著一支香煙，煙灰足足有一寸長。思潮洶湧澎湃，一生的血淚和艱辛，一下子湧上心頭。胡耀邦曾經把泰山的玉皇頂比做人生旅途的頂峰。要是這樣，當年與他共事的姓張的上尉，如今是軍區政委了，軍衛中將，又是中央委員，是到了玉皇頂。而他呢？當年從泰山頂上跌下來，手上是血，身上是血，心上也滴著血！然而，他揩乾血跡，重新從泰山腳下第一塊石階向上攀登，一級一級地爬，一共爬了九千九百九十九個石階……

他本名常慶，後改名常青。一字之改，預示著他人生旅途的坎坷和拚搏。人的一生並不常處在喜慶之中，倒是「生命之樹常青」，比較符合他性格的頑強！

1927 年，他出生在河南的一個偏遠山區，從小一邊放牛，一邊念書。十六七歲，他稀罕地看到一張舊報紙，如獲至寶，當作課本來讀。他還用舊作業本從小販手裡換回一本沒有封面的殘缺的書——小販用它來包裝鹽巴，他卻喜出望外，原來是一本《紅樓夢》，如飢似渴地讀起

來。

初中三年級，一個後來鑄成他冤案的關鍵人物出現在他面前。這人是語文老師，對他這個貧寒學生刻苦好學非常賞識。一天，老師正在講課，突然有人捅破了窗紙輕喊：「老師，快躲一躲，有人抓你來了。」老師聞訊，跑出了教室，朝廁所方向跑去，一道牆擋住了去路。正束手無策，他跑到跟前，對老師說：「這牆不高，你就踩著我肩膀翻過去」。就這樣，他幫助老師躲過了國民黨的搜捕……

一晃三年過去了。他高中畢業，只報考西北師範大學，不圖別的，就為了師大有助學金。他是用秫秸綁著一隻醮水筆尖，腰裡挎著一個墨水瓶進的考場。發榜時，他名列前茅，卻犯了愁。原來當時隴海鐵路因解放戰爭的炮火而切斷。要坐飛機才能報到，他沒錢買飛機票……他一下子癱坐在地上，三個同學把他架回了大車店。

正一籌莫展，他意外地遇見了三年前翻牆而過的老師——穿一身國民黨軍隊的制服。師生相遇，格外親熱。老師得知他的困境，安慰道：「年紀輕輕的，有啥犯愁的？人生在世，不就是一天吃一斤麵嗎？走，上老師家住去，包管有你們吃的，到時候送你們回家。」

他沒回老家，因為陳謝大軍解放了洛陽城。遠在開封的他，聽說洛陽城一片喜慶，還貼出了北方大學的招生告示。他和同學興奮極了：共產黨辦的這座大學管吃管住、還發津貼費，校長是有名的歷史學家范文瀾……這樣，他跋涉數百里，穿過國民黨的封鎖線，進了北方大學，參了軍，走上了革命的道路。那是1948年，他才二十一歲。

共和國成立後，毛澤東主席發出了關於建設一支有文化的軍隊的號召。當時，他正在華北軍區第二高級步校當教員。祁建華創造了「速成識字法」，掀起了全軍文化學習的高潮。他看到戰士們在速成識字後繼續提高遇到了攔路虎，心想：我為啥不能在寫作上創造一個「速成法」？於是，他廢寢忘食，潛心研究。終於摸索出轟動全國的「速成寫

作教學法」來……為了表彰他的貢獻，1952 年 12 月，華北軍區對他通令嘉獎，授予特等功臣，連晉兩級，由副排升正連。

立功喜報傳到老家，老鄉們唱大戲三天，以示慶祝。《人民日報》用頭版刊登了這個農民兒子當了特等功臣的事蹟和照片。在中南海，他見到了毛主席和周總理，並登上天安門觀禮台。日本友人西園寺先生將「常青教學法」譯成日文，在《文學之友》雜誌上專輯發表……

他登上了人生旅途的「玉皇頂」。

1955 年，《人民日報》公布了「胡風反革命集團」的材料之後，組織上派人找他談話。那人用詭秘的口氣問：「你與胡風有什麼聯繫？」他聽了一愣。原來自從他出了名，經常參加首都文化界舉辦的一些集會和宴會。那人進一步逼問：「你有沒有見過胡風？」「沒有見過！」「好好想想，有人揭發你！」「揭發吧！」「就算你沒見過胡風，那麼，你見過胡風份子吧?!」「哪一個？」那人幸災樂禍地說：「三年前，你跟陸地這個胡風份子打過乒乓球！」他惱火地反問：「打乒乓球也是罪行？」……就這樣，鬥了他兩個星期。他不服。那人火冒三丈，拍桌喊：「混蛋，你少年得志，老實交待！」他也火了，把桌子掀翻，說：「你少來這套，我是農民的兒子，我是清白的！」

他得了對抗運動的罪名，被關了禁閉。他依然不服，開始絕食，表示抗議。這事反映到軍區首長那裡，一位將軍寫來一張條子：常青同志，只有吃飯，才可能弄清問題……他見條，冷靜下來，一個月就放出來，所謂「胡風反革命集團」問題也就不了了之。

誰料一波未平，另波又起。突然從外地轉來一份檢舉材料，他那位語文老師經查明是國民黨特務！不久，又傳來消息：那人已被處決……

真是晴天霹靂，他就是渾身是嘴也說不清楚了。又是一番審查：交代與那人的關係？怎樣受特務指派，潛入革命隊伍？攜帶了無線電臺沒有？……

　　兩個月後，他被扣上「歷史反革命」的帽子，釘在歷史的恥辱柱上。結論是：念其有功，作為人民內部矛盾處理。開除團籍，保留幹部待遇，不經嚴重考驗，不得重用。此事驚動了蕭華上將。蕭華批示：對常青的生活和工作要妥為處理……

　　戀愛和婚姻給他帶來的喜悅和幸福非常短暫。一瞬即逝，且充滿苦澀。

　　中山公園那張長條坐椅至今還留著他和後來成為他妻子的年輕姑娘熱戀時的纏綿和溫馨。姑娘是西北大學中文系的一名高材生，在北京一家報社工作。熱情、灑脫、愛好文學。兩人相識就磁石般地互相吸引了……在公園綠蔭下的長條椅上，她給他念普希金的詩，還一展歌喉，為他唱當年流行的蘇聯歌曲……幾乎是貼耳輕唱，她的歌聲只獻給他一個人……

　　兩人的價值觀接近，漸漸投緣，由初戀而熱戀，由熱戀而組成小家庭……然而，蜜月與反省相伴，意外的「歷史問題」闖入了他的新婚生活。長時間的間隔反省使他不得不以哲學家的冷酷來面對現實……

　　1958年春，部隊號召軍官們「上山下鄉」，奔赴北大荒。毫無疑問，他屬於「下放」之列。臨行前，他約正懷孕的妻子到府右街見面。

　　暮色正濃。林蔭道上夫妻倆激動地見面，繼而默默地躑躅而行。

　　半晌，他抑制內心的沉痛，吐出了一句：「咱倆分手吧，你已知道組織上對我的處理，這不利於你，也不利於未出世的孩子……」

　　「不，」妻子痛苦地喊。

　　「我考慮再三，咱倆還是分手吧，」他拗執地說，「如兒女情長，將來還要付出更大的代價……」他深切地明白頭頂高懸著「階級鬥爭」之劍！

　　「你安心地去北大荒，我等你……你還沒見過孩子的面……我會帶好孩子……」

「不行，離開吧！」他幾乎吼了起來，像一頭受傷的獅子。他明白，若不離開，妻子和兒女將永遠伴隨著痛苦和悲哀。

夫妻倆終於分手了。他心如枯井，望著妻子帶著身孕的影子。哭得像淚人兒地悄然離去……頓時，普希金的詩在耳際響起：

> ……那嘗過幸福的，再也沒有幸福了，
>
> 幸福只是暫時地給了我們；
>
> 青春、戀情和歡樂轉瞬逝去了，
>
> 留下的不過是悒鬱的心……

在完達山餘脈的八五五農場二隊，他同戰友們一起勞動，身穿一件四季也不換的舊軍衣：伐木，割草，修路，蓋房……他知道自己的特殊身份──「歷史反革命」，背負著沉重的十字架，艱難地蹣跚而行……

但，他想：我的心，我這個人是乾淨的。他暗下決心：要把被動的可憐的人生變為進取的向上的人生。

不久，農場政治部主任高勤同志，一個從南海艦隊轉業來的軍官，大膽地使用了他，讓他到中學當老師。

於是，他如魚得水，拾起教鞭，重新潛心探索。在他眼裡，北大荒的孩子如同荒原上的一群梅花鹿，他便是馴鹿人。他想起童年渴求知識的情景……他決心像在部隊創造「速成寫作法」一樣，創造出一套符合北大荒孩子們的教學法來。探索剛剛開始。「文化革命」的衝擊波又一次截斷他的人生之旅。在那「黑雲壓城城欲摧」的日子裡，老賬新賬一起算，他被打成了「反動學術權威」。他研究的「分格教學法」被斥責為只講七情，不講「階級情」。造反派對他拳打腳踢。他是條硬漢子，從不躲閃，還與造反派辯論：H_2O 是水的分子式，這是科學，不能再加個「階級鬥爭」。結果嘴巴被刀子戳穿，血流滿面……當「四人幫」批

判「資產階級黑線回潮」時，他又被當做「黑線回潮急先鋒」，被迫離開了課堂。學生們淚眼相送，他一步一回頭地離開了校門，背後卻響起了造反派刺耳的聲音：

「常青是教學戰線上永遠被槍斃了的人！」

他痛苦到了極點。賴以生存的信念被剝奪了。他像一個臨產的母親，找不到一個草窩，這時，生產隊老支書、轉業軍官上尉敖伯林暗中保護了他，安排他去遠離生產隊的果園打更。

夜晚，他在果園巡邏，仰望著蒼穹默默祈求：

「但願果園別丟一只果子，要不，我常青無立錐之地了⋯⋯」

孩子們都暗中保護他，自從他打更以來果園沒丟失一只果子。

他是個有家不能歸的人。雖說來北大荒又成了家，也添了兩個孩子。但，他還得不斷地獨身過日子。命運剝奪了他的一切：教學，家庭，一切的一切⋯⋯但，他決心在剝奪中奪回被剝奪的一切。黑夜打更；白天，在馬架裡伏在簡陋的小桌上奮筆疾書⋯⋯二百多個日日夜夜，他用「分格教學法」嘗試著寫作，寫成了洋洋三十萬字的反映抗擊沙俄侵略的長篇小說《三色水》⋯⋯

「四人幫」終於被粉碎了。他像出土文物一樣，被發掘出來。先後調往牡丹江農墾師範學校、總局農墾師範專科學校任教。這在北大荒教育史上應該大寫一筆：如果沒有黨的十一屆三中全會，他至今猶如一匹千里馬困在生產隊而不得一用！

1978年春天，他潛心創造的「分格教學法」終於得到了承認，繼而在全國四大墾區和二十個省區中學系統推廣。全國二十七家刊物介紹了他的分格教學法，並由河南教育出版社正式出版；有家雜誌將他作為封面人物。東北師大在講授寫作流派時將他專門列為一派，並載入《寫作訓練原理》一書⋯⋯進入80年代，他的事業走向新的輝煌，另一部著作《叩開想像之門》正式出版，並再版發行⋯⋯他被評為正教授，由中

文系主任晉升為副校長，並獲得了國家終身特殊貢獻津貼的殊榮！

1985 年 5 月，這位早年被開除團籍的年近花甲的老「上尉」光榮地加入了中國共產黨，並盼來了他魂牽夢縈的「歷史問題」得以澄清的一天！

原來早年那位語文老師並非國民黨特務，而是共產黨派往國民黨的地下工作者。老師的平反，帶來了他的平反……整整含冤二十餘載！

「我身上的污濁已經洗刷清了，可以告慰前妻和見一見當年未出世的女兒了。」

這是老「上尉」徹底平反後的強烈願望。

一天，他約前妻在北京老友家見面。當時，他激動得坐立不安，期待她的來臨。他得知她剛從一家雜誌社的副總編位置退下來，正巧是教育雜誌——原來同一條戰線，卻被迫分開了……

門鈴響了。他霍地站起來，兩眼直勾勾地望著……前妻走了進來。雙方互相對視良久，一股感情的狂瀾在心頭升騰而起……雙方落坐桌前，依然默默地互相端詳著，痛苦地審視著……

他從懷裡掏出北京軍區的平反決定，遞給前妻。她只看了文件的標題，再也抑制不住，兩人就抱頭伏案大哭起來……悲痛之餘，兩鬢斑白的前妻像早年一樣，為他背誦了普希金的詩：

> 沉重的枷鎖將被打掉，
> 牢獄會崩塌——
> 而在門口，
> 自由將歡欣地把你擁抱……

1983 年，他應邀去深圳講學。歸途中，在白雲山機場候機室同幾位教授閒嘮。談到獨生子女教育時，北京一位教授談到「挫折」的可貴，

舉了一個例子:同事的女兒,父親發配到北大荒,女孩當童工,上下班在公共汽車裡手不離英語課本。高考時外語以優異成績被北京師範大學錄取;畢業後又考入新華社外語研究生班。如今已畢業,正待分配……他聽到「女孩父親發配到北大荒」,不覺一驚,忙問教授:女孩母親叫什麼名字?……當教授說出前妻的名字,他幾乎暈倒……鎮靜過來後,他乘機抵達北京,立即雇車前往前妻的住地。

趕到那幢大樓,正是下午上班時間。人們紛紛走出樓來,他不見前妻,進樓就問開電梯的老大娘。老大娘說:她剛出去,那個穿藍上衣、灰裙子的正是她……

他聽了,後悔莫及,竟失之交臂了。

「她女兒在家嗎?」他急切地問。

「在家,正準備出國。」

好心的老大娘開著電梯將他送上樓,來到前妻的房門口,按響了門鈴。他一再抑制著難以平息的激動,生怕站立不住。

房門開了。姑娘的年輕身影出現在他面前。

他仿佛看到了二十八年前在府右街上訣別的那個熟悉的臉龐……

姑娘兩眼忽閃,不斷打量這個不速之客,問:「同志,你從哪裡來?」

他答道:「黑龍江!」

進屋後,姑娘讓座、沏茶,又不斷地打量著他,試探地問:「你找誰?」

他答道:「找我女兒!」

就這句話,將姑娘的眼淚碰落了,她抽泣地衝他喊了一聲:

「爸!」接著,淚如泉湧,說:「我畢竟看見了我的爸!」

女兒陪他上中山公園散步。父女倆邊走邊談。來到了綠蔭下的長條椅跟前……女兒攙著他說:

「爸，咱倆在這裡憩憩吧！」

他點了點頭，同女兒並肩坐下了。心裡大為詫異：

「怪，她竟選了當年我和她母親談戀愛時坐過的椅子……」

第二年春天，一封從加拿大溫莎市寄來的女兒的信，擺在老「上尉」的案頭……他一遍又一遍地讀著，分享著女兒在國外取得成就的快樂，以及女兒對他未來再作貢獻的良好祝願……心頭流淌著普希金的詩句：

> 我為自己建立了一座非金石的紀念碑，
>
> 它和人民相通的路徑將不會荒蕪，
>
> 呵，它高高舉起了自己的不屈的頭，
>
> 高過那紀念亞歷山大的石柱……

七十五、尉官女兒的心聲

她姓周，一位美麗的北大荒姑娘，轉業軍官的後代，尉官的女兒。粗看起來，她長得並不漂亮，皮膚粗糙、黝黑。但，她那會說話的眼睛，始終掛著甜笑的嘴，以及她那番關於北大荒的深情話語，使你感覺到她簡直是一個光焰四射的美人。她是黑龍江畔的一名女教師。我訪問她時，年輕姑娘閃動一雙沉思而聰慧的大眼睛，說道：

「我是兩歲時隨父親來北大荒的。三十年來，我從我父輩身上知道了該愛什麼，我也目睹了父輩在北大荒遭受的磨難，知道了該恨什麼。這片土地不僅教會了我去愛，也教會了我去恨，教會了我用自己的眼睛去理解我的家鄉——北大荒，理解我的父輩們。

我的丈夫是六八年來北大荒的城市知識青年。七七年，他家把戶口准遷證寄給他，他沒走，是我拴住了他的腿。七九年知識青年大返城，墾區四十五萬知青幾乎都走了，只剩下一兩萬。我正在大學二年級，當

時如果他返城，對於我的工作分配，未來的孩子，前途都是光明的。我愛人是一個性格內向的人，一向不愛多說什麼。可是在返城不返城的信中，他動了感情。七九年春雪很大，麥子一時播不下去，他當時正在總場春播工作組。信裡，他談了自己的憂慮：『眼看清明就要到了，積雪還很厚。有一天，我走到地裡，扒開厚厚的積雪，發現雪下綠綠的小草，我看到了北大荒的希望。可是，我們北大荒何年何月才能不靠天吃飯呢……昨天半夜我突然醒來，感到一陣可怕的空虛，一起下鄉的都走了，你又不在我的身邊，我該怎麼辦呢？我坐起來，一支接一支地抽煙，一直坐到早上三點半。最後，我終於決定，還是留下來……』我給他寫了一封回信：『我畢業後，決心回到邊疆，祖國哪裡都需人。』我們就這樣選擇了一條事後不知被多少人認為是冒傻氣而我也曾後悔過的路……

在我的生活中，有兩個人師：一個是北大荒父輩，一個是北大荒的山川大地。這裡的條件雖比當年好得多，但，還是落後。北大荒人，連同北大荒的孩子們並不都是精神乞丐。北大荒的自然風光在陶冶著我們，我們熱情開朗，粗獷豪放。在父輩的身上，我們學到的東西更多：做人要吃苦耐勞，做事要踏踏實實，一輩子要堂堂正正。我今年三十歲，跟父親在一起生活加起來，還不超過十二年。他總是開荒、建點、開荒……來到農場三十年，已經搬了十二次家。我媽常說，跟在你爸後面攆也攆不上。有時，一個墾荒點建好了，家剛剛搬進去，我卻又到別的生產隊住宿上學。因為年紀小，總是想家。星期天回到家，我就哭著不肯回學校。父親眼睛一瞪，桌子一拍：『回去上學！』父親從來沒有坐下來給我講做人的道理，可是我從父輩們的身上卻知道做人應當怎樣，不應當怎樣……我結婚時，父親給了我一百元錢。他只說了一句話：一切靠你們自己闖……無論是當年還是現在，我從來沒有埋怨過父親，父親給我的足夠了。我最高興的是我入黨志願書支部鑑定中有一

條，光明磊落。這不僅僅是對我個人的評價，而且是高度評價了父輩們教育子女的結果。他們有時爭得拍起桌子，吵了起來，可不一會兒，他們又都脫下鞋盤腿上炕吃起飯來。我現在也在領導崗位上，我時時告誡自己：吃苦、吃虧，你要去，遇事多謙讓點，諒解點……

從八三年開始，在邊境農場工作的知識份子工資都向上浮動一級，我當教員，給十五元津貼。想到那些追求舒適、想方設法跑回城市的人，我覺得這錢我拿得理直氣壯。但是，一看到父輩，我就覺得自己矮了半截。父親轉業來北大荒，工資一下子就低了二十多元。論級別，從 1958 年到 1977 年，他們沒長過一級，有的人一直幹到閉上眼睛，還是部隊年輕時的級別。戰場需要犧牲，和平生活就不需要犧牲嗎？獻出生命是一種犧牲，而更多的時候，我們不是需要那種不易被人察覺的、感情深處的犧牲嗎？……

人們常說：『笑到最後，才是笑得最好的。』能不能笑到最後？留給歷史做結論吧！最近，我產生了想寫點什麼的欲望，我想把北大荒的變化、苦難、山水，連同我父輩的遭遇，都寫進這篇文章裡。突然，《黑土上下》的構思闖進了我的心中。黑土是我的北大荒，『上』是我們和那些繼續在北大荒生存、奮鬥的人們，『下』是那些已經長眠在北大荒黑土之中的前輩。北大荒的過多風雪和勞累，使很多前輩沒有超過六十就長眠地下了。我來北大荒最先居住的一個山坳裡，現在已經成了我們農場的『八寶山』公墓。最近幾年，父親的老戰友已經有十幾個長眠在那裡了。每送走一位戰友，剩下的父輩們心情都很沉痛。當然，他們談起自己的那一天時，都很輕鬆。但，作為他們的兒女，心情卻是非常沉重。因為我們清楚地知道：我們和父輩在一起生活的日子越來越少了。作為他們的兒女，不去繼承他們的事業，讓誰來繼承呢？……如果說，開發北大荒、建設北大荒是一場沒有槍聲的戰鬥，那麼，我們第二代就是第二梯隊，是衝上去的時候了！』

　　這位年輕美麗的北大荒姑娘，她那一句句燃燒著感情之火的語言，代表了全體北大荒人的心聲，也真正代表了她的父輩──十萬穿軍衣的「移民」的心聲！

第十五章
大荒魂

七十六、北大荒精神的搖籃——雁窩島

1994 年 8 月，著名作家李準重訪北大荒。三十八年前，他寫了一部膾炙人口的電影《老兵新傳》。第一個在銀幕上塑造了北大荒人的藝術形象。從此，影片中的主人公戰長河的老兵形象風靡全國。當時，身為農墾部長的王震將軍對影片十分讚賞，說：

「我非常喜歡這部寬銀幕彩色故事片，《老兵新傳》是從勝利的武裝鬥爭走上生產戰線的千千萬萬革命戰士的光輝形象。影片中的老兵是有普遍性的，但又是集中的典型。在北大荒可以找到，在新疆、青海、海南、江西及其他地區都找得到……」

闊別 38 年，李準再次來到北大荒，特地去八五三農場的「雁窩島」（四分場）採訪了眾多的人物。親眼看到了農場近四十年來的巨大變化，聆聽了幾代北大荒人講述他們走過的艱難而曲折的道路，李準欣然命筆：

老兵白髮，北國綠野。

繼而沉吟良久，潑墨成詩，寫下了：

億噸糧，千噸汗，百噸淚，十噸歌！

八五三農場雁窩島的開發，是北大荒的一個縮影。

當四十來年的歷史風雲逐漸消散，北大荒的航船正在改革開放的浪潮裡顛簸行駛的時候，早年開發雁窩島的可歌可泣的事蹟，以及富有傳奇色彩的獻身者，仍為人們所傳誦，代代相傳。60年代，根據它的事蹟寫成的話劇和電影《北大荒人》、長篇小說《雁飛塞北》，以及各種各樣的文藝作品，推向全國，更增加了它的知名度。

在相當長的一個時期裡，墾區內外幾乎一提起北大荒就是八五三，提起八五三就是雁窩島。雁窩島成了北大荒的代名詞！特別是那些慕名而來的墾荒青年，當墾區派人前去接收時，他（她）們幾乎異口同聲地說：「咱們就去八五三的雁窩島！」

1964年夏天，作者受墾區委派，在北京風景秀麗的北海公園舉辦了一個名叫「建設中的北大荒」的展覽會，通過大量圖片和實物介紹了北大荒的歷史沿革、自然資源和開發建設中湧現出來的眾多人物。在七個展廳中，雁窩島的開發事蹟放在突出的位置。當時，舉辦展覽的目的，是為了動員中學生參加北大荒的農場建設。展覽館的一批講解員，就是從應屆中學畢業生裡挑選出來的女學生。這批熱情的姑娘通過兩個月來的講解，深深地愛上了北大荒，也愛上了雁窩島，以致撤館時都提出了申請：去北大荒！去雁窩島！……她們終於成為第一批來北大荒的城市知青！比1968年大批城市知青「上山下鄉」要早四年！

「雁窩島」艱苦創業開發中轉業軍人、支邊青年表現出來的革命獻身精神，已經歷史地成為北大荒精神的搖籃！

它像磁石一樣，吸引著越來越多的墾荒者，又像完達山下的一顆明

珠，吸引著國內外前來採訪、參觀的人們。

如今，島上有一本參觀留言簿，打開一看，全國著名作家、畫家、攝影家、作曲家等大名赫然在目：丁玲、魏巍、雷加、康濯，白刃、吳印咸、瞿希賢……

美國友人韓丁、英國記者馬克斯維爾、日本廣播電視錄像協會導演村田達二等都來過這塊帶有傳奇色彩的土地。

凡是來島的人，都要瞻仰這裡的烈士陵園。陵園座落在分場部前的一片樹林裡。它的設計使人聯想起首都那與天安門遙遙相對的人民英雄紀念碑的格局。

在翠綠的松樹環抱中矗立著一座高大的紀念碑。碑的頂端塑著一顆閃閃的紅五星，碑身鑴刻著一行蒼勁有力的大字：

為人民利益而死重於泰山

碑後並列著三座白色的墳包，墳前的墓碑寫著獻身者的姓名，並鑲嵌著他（她）們的遺像。

碑文分別這樣寫著：

羅海榮。四川重慶人，共產黨員。1949 年參軍，1958 年 3 月由哈爾濱軍事工程學院轉業來場。生前任一隊農工班長，哪裡有困難，哪裡就能見到他，1958 年 8 月，在雁窩島艱苦創業的歲月裡，為搶運糧油光榮犧牲，時年 26 歲。

張德信。山東萊陽人，共青團員。1959 年 7 月支邊來農節，生前任五隊聯合收割機手。黨叫幹啥就幹啥。1961 年 8 月，在龍口奪糧的麥收戰鬥中，為搶修收割機，負塔形齒輪渡河而光榮犧牲。年僅 22 歲。

陳越玖。浙江寧波人，共產黨員。1969 年 5 月支邊來場，生前任一隊

畜牧衛生員。立志紮根邊疆，1975年患癌症仍頑強堅持工作，臨終遺言：「我是北大荒人，把我的骨灰葬在北大荒。」終年24歲。

見了這鐫刻著的字字千鈞的碑文，誰都為之動容！

雖然只有三人，卻代表了北大荒人的群體形象！體現了開發北大荒的三個梯隊層次：1958年十萬轉業官兵，1959年五萬山東支邊青年，以及1968年四十五萬來自祖國各地的城市知青！

他（她）們的肉體和精神的根已深深地紮在黑土地！他（她）的生命沒有白白燃燒，已化作無際的麥海豆浪、林帶糧倉，化作照亮北疆夜空的群星，化作一面高揚「北大荒精神」的獵獵飛揚的紅旗！

雁窩島原名燕窩島，地處完達山下八五三農場的西北角。面積約200多平方公里，南北長而東西寬，呈楓葉狀。它的東、西、北三面均為無固定河床的撓力河和寶清河所包圍。如今在斷裂的河床陡壁上依然能看到燕群作窩的累累凹痕，島名「燕窩」正是這樣來的。南面則是被稱為「大醬缸」的數十里飄垡甸子。抬眼望去，渺瀚無邊。夏天，人在上面走，幾米之內的草皮都在晃動，若陷入泥沼，則不能自拔。島上地勢平坦，土質肥沃，魚種繁多，有「魚汛來到，人可履魚背過河」之說。自然資源十分豐富，可是每年春季解凍後，被三面河水一面沼澤圍困，變成孤島，與外界斷絕，墾殖十分困難。傳說早年日本開拓團曾經企圖掠奪島上的財富，結果以兩名士兵被「大醬缸」吞噬而告終。至今，「大醬缸」南沿還留下兩排長達100多米的木樁，便是日本侵略者在飄垡甸子上築路失敗的鐵證。

1957年春節剛過，新成立的八五三農場決定開發雁窩島建立分場。3月，派出了一支由鐵道兵老戰士、拖拉機手徐維新帶領的12人先遣隊進島建點。他們在島上伐木、割草，搭起了幾棟「馬架」，作為開荒隊的隊部和倉庫。3月30日，開荒隊全體人馬開進了雁窩島，隨即組織了

拖拉機往島上搶運油料、種子、糧食以及各種物資。4月，大地開始解凍，眼看對外運輸即將斷絕，戰士們不得不晝夜突擊搶運。4月24日夜，風雨交加，搶運物資的六台大型拖拉機，為了互相支援，幾乎同時軋碎凍層，陷進了神秘莫測的「大醬缸」。

　　情況十分危急。農場聞訊，當即組織人馬赴現場搶救機車。他們先用原木墊在機車下面，防止機車繼續下陷；又扎了許多木排，鋪在拉車的線路上。農墾局從二百公里以外的友誼農場送來了絞盤機。戰士們就將這幾噸重的機器完全分解開，一個零件一個零件地扛過了「大醬缸」，運進島後重新組裝。鋼絲繩長達500米，重達幾千斤，沒法分解，就由幾十名戰士排成一路縱隊，連扛帶拽，小心翼翼地通過了飄垡甸。

　　這時，六台拖拉機已深深地陷入「大醬缸」，只露出10多公分高的排氣管和駕駛室。怎樣才能使鋼絲繩與深陷泥沼的拖拉機掛鉤連接上呢？剛從首都警衛師轉業來的共產黨員、包車組長任增學挺身而出，脫掉棉衣，潛入滿是冰碴的泥水，扒開泥漿，試著用鋼絲繩和機車的掛鉤連接上……第一次，未掛上！他探身出來，滿頭污泥，嘴唇烏紫。大夥都搶著要替換他。可是他不讓，把指導員遞給他的一瓶白酒喝了兩口，深深吸了一口氣，扎下猛子。車頭下，像開了鍋，咕嘟咕嘟地往上翻黑水。第二次，還是沒掛上，他又探出身來，深深吸了一口氣，再扎猛子，潛下冰涼的泥水……好久好久，他終於掛上了鈎，等他從「大醬缸」裡露出身來，就暈倒在戰友的懷裡了……

　　經過搶救，六台機車全部脫險，開進了雁窩島！

　　1958年3月，十萬官兵進入北大荒。分配來八五三農場的轉業官兵共2827人。號稱「三千人馬」。農場共五個分場，多的分配七八百人，少的三四百人。唯獨雁窩島是最僻偏最艱苦的分場，只挑選了131名棒小伙子進島。

　　進島不久，又遇上冰雪融化，交通斷絕的艱難時刻。進島物資未運足，一度斷了糧。官兵們就挖野菜，摻著高粱米粒熬粥喝。機車開荒缺乏油料，就決定沿著寶清河布滿水草、寒柳的河道，從寶清縣往下飄運油桶。

　　隊長挑選 11 個水性好的戰士，組成「水上運油隊」。其中一名隊員就是剛從哈爾濱軍事工程學院轉業來的羅海榮。這位四川小伙子 18 歲那年參軍，曾隨部隊參加修築成渝鐵路，榮立一等功一次、三等功兩次。他正參加軍事工程學院文化班學習，部隊號召開發北大荒，他接連申請了五次，才被批准來到了雁窩島。

　　水上運油十分艱難。河床被爛泥淤積，河底有樹根，兩岸枝條糾纏拉扯。每當水淺處，就得狠勁地推油桶。到了水深處，就得把身子撲在油桶上，兩腳打水，壓著油桶鳧水前進。

　　8 月 15 日凌晨 4 時，全體隊員涉水過「大醬缸」，當晚到達「老渡口」，在附近的一個樹林裡過夜。第二天凌晨，他們就開始了艱巨的運油任務。雖然油比水輕，裝滿油的油桶約有三分之一浮在水面上，但油桶卻是前後滾動；為了努力把握它，往往要耗費好大力氣。隊長見羅海榮水性好，讓他殿後，隊長自己領先、帶路。這樣，11 名隊員排成一條長龍，在河水裡推著油桶前進。羅海榮不僅殿後，他一人推兩個油桶。大家在前面推，不時聽到羅海榮推的油桶相碰的聲音，間或聽到他遠遠傳來的四川口音：「狠勁地往前趕哪……」

　　漸漸地聲音越來越遠了。大家不約而同地停下，等他上來。有的喊羅海榮的名字，有的喊：「班長」！

　　然而，河面飄浮水草的深處沒有動靜，也沒有傳來羅海榮答話。大夥的心立刻繃緊了，感到情況不好。幾個隊員回去找，泅到一個水泡子和寶清河的匯合口，河面很寬，水流很急。開始分頭找，後來幾個隊員拉大網，排起來踩水，尋找羅海榮。

　　不久，在岸邊柳茆子深處，發現兩個油桶。緊接著一個隊員的腳踩著了躺在水底的羅海榮。大夥立即將他抱出水面，他一動不動，停止了呼吸，渾身泥水。搶救中發現他腹中沒有水，喉中有泥，被一口濁泥嗆住了，被纏在河底……

　　羅海榮犧牲時 26 歲，時間是 1958 年 8 月 16 日。

　　1959 年 7 月，五萬名山東支邊青年響應黨的「上山下鄉」號召，來到北大荒。八五三農場先後接收來自山東煙臺地區各縣的支邊青年 2031 名。共青團員張德信就是其中的一名。

　　他先在一隊當農工，後調五隊在康拜因上當收割機手。幹活樣樣領先，人稱「雁窩島上的鐵漢子」！

　　1961 年 8 月 9 日，張德信和另一個小伙子駕駛 002 號康拜因緊張勞動了一天一夜。下了班剛吃完飯，打算回宿舍好好睡一覺；突然地裡傳來消息：收割機的塔形齒輪壞了！他和伙伴二話沒說，趕忙跑到 12 里外的分場材料庫去找更換件。誰料分場沒有這種齒輪，他倆又背上全麥粉摻合碎瓣豆蒸的一包饅頭，奔向 80 里開外的總場材料庫。當時雁窩島去總場的路還沒修通，只有水草甸子上兩道拖拉機軋出來的轍跡。塔頭草墩遍地叢生，行走極為艱難。他倆深一腳淺一腳地跋涉，第二天凌晨才趕到總場材料庫。誰料又撲了個空：總場也沒有這種齒輪！他倆只好拿著總場值班員開的條子，又到距總場 20 里外的二分場材料庫去找……總算將齒輪領到了手！回到總場，天色已黑。本想貪黑回島，在周圍同志的勸說下，他倆不得不在招待所住了一夜。11 日黎明，兩人背上十多斤重的塔形齒輪，趕往雁窩島。

　　為了抄近路，他倆在下午 3 點趕到老四隊所在的寶清河岸，這裡和五隊隔岸相望。伙伴掏出僅剩的一個饅頭對張德信說：「來，一人一半，加點油再趕路！」

　　張德信望著對岸停著的 002 號收割機，說：「你吃吧，我不餓……

咱倆游過去，爭取時間！」

這裡河面寬 50 多米，河道中心水深達 2 米 5 以上。伙伴水性不高，有點猶豫，張德信已經跳入水中探路，游向對岸。他把衣服掛在對岸一棵寒柳上作為標記，又返回身來取塔形齒輪。

張德信沒顧上小憩一會，就背上十多斤重的塔形齒輪。躍入水中往對岸游去。當游到河道中心時，沉重的鑄鐵齒輪將他墜下河底，他多次掙扎，鳧上水面，終因極度疲勞而被淹沒。

當人們將張德信打撈上來時，他雙手還緊緊地抱著齒輪⋯⋯

1968 年至 1970 年，全國各大城市知識青年浩浩蕩蕩地開進了北大荒，人數達 45 萬之多。八五三農場先後接收了京、津、滬、浙等 7 個城市的知青共 8279 人。來自浙江寧波的女知青陳越玖就是其中的一個。

她來到雁窩島分配在一隊豬舍養豬。她對老一輩開發北大荒的業績和羅海榮、張德信等烈士的獻身精神，深為欽佩，在日記上寫道：「英雄沒有走完的道路我們走，英雄未完成的業績我們創！」

1974 年，隊裡決定讓陳越玖擔任畜牧衛生員，她接受任務後，勤學苦練，逐步掌握了三十多種畜禽病的防治方法，並學會針灸和用中草藥給畜禽治病，成為全場優秀的畜牧衛生員。

這時病魔已潛入她的肌體，可是她依然帶頭參加勞動。修水利時抬大筐，秋收時忍住腹疼，揮鐮收割大豆⋯⋯領導上了解這個情況後，便強令她停止一切工作，讓她回家鄉養病。臨行前，陳越玖緊緊握著伙伴的手説：

「我很快就會回來的，我一定要回來！」

1975 年初，陳越玖從寧波轉到上海醫院治療。經多方檢查確診：乙狀結腸癌後期，廣泛擴散！⋯⋯醫生給她作了第一次手術，切除了三個拳頭大的腫瘤。得知她剛剛離開北大荒勞動崗位不久，都敬佩地説：「真是個堅強的姑娘！」

　　第一次手術後，殘存的癌細胞又擴散了，並且出現了腹水。醫生決定給陳越玖做第二次手術。徵求她的意見時，她問：「動了手術，我還能回北大荒嗎？」在場的人聽了這話，感動得流下熱淚。

　　陳越玖病情急劇惡化，在生命的最後一刻，她向日夜守護在她身邊的同志說：

　　「轉告黨組織……一定把我的骨灰送回雁窩島……我是北大荒人！」

　　1975 年 4 月 2 日，黨組織向陳越玖發去一份電報，告訴她黨委已批准她加入中國共產黨。3 日清晨，陳越玖沒有來得及聽到這個她渴望已久的消息，就與世長辭了。年僅 24 歲。

　　1976 年 5 月 4 日，《人民日報》和中央人民廣播電臺同時以《我是北大荒人》為題，報導了陳越玖的事蹟……

　　英雄們的汗水、血水沒有白流，雁窩島終於開發出來了。昔日被「大醬缸」隔絕的孤島已修上了寬敞的砂石路。經三十多年的開發和建設，她已成為擁有 10 萬畝耕地、2000 多名職工、農林牧副漁綜合經營的現代化農業商品生產基地！

　　早年曾經當過董必武同志警衛員的劉存亮，1958 年轉業來雁窩島的海軍大尉軍官，給董老寫信，匯報了開發雁窩島的動人事蹟，並反映了廣大轉業官兵和支邊青年的願望：希望董老題詞鼓勵。不久。董老寄來了親筆題寫的島名：

　　「雁窩島」！

　　從此，燕窩島成了雁窩島！這三個蒼勁有力的大字至今仍懸掛在四分場場部大樓的門口。

　　雁窩島，作為幾代北大荒人曾經前仆後繼為之獻身的拓荒事業的永恆座標，她那四十來年的艱辛、曲折、理想和輝煌，正是英雄主義、愛國主義、集體主義的崇高精神的象徵！

七十七、「三戰荒原」的普陽群雕

三江風光好，不忘開天人。

這是著名作家魏巍在 1988 年 8 月參觀訪問了普陽農場之後寫下來的詩句。

這位年逾花甲的老作家指著同行的康濯、雷加、白刃、陳明等對我們說：

「我們全是從小農經濟田野上走過來的人，我們看慣了也看厭了在一小塊可憐巴巴土地上的勞動。今天看到面前展開的無邊綠野，看到現代化機器在原野上縱橫馳騁，不覺心曠神怡！」

陪同老作家們參觀的農場黨委書記張靖宇，是從上甘嶺下來的轉業軍官，原十五軍少尉作戰參謀。墾區的轉業官兵絕大多數已離退休，有的過早地去世，像他這樣年過半百依然留在農場領導崗位參加第一線工作的，已經是鳳毛麟角了。這位四川漢子身板瘦小，外表看來「弱不經風」。可是，凡接觸過他的人，了解到他在這個農場三十多年來「三戰荒原」的經歷，都會驚嘆：人不可貌相，這位老「少尉」確是個毅力堅強、幹勁十足的漢子！

同張靖宇站在一起，陪同老作家參觀的，是一位年輕的場長。名叫王玉亭，1969 年 4 月從黃浦江畔來的上海知青，上海第二科技學校的畢業生。烈士子弟，父親在抗美援朝時犧牲了。歷史的巧合，使這位烈士子弟同來自朝鮮戰場的父輩一道建設北大荒來了。

普陽農場的轉業官兵和知識青年們引為自豪的有三件事。一是著名作家丁玲曾同他們勞動、生活了整整七年，並結下了深厚情誼。丁玲生前曾將北大荒稱作她的「第二故鄉」。晚年作品〈杜晚香〉、《風雪人間》等生活素材和人物故事都來自這塊黑土地。1981 年 7 月，丁玲偕同

老伴陳明專程來農場探望早年患難與共的轉業軍官和他們的家屬。1986
年 3 月，丁玲去世，北大荒人專門製作了一幅寫著「丁玲不死」四個大
字的紅綢，覆蓋在她的遺體上……農場為了緬懷她，在場部的一幢漂亮
的樓房裡開闢了永久性的「丁玲生平事蹟陳列室」……這在北大荒甚至
黑龍江省內是獨一無二的了。

二是百里防洪大堤，人們稱之為「普陽長城」。由於農場地處松花
江畔，過去年年受淹，損害莊稼。從 70 年代至 80 年代，農場成立一支
水利機械施工隊，擁有十多台推土機，每年冰雪初融，全隊人馬就浩浩
蕩蕩地開赴水利工地，直到大地封凍才撤回。經過幾年寒暑，住大篷
車，露天作業，在沿松花江岸築成了長 123 公里、高 3.35 米，頂寬 4 米
的防洪大堤，變水害為水利……保證了農場持續穩產高產。

第三件事就是「三戰荒原」了。北大荒為數不少的老拓墾者往往是
從一個荒原走向另一個荒原，有的一生中不斷地從一個隊轉向另一個
隊，從一個農場調往另一個新建農場……但，作為整個農場來說，實行
大遷徙，從已經開發的荒原開赴新的荒原，而且一而再、再而三地開發
則是異常罕見了。普陽農場正是這樣的農場，她的歷史就是三戰荒原的
歷史：初戰湯原，二戰蒲鴨河，三戰柳北……

1958 年 4 月 27 日上午 8 時，從上甘嶺下來的十五軍 1,200 多名尉
官奔赴湯原農場，他們集中在佳木斯農機校的一間大廳裡，等候王震部
長前來講話。

大約 9 時，王震來了，身披呢大衣，在尉官們面前一站，先來了一
番自我介紹，接著勉勵大家說：

「你們十五軍是一支英雄部隊，希望你們發揚當年鏖戰上甘嶺的大
無畏精神，開發建設好北大荒！」

他問大家有什麼困難？有問題當場提出來，他當場答覆。

尉官們聽了，毫不客氣地你一言我一語地提出了好多問題。

有的問：「聽說到了農場不拿工資，而是評工記分，是這樣的嗎？」

王震答：「拿工資。到了農場按行政級別套級。我王震套到什麼時候，你們就套到什麼時候。」

有的問：「老婆孩子來農場的路費報不報銷？」

王震答：「報銷！」回頭叫秘書把這條記下來。

有的問：「北大荒女人少，找不到老婆怎麼辦？」

王震聽了，大衣一脫，往旁人身上一甩：「你們不好好勞動，誰嫁給你？當二流子誰嫁給你？」停了停，口氣緩和了：「好好幹，我回去動員一批女工、女學生來北大荒。你們再通過自家親友想想辦法，問題不就解決了嗎？」

頓時，大廳裡響起了一片歡笑聲。

就這樣，這批尉官們於29日上午乘火車開赴湯原農場——揭開了「初戰荒原」的序幕。

湯原農場是1956年鐵道兵第九師80多名留守人員以營房為基地建立的一個小得可憐的農場。全部家當只有部隊留下的23匹馬，兩掛大車和營建時用過的鍬鎬。當年開墾80多畝地種水稻，150多畝地種大豆。1957年3月，蘭州軍區工程兵、工兵二團和公安團來了300多復轉官兵，才使農場的規模擴大了一些：當年開荒1.8萬畝，播種糧豆1.3萬畝……也只相當於眼下一個生產隊的規模。

十五軍1200多名轉業軍官來了後，才真正全面鋪開，一場大規模的開荒建點戰役打響了！

這批似軍非軍，似民非民的隊伍，按照編隊名單，分別在鐵路沿線的望江、福隆、湯原車站下車，奔向新建點。

這裡荒原不大，連不成片，盡是一條條荒坡崗，坡崗之上荊棘叢生，柞樹、榆樹、樺樹雜亂其間。想用祖先的傳統辦法——火攻，又為

法律所禁止。20世紀的拖拉機暫時起不了作用。拓荒者們只好用老祖宗留下的另一套辦法：刀砍斧伐，繩拉手拔。

每個班發幾把斧子、幾把柴鐮，人人腰纏背包繩二根。拿斧子的人，一邊砍，一邊拽。拿鐮刀的人，專割荊條之類的小灌木，邊割邊清，為拖拉機作好清荒準備。當時的拖拉機是「萬國牌」的：有東德的KS-30，英國的K-95，蘇聯的C-100、80，匈牙利的DT-413……機車陳舊，且不配套，有龍頭沒有龍尾。清荒隊伍披荊斬棘在前，拖拉機翻荒鼓噪於後，遇到大樹根，機車費勁地拽，像中了箭的狼嗷嗷地叫。拖拉機手只好在機車下面爬進爬出，在機車上擰這擰那，好不容易才使機車重新嗷嗷地叫起來……

眼看到了播種時節，耙地有重耙沒輕耙，播種機沒開口器。只好人工播種，尉官們就想出了一種土辦法：「棍播機」。人手一棍，肩挎一個裝滿豆種的軍用掛包。沿著壟片用棍捅一洞眼。手點大豆於眼，並用一腳踏之。「豆呀豆，四五六。撒撒手，七八九。」按照老鄉這個點豆口訣，吆喝上路，手腳並用……

當年耕地面積擴大到 8.4 萬畝，糧豆總產量 303 萬斤，上交糧豆 39 萬斤！

1959 年 10 月，從山東蒙陰、沂水、齊河等縣來了山東支邊青年 900 多人。1966 到 1969 年，又從京、津、滬、哈、杭等地來了城市知青 2,700 多人……隊伍逐年擴大，職工人數翻了一翻，耕地面積卻沒有增加。到了 70 年，包袱越背越大，僅有的十萬畝耕地卻又處在湯原縣人民公社的耕地包圍之中，有一個生產隊的地被分割成 108 塊，受夾板氣，還連連發生與老鄉爭地的糾紛！

一條無形的繩索將復轉官兵們「初戰荒原」的手束縛得緊緊的，本想在湯旺河畔顯一番身手，環顧四周，沒有荒原，像一頭關進籠子裡的大象，動彈不了……

正在這時，上級作出了決定：湯原地區已沒有發展前途，農場按原有建制搬遷到蒲鴨河地區，開墾新荒原！原來轄區全部移交給新建的炮團，以利戰備需要……要求農場貫徹「邊搬遷、邊建設、邊開荒、邊生產、邊發展」的方針，三年基本搬遷完畢，在三江平原腹地建立一個新農場……

於是，黑土地上的一次大遷徙——「二戰荒原」的序幕拉開了！

這是北大荒開發史上一支小小的插曲。但，它向人們展現了一個農場的搬遷，顯示了這支龐大的隊伍有計劃、有組織向荒原的第二次進軍。

五千人馬，男女老幼，多梯隊多批次，從小興安嶺的東南麓出發。坐車乘船，冬季在那戰備年代裡必需進行的「風雪中的野營拉鍊」，負重沿松花江冰道徒步進軍……陸路越過格金河，途經煤城鶴崗，沿著抗聯名將趙尚志犧牲地的寶泉嶺下，繼續北上，行至黑龍江畔的邊境縣城蘿北，折向東北，江岸有一座不顯眼的小山——名山，隊伍開始由北向南，途經1958年轉業官兵創建的軍川農場，再穿越一片茂密的次生林帶，然後到達荒草齊天的沼澤地帶——蒲鴨河荒區。

歷史已經把這條大遷徙的路線——狀如高山峻嶺的拋物曲線，深深地鑴刻在三江平原腹地。它猶如黑土地上的一束紅飄帶，熠熠發光，獵獵飛揚。

這歷時三年的大遷徙，涉及全場二十個生產隊，五千人馬，100多台拖拉機、收割機、載重汽車，200餘匹馬、200餘頭牛、2,000餘隻羊；還有農具家什、種子化肥、桌椅板凳、鍋盆瓢碗……

蒲鴨河荒原像一塊強大的磁場，吸引著他們。水陸並進，寒暑兼程……

請看《普陽農場史》記載：

「1973年……全場勝利地完成了搬遷建點工作，並積極投入了開發

蒲鴨河的戰鬥。三年來，共開荒 11.5 萬畝，耕地面積 11.1 萬畝……」

　　李忠山，標準的山東大漢，1958 年從部隊轉業來的上尉營參謀長，一位能幹的副場長，「文革」中被拉下馬，挨了批鬥。大搬遷前，算是落實了政策，擔任了五隊隊長。他跟另一位轉業軍官、五隊指導員高大和一起，在大搬遷中將五隊建成了全場的尖子隊。兩人都年近半百，仍然壯志不減，每天領著職工們早起三點半，回來星滿天。搬遷當年開荒一萬多畝，搶播 8,000 畝，收糧豆 66 萬斤，盈利 2 萬元。做到了「當年搬、當年種、當年盈利」。他們還利用生產間隙，修造小磚窯，自產紅磚 70 萬塊，蓋了八棟磚房、八棟草房，使全隊三十多戶職工、100 多名知青，當年全搬進了新居。1971 年秋天，農場黨委擴大會議在湯原舉行，他和高大和從蒲鴨河專程帶來了豐收的果實——花生、紅薯、向日葵、煙葉和各種蔬菜、鮮魚，紅薯最大的足有三十來斤重！到會同志瞅著這五光十色的碩果，稱讚新荒地土質肥沃，更稱讚這個尖子隊的出色勞動！

　　王恆治，原西北軍區工兵二團司務長，轉業來湯原一直擺弄拖拉機。生產隊搬遷到蒲鴨河，「左」的形而上學的一套做法也跟上來了。這位老機務排長對「雷打不動」的「天天讀」和「批判會」不感興趣。每天天不亮就起來發動機車下地開荒，晚上的「批判會」也不見他的影子。這一年，他帶領的機務排創造了開荒新紀錄。這就觸動了一些「左視眼」人的神經，指責他只埋頭開車，不抬頭看路，把機務排黨小組搞成了「墾荒黨」！會上，讓他做檢討。他說：「我確實是個『墾荒黨』！我們搬到蒲鴨河來，不開荒幹什麼？不搶時間開荒，哪能種上地？哪能打糧？拿什麼給國家做貢獻？我就是要開荒，開荒！」會一散，他又開車下地了……

　　十四隊有個三八包車組。組長邵玉琨同副組長方淑平都是來自哈爾濱的女知青，另兩名拖拉機手是上海女知青邵根妹和嚴梅珍。一座設在

爬犁上的流動工棚，成了她們的「荒原之家」。沒有灶房，露天打灶，沒有水井，就用水泡子的水用紗布過濾做飯。沒有蔬菜，就挖野菜。自己動手做飯，上車是拖拉機手，下車是炊事員。方淑平外號「假小子」，膽大勁足，開荒作業創造了新紀錄。邵根妹的胳膊扭傷了，也不下機車，繼續開荒。三八包車組苦戰二十天，開荒六千畝，創全場最高紀錄！

大遷徙錘煉了普陽人。有的為二戰荒原獻出了寶貴生命！

祁彥祥，蘭州軍區工程兵轉業來的團副參謀長，在這場大遷徙中負責後勤工作。人稱「祁快腿」，他一天跑好幾個生產隊，行程百餘里，了解困難，及時解決物資供應。1972年5月，連續降雨，傲來河橋出現險情，橋頭塌方，草袋子被洪水沖走。這位年近半百的轉業軍官，帶頭跳進刺骨的河水，用身子壓住草袋。十多個知青緊跟著跳下，堵住了急流，保住了橋身。他跳下水時，胸部撞在木樁上，疼痛異常。但，他沒吭聲，仍帶領知青們搶險施工。1973年，病情轉重，組織上要他住院。他說：「死不了，沒關係。」又上工地去了。1974年，終於臥病不起，臨終前他忍著病痛用顫抖的手給農場黨委寫了一封長信，信中沒有談及個人和家庭，滿篇是對開發蒲鴨河地區的建議……

王泉孝，1959年從山東齊河來的支邊青年，十七隊畜牧班長。1973年開春，冰雪全融，春寒料峭。他帶病堅持放牧羊群。當時全隊忙著開荒、備耕和基建，沒有人能替換他。他就把病假條揣在懷裡，忍著病痛，把羊群趕向了草原。中午過後，氣候突變。一陣狂風襲來，緊接著是雨雪交加。他趕緊合攏羊群，準備回隊。刹時間，風捲雪，雪捲風，四周昏黑一片，歸途難辨。他疲憊地將羊群趕出險境，又返身去尋找十多隻掙扎在沼泥裡的羊羔。一趟又一趟，羊羔全部救出險境，可是他再也支撐不住虛弱的身體，終於倒下了，而羊群蜷息在他的周圍，陣陣哀鳴……

　　經過十五年艱苦創業，蒲鴨河荒原終於矗立起一座擁有 30 多萬畝耕地、18 個農業生產隊、農林牧副漁綜合經營的機械化農場。自墾荒第一犁之後，每年以平均開荒 3.8 萬畝的進度遞增，到 1981 年共墾荒 40 萬畝，相當於開墾了四個湯原農場！1983 年春澇，5 萬畝地未播上種。但是，糧豆總產仍達到 7,500 萬斤，產量、上繳、盈利三超歷史。

　　二戰荒原終於取得了輝煌的戰果。然而，普陽人並不滿足，在八十年代的後期，又高高地舉起了「三戰荒原」、向農業現代化進軍的大旗！

　　這就是蒲鴨河，一條在三江平原地圖上需要細心查找才能發現的河，全長只有 35 公里。由西北流向東南，進入寬闊的松花江形成了一個 45 度夾角。可是，當你來到它跟前，就會大吃一驚！原來它是一條性情暴躁、難以馴服的河。西北角的蓮花泡澇區不斷地給它注入大量的水流，將它狹窄而彎曲的河身撐大，拉直，變粗，到了松花江入口處，它的河面足足有幾十米寬。到了雨季，它的性子變得更加暴烈。西部的水城子地區的降水，嘟嚕河出槽的洪水，都洶湧地衝它撲來。松花江也來助威，河水倒灌，推波助瀾。蒲鴨河就像茫茫澤國中一條翻騰起伏、不可駕馭的小龍王了。

　　然而，普陽人經過十多年的奮戰，攔洪修堤，築起了「百里長城」，免除了連年水患。如果把每平方米土方連接起來，足足有三條黃河的長度！

　　「三戰荒原」的戰場，就擺在蒲鴨河上游——柳北荒區。

　　儘管百里長堤擋住了水患，這裡仍然是處處見明水的沼澤地。地勢低，水泡多，碰上雨季，便是水鄉澤國。白天鵝、丹頂鶴，乘著春風來這裡安家。難怪人稱「柳北」是水上公園，又稱「蓮花泡」。

　　然而，柳北的肥沃土質，吸引著普陽人。八十年代了，不能再按過去的模式辦農場了。農業需要現代化。普陽農場也應當像友誼農場那樣

有個農業現代化的「窗口」。如果像洪河農場那樣全場實現農業現代化，那就更好了。

張靖宇和王玉亭，連同農場領導班子的其他成員──三位分別來自東北農學院、南京農學院、八一農大的大學生，又有三位來自北京、上海、浙江的城市知青，分別擔任副場長、副書記和工會主席等職務，他們都在思索這個問題。他們決心在柳北、柳西建設兩個具有現代化農業水平的分場。既不是友誼農場五分場二隊，也不是洪河農場的模式，而是普陽式的！

正在這時，傳來鼓舞人心的消息：世界銀行派人來考察三江平原，準備給北大荒墾區 8,500 萬美元的貸款，用來引進外國先進的農機設備，改造低窪地。

張靖宇在會上得到這個信息時，非常興奮，心想：「我們這一代，想的就是現代化。如果能得到一筆貸款，一下子就從五十年代的水平跨到八十年代。這是多好的事呀！」

他想到柳北、柳西分場，條件完全符合。

不久，農場向總局打了報告。一次又一次會議，一次又一次論證……終於統一意見：貸款 2,000 萬，開荒 16 萬畝！

開發柳北的夢，終於變成了現實。

1985 年，從外國引進的五台挖掘機運到了柳北。在旱地試驗：多麼靈巧的水利機械！那高大的鐵臂能掘土，能伸，能彎，把土挖掘起來又放下，一按電鈕，又能把土拍實！

沒想到進了沼澤地，先進的機械開不動，出不來，一個勁地吼叫，鏈軌只攪起泥漿……怎樣使洋設備適合窪地作業？難題擺在普陽人的面前。如果不解決，洋設備就變成廢鐵，治不住柳北的水，現代化分場就成了海市蜃樓！

「三個臭皮匠，頂個諸葛亮。」眾人的智慧戰勝了困難。他們給挖

掘機穿上「鐵拖鞋」——用鐵板製成鐵爬犁，讓洋設備固定在爬犁上。

於是，蓮花泡出現了奇觀。一台台挖掘機坐在鐵爬犁上，在泥中緩緩滑行，伸出靈巧的鐵手，挖掘著泥塊……

奮戰數月，二十八條 1,200 米長的排水斗渠挖成了。十萬畝沃土從水裡解放出來。

通往柳北的路也修通了。這一年開荒 3,000 畝……

1986 年 6 月，百台機車開伏荒的大會戰打響了！

開荒生活，儘管條件比二戰荒原時好多了；但，仍然很艱苦。這批經歷過「初戰」、「二戰」的普陽人，本來可以在建設得挺像樣的場部和生產隊住宅區享享清福，循規蹈矩地「春種秋收」，每年除工資收入外還能得幾千元獎金；可是，為了「三戰荒原」，他（她）們再一次背著行李、深入到柳北荒區來領略一番創業的艱辛了，再一次來享受小咬、蚊子、瞎虻「三班倒」和苦澀的泡子水的滋味了。

百車大戰，柳北開墾荒地 4 萬多畝！播種小麥 3,000 畝，收穫了 600 噸糧食！新課題擺在普陽人面前：如果 4 萬多畝地都種上了莊稼，收割時成千上萬噸糧食攤曬怎樣解決？現代化曬場在哪裡？……

在一次黨委會上，黨委書記張靖宇拿出一份材料念給黨委委員們聽。材料寫的是哈爾濱第三發電廠一號機組提前一年建成的事蹟。他讀得津津有味，委員們也聽得入神。大家明白：書記是在做思想工作呢。果然，這位老「少尉」放下材料，含笑地注視著大家，說道：

「他們打的是一場時間之戰，志氣之戰！很值得我們學習。我們普陽人是善於打硬仗的，初戰湯原、二戰蒲鴨河都打勝了，眼下三戰蓮花泡，已經打勝了治水和開荒這兩個硬仗，現在又一個硬仗擺在我們面前，這就是趕建一座現代化的糧食處理中心！」

黨委委員們統一了認識：要在柳北大地上建一座日處理 600 噸糧食的工廠，不但要建成建好，而且要趕在麥收之前投產！

在緊鑼密鼓聲中，工程開始了緊張的籌備工作。

普陽農場同總局農墾科學院東方聯合體達成了協議：科學院負責糧食中心的總體設計和一切設備。糧食中心的設備大部份是墾區的廠家生產的，由東方聯合體牽頭，普陽和各廠簽訂了合同。合同書上特別強調了時間：必須按時把設備運到農場。

儘管簽了合同，場長王玉亭仍不放心：萬一不能按時到貨，罰廠家的款事小，誤了工程事大，如不能在麥收前投入使用，那損失的糧食是無法計算的。他不依賴一紙合同書，帶著乾糧坐著小車，在風雪嚴寒中奔波。從一個工廠跑到另一個工廠，了解設備生產情況，向廠方介紹工程的迫切性，並得到了廠方的保證。

擔任工程主體設計的是助理工程師田陽，北大荒的第二代，八十年代初從墾區農技校畢業，有六七年的實踐經驗，曾經跟一位老工程師建過一座糧食處理中心。他頭一次挑起這付重擔，心裡不免打怵。

小伙子的父親是1947年的老拖拉機手，有40年墾齡了，頗有威望的離休幹部，對兒子說：「這項工程事關重大。你要把它完成好，自己也能得到一次很好的鍛煉。」

田陽終於定下了設計的總體思想：盡量降低造價，力求操縱方便，性能可靠，布局緊湊，外形美觀……他一頭扎進總體設計裡，熬了40個日日夜夜，畫草圖，搞測算，精心設計，年輕輕的，頭髮掉了一大把……妻子看了心疼極了。

柳北糧食處理中心的藍圖出來了。出手不凡，行家們讚揚。

也有人懷疑：一座日處理600噸糧食的工廠，只用了四個提升機。行嗎？旁的農場同樣規模的處理中心卻用了六個提升機。八五〇農場一座日處理800噸糧食的糧食處理中心，用了二十個提升機！

小伙子頗有信心地回答：「一個提升機耗資兩萬元，減去兩個提升機，省了四萬元！」

「這樣，合理嗎？」

「經過再三計算，完全合理！」

小伙子在糧倉的布局上也別具一格。別的農場，都把金屬糧倉擺成一字長蛇形，而他卻把四個糧倉，擺成「田」字形。緊湊、美觀，而且省去了二百米長的刮板輸送機，這一項又省下兩萬元！

2月28日，施工隊伍開進白雪茫茫的現場，搭起帳篷、活動房，安營紮寨。他們頭一項任務是掀開凍土層，為千噸倉打基礎。

轟隆隆的爆破聲，震撼著柳北大地。炸藥揭開了兩米多深的硬殼。底下是淤泥層，竟達八米深！

奇特的地質構造，成了工程的攔路虎！

請教總局勘測設計院，回答是：只有採取振沖工藝進行基礎處理，是目前唯一可行的辦法！這是先進工藝，黑龍江省還沒使用過，需要到北京去請人。

十萬火急！普陽人冒著開江的危險，運來了振沖機，同時從北京請來了老師傅。按原計劃，耽誤了一個月。早播的小麥，已在柳北大地吐出點點新綠。

4月8日，振沖機正式開機。隨著轟鳴聲，那帶著尖尖鑽頭的大鐵柱，飛快地旋轉起來，鑽進地層……從開機那天算起，離麥收只有107天！

於是，普陽人命名這個工程為「107工程」！

這是一場爭分奪秒的時間之戰。

振沖，清基，墊石，澆灌，安裝……普陽人付出的代價是無法計算的！他們每天只能睡四五個小時囫圇覺，就像早年鏖戰上甘嶺一樣，決心拿下「107」制高點！……

7月25日，這是普陽人最興奮的一天。

這一天，正是第107天。107天的歷程，深深地刻在每一個「三戰

荒原」的拓荒者的心上。現在,終於峻工了。一座具有現代化工藝水平的全流程、全天候、全自動糧食處理工廠,屹立在柳北金色的田野上。高大的金屬糧倉、烘乾塔、提升機,以及在空中飛架的數不清的彎彎曲曲的流管,在陽光照射下,銀光閃爍!

當運糧的車隊,從田間開進這座工廠時,金黃的麥粒像瀑布似地瀉進輸入口,機器發出了歡快的隆隆聲。配電室裡的各種電子儀錶和指示燈,顯示了麥粒的檢斤、去雜、脫水、烘乾……直到入倉,整個自動化流程全部正常!

圍觀的人群發出了歡呼聲。

啊!「107」!普陽人的驕傲!

「107」,高速度的象徵!

「107」,「三戰荒原」的勝利!

1989年國慶節,普陽農場場部漂亮的中心大街中央,矗立起一座高大的紀念碑。

碑的正面鑴刻著王震將軍書寫的三個大字:

「拓墾者」!

碑頂有一座由三個人物組成的群雕。分別塑造了轉業軍人、大專學生和城市知青的形象,並肩而立,指點江山,具有叱咤風雲的動感和氣勢。

這座群雕既體現了普陽人也概括了近半個世紀以來北大荒人群體結構的氣魄。

碑座鑲嵌著三塊浮雕,藝術地再現了普陽人初戰湯原、二戰蒲鴨河、三戰柳北的歷史畫捲……

難怪老作家魏巍在參觀訪問了普陽農場之後,在碑前駐足停立,陷入沉思,良久說道:

「看到一處處美麗的田園,秀美的白樺林,雨後春筍般的工廠和在

綠野間閃著銀光的烘乾塔……我默默地想：這一切，出現在荒原上的繁榮的世界，是怎麼來的呢？

這裡原來不是一個地地道道的幾乎沒有人煙的荒原嗎？這裡不是只有猛虎出沒、只有熊吼和狼嚎嗎？這塊處女地是怎樣開闢出來的呢？怎樣變得這樣美麗呢？那些先行者，那些來自全國各地的拓荒者，他們付出了多麼大的艱辛和犧牲，他們流下了多少汗水啊！這裡的一切，包括我們走的每一步道路都是他們的血汗鑄成的……

三江風光好，不忘開天人！

七十八、「將軍率師開發北大荒」紀念碑

1993 年 3 月 12 日，王震將軍走完了他的人生征途，在廣州溘然長逝。

然而，他夢魂所繫的北大荒，人們為了緬懷他，在他早年踏查過的八五一○農場十隊的東南角——檔壁鎮，矗起了一座高大的紀念碑。

江澤民同志親筆題寫了碑名：

王震將軍率師開發北大荒紀念碑

碑身南瀕碧波萬頃的興凱湖，北倚群巒起伏的完達山，與俄羅斯僅一橋之隔。

將軍的忠魂永守國門。這在新中國成立後，所有去世的國家領導人中是唯一的。

戰爭在將軍身上留下七處創傷：後背四處，右腿兩處，頭部一處。早年，他正是帶著殘肢病體出生入死，繼而率師挺進戈壁灘，遠征北大荒，開發海南島……成為當代農墾事業的奠基人。

從黑龍江畔到完達山麓，從松嫩平原到興凱湖之濱，五萬多平方公里的土地上，都留下了將軍的足跡……人們至今還流傳著早年有關將軍的許多故事和傳說。

碑前端莊地聳立著用漢白玉雕成的將軍半身塑像，栩栩如生。85厘米高的塑像，象徵將軍享年85歲。

兩側褐紅色的古樸浮雕，再現了半個世紀以來轉業官兵、科技人員、地方幹部、城市知青以及移民們，披荊斬棘，共同開發這塊漠漠大荒的英雄業績。

在突擊建碑的日子裡，這裡流傳著關於「非洲紅」的故事。

當時，正考慮選用什麼樣的碑石。香港某公司的董事長得知這一消息，馬上表示他要為紀念碑捐獻一塊有名的「非洲紅」。原來這位董事長是50年代曾跟隨將軍來北大荒開發荒原的轉業軍人。

這位定居海外的北大荒人在大陸設有子公司，他親臨子公司工地現場，精心挑選了一塊上好的「非洲紅」，並帶領工人晝夜突擊加工。

在突擊加工時，碑石突然出現了一道裂縫，本來可以用高等粘台材料予以修復。可是，這位老轉業軍人説：不行，這是用作王震將軍率師開發北大荒的碑石，不允許出現一絲疵點。

於是，他就另選一塊，突擊加工⋯⋯碑石終於按期運到了興凱湖畔。

鄧燦，農場總局黨委副書記，年近花甲的胖敦敦的湖南人。他是眼下十萬官兵中留在領導崗位上的極少數人中的一個。難怪離退休的老「尉官」們見了他，都風趣地説：「你是最後一個『碉堡』了。」

他向我講述了北大荒人為將軍突擊建碑的經過：

「自從王老逝世的消息傳來，墾區上下廣泛開展了深情緬懷王老的活動。大家還表達了一個心願，要求在北大荒建立一座紀念碑。當我們的代表赴北京參加王老的悼念活動時，就將這個願望反映給中央有關部門，很快地得到了滿意的答覆。於是，墾區上下為了建碑進行了大量工作：籌集資金，選擇碑址，設計圖紙，擬定碑文⋯⋯短短二百天，就完成了這項具有歷史意義的紀念碑工程。」

　　為了撰寫碑文，鄧燦組織了一幫秀才突擊撰寫。寫了一稿，他看了不滿意。推倒重寫。又寫一稿，又不滿意，重寫。一連寫了好幾個稿子，都不滿意，最後，鄧燦找到了北大荒文聯副主席朱玉生──1968年來自天津的知青，對他說：「給你一個任務，為紀念碑撰寫碑文，不得超過300字，還要把北大荒40年的開拓歷史反映出來。」

　　朱玉生躊躇再三，接受了這項任務。做為一個下鄉知青，他畢竟在北大荒生活、勞動了二十五年。平時，他經常從老轉業官兵中聽到關於當年拓荒的感人事蹟。原來他只有初中文化，25年北大荒鍛煉使他有了較大提高，而且成為墾區頗有名氣的書法家。經過幾晝夜冥思苦想，終於順利地寫下了碑文。

　　這個碑文果然不超過300字，卻把四十多年來的北大荒開發史濃縮地反映出來⋯⋯總局黨委很快通過了這個碑文，又派人專程赴京，得到了將軍夫人王季青的首肯。接著，這位年逾四十的老「知青」又晝夜突擊，在宣紙上工工整整地寫下了碑文，交付鐫刻。字體採用漢隸，體現了凝重的歷史感⋯⋯

　　紀念碑全文如下：

　　亙古荒原，渺無人煙，荊棘叢生，走獸之棲。俄族欲墾，未能立錐；倭人覬覦，終成夢幻。唯共產黨之雄略，銳意而拓之。公元一千九百四十七年始，墾荒志士挺進，公元一千九百五十八年春，名將王震率將士十萬雲集於密山，一聲令下，鬥地戰天。茫茫沃野沉寂千年而萌蘇，芸芸眾生不顧生死而耕耘。榮復軍人，地方幹部，城市知青，科技人員，歷四十載之酸辛，經三代人之苦鬥，胼手胝足，深領稼穡之艱，此乃南泥灣精神之延續。血水、淚水、汗水皆融於大荒，農、工、林、牧各業盡現於邊疆。此舉之壯，宇內聞名，曠世絕前。為不泯其績，遂建碑以志之。為頌揚其業，撰此文而銘之。來者駐足，憶大荒之變遷；後人記事，緬志士之偉業。

悠悠歲月，全賴群賢。青史留垂，拓墾者英名常念。逝者如斯，北大荒精神永存！

七十九、歷史不會忘記

在我案頭擺著一份1958年轉業軍人的統計資料：從1947年開始，陸續進入北大荒的轉業復員軍人，共八批次，累計十四萬人。截至1985年末，仍留在北大荒的轉業軍人共七萬多人。其中老紅軍40人，抗日時期參軍的2,000人，解放戰爭時期參軍的16,000人。殘廢軍人1,500人。年過半百、花甲的已達20,000人。因公犧牲、長眠地下的3,000人。此外，還有為數衆多的自然病故，在各種事故中死亡，也有的則在受屈期間含冤而死⋯⋯

據1995年資料表明：北大荒人在近半個世紀以來的艱苦創業中，已有五萬多人的白骨埋在這塊黑土地上。遺憾的是未查明轉業軍人數字。但是，可以肯定：在這五萬多長眠者中間，轉業軍人占著很大的比例。因為他們大都年近花甲，有的則是「古稀」、「耄耋」之年。

當然，其中也不乏英年早逝的科技人員、城市知青和從祖國各地來的墾荒者。如果說今日北大荒面貌巨變、萬象更新；那麼，這一切與長眠者緊密相連。

沒有五萬多長眠者的昨天，就沒有北大荒的今天。

在這五萬多平方公里的土地上，早年每平方公里還攤不上一個拓荒者；如今，每平方公里已埋下了一個拓荒者的忠骨了。

無論走到那裡，農場或是工廠，城鎮或是生產隊居民點，你在聆聽人們講述開發史、參觀他們的當今建設成果之後，準會發現不遠處有一座公墓，或者墳包⋯⋯有的立碑紀念，有的僅僅用木牌標誌死者姓名。其規模和氣派，顯然無法與「王震將軍率師開發北大荒」紀念碑相比；但，在他們的心目中，儼然是莊嚴、肅穆的「八寶山」公墓了。他們講

述的歷史都要從這裡開始，而今日矗立在荒原上的一切：林帶，公路，麥海，電視塔，農用飛機場，糧食處理中心……都與長眠者有關，凝聚著他們的青春、汗水乃至生命！

人們都這樣對來訪者說：「這是咱們單位的八寶山！」

實際上，都有各自的獨特的名字！

友誼農場：「王正林同志紀念碑」

這位北大荒的「焦裕祿」——省農場總局副局長兼黨委副書記，由於「文化革命」的摧殘和工作勞累，患上了腦血栓等多種疾病，不幸於1980年9月26日溘然長逝，享年61歲。

「史無前例」的日子的來到，使他一夜之間成了「墾區修正主義路線的大頭目」。

從友誼農場場長，到東北農墾總局局長，有關他的講話、總結，以及由他簽發的各種指令、文件，都成了他「走資本主義道路」的罪證。當時，《王正林反革命修正主義路線一百例》廣為散發！

當了局長，他還親自為《農墾報》撰寫社論，開闢「怎樣摘掉大豆低產的帽子」的大討論。還要不要政治掛帥？

他還抓一百個「機械化生產隊」的試點，把「革命化」擺在什麼地位？

他居然要打破「鐵飯碗」，搞什麼「聯產承包責任制」，鼓吹「橡皮飯碗有抻頭」，還有什麼社會主義優越性?!「自主權」擴大了，還要不要黨的集中統一領導?!

他還去過蘇聯兩次，與當年「蘇修專家」來往過密，「裡通外國」的罪狀不是「昭然若揭」嗎？

他太平易近人了，太艱苦樸素了，太關心群眾了……以致群眾稱他「王青天」，真是「是可忍，孰不可忍」需剝開他的畫皮，揪出這條「披著美女畫皮的毒蛇」！

當年，王震來北大荒視察，曾風趣地稱他是「北大荒 80 萬禁軍的總教頭」……不幸言中，他成了北大荒大大小小「走資派」的總頭目、總後台！

「王正林不投降，就叫他滅亡！」

「王正林的反革命修正主義流毒，必須徹底肅清！」

游鬥他的車隊駛向霧氣迷茫的田野。

這是他擔任局長以來最威風、最有排場的一次「公出」。兩卡車人陪鬥，三卡車人押送。頭戴高帽，胸掛黑牌，兩眉緊鎖，滿臉痛苦……面對無邊的麥海、林帶，一座座充盈的糧倉，以及正在田間作業的機車群，他審視著風雲幻變的天空……

無休止的批鬥，看押人員的責問和毒打，像是在拷問一個對北大荒犯了滔天大罪的人！

然而，二十年後的《黑龍江省志·國營農場志》這樣記載著：

「東北農墾總局成立前，墾區 1962 年虧損 6,723 萬元。總局成立後，實行領導體制的調整，重點武裝 100 個機械化生產隊，改革國營農場的經營管理體制，進而取得了豐碩的成果。1966 年扭虧為盈。1967 年盈利 5,750 萬元，上交糧豆 10 億多公斤，比 1962 年增加近 4 倍，五年累計上交 325 億公斤……」

這五年正是王正林擔任局長為北大荒經濟復甦、振興的五年，接踵而來的是他倍受折磨的五年！

他付出了雙重的代價——肉體上的和心靈上的折磨。女兒在春節到牛棚看望他，他強忍著腰椎折裂般的巨痛，卻裝出了一副笑臉……

「紅色風暴」終於過去了。

他再次出山，擔任省農場總局副局長兼黨委副書記，決心同大家一起重新幹一番事業。然而，終因積勞成疾，撒手西歸……

這一天，群峰肅立，萬木低垂，江河暗泣……悼念的人群，通過安

放他遺體的總局俱樂部，蜿蜒長流，離情依依。人們瞻仰他的遺容，為北大荒失去了一位卓越的帶頭人而失聲痛哭！

1990 年王正林周年忌日前夕，群眾自發地倡議，集資募捐，為他建造一座紀念碑。消息傳開，八千多人紛紛解囊。捐助人員中，有各級領導，有轉業軍人，有科技人員，有城市知青，也有普普通通的農工。

紀念碑建在他早年創建的友誼農場。碑體不高，卻巍然兀立。碑圍不寬，卻牽繫著 60 萬北大荒人的心。這座黑白相間的紀念碑，鑲嵌著他的浮雕，鐫刻著他的生平事蹟。

宛若一首凝固的詩，長歌於北疆大地⋯⋯

二九一農場：「二十三烈士紀念碑」

1954 年 8 月，中國人民解放軍農業建設第二師，奉軍委之命，從山東廣饒地區揮師北上，移墾北大荒！

二師所屬三個團：289 團、290 團、291 團，分別在松花江兩岸和小興安嶺南麓，建起了以部隊番號命名或以地命名的軍墾農場⋯⋯

為了建場籌集木材，291 團以一營機炮連為主，組成一支 300 多人的運木大隊。戰士們來到虎林縣境內的二道山頭，用樹桿、樹枝、羊草搭起了簡易工棚。在山坡下的小清河打撈早年日本鬼子扔下的困山材。

另一隊戰士則趕著馬車，將打撈上來的原木運回駐地加工。一天一宿運木一道，全程 120 里。每天早四點鐘摸黑出車，冒著嚴寒，趕到大崗；吃飯餵馬後又繼續行進，趕到二道山頭，太陽早已下山，裝上木材，又重新返回⋯⋯戰士們身上雖然穿著棉襖、皮大氅，但因長途趕車，早被刺骨寒風打透了。好多戰士的臉、鼻、耳朵都凍爛了。到了工棚，暖和過來，又痛又癢。可是，誰也沒叫一聲苦⋯⋯這一冬，他們打撈 2,500 多方木材，並運回駐地。

然而，不幸的事件發生了。

1954 年 12 月 28 日晚 8 時許，一座工棚失火了！當時，勞累已極的戰士們已進入夢鄉。唯獨戰士陳福昌坐在火爐旁烤著鞋裡的烏拉草。他太困乏了，但，為了野外作業，他不得不把濕漉漉的烏拉草烤乾。一不小心爐火將草烤著，火苗一下子竄到低矮的棚頂。緊接著燒著了在棚內用樹枝、樹條搭成的床舖。剎那間，整個工棚變成了一團大火。火捲風，風捲火。鄰近的另一個工棚也相繼起火，變成了一片火海。

火勢凶猛，既無水源，又無防火工具。兩個工棚 72 名戰士，大部份脫險，幸免於難。但，趙和太等 23 名戰士獻出了年輕的生命。

失火時，機炮連副班長，23 歲的趙洪福，已經從火海裡衝了出來，一邊呼喊救火，一邊尋找防火工具，只見他重新衝進火海，再也不見他的身影⋯⋯戰士孫耀南，23 歲的候補黨員，他因勞累和缺乏營養，兩眼紅腫得連人都看不清了，領導上讓他休息，他說：「只要我眼睛能看到一線光，我就應當堅持下去。」他也殉難於火海之中，事後被追認為正式黨員。機炮連班長，24 歲的共產黨員張繼通，這個來自山東高青縣的小伙子已經從烈火中衝出，想到工棚裡還有不少槍支，他又大喊著衝進火海。當人們在失火現場找到他的遺體時，只見他懷裡緊緊抱著 5 支鋼槍⋯⋯

殉難的 23 名烈士大多是山東子弟兵，還有來自湖南、安徽、江蘇、河北的年輕戰士，平均年齡 25 歲，最小的僅 19 歲。其中黨員 5 名，團員 5 名；正副班長 9 名⋯⋯

1955 年 1 月 3 日，農建二師黨委和虎林縣政府召開了 500 多人參加的追悼大會。會場上一片哭聲，沉痛哀悼死難烈士。會後，將 23 烈士安葬在虎林城北「開國紀念林」烈士陵園。

1985 年 9 月，正值農場建場三十週年，農場將烈士骨灰和墓碑從虎林遷回農場，建立紀念碑。

紀念碑座落在二九一農場福山南一公里處的一片高崗地上。碑後整

齊地排列著二十三烈士墓碑。碑前鮮花盛開，松樹挺立，四周紅牆圍
繞。

紀念碑正面銘刻著八個大字：

二十三烈士紀念碑

碑文如下：

五四年秋，六團駐密山，籌建農場，以一營機炮連為主，組成運木大
隊。林海覓路，荒嶺安營，冰河撈木，雪原馬鳴。歷艱辛，創基業，可謂
壯矣！十二月二十八日夜，二道山草棚火起，趙和太等二十三名同志殉難。
安葬於虎林烈士陵園。寒食清明，恭往祭吊，值建場三十週年之際，遷墓
立碑，寄之哀思，以慰英魂。

黑龍江省二九一農場

一九八五年九月立

八五一〇農場：「三王墓」

在八五一〇農場東山坡下，有三座墳包。人稱「三王墓」。一提起
「三王墓」，人們便想起為建設農場而獻身的三位姓王的拓墾者。

王維乾。1958 年轉業來場的原炮兵營參謀長。1959 年 5 月，被分
配到一隊任生產隊長。他上任目睹黃泥河泛濫成災，就決心改造一隊的
山山水水。經過五個月調查研究，他提出了排水、開荒、平整土地、植
樹造林等規劃藍圖。這年冬，他帶領 300 人，冒著凜冽的寒風，開始了
圍山排水工程。當時，農場已決定調他去三分場任副場長。但，他表
示：不完成排水任務，絕不離開一隊。在水利工地，他身先士卒，帶領
大夥揮舞鎬鍬，大戰凍土……經 20 多天苦戰，圍山排水溝初具規模。
遠遠望去，像一條黑色長龍，盤臥在萬畝良田四周。1960 年 1 月 21 日，
春節將臨，圍山排水工程接近尾聲，王維乾在五號地爆破時，不幸以身

殉職。戰友和群眾懷著沉痛的心情，抬著隊長的遺體，把他掩埋在有花有樹、窩風向陽的東山坡下，立了木碑，寫了幾個大字：

「為開發農場獻身的王維乾同志永垂不朽！」

王其平。1969 年從上海來農場的知青，一隊農工。他好學上進，積極勞動，多次被評為先進工作者，優秀共青團員。1975 年冬，生產隊掀起積肥高潮，王其平帶領 12 名知青在離隊五里遠的草甸子挖草炭肥。冒嚴寒，戰凍土，平均每人每天挖草炭 25 方，日工效居全隊之首。1976 年元月 6 日，他帶領青年放炮破冰，不幸在排啞炮時遇難。年僅 24 歲。生產隊幹部、職工懷著悲痛的心情，把他的遺體安葬在隊長王維乾的墓旁，栽上青松，寄託人們的哀思。

王朝斗。1958 年轉業軍官，一隊醫生。來隊後，他全心全意為職工、家屬看病。還因陋就簡，自己動手，克服各種困難，建起了生產隊衛生所。無論白天黑夜，隨叫隨到，不嫌麻煩，不怕勞累。群眾都稱他為「貼心的好醫生」。1968 年，「文化大革命」中，因其歷史上曾當過國民黨兵（在部隊已交代清楚並作了結論），被揪鬥，關押，在極左路線迫害下，含冤自殺。當時，他的遺體被埋在荒山野嶺上，人們對此一直不安。1978 年，黨的十一屆三中全會以後，在群眾的要求下，落實了黨的政策，為王朝斗同志平反昭雪。而後，全隊職工、家屬懷著沉痛的心情，將他的屍骨，重新安葬在王維乾、王其平的墓地……

「三王墓」從此而得名。每年清明節，職工家屬、學生便自動來掃墓，在墳頭獻上一束束野花，奠祭這三位為農場建設獻身的拓荒者。

江濱農場：「十八顆墳」

在江濱農場十一隊東一公里的鶴綏公路北側，有一片彎牛舌形的長一千多米的崗地。崗上多生榆樹，鬱鬱蔥蔥，樹間空地有墳墓百餘座。

這就是江濱農場的公墓地。但，為何取名「十八顆墳」？

原來是對早年遇難的十八名同志的紀念。

1959 年 1 月，農場從各隊抽調 100 多名墾荒隊員到鶴崗地區修建鐵路。一天夜間工棚失火，由於火急人多出口小，生產隊副指導員等 18 名同志遇難。他們大多是從山東來的墾荒隊員。這年 1 月 8 日正式下葬，職工們把他們葬在這塊東南西北走向的高崗上，崗上培起了十八座墳墓。墓碑一律朝南，是為了讓死者英靈遙對齊魯大地，能看到故鄉的親人。

「十八顆墳」由此得名。……

今天，在北大荒的每個居民點都有這樣的公墓或墳包，名稱各異，規模不一。但有一點是相同的，碑石一律朝南，兀然肅立，隨風低吟。有的墓地很大，埋有上百名墾荒者；有的則在靈堂裡安放幾十個刻有死者姓名的骨灰盒……哦，上百個墓碑或骨灰盒一下子展現在眼前，這數量本身足以構成一種巨大的精神衝擊力和久久的沉思。

這些墳包、墓碑、骨灰盒……排成一行行一列列，就像當年他（她）們身穿褪了色的軍裝，雲集於北大荒，或列隊向荒原腹地徒步進軍一樣。他們高揚著「艱苦奮鬥，無私奉獻」的北大荒精神，並以自己的理想和軀體構建了一座被人們廣為傳頌的「三獻」精神的殿堂！

這就是：獻了青春獻終身，獻了終身獻子孫！

如今，這五萬多個長眠者的碑石，依然在各處墓地兀然肅立，紋絲不動。他（她）們站在遠離故鄉的墓地，風裡雪裡，雨裡泥裡，排成隊列，仿佛在期待黨和人民的第二次號令，開赴新的戰場。又仿佛在召喚戰友和兒孫們，在改革開放的新時期，向著北大荒的「第二次開發」進軍！

這情景和聯想，便有一種震撼天地的悲壯！

然而，湧現在作者腦海裡的，卻是另一種聯想：這一座座墳包、墓碑和骨灰盒，猶如南太平洋南部復活節島上的 600 多個巨型石雕人，一

個個高大雄偉，每個石雕人都以不同的形態，表示各自的情感：或豪放，或憂鬱，或快樂，或急躁……他們一個個面對浩瀚的大海，注視著萬頃波濤，仿佛對海洋期待著什麼……

是的，他們默默地在風雨中兀然挺立，在向歷史和未來期待著什麼……

八十、華麗大廈前的沉思

1988年6月，十萬官兵開發北大荒三十週年之際，在北大荒首府──佳木斯市，瀕臨美麗的松花江畔，轟立起一座高二十一層的黑龍江農墾大廈。她那高大巍峨、帶有現代化氣派的高層建築，使慕名者蜂擁而至。人們不僅目睹了她的風采──室內花園、豪華陳設，而且登上直升電梯，進入頂塔上的環形觀賞廳，俯視三江平原的迷人景色和農場群體的美麗風光。

這座據說是當時黑龍江省最高的建築物，如同北大荒眼下正在進行的農業現代化試點和改革開放一樣，正吸引著川流不息的眾多的觀賞者，包括來自美國、日本、俄國、德國、加拿大等國外賓外商，以及進行專業項目合作的技術服務人員。她確實為北大荒增光添彩，仿佛用她那令人眼花撩亂的風姿向人宣告：北大荒那馬架、草棚的年代已一去不復返了，八九十年代的北大荒將以先進裝備、先進農藝的現代化大生產和深層次的改革而聞名於世！

經過四十多年來幾代人的艱苦開發，昔日北大荒已建成機械化國營農場群，成為國家舉足輕重的商品糧基地。

總面積相當於一個半臺灣省。耕地占全國農墾耕地的一半。

農業機械化程度已達95%以上，擁有大中型拖拉機2萬多台，聯合收割機近萬台，農用飛機21架，水泥機場49處，糧食處理中心173座……墾區年糧豆總產量、奶牛總頭數和牛奶總產量、乳製品和黃金總產

量，均為全國農墾之冠。其中大豆、機製糖、奶粉產量占全國同類產品產量的十分之一。

地跨黑龍江省48個市、縣。農林牧副漁，綜合經營。工商運建服，全面發展。黨政群，文教衛，公檢法……一應俱全，改革開放以來，墾區已與32個國家和地區建立了經貿技貿關係。

四十多年來，墾區累計生產糧豆700多億公斤，上交國家400多億公斤。1994年糧豆畝產已達170公斤，總產40多億公斤，每個農業工人年產糧萬公斤！

這些數字表明：北大荒已成為歷史上的名詞。荒原發生了巨變！之所以還沿用「北大荒」這個名詞，因為她凝聚著幾代拓墾者的汗水和辛勞，閃爍著「艱苦奮鬥、無私奉獻」的光芒。

作為當年十萬大軍的一員，我冷靜地思考著歷史和現實。儘管北大荒開始雄心勃勃地打開大門，試圖用「改革」的槓桿，來加速歷史車輪的前進。但，至今還背負著歷史的資金「欠債」，以及「工農剪刀差」、社會負擔過重、職工老齡化帶來的包袱；還有三分之一的貧困場，有的又重新陷入「連年虧損、欠發工資」的困難境地，有的生產隊還處在當年的馬架年代，全面興起的職工家庭農場還在曲折中探索……

正如《紅樓夢》裡說的：「大有大的難處」。墾區在取得國人矚目的巨大成就的同時，正步履艱難地行進在通向二十一世紀的大道上。

這個農墾巨人肩上正壓著三重包袱，壓得氣喘吁吁，又有難言之隱！

《人民日報》的一位記者在墾區採訪之後向外界發出了緊急呼籲：

「為共和國作出巨大貢獻的北大荒和北大荒人，渴望了解、理解和幫助！」

此外，少數領導人中那種長期養成的「眼睛向上，好高鶩遠、脫離實際、墨守陳規」的痼疾，不是輕易能根治的。那些隨著市場經濟而湧

人的「拜金主義」、「享樂主義」、「個人利己主義」等等思潮，像決堤的黑龍江水淹沒了某些意志薄弱的領導人。新的不正之風，不斷地改頭換面地出現，而且是打著「改革開放」和「搞活經濟」的旗號堂而皇之地出現，以假亂真，就像小麥地裡每年每年會不斷地長出酷似小麥的燕麥草一樣！

我對這幢漂亮、華麗的黑龍江農墾大廈的興趣日益減退，儘管她是北大荒人自己設計、自己施工、建造的，代表了北大荒建築工程師和工人們的水平。

面對這座漂亮、華麗的大廈，我常常沉思：她的每一塊磚，每一根鋼筋、每一件水泥預製板，是否凝聚著「移民」們的血淚？是否思考著他們的血淚？！

我倒願意她化作一座高大的紀念碑，矗立在三江平原的大門口。像北京天安門廣場上那座人民英雄紀念碑一樣，為萬人矚目，永世長存。

碑的正面鏤刻上這樣一行閃爍發亮的字：

「為北大荒獻身的移民們永垂不朽！」

碑文上刻著：

三十多年來，在開發和建設北大荒中犧牲的北大荒人永垂不朽！

由此上溯到一九四七年，從那時起，為了建設祖國北部糧倉，實現農業現代化，在歷次進軍荒原中獻身的移民們永垂不朽！

如同遼代「大安七年刻石」一樣，我將在這巨大的紀念碑上，一一鏤刻為開發北大荒而獻身的拓荒者的名字。

歷史將注視著至今仍戰鬥在北大荒的穿軍衣的「移民」和全體北大荒人！歷史也將永遠記住這十萬大軍「移民」隊伍三十多年來的風風雨雨和他們的功績和困難，成就和失誤！

　　願北大荒的一座座碑林，化作警鐘長鳴！幫助這塊美麗、富饒的黑土地擺脫因襲的「怪圈」，走出歷史的陰影，走向真正的輝煌！

後記

　　《北大荒移民錄》的問世，首先得感謝《東北作家》編輯部。

　　1988 年，正當十萬官兵開發北大荒 30 周年，該刊闢專欄紀念。這樣，《移民錄》得以發表。此為初稿，4 萬餘字。當時，作者因忙於主編《黑龍江省志・國營農場志》，僅利用一個月的幹部休假日倉促寫成，作品顯得粗糙。但，由於作品反映了舉國矚目的偉大歷史事件，因而得到了廣大讀者的偏愛，紛紛來信指點或提供寶貴資料。6 家報刊選載或連載，進一步擴大了作品的影響。同時，也確立了作者擴寫《移民錄》的念頭。

　　1993 年，作者從編史修志的崗位上退下來，就全力投入這部作品的擴寫工作了。許多熱情洋溢的讀者來信，使我感到一種使命感和緊迫感。總覺得不早日完成這部作品，就對不起北大荒，對不起北大荒人。特別是十多年來編史修志，為作品提供了大量鮮為人知的寶貴史料。這樣，《移民錄》二稿得以完成，約 15 萬餘字。

　　感謝《北大荒》編輯部用兩期合刊的大篇幅刊出《移民錄》二稿，使作品再次擴大了影響，並進一步贏得了廣大讀者（特別是 1958 年十萬戰友）的支持。使我深受感動的是許

多戰友寫信鼓勵，還寄來了有關個人遭遇的寶貴資料；有一位戰友寄來了長達數萬言的回憶錄，供我參閱；有一位轉業軍人的女兒寄來了她孩子親手製作的賀年卡，表示三代人對作品的支持。

1994年至1995年，作者再度深入生活，採訪眾多人物，並進京查閱有關資料，終於完成了三稿（30萬字）。在這期間，意外地獲悉二稿獲中國「505杯」報告文學提名獎。

感謝作家出版社接受本書的出版，使這部反映十萬官兵開發北大荒的長篇紀實文學，得以面世。這是對北大荒和北大荒人的肯定。正如《文藝報》發表的〈寫不完的北大荒〉的評論文章所說的：「北大荒無疑是一座豐碑，尤其是1958年在特殊歷史條件下十萬官兵開赴北大荒和建設北大荒的豐功偉績，正是由於每一個墾荒者心中的豐碑築成了他們心中的巍峨的長城。」

作家創作雖屬個體勞動，但它是集體事業的結晶。離開這個偉大事件三十多年來的實踐，離開十多年來北大荒編史修志的基礎，離開八年來三易其稿中眾多戰友、讀者的熱情支持，和各地檔案館、總局檔案室提供的史料，作者顯然是無能為力的。

遺憾的是雖三易其稿，仍未達到美好的構思和設想。這是思想、生活和藝術的局限所致。作品一經出版，就成為「遺憾的藝術」。《移民錄》正是這樣。

好在黑龍江省黨刊《黨的生活》在1995年各期連續發表作者的另一部紀實文學《大荒魂》，這是描述半個世紀以來包括十萬官兵在內的各路大軍對北大荒的開發和建設，其容量、跨度、事件和人物將大大超過《移民錄》。作者將在擴寫《大荒魂》時彌補《移民錄》之不足。

最後，感謝北大荒文學藝術事業的積極扶植者、老作家吳祖光為本書題寫書名，並感謝北大荒版畫創始人之一、我的戰友晁楣，用他那氣勢博大、寓意深邃的版畫《路漫漫》作為本書的封面。

　　謹以此書獻給全體北大荒人——留下或離開北大荒的生者和死者，以及近半個世紀來所有關懷和支持北大荒開發事業的人們。

1995 年 7 月於佳木斯

附錄：關於《北大荒移民錄》的資料和評論

    1. 厚積薄發的《北大荒移民錄》（引自《黑土留痕——作家鄭加真傳》，劉文濤著，哈爾濱出版社 2002 年 10 月第 1 次印刷，2000 冊，15 萬字，定價 20 元。）

    1988 年，值 10 萬復轉官兵開發建設北大荒 30 週年之際，一些報刊再次將目光投向北大荒。《東北作家》雜誌社副主編魯秀珍專程赴墾區約稿，請幾位老作家各寫一篇 5000 字以內的回憶文章，鄭加真自然在約稿之列，他利用機關幹部 20 天的休假時間開始了命題寫作。

    厚積薄發，作為 10 萬復轉官兵中的一員，一個比較了解墾區發展軌跡的作家，回顧歷史，他的心情是複雜的。那段歷史，輝煌與悲壯交融，野蠻與文明同在。作為第一代北大荒人，執著與迷惘更迭，熱情與悲愴共生。在他們真誠奉獻過青春與理想的土地上，「收穫的並非全是大豆和小麥，還有許多帶血的荊棘」。號稱 10 萬，實際是 8 萬多的復轉軍人中，竟有 6 萬多名軍官是帶有右派和準右派帽子或家庭出身等等問題，從部隊「刷」下來，送到古稱「黑水靺鞨」的蠻荒之地，每個人的身後都有一段曲折坎坷的故事。

    作為一名史志工作者和一個有責任感正義感的作家，鄭

加真深深感到，正視歷史有時是可怕的，但不正視歷史卻是可悲的。長期以來，人們對 10 萬復轉官兵開發北大荒這一事件看到的聽到的都是正面的輝煌壯烈的東西，沒有人去揭示這一事件背後的悲劇因素，鄭加真感到，自己有責任也有這個能力讓人們了解這一事件的全貌，給歷史以真實。正如他在後來出版的《北大荒移民錄》（以下簡稱《移民錄》）的前言中寫道的：「月球由於自轉週期和繞地球轉動的週期相等，因此，人類總是看到月球的正面，看不到月球的背面。直到 1959 年人類用月球探測器拍攝到月球背面的照片，人們才認識了月球的全貌。10 萬官兵開發北大荒這個歷史事件，長期以來人們只看到他的正面，未見全面，《移民錄》僅在這一點上填補了『空白』。」

　　這段話應當看作是他寫《移民錄》的初衷。

　　隨著筆下文字的一瀉千里，酣暢淋漓，他已隱隱感覺到，這部作品已遠遠走出了《江畔朝陽》的沼澤地。作為一個選題，鄭加真整整寫了 6 萬字，遠遠超出了 5000 字的約定。稿子交給魯秀珍，當即抓住了編輯的心，考慮到刊物的容量有限，讓鄭加真壓縮到 4 萬字，全文發表在《東北作家》當年的第 4 期。因其獨特的視角和鮮為人知的史實，作品一發表，立即引起各方關注。廣大讀者，尤其是復轉官兵紛紛來信指點或提供寶貴資料。這使他產生了擴寫《移民錄》的念頭。

　　1993 年，鄭加真從史志辦退休，就全力投入到《移民錄》的擴寫工作中去，借助 30 多年的生活積累和十幾年來編史修志所獲的豐厚資料，以大量的讀者來信為線索，經過半年的努力，《移民錄》15 萬字的第二稿已完成。《北大荒文學》1993 年用 10、11 期合刊的大篇幅隆重推出，使作品再次擴大了影響。許多復轉官兵寄來了有關個人遭遇的寶貴資料，一位老上尉還寄來了長達萬言的回憶錄供鄭加真參閱。一位轉業軍官的女兒來信說：「感謝你為北大荒寫下了歷史，使我們第二代知道父輩是怎樣艱苦開發這塊杳無人煙的黑土地的……」隨信還附上她孩子親

手製作的賀年卡片，表達了一家三代人對《移民錄》的支持和感謝。

《北大荒文學》在編後記中形象地寫道：「歷史總是被泥土掩埋，30 年過去了，40 年過去了，時間都變作泥土，一層層沉下來，10 萬悲壯而英勇的官兵們，如今已糟老得如我們腳下風乾皸裂的泥土，慢慢地化作掩埋歷史的腐植質了⋯⋯掘開泥土，就掘開了歷史⋯⋯」。

《移民錄》的字字行行正是做著觸向泥土深層的努力，每掘開一塊泥土，便引發他往更深層探視歷史全貌的欲望。1994 年，剛做完膽切除手術的鄭加真又開始了他不倦的探究，他再度深入三個分局十幾個農場，採訪眾多人物，並到總局檔案室、北京的有關圖書館查材料，終於完成了 30 萬字的第三稿，1995 年由作家出版社正式出版。

沉甸甸，帶著悲壯與慘烈意味的《移民錄》，是自 1958 年鄭加真到北大荒後寫出的最滿意的著作。正如知青作家蕭復興評價的：「這部作品如同那片黑土地一樣，帶著黏性，沉甸甸地黏在心裡⋯⋯《移民錄》實際是一部新中國歷史的縮影，只不過更加集中，背景更加深厚、蒼涼⋯⋯作者以良知、生命，尤其是與之共存的青春血液，抒寫這部歷史。其功勞，北大荒的土地會刻下珍貴的一筆。」

1994 年 3 月 12 日，《文藝報》發表題為《寫不完的北大荒》的評論文章，稱《移民錄》（二稿）：「著力追求的是一種嚴峻的真實感，巨大的思想力量，以及歷史感和現實感的統一，宏觀與微觀的結合。」並稱：「北大荒無疑是一座豐碑，尤其是 1958 年在特殊歷史條件下十萬官兵開赴北大荒和建設北大荒的豐功偉績，正是由於每一個拓荒者心中的豐碑築成了他們心中的巍峨長城。《移民錄》的重大價值之一，正在於為歷史填補了一項空白，為我們提供了一面鏡子。」

《人民文學》主編程樹榛說：「這是一篇不可多得的力作，對後人與國內外都將產生深遠的影響。」

《移民錄》一經推出，以其雄厚的實力先後獲墾區、省級、國家級

三項獎勵。《暢銷書摘》、《中國農墾》、《黑龍江日報》、《農墾日報》等六家報刊雜誌予以連載或選載，讀者面的擴大使這部作品的影響也更大了，有的讀者甚至將每期的連載從報紙上剪下來，黏貼在一起成為一本特別的「單行本」，精心收藏。省委副書記楊光洪看過相關介紹後，慨然揮筆寫下這樣一段批示：作為一名荒友，我看了介紹很受鼓舞。此書面世後，應作為弘揚「三大精神」（大慶精神、北大荒精神和衝破高寒禁區精神）的一個好教材，大力宣傳，對廣大群眾，特別是青少年進行愛國主義和革命傳統教育。

正如不朽文學名著《紅樓夢》的作者曹雪芹在詩中寫到的，「都云作者癡，誰解其中味？」《移民錄》是鄭加真生命的文字，其寫作中的甘苦只有他自己體會最深，在這一過程中體現出的探究精神實在值得人佩服和學習。

1994年，鄭加真剛做完摘除膽的手術不到兩個月，便急不可待地紮到管局和農場採訪，為擴寫《移民錄》做準備。一次，在紅興隆的一位荒友家採訪，氣氛很投機，同是復轉軍官的兩個老人興味盎然地讀著當年創作的詩，唱著當年的歌，頗有「老夫聊發少年狂」的意味。這一刻，他們都忘記了時間，不知不覺時針已滑到深夜11點多，賓館早已關門了，沒辦法，65歲的鄭加真只好拖著尚未痊癒的病體，爬上一米多高的柵欄跳了進去。

如果說《移民錄》是一座建築物的話，那麼，其間的每一個歷史事件便是構成這巍峨建築的塊石片瓦，只有這塊塊磚瓦貨真價實，那巍峨建築才能挺立不倒，鄭加真在撿拾、遴選、壘搭這塊塊磚瓦的過程中，也一步步地從山腳漸入高峰。《移民錄》的寫作歷時八載，三易其稿。這期間，鄭加真不僅收集了大量的文獻，而且收集了包括工作總結、情況通報、典型事蹟材料、黨委會議記錄、案件報告、甄別材料、右派改造情況、幹部處分決定等等在內的各種材料。

1993 年，為擴寫《移民錄》，鄭加真在閱讀了大量志書的基礎上，又一頭紮進總局檔案室做了歷時一個月的專題搜集，僅原牡丹江、合江兩局的檔案，他就摘引了 10 多本的資料，大大豐富了該歷史事件的內涵。在搜集資料的過程中，他還注意各相關資料間的聯繫，比如，10 萬官兵中有七個預備師是集體轉業來的，有關文獻資料也記載了這一點。但僅僅停留在轉業人數、帶隊幹部以及復轉官兵的來源和分配的農場上，還不能提供事件和人物的具體細節。正在這時，鄭加真發現了原合江局的一份《步兵第一預備師北上行軍工作總結》，這份材料具體記載了全師 1000 名轉業官兵在江津地區人民夾道歡送下，組成了三個梯隊，分別乘坐專列由四川出發，運行八晝夜，抵達黑龍江省以及沿途的情況……整個事件已漸明朗化了。接著，鄭加真又在合江局的一本《黨委會議記錄》中，發現了原第七預備師師長黃家景（當時為合江農墾局代局長、黨組書記）的發言記錄。這是黨內交心的一次發言，記錄了這位師長當時轉業的真實思想。原來他率師來到北大荒後，雖然行動上服從組織的決定，思想上仍有不通之處，到北大荒後他給王震將軍寫了兩封信，說自己不懂農業機械化，擔心把事業搞壞，聽說廣西要幹部，想去廣西……兩封信換來了將軍的一頓批評。從此，他鐵心在北大荒幹下去了。這樣生動的事例，在正式文獻中是不可能記載的，它的發現增添了事件的真實性和可讀性，豐滿了人物形象。

正如鄭加真在《移民錄》中所寫的：我第一次從功績和災難相結合的角度，成就和失誤相結合的角度，來觀察我的戰友、我的荒原、我的軍隊、我的國家……如此複雜的群體，如此巨大的轉折，如此驚人的奉獻和犧牲，如此高代價的移民開墾和高速度的大進軍，已經不能用簡單的言辭和通常的史書來表達了。

鄭加真所著力追求的，正是有別於一般史書的鮮活感、真實感和可讀性。

　　王震將軍是中國農墾事業的奠基人，在開發北大荒過程中的豐功偉績自當永載史冊，特別是 1958 年 10 萬復轉官兵進軍北大荒時他所發揮的組織領導才能和表現出的巨大魄力。然而，由於當年「大躍進」和「共產風」的影響，將軍也存在不重視自然規律和經濟規律的缺點。為了再現歷史真實，鄭加真在書中引用了當年作為農墾部部長的王震在八五〇農場五分場進行「共產主義試點」的講話史料，引用了農墾部下達的「高指標」、「放衛星」的資料，特別是引用了 1962 年 3 月在南寧召開的全國農墾工作會議上王震的講話材料，王震在講話中進行了自我批評。他說：「作為農墾部部長和黨組書記，對於黨中央和毛澤東同志思想方法的學習不深不透，因而在工作中由於主觀片面和急躁情緒而產生了一些嚴重的錯誤缺點……」這些史料的引用，這種真實再現歷史的寫法，不但無損於王震將軍的光輝形象，而且寫出了特定歷史背景下的歷史事件，帶有深刻的時代印記。

　　由於早年史料散失，有的史料僅僅提供了事件和人物線索。鄭加真常常是順藤摸瓜，深入採訪，從而較好地解決事件和人物的完整性。這樣的事例很多，如原合江局《關於加強對右派分子管理工作的指示》中，提供了「右派分子」汪某寫「反動信」的線索，事隔 30 多年，汪某的結局如何？鄭加真心中記下這道題，準備隨時尋找答案。在一次赴勤得利農場採訪時，意外得知了汪某的下落，使這個人物有了交代。再如從牡丹江局《關於向某自縊身亡的報告》中得到這個事件的線索，感到這是個冤案，鄭加真便跟蹤這一事件，大量採訪知情人。出於正義感，將有關事實真相及過去的檔案材料上報總局黨委審查。最後，總局黨委批示牡丹江局黨委按照黨的十一屆三中全會以來的方針政策，給向某平反昭雪。向某九泉之下，也該欣然瞑目。

　　鄭加真了解到 1958 年牡丹江局曾發動了全國僅有的「第二次反右事件」，也從原牡丹江局黨委會的原始記錄裡查閱了發動此次反右鬥爭

的經過，只是查不到當時作為活靶子的「悲風」事件主角王雲的下落。王雲是原武漢公安軍第一校的學員，曾因在全校帶頭響應轉業北大荒的號召而成為學校的典型人物。在雲山水庫勞動中，因不滿領導的官僚作風寫了張大字報，在牡丹江墾區的第二次反右鬥爭中被當成活靶子，被錯判四年徒刑，後又被錯揪錯鬥，繼而又被隔離審查 11 個月，兩次開除出黨，三次平反昭雪，由一張大字報起因，將人生引向了極為坎坷不平的道路。多年來，鄭加真從未放棄對他的尋找，在此事過去 36 年後的 1994 年，鄭加真終於在八五一一農場的一個學校找到了他。當鄭加真說明採訪意圖的時候，這位年近古稀的老人從心底發出一聲長嘆。這一聲長嘆實在太長，幽幽穿過 30 多年的歷史隧道，隱隱傳至鄭加真耳中，依然叩痛耳鼓，震悸人心！老人沉重地說：「我一直過著離群索居的生活，居然還有人記得我，這是 30 多年來的第一次，我從心底感謝你。」

　　黑格爾說：歷史有屬於未來的東西，作家找到了它，也便找到了永恆。北大荒的成功開發是我國軍墾史乃至移民史上的偉大壯舉，《移民錄》是中國第一個以紀實文學手法展現 10 萬復轉官兵開發北大荒壯舉的作品。作為先驅者的鄭加真，真正找到了一片自己鍾愛的土地，他決心繼續耕耘下去，爭取有更豐厚的收穫。

2.歷史的悲劇色彩——讀《北大荒移民錄》／蕭復興

　　雖比不上深圳、蛇口光焰四射，北大荒已決不是一個陌生的地名。對於當代年輕人，北大荒是過去歷史的一段縮影、一種精神或者是一個象徵。只有從那段歷史中跋涉過來的人，才能體味到那種種汗水、淚水、血水交織一起的獨特滋味。

　　鄭加真的《北大荒移民錄》(載 1988 年 4 期《東北作家》)，就是這

樣一部含有獨特滋味的作品。對比當前報告文學的創作,他寫了一場1958年10萬轉業官兵到北大荒拓荒紀實,選材並不時髦,既難轟動,也不刺激,很難討好一般讀者和評論界。但他用了半年之餘的時間堅持把它寫畢。應該說,他是用了從青春到壯年30年的時間才把它寫完的。那字裡行間充滿著他的深沉感情,融入了他生命的色彩。

讀者和作家這幾年更加關注了知青的命運,一部電視劇《雪城》家喻戶曉。面對那近10萬官兵轉業北大荒的歷史似乎淡漠了許多。原來,當年他們並非全像電影《老兵新傳》、《北大荒人》一樣豪邁。1957年反右擴大化後,他們當中竟有6萬人是帶有右派和準右派帽子或因家庭出身原因,從部隊刷下來,「像城市將垃圾傾倒在郊外,像歐洲將有毒的工廠廢物傾倒在非洲」一樣扔到在古稱「黑水靺鞨」的蠻荒之地。他們的命運同40萬知青的命運一樣慘痛。他們沒有知青人數眾多,卻比知青在北大荒待的年頭更長。歷史的彈指一揮間,他們卻走進了生命的夕陽時節。他們付出的更多,人生況味自然更濃。

加真曾講過:「作品總是包含著一定的時間跨度。如果不用歷史的眼光來觀照它,那麼,作品就像建立在沙灘上的房屋。」回顧歷史,他的心情是複雜的,悲壯與殘酷交融。對於他和他們一代真誠奉獻過青春與理想的那片土地,收穫的並非全是大豆和小麥,而是有許多帶血的荊棘,還有誰能比他們更為苦楚呢?那位上尉,雷達軍官,只因出身國民黨官僚家庭而被迫轉業來到北大荒,不得不忍痛與熱戀的姑娘分手,以後的命運是如何呢?那四對在一間不足20平方米草房中結婚的新婚夫婦,當年以苦為榮、四戶混居依然艱苦拓荒,以後的命運又是如何呢?而那300多轉業官兵乘車開進長林島,汽車剛剛離去,島四周水面的冰就已經開化,他們背水一戰,紮下馬架,虔誠地在地圖那一片空白處畫上一顆五角星,以後命運又會如何呢?……正視歷史是可怕的,不正視歷史卻是可悲的。

正如加真在這部作品中所講的那樣：「歷史老人會把事件的真相一點點袒露出來。」他看清了並著重描摹了這段歷史的悲劇的色彩，使得他的作品遠遠走出了自己以往寫過的《江畔朝陽》的沼澤地，而賦於凝重的油畫般的色調。他没有回避而是刻骨銘心地寫出了 10 萬官兵到達北大荒後一次次歷史的磨難：「大躍進」荒誕的「褲播機」、「速效禽」，第二次反右那位敢於批評盲目躍進的農墾局副局長被逼自殺身亡……會讓讀者感受到 10 萬官兵以及由他們所創造的那段獨特歷史的悲壯。使得北大荒這片黑泥土更加渾厚而充滿滄桑之感。縱然可以挑出許多遺憾和不足，比如敍述過多沖淡了文學的感染力，結構宏大卻略嫌龐雜，結尾一章抹上一筆光亮色彩與全文不大協調，人物的悲劇命運没有進一步歷史性展開而顯得成為了這段歷史的注腳或演繹符號，以及這段歷史悲劇意義自上而下兩者更深的挖掘等等。

縱然這部作品題材似乎顯得陳舊，那些看慣了時下「中國」、「神州」、「世界」等等各類「大」的「潮」，或者是隱聞秘事種種各類小的流的人，在這裡找不到轟動或刺激。但我依然看重這部作品，並受到感動。這不僅僅因為我也在那片土地上生活過，更重要的是加真與這片土地相濡以沫，榮辱與共。他便是 10 萬官兵的一員，30 年前是個 29 歲的年輕上尉。這樣的報告文學不是僅僅靠採訪，更靠的是他的心，這是生命的文字。

（刊於《文藝報》1989 年 2 月。作者為《人民文學》副主編，原北大荒知青。）

3.寫不完的北大荒──《北大荒移民錄》閱讀隨想／准准

在五六十年代的中國地圖上，北大荒不過是一片極不起眼的荒漠之地，甚至翻遍黑龍江分省地圖竟也找不到北大荒的字眼。我所知道的北大荒，原是文化界「右派」的流放之所，知識青年插隊之地。

現在，讀了鄭加真創作的《北大荒移民錄》(刊《北大荒文學》1993 年總 90-91 期)之後，才知道早在「右派」和知青踏上這片神奇的土地之前，這裡就曾有數 10 萬轉復軍人、支邊青年和科技人員創造過驚天地泣鬼神的業績，演出過一幕幕奪人心魄的人間悲喜劇。

我讀過丁玲筆下的北大荒，我讀過知青作家筆下的北大荒，可是這次讀完《北大荒移民錄》我仍要説：沒有白讀。就像我到過許多名山大川之後再到黃山旅遊時感覺「不虛此行」一樣。

確實，北大荒的黑土地滋補著地上的莊稼，埋藏著地下的礦藏，也孕育著豐富的文學素材。看來，人言説不盡的北大荒，寫不完的北大荒，實非虛妄之語。這一切流淌在「右派」作家和知青作家們的作品裡，也沉潛於加真同志創作的這部長篇紀實文學裡。

在作者的筆下，北大荒無疑是一座豐碑。碑石上記載著 900 年前漢族移民拓荒的歷史，記載著抗戰勝利後我黨組織首批轉復軍人、殘廢軍人赴北大荒開墾造田的動人事蹟，更記載著新中國成立後第一批鐵道兵轉業軍人(1954 年)「戍邊屯田」的艱辛，尤其是 1958 年在特殊歷史條件下 10 萬官兵開赴北大荒建設北大荒的豐功偉績。我相信，正是由每一個墾荒者心中的豐碑構築成了他們心中的巍峨的長城。

在作者的筆下，北大荒又是一座煉獄。衆所周知，北大荒本是人跡罕至、自然條件十分惡劣的荒漠，而開赴北大荒的 10 萬官兵又幾乎是在毫無思想準備和物質準備的條件下，在「反右」運動過後，帶著各種精神創傷和思想包袱，或自願或被強制地拋向這片荒漠的。於是，我們便從作品中看到了幅幅人與自然交戰的圖景，尤其是發生在人物內心世界裡的追求與幻滅、堅韌與動搖、愛與恨、生與死的一次次搏鬥和較量，看到了一幕幕關於家庭、關於愛情、關於事業、關於革命的悲喜劇。於是，精神與物質的搏擊，人的意志與人的忍受力的交戰，血水、汗水與淚水的攪拌，便構成了《北大荒移民錄》的底色與基調。

在作者的筆下，北大荒是一面鏡子。唐皇李世民在諫臣魏徵去世時曾說過一句警世之語：「以銅為鑒，可以正衣冠；以史為鑒，可以明興衰；以人為鑒，可以知得失。」北大荒從昔日的蠻荒之地到如今初步建成國家重要農業商品生產基地，已經經歷了近千年的歷史。在這漫長的歷史過程中，北大荒經歷了多少朝代，更換了多少主人，而它的主人又在這片土地上流了多少血水、汗水，演出了多少悲歡離合的曲折故事，幾乎都已模糊得難以辨認，但作為對國家和民族的命運更有直接責任的執政者，卻永遠不該忘記在北大荒建立豐碑的主人。儘管，歷史裡有成功有輝煌，也有失敗有血污。真實的歷史如同一面鏡子擺在我們面前，清醒的國人誰也不能躲閃，不能在鏡子面前閉上眼睛。平頭百姓也好，當官執政者也好，概莫能外。

讀著《北大荒移民錄》猶如面對一面毫髮畢現的鏡子，從鏡子裡，我們可窺見當年 10 萬官兵在北大荒艱苦奮鬥的血淚史和創業史，更可看到從 1957 年反右鬥爭中滋生的極左思想是如何一步步發展蔓延，以至在整個北大荒建設過程中，在決定黨和國家的命運的方針大計上，釀成了多麼嚴重的危害。

鄭加真的《北大荒移民錄》的重大價值之一，正在於為歷史填補了一項空白，為我們提供了一面鏡子。

北大荒還是一部寫不完的長篇小說，一部放不完的電影。歷來墾荒就是一個痛苦而又漫長的過程。北大荒的墾荒歷史據文字記載開始於900年前，解放後的墾荒活動，最重要的當數 1958 年的 10 萬官兵開赴北大荒，和 1968 年前後數 10 萬知識青年插隊北大荒。參加者除十幾萬官兵之外，還有文化界的「右派」、幹部和知識青年。可以說，北大荒這片荒漠之地的命運幾乎牽動著億萬人民的心，涉及到中國各個時期政治風雲的變幻，關乎著中國的政治、經濟、文化、軍事等各個社會領域。

30 年來，儘管北大荒活動曾經不斷地為當時的新聞報導所關注，新

時期以來，一批知青作家又以自己的切身感受創作了許多感人至深的優秀作品，但即使如此，北大荒的豐富的文學素材仍留下了不少的空白。正是在這個意義上，或許可以說，北大荒的文學礦藏仍像它的黑土地一樣深厚肥沃，北大荒恰如一部寫不完的長篇小說，一部放不完的電影。

作為一部長篇紀實體作品，作者所著力追求的是一種嚴峻的真實感，巨大的思想力量，以及歷史感與現實感的統一，宏觀與微觀的結合。它不需要絲毫的粉飾，也拒絕浮艷的華麗。在華麗與質樸之間，他毫不猶豫地選擇質樸；在凝重與輕靈之間，他寧願選擇凝重；在深沉與明快之間，他決意選擇深沉。作為創造北大荒業績的參與者與目擊者，在事隔30年之後，作者在描述這一切的時候，筆端自然不乏冷靜和客觀，但也充滿著外溢的激情。而作為紀實文學的作家，他更喜歡使用史書的筆法，更注重史詩般的效果。

我想，這種選擇既是作者創作個性的表露，也是創作題材的呼喚。當然，更與作者的創作經歷不無關係。我們知道，作者不僅作為當年開赴北大荒的10萬官兵中一員，「入乎其內」地親自參與了北大荒艱苦絕倫的種種強體力勞動，體驗了北大荒人所經歷的種種精神磨難，而且走出北大荒，站在新的歷史高度，用新的眼光，「出乎其外」地對昔日的生活素材反覆地作了靜觀默察、深沉反思。於是，他在1989年創作的四萬字的《移民錄》的基礎上，又拓展了加深了題材的廣度與思想的深度。這就是擺在我們面前的這部沉甸甸的《北大荒移民錄》。用數百萬人的血肉構築的萬里長城已經成為世界的十大人文景觀。用數十萬人的血汗建成的北大荒也應值得後世人永遠敬仰。北大荒移民墾荒的歷史已成為過去。但我們畢竟不能忘記過去，忘記歷史。我想，巴金先生一直呼籲成立「文革博物館」的本意也許正在於此。那麼是否也應呼籲成立一個類似的「北大荒博物館」呢？

好在當年參加北大荒移民墾荒的10萬官兵中還確有不少人難忘這

段艱難的歲月。近年來，幾乎就在加真同志寫作、發表《北大荒移民錄》的前後或同時，當年的 10 萬官兵之一、現定居南京的陳鳳樓和董純同志即已經創作和發表了紀念那段難忘歲月的小說和散文。雖然篇幅不長，但文中透露出的感情和思想內涵，卻與加真的《北大荒移民錄》一樣是真摯而深刻的。願更多的當年曾參加過移民墾荒的人能參加到這一十分有意義的工作中來。

（刊於《文藝報》1994 年 3 月 12 日。作者為中國作協會員，《鐘山》主編。）

4.厚積薄發的《北大荒移民錄》(摘自《黑龍江文學史》)

北大荒文學創作在當代中國引起的許多轟動已遠遠超過了文學本身。在以往崇尚英雄注重榮譽的年代，北大荒文學為人們提供了無數英雄形象，影響著許多熱血青年奔赴火熱的邊疆建設。文學在精神層面上生發出來的社會影響遠遠大於審美價值，文學的教化功能一直處於強勢階段。傳統意義上的北大荒文學是以「歌頌」為創作基調的，如報告文學《雁窩島》、《在南泥灣的道路上》、《戰鬥在北大荒》等。無論是散文、詩歌、小說、電影劇本還是報告文學無一例外地對 10 萬官兵轉業北大荒那一段歷史有著積極甚至過熱的描繪。很長一段時間裡，人們借助文學作品了解到的都是積極向上激動人心的革命場面。但是時間到了 80 年代，長期從事北大荒史志編撰的鄭加真不再沉默，他以一個過來人令人信服的口吻一反眾口一致的說辭，開始對 10 萬官兵轉業北大荒的整個歷史事件來龍去脈進行反思，探究整個事件發生發展的過程。作者在大量調查基礎上形成了長篇紀實文學《北大荒移民錄》，以全新的觀察視野展示了北大荒真實生活的各個不同側面，全方位地透視了那場壯烈又悲哀、興奮又痛苦、一片忠心卻又有口難辯的自戕性開發運動。為人們留下了許多值得深思的故事和說不盡的話題，無論從文學還

是從歷史方面都很有價值。

　　鄭加真（1929-），生於浙江省溫州，1949年8月考入上海復旦大學中文系。1951年參加抗美援朝，歷任中朝人民空軍聯合司令部工作員、見習參謀。1952年調任軍委空軍司令部參謀。1958年3月隨10萬轉業官兵開發北大荒，開始了業餘文學創作，他寫過散文、小說、報告文學。其中報告文學《戰鬥在北大荒》和長篇小說《江畔朝陽》(日譯本書名《北大荒讚歌》)產生過較大影響。此外，還出版了中篇小說《鐵疙瘩的夢》，短篇小說集《高高的天線》以及長篇紀實體作品《中國東北角》等。是中國作家協會會員。

　　鄭加真的創作成就主要在紀實體文學方面，其中《北大荒移民錄》為代表作。這部長篇報告文學最初發表在1988年第4期《東北作家》上，被《黑龍江日報》等多家報刊連載或選載，以後作家對作品進行了多次修改，定稿全稱為《北大荒移民錄──1958年十萬官兵拓荒紀實》，由作家出版社在1995年出版了單行本。作為北大荒第一部長篇紀實文學，作者採訪了許多已是垂暮之年的歷史見證人物，披露了大量鮮為人知的真實史料，歷時8年三易其稿，實屬工程浩大。由於作者本身即是當年10萬轉業官兵中的一員，當時發生的事情撞擊心靈留下深深的思索。當歷史迎來了新的轉折之時，作者深感對歷史留下真實記載的重大責任。在此書中，我們隨處可感的是作者難捺的激憤，幾欲爆發的呼喊，書中提供的每一滴經驗和教訓都是汗水、淚水和血肉凝聚而成的。作品一經問世便被認為是「新中國歷史和當代農墾史的縮影」，這一點都不為過。而作品的藝術價值遠在史料價值之上，其中跳動著眾多活生生的人物形象，每一個人物命運都是一部長篇小說的素材。作者以史詩般壯懷激烈的大手筆，描摹出整個時代和整個歷史事件的悲劇色彩，其濃烈與浸潤程度遠超過人們所感受到的。

　　這是一部當代中國文壇最具永久價值的紀實文學，是北大荒文學創

作的里程碑。全書共 15 章，以 1958 年 10 萬轉業官兵奮戰北大荒開發大農場的歷史事件為主要內容，上溯 40 年代下延 80 年代的墾荒故事為縱橫，氣勢磅礡運思宏大，極具見地再現了一幅幅驚心動魄的歷史畫面。作者深感於改革開放在墾區建設上的實際問題，在《代序》中提出了「移民墾殖」的概念，這對於一些響應黨的號召開發北大荒的進步青年是難以接受的事情，而將歷史歸位，先打掃浮在上面的泡沫則是作者在本書著力要做到的。

　　《北大荒移民錄》的突出貢獻之一是塑造了 10 萬轉業官兵的新英雄形象。他們有血有肉有淚有汗，在情非所願的歷史境遇中他們顧全大局犧牲個人利益超負荷地開荒種地，但在荒唐可笑的政治運動中他們卻不容虛假，勇敢地挺身而出大膽真言從而開罪了時代成為戴罪之人。歷史就是這樣曲折曖昧地展現在人們面前：一方面，當年響應號召開發北大荒的轉業官兵作為建設邊疆的旗幟被狂熱地加以宣傳，來自四面八方的讚譽包圍著他們，在全國人民心中他們是地道的墾荒英雄。另一方面他們中間許多人又同時背負著右派、中右、壞分子、家庭出身不好、歷史有問題等政治包袱不被軍隊信任而發配到北大荒進行改造。在北大荒，政治上不被信任、身體上超負荷勞動、生存環境的惡劣、狂熱的「二次反右運動」使得他們生活在殘酷的自戮內耗之中。他們是英雄，幹著只有英雄才幹的事情。他們又是罪人，永遠都有一摞檔案壓在身上不得翻身。從《永不放下槍》的作者日記中透露的當時「政治因素」在這場轉業官兵奔赴北大荒中的絕對作用，到勘測設計人員的「邊打邊建」，剛到北大荒開發時面對房無一間地無一壟時的人心浮動、小馬架裡男女混居多戶共居一室的原始穴居人情形、以及由馬架而生出的愛情故事和悲劇性火災，再到當代流人丁玲等人以及右派向左村、雲山水庫瘋狂會戰、密虎鐵路線會戰，以及轉業官兵的婚變、總部慰問團風波、「大躍進」時代放衛星插白旗「悲風事件」等二次反右悲劇，最終到三

年自然災害時「王團」的墮落、王正林的明察務實等等，作者縱橫幾十年風雨人生路將一群背負著政治重負卻將北大荒開發成北大倉的一代墾荒移民形象活生生地雕塑出來。他們是一群隱忍著荒唐命運忠誠於國家利益的悲情英雄。

《北大荒移民錄》以時間為縱線以重大歷史事件為構架，將人物命運和作者沉積多年的思考扭結著奔突而出，行文之間汪洋恣肆又充滿著悸動和痛苦，是一首震撼人心的命運交響曲。作品之所以產生震撼人心的藝術感染力，原因在於作者不是一個一般意義上的寫作者，他正是當年10萬轉業官兵中的一員，切膚感受促使他在創作這部紀實文學時投入了更多的感情因素。優秀的藝術創作從來都不光顧那些冷漠之人，距離產生美感但並不意味著產生激情，沒有激情的藝術作品終究難以打動人心。《北大荒移民錄》大膽地將月球的背面展示給我們，告訴給人們的不僅是那些流著血淚和汗水的滿是冤情的故事，更是人類對真理正義的追求永不回頭的精神。在這個意義上說，《北大荒移民錄》是當代古典主義精神的產物。而以反思形象出現，又使得這部作品成為當代北大荒文學創作中一個新的轉折點，具有里程碑的意義。

5.歷史總被泥土掩埋——《北大荒移民錄》（二稿）編後記／楊孟勇

編完擴寫後的《北大荒移民錄》最後一頁，扣上沉甸甸的16萬餘字，竟一時不知該怎麼去思索這片土地和這群穿軍衣的「移民」。

靜下來的時候我想，從今天起，或許黑土地已經有了它自己的墾殖史了，不是一般的文字，而是史詩。史詩的開端便是10萬官兵挺進荒原的宏闊景觀，似有《兵車行》中「車轔轔，馬蕭蕭」之立意，只不過將士們的弓箭和兵甲都被卸下而已。

30年過去，40年過去，時間都變作泥土了，一層層沉積下來，10

萬悲壯而英勇的官兵們，如今已蒼老得像我們腳下風乾皺裂的泥土，慢慢地將化作掩埋歷史的腐植質了，然而，他們誰都沒有回頭凝視過那跟跟蹌蹌的足痕，沒留意留在陽光下的影子，有的甚至成為殉荒者之前依舊不知道自己的檔案中是怎樣被歷史殘酷地規定著……

掘開泥土，就掘開了歷史，我們才知道 10 萬悲壯而英勇的官兵們是那樣地崇拜歷史，對歷史寄於無限信任和依賴，而將自己的坎坎坷坷，是是非非，血血淚淚和盤托出，給了它去裁決，去證實，或者說句公道話，下個什麼結論之類，而你們做完這一切，就像完成了生命的最後囑託，就像整個命運有了個交待，而再也無力說上一句什麼了。

是的，你們已疲憊不堪了，我可歌可泣的父輩和兄長們！

歷史到了這個時代，就肥沃了；就豐滿了；就美麗得足以撥撩每個人的心弦。

歷史每年也開出鮮花，讓我們沉醉於五穀豐登的年景裡，而它也常常從當年皸裂的皺紋中，擠出一些血，擠出一些淚，或是殉荒者們尚未朽爛的碎骨，在夜晚的荒原幽幽閃動。

願這卷《北大荒移民錄》也像「大安七年刻石」，深埋於地下，過個三五千年；過個 10 萬 20 萬年，讓那時的人類，像挖掘「大安七年刻石」一樣來鄭重地挖掘吧。我想那時，文中的故事和主人公們，以及那一串串的殉荒者的名字們，那一切應該留下來的，都全在泥土中石化了，就像甲骨片出土，永被後人珍藏和膜拜。

（本文作者為黑龍江作協會員，原《北大荒文學》90-91 兩期合刊
——《北大荒移民錄》（二稿）專刊主編）

6.寫在《北大荒移民錄》卷後／陳鳳樓

這是闖關東大漢敲銅板唱「大江東去」。

10萬官兵的呼喚已經遠去，已成為歷史。但仍在呼喚，頑強地，像深山老林的槍聲呼喚《林海雪原》，像呼蘭河水的波濤呼喚《生死場》，像北滿鐵路上火車的怒吼呼喚《革命自有後來人》，終於呼喚出《北大荒移民錄》。

《北大荒移民錄》的問世像一支響箭，向世人宣告，隨之而來的將是對這塊凍土孕育的黑土地文學的深掘和系統研究。

破譯曾在北大荒流放過的陳沂的〈沉默〉，艾青的〈鞠躬〉，丁玲在密山街頭的〈腳步〉，聶紺弩的〈冷屋杯酒〉。

破譯為北大荒文學事業獻出畢生心血的平青，至今仍堅守在北大荒的竇強、范國棟、徐先國的作品。

沿著鄭加真《北大荒移民錄》的字行像沿著小徑攀行。

字行通向「泥土」，通向「掘開泥土，就掘開了歷史」（〈編後記〉編者語）之〈「泥土」──研究黑土文學的：根〉。

對《紅樓夢》研究被稱之為「紅學」，對黑土文學研究不妨叫「黑學」。

《移民錄》已經來了，「黑學」還會遠嗎？

北大荒做過歷史的選擇。選擇過「大安七年刻石」上留名的47名先驅「杭育杭育派」，選擇過「因科場之罪，文字之獄，反叛之嫌」的「流人」，選擇過眾多的詩人劇作家小說家。

這是北大荒歷經千年之久的選擇。

鄭加真銳敏地感覺到這選擇，像胎兒之感覺於羊水的晃動，如岩石之感覺於海潮的撞擊，似大地感覺於暴雨的沖刷，恰天空之感覺於驚雷的轟鳴，用35年北大荒經歷，沸騰的熱血，驚人的剛毅，可貴的膽識，和北大荒人的良心，歷5年奮苦，借改革開放神力，向養育他半生的黑土奉獻出《北大荒移民錄》。

這一卷沉甸甸的《移民錄》也許會像楊州八怪鄭板橋所言，「神將

相之，鬼將告之，人將啟之，物將發之」的。

然而，北大荒或會有理由認為，這《移民錄》只是完達山一座山峰，而完達山是山峰群立的。

北大荒或會更有理由認為，這《移民錄》充其量僅僅是一本薄薄的《頓河故事》，繼之而來的該是煌煌巨著《靜靜的頓河》，才像老蚌生珠一樣順理成章。

北大荒曾是「蠻荒之地」，它的選擇也「蠻」，不容拒絕，不容遲疑。

哪怕這選擇沉重如枷如纖！

《北大荒移民錄》記述了約 102 椿事件，其中 33 件是從「歷史文獻」——當年有關單位的總結、報告之類中選抄出的，那簡練而「鏗鏘」的官樣文字尤如「出土文物」閃著那段特定歷史的光斑，堪稱為「鐵證」；其餘 69 件是作者親歷的片斷，和被採訪人的一段經歷、幾次目擊，以及作者對掌握事件的敘述，又讓人重歷了那年月的風風雨雨。

這就築成了「博大的母體」。

黑龍江邊這塊凍土上生息著豪爽、寬厚、善良、疾惡如仇又歡歡樂樂的父老鄉親，他們善歌能舞，大秧歌已聞名遐邇，又把「丟戒指」「貨郎擔」「回娘家」生活小事唱得熱火朝天。他們或會把目光投向《移民錄》，從中看到當年拓荒者喜怒哀樂，悲壯及悲慘的「五花草地」，從「移民」們毅然挺進洪荒和後來的業績中受到鼓舞，從「飛來的新娘子」「七一橋」中咀嚼愛情，從「以卵擊石」的熊少尉身上敬佩堅強不屈，從不願留在國外癡情苦戀北大荒「移民」身上受到啟迪，從「女右派們貓口奪魚」的「奮戰」中產生辛酸，從剛正不阿的向副局長的憤然自縊受到震撼，從「獨臂魔鬼」的醜行中獲得憎恨……

這鼓舞，這咀嚼，這敬佩，這啟迪，這辛酸，這震撼，這憎恨，就

會去叩「靈感」之門，被「叩」的民間藝人和「寫家」就會去編寫，去演義，去「再創作」，於是黑龍江邊這塊凍土上能歌善舞者便會用喜聞樂見形式去歌去舞，去嘆息去流淚，去鞭撻。

一部《西》《三》《紅》《水》像搖籃，「搖」出多少台折子戲？一部《說岳》從古說到今，一些歷史傳說(如《梁祝》)從古唱到今，還有綿延之勢。

記述剛剛過去的昨天發生的《移民錄》記載著樁樁件件的：悲烈的忠勇。而這悲烈和忠勇也許適合生息在這同一塊凍土上的父老鄉親口味。

因此，把《移民錄》說成「博大的母體」也許並非聳聽的危言。

但這需要時間。一卷《移民錄》讓人們翹首期待了多少個年頭？

哪位名人說過，「任何比喻都是蹩腳的」。

然而可以斷言，還沒有一個人在說話、報告和文章中能不做比喻的。

一部《圍城》有人統計，比喻足有一二百個。囿於題旨，那比喻每每幽默，多呈「黑色」。

《北大荒移民錄》中的比喻卻十分壯觀，在「代序」中開篇即見：

「月球由於自轉週期和繞地球轉動週期相等，因此，人類總是看到月球的正面，看不到月球的背面。直到1959年……人們才認識了月球的全貌。10萬官兵開發北大荒這個歷史事件，長期以來，人們只看到它的正面，未見全貌，《移民錄》僅在這一點上補了『空白』。」

用「看不到」的「月球的背面」比喻「長期以來人們只看到它的正面，未見全貌的10萬官兵開發北大荒這個歷史事件」，簡潔準確而生動，收到了「一句格言往往勝過一部長篇小說」(高爾基語)的奇特效果。使人懂得若不是改革開放，人們可能還在「正面」高談闊論。

無獨有偶。《北大荒》編者〈編後記〉中的比喻也是精彩紛呈。瞧

那「歷史總被泥土掩埋」的標題，就比喻得冷峻凝重。瞧那「30年過去了，40年過去了，時間都變做泥土，一層層沉下來，10萬悲壯而英勇的官兵們，如今已蒼老得像我們腳下風乾皺裂的泥土，慢慢地化作掩埋歷史的腐植質了」「掘開泥土，就掘開了歷史……」催人淚下，又令人深思。

「編者」能把昏昏欲睡的歷史老人混濁眼神，撥得如此明澈，可謂「神醫」，能把深奧的哲理表述得如此易懂，則堪稱「高手」了，令人驚嘆也令人折服！

高爾基在讀福樓拜《一顆簡單的心》時，曾把書頁對著陽光去尋找其中迷人的魔力。

我不「姓」高，《移民錄》作者和〈編後記〉編者也不是福樓拜；但我確被他們一前一後，一個是浩潔月亮的「背面」，一個是「仁厚黑暗的地母」(魯迅：〈阿長與山海經〉)的珠聯璧合的比喻深深攪動了，像著了魔！

因為——

那比喻是沉重的，沉重得使人難以承受；

那比喻是深刻的，深刻得似乎整卷《移民錄》也成了比喻；

那比喻是智慧的。但「理解智慧需要智慧」(美國李普曼語)。而我手中的筆卻是那樣的笨拙不堪。

（刊於《北大荒文學》1994年4月。本文作者為黑龍江省作協會員，後移居南京的老北大荒人，曾創作《雲山風情》系列作品和長篇小說多部。）

7.偉大厚重的史書——阿成致信鄭加真

鄭加真先生：您好！

　　偶然看到「90-91 期」《北大荒》上刊發的您的《歷史的命題——北大荒移民錄》一文，十分敬佩！

　　我是半夜看的，一直看到天明，即感這是一部偉大的、厚重的、歷史性的「史書」。這與那些自詡「厚重」乃至「玩感覺」「玩新潮」的東西，是不可同日而語的。我覺得這是一部嘔心瀝血的、功德無量的大書！完全可以告慰屯墾拓荒的百萬官兵乃至「流人」。這部書，我將珍藏。我甚至覺得此書當有個更大的舉動，省內有關方面亦應做大文章，應隆重推出！

　　晚輩從不給別人寫「讀後感」之類的東西，更不要說主動去寫了。但看過先生的大文居然按捺不住了！須知這是黑龍江文學史，以至中國文學史上的一件大事！不誇張地說，黑龍江所有的作品與您的這部作品相比，都暗淡失色。

　　亦有小小不足，就是此期刊物的封面應以本期內容重新設計，赫然顯目，四封當為拓荒的多幀照片，這是一個小小遺憾。另外，我作為一名編輯，居然事先不知道先生在寫此文，並「搶」在手中刊發我刊，是嚴重失職。

　　好不多說了。倘有這稿的座談會，我一定自覺參加！

　　恭賀

　　　　大安

　　　　　　　　　　　　　　　　　　　　晚輩：阿成　頓首

　　　　　　　　　　　　　　　　　　　　1993 年 12 月 5 日

　　　　　　　　　（本文作者為中國作協委員，黑龍江省作協副主席。）

8.致《北大荒移民錄》作者鄭加真的信／周密

鄭加真老師：

　　從我的戰友張鴻處借到您的親筆簽名給他的贈書《北大荒移民錄》，我和妻子如饑似渴地反覆讀了多遍，並不時發表感想交流心得。回味與背誦書中的一些感人段落與詩句。讀到有些章節不禁老淚橫流，您的書說出了我們多年想說也不會說，不敢說，說也說不清道不明的話，心裡真是痛快。

　　您的書以詳實的史料、生動的文筆、洶湧的激情與鮮明的觀點精闢地論述，把北大荒「月球」的全貌展示到人們的面前。您為一大批忠黨，愛國的忠貞之士申訴了不白之冤，為他們遭受到的苦難表示了深深的同情。為把反右中發表忠言的同志錯當成不可靠份子下放造成對部隊現代化建設帶來的損失而扼腕嘆息。您大膽揭露與批判了在開發北大荒過程中的種種蠢事、惡事。無情鞭笞了那些**不學無術、好大喜功、欺上瞞下、胡幹蠻幹的投機份子**。讚揚了眾多腳踏實地、埋頭苦幹、不計名利、不畏艱苦、不怕犧牲的好同志。

　　北大荒的開發，不僅為國家建了一個舉足輕重的大糧倉與農副產品基地，而且創造了威力無窮的「北大荒精神」。而北大荒開發過程中的經驗與教訓也是一筆不可忽視的精神財富。今天人們若能認真總結，後人能夠吸取教訓，將會對國家與民族起到重大作用。

　　「華麗大廈前的深思」這一節體現了作者的遠見卓識和憂國憂民的愛國主義情懷。作者當年感到的不祥之兆，今天許多變成了現實，而且其嚴重程度是當年不可想像的。

　　現實令人堪憂，**法制失序、道德失範、信仰失落、貧富失衡、治腐失藥、行政失信、政令失暢、政策失理、資源消耗失度，環境污染、官員奢靡、三公消費失控**⋯⋯既得利益集團為非作歹、興風作浪、欺壓弱勢群體，為革命戰爭所蕩滌乾淨的污泥濁水又捲土重來。許多問題越來越大。如果不能迅速突破，所取得的革命與建設成果將毀於一旦。中華民族又將「到了最危險的時候」。

今年四月初，我把這書給了我在東寧的一位最好戰友看，他是原空四速中教員，58 年與我一同下放 856，一起到東寧林業局，在東寧編過縣誌，對此書也愛不釋手，想留下此書。他又在給幾個在上海等地的北大荒戰友寫信，談讀後感想，這些戰友也想要此書。我再三囑咐他愛護好、保管好不要再外傳，因為此書還要物歸原主。因張鴻告訴我，您存書不多，已經給了不少拜訪您的北大荒的新、老同志，實在不好向您開口再要了。

我要利用一切機會，把這本書的內容與我的感想向北大荒的戰友及他們的後代介紹，在這物欲橫流的今天《北大荒精神》更需要傳承與發揚。僅僅依靠領導講話有十六個字（**艱苦奮鬥、勇於開拓、顧全大局、無私奉獻**）四句話與媒體的一般性宣傳是遠遠不夠的。

北大荒精神是在特定的時代特定的自然環境下由一群特定的人物（十萬官兵及支邊青年、知識青年等）經過 60 年的艱苦卓絕的奮鬥而形成的。通過閱讀《北大荒移民錄》這樣的書才能夠了解其實質與精髓，才能夠從感動到認真學習效仿，從而端正人生態度，從而為國家的富強與人民的幸福而奮鬥終生。

我在東寧偏僻山鄉林場近 50 年了，看書不多，更少動筆，這封信寫了多遍，總覺得寫不好，修修改改拖了三個月。因不知您地址，委託我的戰友張鴻同志轉發給您。我與您是浙江老鄉，我 51 年從寧波中學參軍，也曾在丹東中朝空軍聯司氣象台擔任機要譯電員，56 年到北京解放軍氣象專科學校學習，58 年 3 月下放到 856 農場，63 年轉到東寧林業局工作。

由於家庭出身地主，反右時又擔了幾條意見，被定為「中右」，在「只能利用而不能重用」框框裡一生都在最基層一線的山溝裡工作，一事無成。

我倆同鄉，又是抗美援朝的戰友，一個農場的荒友，幾次近在咫尺

也無緣相識，今天寫這封信表達崇敬之情。祝您

　　健康快樂！

周密 2011.4.13

　　又：別怪我貪心，實在忍不住還要問一下：《北大荒移民錄》我託朋友在北京書店及當當網、卓越網、京東商城網、淘寶網購買，均無書。此書您家中是否還有存貨，能否割愛，若能割愛可提供多少本？五六本或更多我全要，若有當郵書款來，還得麻煩劉大姐寄一下，若無書能否提供電子文本。謝謝！謝謝！

國家圖書館出版品預行編目資料

北大荒移民錄：1958年十萬官兵拓荒紀實
／鄭加眞著. -- 初版. -- 臺北市：人間，
2013. 08
416 面：17×23 公分. --（當代大陸歷史叢書；
2）
ISBN 978-986- 6777-65-3（平裝）

1. 屯墾　2. 歷史　3. 中國

554.56　　　　　　　　　　　　102016333

當代大陸歷史叢書　02
北大荒移民錄
—— 1958 年十萬官兵拓荒紀實

著者　鄭加眞

出版者　人間出版社

發行人　呂正惠

社長　林怡君

地址　台北市長泰街 59 巷 7 號

電話　02-2337-0566

郵撥帳號　11746473 人間出版社

排版印刷　龍虎電腦排版股份有限公司

電話　02-8221-8866

登記證　局版台業字第三六八五號

初版　2013 年 8 月

定價　新台幣 360 元